THE LAST CRUSADE: The Epic Voyages of Vasco da Gama

Published by arrangement with Harper Perennial, an imprint of HarperCollins Publishers.

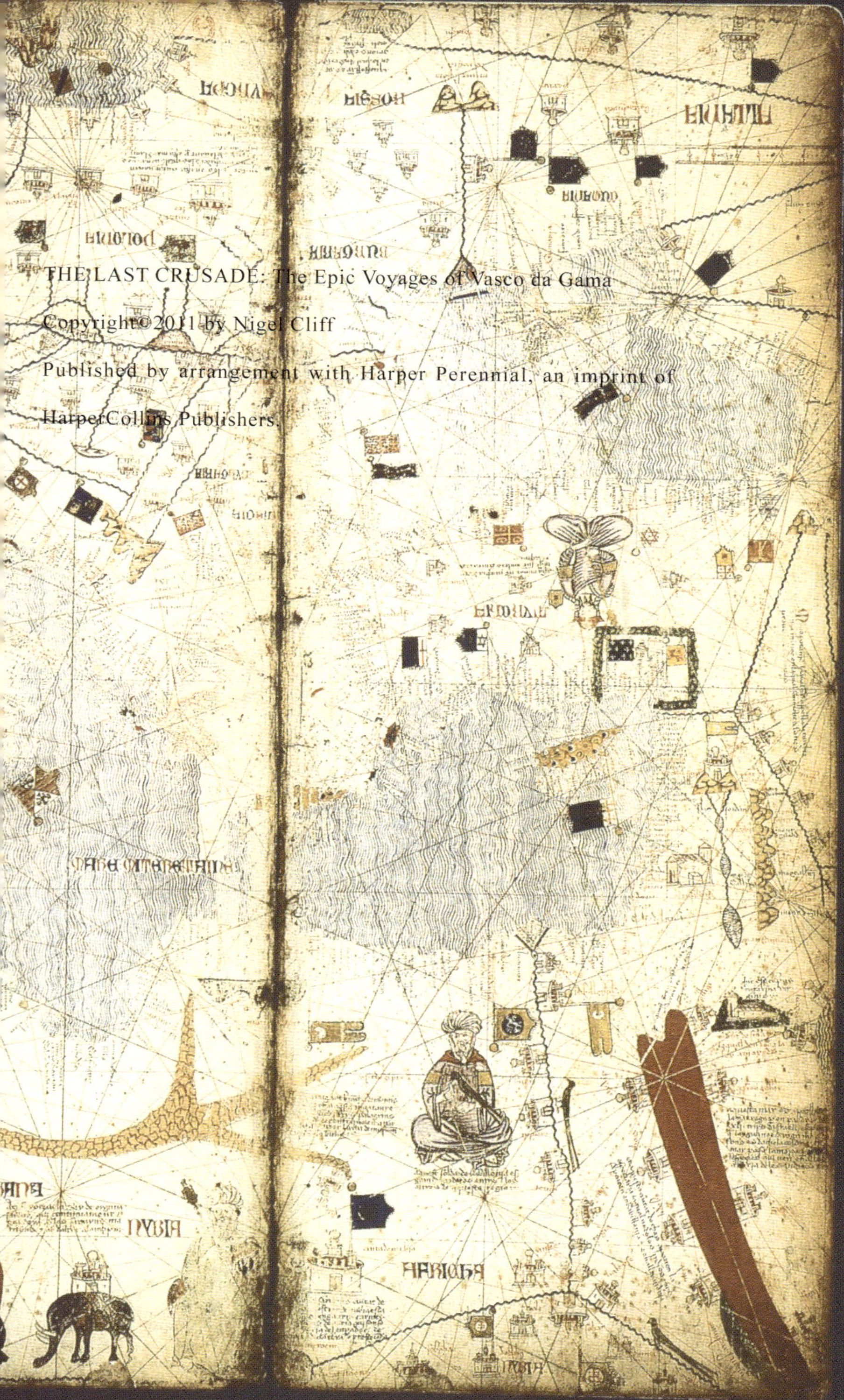

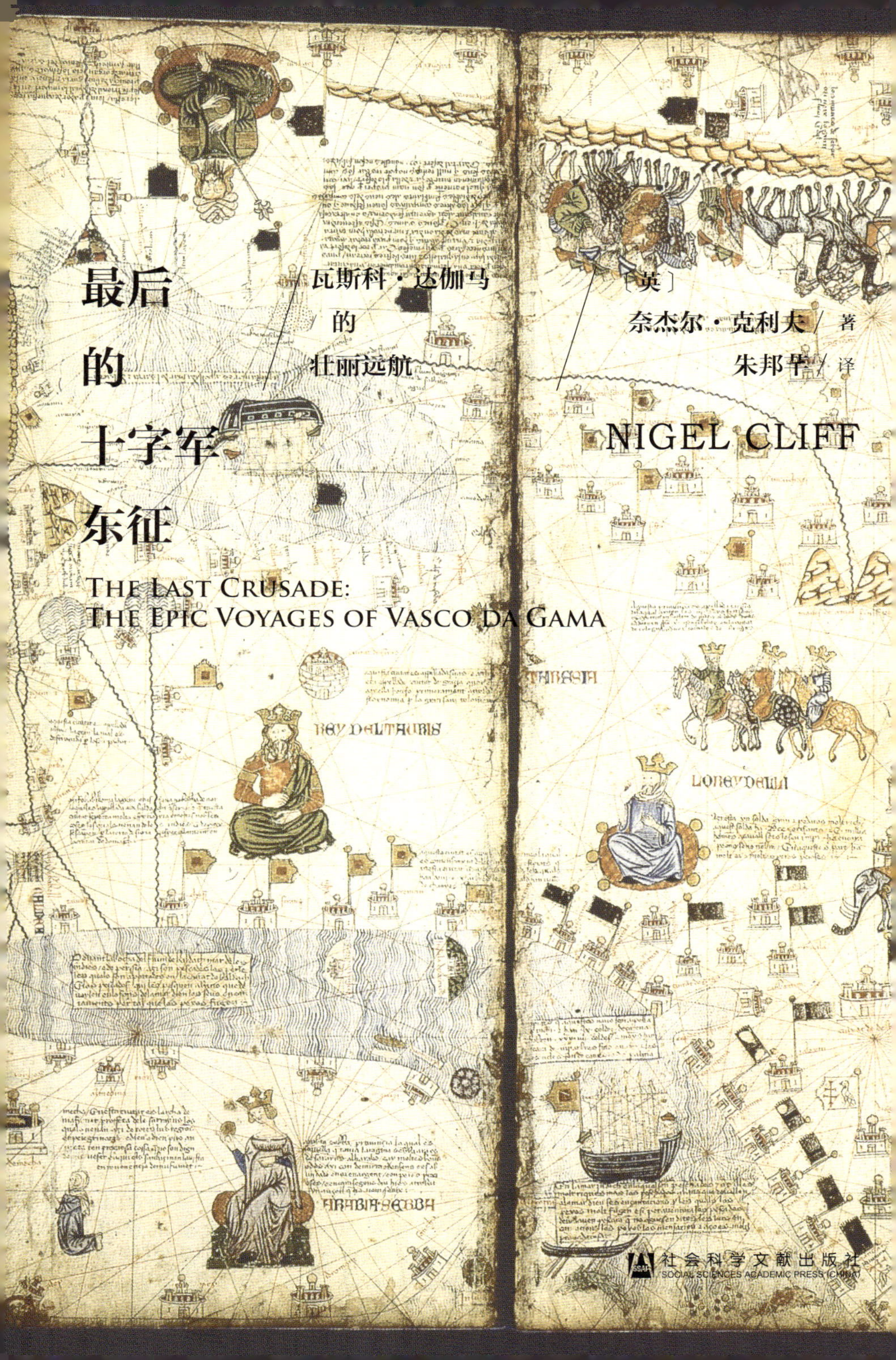

最后的十字军东征

瓦斯科·达伽马的壮丽远航

〔英〕奈杰尔·克利夫 / 著

朱邦芊 / 译

NIGEL CLIFF

THE LAST CRUSADE:
THE EPIC VOYAGES OF VASCO DA GAMA

社会科学文献出版社
SOCIAL SCIENCES ACADEMIC PRESS (CHINA)

本书获誉

生动而雄心勃勃……克利夫拥有小说家刻画人物的天赋……深刻尖锐地重现了16世纪葡萄牙的荣耀和卑劣。

——埃里克·奥姆斯比，《纽约时报书评》

以过人的创作天赋和严肃的学术态度讲述的故事。

——詹姆斯·埃卡特，《国家》

喜欢说书高手生动叙事的读者会把本书列为他们的年度好书。

——《克利夫兰诚实商人报》

无疑是本季可读性最强、最迷人、最刺激的图书之一……克利夫……凭借着相当的活力、幽默和叙事技巧写就了本书。

——《堪萨斯城星报》

鲜活地呈现了探索时代的历史……这一领域虽早有前人备述，但克利夫又为我们开启了全新的视界。

——《出版人周刊》

为基督教和伊斯兰教持续不断的热烈讨论添加了有趣的话

题，涉及各自的宗教和文化，以及帝国和贸易。

——《科克斯书评》

克利夫讲述了一个惊心动魄的探险故事……他有力再现了达伽马的成就和荣耀，重新评价了其探险的目标和意义，扣人心弦，发人深思。

——《书单》

一本振奋人心的史诗级著作……惊心动魄的叙述……这是粗线条的历史，但它相当准确，并因叙述的增色而细腻生动。

——《星期日泰晤士报》

目　录

第三部分　十字军东征

插图说明

1. 加泰罗尼亚地图集中的北非，亚伯拉罕·克雷斯克斯（Abraham Cresques）绘于1375年（法国国家图书馆）

2. 1450年前后，加泰罗尼亚地图中的世界（埃斯特家族图书馆，意大利摩德纳）

3. 三个怪异种族，插图选自《马可·波罗游记》，埃杰顿大师（Maître d'Egerton）绘于1410～1412年前后（法国国家图书馆）

4. 亨里克斯·马提勒斯（Henricus Martellus）1489年所绘之世界地图（大英图书馆）

5. 1453年围攻君士坦丁堡，插图选自贝特朗东·德·拉·布罗奇勒（Bertrandon de la Broquière）所著之《海外游记》（Voyage d'Outremer），让·勒塔韦尼耶（Jean Le Tavernier）绘于1458年前后（法国国家图书馆）

6. 航海家恩里克，选自15世纪中期圣文森特角（St. Vincent）的三联画屏，努诺·贡萨尔维斯（Nuno Gonçalves）所绘（国立古代美术馆，里斯本）

7. 曼努埃尔一世小像，选自1513年阿伦－杜罗（Além-Douro）地区的《新读物》（*Leitura Nova*）（国立东波塔档案馆，里斯本/布里奇曼艺术图书馆）

8. 卡斯蒂利亚的伊莎贝拉一世和阿拉贡的费尔南多二世的婚礼肖像，绘于1469年前后（圣奥古斯丁修道院，马德里加尔

德拉萨尔塔斯托雷斯，西班牙阿维拉省/布里奇曼艺术图书馆）

9. 瓦斯科·达伽马的肖像（里斯本地理学会）

10. 圣加布里埃尔号，选自1568年的《舰队备忘录》（*Memórias das Armadas*）（里斯本科学院/布里奇曼艺术图书馆）

11. 选自印度安得拉邦力帕西镇（Lepakshi）维拉巴德纳庙（Veerabhadra Temple）中的16世纪壁画（SuperStock图片）

12. 1502年的坎迪诺平面球形图（埃斯特家族图书馆，意大利摩德纳）

13. 西奈山的圣卡塔琳娜号，约阿希姆·帕提尼尔（Joachim Patinir）等人绘于1540年前后（国家航海博物馆，伦敦格林尼治）

14. 瓦斯科·达伽马的肖像，格雷戈里奥·洛佩斯（Gregório Lopes）画派绘于1524年前后（国立古代美术馆，里斯本）

15. 1572年的里斯本，选自格奥尔格·布劳恩（Georg Braun）和弗朗斯·霍根博格（Franz Hogenberg）所绘之《世界城镇图集》（*Civitates Orbis Terrarum*）（海德堡大学图书馆）

16. 葡萄牙无赖在果阿，选自让·哈伊根·范林斯霍滕（Jan Huygen van Linschoten）的《东印度游记》（*Itinerario*），约翰尼斯·巴普蒂斯塔·凡·德廷歇姆（Johannes Baptista van Doetechum）雕刻于16世纪晚期（布里奇曼艺术图书馆）

作者按语

这是一个横跨三个大陆和多个世纪的故事，而且故事中的大 1
多数人名和地名在不同时代和不同语言中的叫法各有不同。恰当地说，瓦斯科·达伽马或许从未改名：我以葡萄牙的方式将其姓氏定为“伽马”，不过有些历史学家偏爱“达伽马”这个叫法。① 在大多数情况下必须做出选择，尤其是考虑到达伽马那位伟大的竞争对手，他的本名叫克里斯托福罗·哥伦布（Cristoforo Colombo）②，而在得到重用的葡萄牙和西班牙被称作“克里斯托旺”或“克里斯托瓦尔·科隆”。如果存在公认的英语名字，本书便采用那个名字；如果没有，西方人的名字则根据所讨论语言的普遍译法来确定，而非西方人的名字则被译成最简洁、认可度最高的形式。

为了消除读者在各类专业知识方面的障碍，还须做出其他决定。像“中世纪”或“东方”这类表示时代或区域的粗略术语最多只是不确定的标记，但在具体的上下文中，却必须用它们作为必要的界石。日期都参照公历纪元转化为西方通用的形式了。引用非英语资料的译文按照其时代特点或明晰程度，分别采用了古代、近代或全新的译文。海上的距离以探险家所用的里格来表示：一葡萄牙里格大致相当于现代的三英里。最后，

① 依照大多数中国人的习惯，译者在后文中仍将其译为“达伽马”。——译者注。除特别说明外，本书脚注均为译者所注。

② 后文仍依照大多数中国人的习惯将其译作“克里斯托弗·哥伦布”。

我自己花费了很多时日学习如何固定船首斜桁、观测后桅纵帆和挂锚，为的就是尽力减少在书中使用航海术语。希望形形色色的专家们不会对此过于计较。

序　幕

那三艘怪船出现在印度海岸附近时，天色已晦，但岸上的 1
渔夫们还是能看清它们的形状。[1] 两艘大船像鲸鱼一样大腹便便，其两侧凸出向上收起，支撑着船头和船尾坚固的木塔。木质的船体经风吹雨打变成斑驳的灰色，船体两侧都伸出很多长长的铁炮，像巨型鲶鱼的触须。庞大的横帆在浓重的暮色中翻滚，一块比一块壮阔，每一块横帆上都有一面帽状的上桅帆，使得整套帆具像一群幽灵巨人。这些异域来客既有惊心动魄的现代感，又带着一股粗俗鄙陋的原始气息，但显然是当地人前所未见的。

海滩上一片惊慌，男人们成群结队，把四条又长又窄的小船拖进水里。他们划着桨驶近大船，看到每块绷紧的帆布上都装饰着巨大的绯红色十字架。

“你们是从哪个国家来的？”小船到达离岸最近的那艘轮船下方时，印度人的首领喊道。

“我们来自葡萄牙”，一个水手答道。

两人说的是阿拉伯语，这是国际贸易的通用语言。不过比起东道主，访客们略占优势。印度人从来没听说过葡萄牙这个欧洲西部边缘的小国，而葡萄牙人当然知道印度，为了来到这个国度，他们经历了史上最漫长、最危险的航程。

时间是 1498 年。十个月前，这支小小的舰队从葡萄牙首都 2
里斯本出发，开始了它改变世界的征程。船上的 170 个人受命开启一条从欧洲到亚洲的航线，解开香料贸易的古老谜团，以及寻找一位杳无音信的基督徒国王，据说他统治着神奇的东方王国。在一连串不大可能实现的目标背后，是一项将要真正改变旧世界的议程：与东方的基督徒取得联系，给予伊斯兰教势力致命一击，以及为征服耶路撒冷这座世上最神圣的城市铺平道路。就连这也不是终极目标——但如果他们取得了成功，便是终局的开端，召唤“耶稣再临”和“最终审判”的号角定会即刻吹响。

时间会证明，这次寻找“应许之地”的结果绝不是一场空。但当前，全体船员最迫切的想法是保全性命。报名参加这次驶向未知世界的航行的人形形色色，有饱经风霜的探险家、侠肝义胆的骑士、非洲的奴隶、迂腐的文书，还有抵罪的犯人。这么多人别别扭扭地挤在一起已经有 317 天了。他们的舰队沿大西洋划过一个巨大的圆弧，接连数月只能看到单调荒芜的大陆边界。他们抵达非洲南端时遭到伏击，被迫深夜登船。他们曾经断粮断水，也曾饱受疑难病症的折磨。他们曾与湍流和暴风雨搏斗，船只和风帆被撕扯得支离破碎。他们坚信自己在行使上帝的旨意，这会洗清他们的罪孽。然而就算是最老练的水手也难免会有病态的迷信和不祥的预感。他们知道，区区牙龈肿胀或不远处毫无觉察的暗礁便可导致死亡，而死亡并非最糟糕的命运。当他们在陌生的星辰下入睡，驶进制图人为使地图生动而用青面獠牙的海兽标注的未知海域时，他们害怕失去的不是生命，而是灵魂。

3 在观望着他们的印度人眼里，这些天外来客，头发又长又脏，古铜色的脸也脏兮兮的，更像是某个原始品种的海豹。很快，当印度人发现可以把黄瓜和椰子以优厚的价格卖给这些外乡人时，他们的顾虑就消失了，第二天，四条小船又回来引导舰队入港。

那一刻，就连最坚忍的水手也不禁目瞪口呆。

对基督徒来说，东方是世界的发源地。《圣经》是它的史书，它的信仰之都耶路撒冷悬于天地之间，而伊甸园——人们坚信它在亚洲某处散发着芬芳——则是它的奇迹之源。有人说那里的宫殿覆盖着金瓦，不畏烈火的沙罗曼达①、涅槃重生的凤凰及离群索居的独角兽在那里的森林中悠闲漫游。那里的河水中流淌着宝石，能治愈一切疾病的珍贵香料从树上掉落。长着狗头的人从身边缓步走过，其他人或凭独腿跳跃而过，或是坐下来用巨大的单脚遮阳。钻石在峡谷中随处可见，由蛇守护着，只有秃鹫才能衔回。杀机四伏，近在咫尺的闪耀珠宝更显得遥不可及。

至少他们是这么说的，但没有人知道实情。数世纪来，伊斯兰教徒几乎阻隔了欧洲通向东方的道路；数世纪来，令人神魂颠倒的谣言与传说融为一体，取代了客观严肃的事实。多少人前仆后继去发现真相，而这一刻的到来竟如此突然。作为世上最繁忙的贸易网络的中枢，卡利卡特②这个国际商业中心随处可见东方的富人，深阔的港口在水手们的眼前延伸开去。

倒也不必匆忙赶着第一个上岸。他们的期待太多，忧惧也

---

① 沙罗曼达（salamander），中世纪欧洲炼金术和地方传说中代表火元素的元素精灵，salamander 一词也有蝾螈之意，而欧洲人的确曾把沙罗曼达的神秘属性加在蝾螈身上，并视两者为同一生物。

② 卡利卡特（Calicut），现名科泽科德（Kozhikode），在中国明代古籍中被称为古里，是著名的“香料之城”。该城是印度南部喀拉拉邦第三大城市，西临阿拉伯海。这座城市因成为中国明代的郑和与葡萄牙的瓦斯科·达伽马两位航海家共同的登陆地点及去世地点而闻名。

太重。最后，第一个上岸的任务派给了一个被收容上船从事危险工作的人。

第一个随船航行并踏上印度海岸的欧洲人居然是个罪犯。

4 小船上的人直接把他带到两个北非穆斯林商人的家里，据印度人所知，世界的最西端就是北非了。商人们来自古老的港口城市突尼斯，让来客大感惊讶的是，他们能说流利的西班牙语和意大利语。[2]

“活见鬼！是什么风把你吹到这儿来的？”一个商人用西班牙语惊问道。

犯人直起了身子。

“我们来这里寻找基督徒和香料”，他神气十足地答道。

旗舰上的瓦斯科·达伽马焦急地等待着消息。这位葡萄牙指挥官拥有中等身材，体格强壮结实，红润而棱角分明的脸庞像是用铜板焊接而成的。他是宫廷绅士出身，但他的凸额钩鼻、冷酷的厚唇和浓密的胡须让他看上去更像个海盗头子。他在28岁时便承担起国家的希望和梦想，虽然他是意外的人选，但船员们已经了解了他的脾气秉性，他们敬重他的勇敢坚忍，也惧怕他的火爆脾气。

他巡视着自己的移动王国时，那双锐利的大眼明察秋毫。强烈的野心和钢铁般的意志让他历尽险境，穿过了此前从未有人征服的疆域，但他也非常清楚，自己的大冒险才刚刚开始。

早在故事的脉络成形之前，促成我写作本书的那个问题已经困扰我好几年了。和大多数人一样，我也曾不解，为什么宗教战争的爆发会渗透到我们的日常生活中，随着了解日益加深，我意识到我们是被拉回到了一场古代冲突中，而关于那场冲突，我们集体丧失了记忆。我们以为理性早已取代了宗教，支配着我们生活的世界。战争关乎意识形态、经济和自负，而无关信仰。

历史的进程让我们措手不及。所谓的进步是胜利者自我陶醉的故事；失败者的记忆却经久不灭。某些当代伊斯兰教徒认为， 5
他们的目标不是与西方和平共处，而是要斗个你死我活，用他们的话说，梁子早在500年前就结下了。那时，西欧最后一个穆斯林酋长国被消灭了，克里斯托弗·哥伦布踏上了美洲——也是在那时，瓦斯科·达伽马抵达了东方。那三个事件在充满戏剧性的十年间依次发生，它们彼此盘根错节地联系在一起，其源头直达我们共同的过去。

在这关键的十年之前的七个世纪，穆斯林征服者挺进欧洲腹地。在欧洲远西地区的伊比利亚半岛上，他们建立了一个先进的伊斯兰国家，而这个国家为引导欧洲走出“黑暗时代”①起到了关键作用。而当基督徒和穆斯林们开始遗忘他们以不同方式崇拜的上主原本是同一位神祇时，伊比利亚便燃起了圣战之火。圣战极其残酷，葡萄牙人和西班牙人在伊斯兰教的地盘上开疆辟土，而当葡萄牙人开始其长达一个世纪的远大征程——从而开启了欧洲的“探索时代”②，环绕半个地球去找寻旧主之时，战火仍在炽烈地燃烧着。

时机绝非巧合。数百年来，历史一直是从东方挺进西方的，在“探索时代”的前夜，行军的战鼓敲得更急了。15 世纪中

---

① 黑暗时代（Dark Ages），指在西欧历史上，从罗马帝国的灭亡到文艺复兴开始这一段文化层次下降或者社会崩溃的时期。

② 探索时代（Age of Discovery），又被称作欧洲历史的“地理大发现”，指15世纪到17世纪。该时期内，欧洲的船队在世界各处的海洋上寻找新的贸易路线和贸易伙伴，以发展欧洲新生的资本主义。

期，欧洲最雄伟的城市落入穆斯林之手，穆斯林士兵再一次准备进军大陆的心脏地带。彼时无人能想到还有新的大陆亟待发现，基督徒的救世之愿只能寄望于抵达东方：在欧洲人充满沮丧的想象中，亚洲早已成了一片神奇的疆土，他们可以和东方人同仇敌忾，令普世教会的梦想终得实现。

小小的葡萄牙自行承担起一个真正胆大无畏的使命：成为海上霸主，挫败伊斯兰教。数代人的共同努力使瓦斯科·达伽马的首次航海得以成行，西班牙人也加入了这场竞赛。因为大
6 大落后了，西班牙人决定冒险押注在一个名叫克里斯托弗·哥伦布的意大利怪人身上。1498 年，瓦斯科·达伽马向东驶入印度洋时，哥伦布却第三次西航，最终抵达了美洲大陆。

两位探险家的目标一致，都是寻找通往亚洲的航线，但长期以来，哥伦布那个伟大的错误却一直令瓦斯科·达伽马的成就黯然失色。既然我们要回到他们那个时代——回到那个所有的道路都通向东方的世界——现在应当总算可以恢复对二人地位的公正评价。为颠覆伊斯兰教对世界的统治，基督徒发起了长达数世纪的反击，瓦斯科·达伽马的三次航海是一个重大突破。它们彻底改变了东西方之间的关系，并在穆斯林和基督徒的统治时期——西方人称之为中世纪和近代[3]——之间划下了一条分界线。它们当然绝非那段历史的全部，但与我们的选择性记忆相比，它们的意义要重大得多。

“探索时代”曾一度被美化为拓展人类知识疆界的一次理想主义冒险。如今，人们倾向于将其解释为一场逆转全球贸易平衡的运动。它两者皆是：它改变了欧洲对自身在世界上所处地位的认知，同时它所启动的全球势力均衡的转向至今方兴未艾。然而那不只是一个新的起点，还是对新仇旧恨的刻意清算。

瓦斯科·达伽马和他的水手们生在一个被信仰分为两极的世界，在他们的世界里，消灭异教徒乃是正人君子的最高使命。随着船帆上血红色的十字架传向四面八方，他们开启了一场新的圣战。他们自认是曾经征战四个世纪的十字军——以基督之名挥舞着刀剑的勇敢朝圣者——的直接继任者。他们身负重任，即要对伊斯兰教发动横扫一切的反击，并开创一个全新的时代——一个把欧洲的信仰和价值观输送到地球上每一个角落的时代。这正是区区几十个人划着几条木船驶离已知世界、泊入近代历史的首要原因。

要了解欧洲人怀着怎样的激情驶入远洋——这同时也塑造 7
了我们的世界——我们需要回到起点。故事始于阿拉伯的风蚀沙丘和炎热的山脉之间，在那里一个新宗教诞生了，并以令人窒息的速度掠进欧洲的心脏地带。

第一部分
缘　起

1. 东方与西方

穆罕默德·本·阿卜杜拉第一次听到真主这个词，是在
610 年前后，那时他还无意建立一个世界帝国。

他甚至不确定自己是否神志清醒。

“抱紧我！”这位 40 岁的商人说，他可怜地打着寒战，爬向自己的妻子，妻子拿了个斗篷披在他身上，抱住了哭泣的他，抚摸着他的头发。他一直在麦加城外一处常去的洞穴里冥想——这是娶了大他 15 岁的寡妇带来的奢侈——天使吉卜利勒①就是在那时出现的，让他陷入了痛苦而狂喜的失神状态，还对他传达了真主的告谕。穆罕默德惊恐不已，他以为自己疯了，打算自行跳下山崖。但那个声音不断在他耳边萦绕，三年后，穆罕默德开始公开传道。神谕日渐清晰：对亚伯拉罕和耶稣的信仰确是真知，但它已经堕落了。世上只有一个真主，祂需要伊斯兰——完全顺从。

对麦加的统治者们来说，这真是个坏消息，朝圣者们从四面八方来到这座城市参拜 360 处神殿，这让前者获取了丰厚的利润。麦加是在汉志②地区一个繁荣的绿洲上发展起来的，那里燥热的山峦屏障沿着阿拉伯半岛的红海海滨一直伸展出去。

---

① 吉卜利勒（Gabriel），基督教译作加百列，是传达天主信息的天使。他也被认为是上帝之（左）手。

② 汉志（Hijaz），又称希贾兹，位于沙特阿拉伯西部，北至约旦边境，南至亚西尔地区的沿海地带。得名自境内的汉志山脉。

它的威严从坐落在城市中心的圣殿克尔白天房①，那个供奉着阿拉伯人主要偶像的“方屋”，向四周辐射开去。朝圣者每年从沙漠蜂拥而至，膜拜这个神圣的所在：绕着那个石立方转七圈，伸长脖子去亲吻方屋的每一个角落，直到被拥挤的人群推
12 回人流的旋涡。长期以来，古莱什②部落精心策划，把他们对克尔白天房的守护演变成对麦加商业命脉的钳制，穆罕默德最初揭露的腐化堕落就是直接针对他们的。他指责这些贪婪的古莱什人中断了阿拉伯社会的平等进程：他们剥削弱者，奴役贫民，无视理应照顾受欺压的贫苦人的责任。真主注意到了这一切，他们全都会下火狱。

激怒古莱什人的倒不是穆罕默德关于唯一的仁慈真主的说法，甚至不是他宣称自己是真主的代言人这一说法。北方有一个信仰基督教的阿拉伯人王国已经存在了几个世纪，在克尔白天房里，耶稣和玛丽的塑像也骄傲地伫立在众多偶像之间。在阿拉伯半岛，犹太移民的影响力还可以追溯到更久以前：阿拉伯人认为自己是犹太人的同胞，他们都是亚伯拉罕的后裔，是亚伯拉罕的长子伊斯玛仪③的后代，很多阿拉伯人认为他们的至高神就是犹太人的神[1]。在穆罕默德的时代，诗人－传道者们常年在沙漠上漫游，规劝部落成员放弃偶像崇拜，回归到祖先的纯粹一神论上来。再没有什么比这更无可争议的了；让古莱

① 克尔白天房（Kaaba），一座立方体建筑物，位于伊斯兰教圣城麦加的禁寺内。相传是世上第一人阿丹（亚当）所建。

② 古莱什（Quraysh），伊斯兰教这一信仰产生之时占据着麦加城的一支部落。伊斯兰教的先知穆罕默德本人就是古莱什族人。这支部族有多神教信仰传统，并崇拜偶像，最终降服于伊斯兰教。

③ 伊斯玛仪（Ishmael），基督新教译作以实玛利，按照《希伯来圣经》和《古兰经》的记载，伊斯玛仪是亚伯拉罕与其正妻的女仆夏甲所生的长子。

什人感到最不能容忍的是，穆罕默德是自己人。他的家族，哈希姆家族，是古莱什人的一个小分支。他是个受人尊敬的商人，是社会微小而坚实的栋梁，而他却背叛了自己的族人。

古莱什人用尽了一切办法，贿赂、抵制、诋毁这个棘手的传道者，最后还使出了深夜行刺的手段。穆罕默德及时溜出了住处，躲开了刀刃，逃往一个遥远的绿洲定居点——后来的“先知之城”麦地那。随着忠实拥护者的不断增多，他在那里建起了在麦加时梦寐以求的全新社会——乌玛（ummah），意即平等的社会，在这个社会里让人们团结在一起的不是出身，而是忠诚，人们受到法律的约束，法律将赋予女性前所未有的权利，并将财富重新分配给最贫苦的人。穆罕默德获得的启示越来越多，他开始相信，真主选择他的目的不仅是向族人传递警告，还是让他成为真主派遣到人间的“使者”。

为了把圣谕传播出去，他首先要对付麦加。与古莱什人的 13
惨烈战争持续了八年，伊斯兰教的建立过程充满血腥。在最黑暗的时刻，穆罕默德的脸被人砸伤，满是鲜血，他还被手下的一名武士拉出战场，四处散播他已死的谣言——这才算救了他那些残兵剩将的命。乌玛的士气受到了严重打击，但就是在那时，穆罕默德向战士们做出了响彻历史的承诺。他得到启示：在战争中被杀戮的人全都会进入最高阶的天堂，“住在园圃之中、泉源之滨，穿着绫罗绸缎，相向而坐。……我将以美目的处女，做他们的伴侣”[2]。①

穆斯林——“顺从之人”——继续坚持，而克服困难、战胜命运本身就像是神佑的征兆。决定性的时刻并非战场上的胜

① 译文参考了《古兰经》（马坚译，中国社会科学出版社，2003），第 373 页，第四四章烟雾（睹罕），第五二至五四节。

利，而是一记公关妙招。628 年，穆罕默德出人意料地带着 1000 名手无寸铁的朝圣者现身麦加，声称作为阿拉伯人，在克尔白天房礼拜是他的合法权利。在他庄严地履行仪式时，古莱什人只能恼火地站在一旁，麦加的统治者们突然显得愚蠢而非不可战胜的，对手的力量就此瓦解。630 年，穆罕默德终于带着大批教徒重返麦加。他再一次绕着圣地走了七圈，吟咏着“真主至大！”，然后爬进天房，把偶像都搬了出来，在地上砸个粉碎。

两年后，穆罕默德去世时，他实现了史上无人想象过的壮举：他创建了一个欣欣向荣的新信仰和一个不断扩张的新国家，两者密不可分。在一年多的时间里，伊斯兰军队粉碎了那些对新秩序负隅顽抗的阿拉伯部落，这也是阿拉伯半岛有史以来第一次实现了单一统治者和单一信仰的统一。因为宗教狂热、因为有了新的共同目标，还有生则享有大量战利品、死则获得永生的美好承诺，真主的新选民们把目光投向了外面的世界。

14 他们看到的，是两个超级强权极尽所能要把对方置于死地。

逾千年来，东方和西方在美索不达米亚的幼发拉底河两岸对峙着，这块肥沃的土地长期以来一直被认为是文明的摇篮，如今则是伊拉克的领土。东边是辉煌的波斯帝国，它守护着一个古老优雅的文化和世上第一个天启宗教，即先知查拉图斯特拉（Zarathuster）所创的一神论信仰，这种信仰因其创建者的拉丁化名字琐罗亚斯德（Zoroaster）而得名琐教——它的内容涉及创世、复活、救世、启示、天堂与地狱，以及一位年轻处女诞下的救世主，其出生的年代先于耶稣数个世纪。在历任沙汗沙①（意为

① 原文为拉丁化的古波斯语 shahanshahs。

“众王之王”）的领导下，波斯人一直视希腊人为死敌，直到亚历山大大帝彻底击溃了他们的军队。波斯国力复兴之后，便转而与希腊的继承者罗马人为敌。古代的争斗是东西方冲突的起源和发展阶段，而到了610年，也就是穆罕默德最初得到真主的启示之时，这种冲突终于爆发为全面战争。

看到一波波野蛮人在西欧肆虐，君士坦丁大帝在欧洲的东部边缘建造了一个新罗马。光彩夺目的君士坦丁堡遥望着博斯普鲁斯海峡①对岸，在亚洲，这一战略意义重大的狭长水域把黑海的水注入地中海。君士坦丁的继任者们躲藏在坚固的城墙后面，眼睁睁地看着波斯人洗劫他们富裕的东部省份，直奔神圣的耶路撒冷而去。很久以前，罗马人曾把犹太人的耶路撒冷夷为平地，并在据称是耶稣受难地的原址上建起了一座崭新的基督教城市；第一位基督教皇帝君士坦丁本人也曾在传说中耶稣受难、下葬和复活的地方建造了圣墓大教堂[3]。如今，让基督徒如末日来临般痛心的是，波斯人拉走了据信耶稣被钉死于其上的“真十字架”，随之消失的还有“圣海绵”② 和“圣枪”③，以及这座城市的牧首。在漆黑的天空下，波斯人把圣墓大教堂洗劫一空之后，付之一炬。[4]

就在即将被历史湮没之时，罗马人死灰复燃卷土重来，波 15
斯则陷入了内战。但胜利者也筋疲力尽。罗马的城市变成废墟，

---

① 博斯普鲁斯海峡（Bosporus），又名伊斯坦布尔海峡，是欧亚两洲的分界线。博斯普鲁斯海峡是黑海沿岸国家出海的第一关口，也是连接黑海以及地中海的唯一航道。

② 圣海绵（Holy Sponge），耶稣受难器具之一。据说在耶稣受难时，罗马士兵用这块浸泡在醋里的海绵供其饮用。

③ 圣枪（Holy Lance），又称“命运之矛”，相传是耶稣在受十字架刑之后，罗马士兵为确认耶稣是否真的受刑而死，用一支长矛戳刺耶稣的侧腹，此长矛即成为“命运之矛”。它与圣杯、真十字架等同为基督教的著名圣物。

处处是无家可归之人，田园荒芜，贸易中止，人人都受够了为拯救帝国而缴纳的苛捐杂税。在基督教争论不断的时代[5]，破坏性最大的是君士坦丁堡在领土范围内强制推行自己的正统基督教的做法。罗马人起初把基督徒投入狮口，现在又转而迫害那些不顺从官方说法的人，在地中海东部的大片土地上，从北方的亚美尼亚到南方的埃及，持不同见解的基督徒望眼欲穿地盼着新政权的诞生。[6]

阿拉伯人以惊人的逞强之势，对两个古老的帝国发起了攻击。

636 年，延续了 11 个世纪的波斯帝国或许就要在一场怒吼的大象冲锋中，在未来的巴格达所在地附近走向毁灭。“该死的世界，该死的时间，该死的命运，”伊朗的民族史诗如此悲叹道，“野蛮的阿拉伯人已经来到，要把我变成穆斯林”。[7] 伊斯兰国家的道路北接亚美尼亚，其东北方是与中国接壤的亚洲大草原，东南方是阿富汗，再往前便是印度。同年，一支阿拉伯军队在叶尔穆克战役①中击败了人数远胜于它的罗马军队，并占领了叙利亚。正是在叙利亚，大数的扫罗②曾在前去大马士革的路上皈依了基督教，并在安提阿③建立了第一个基督教会

---

① 叶尔穆克战役（Battle of Yarmuk），636 年 8 月，拜占庭帝国与正统哈里发国的穆斯林阿拉伯武装在叶尔穆克河附近发生的一场重要战役。穆斯林取得了全面胜利，结束了拜占庭在叙利亚的统治。

② 大数的扫罗（Saul of Tarsus），基督教早期最具有影响力的传教士之一，也是基督徒的第一代领导者之一，被奉为外邦人的使徒。大数，又译塔尔索，位于今土耳其的小亚细亚半岛东南部，是罗马帝国时期基利家省的首府，使徒扫罗（即保罗）的出生地。

③ 安提阿（Antioch），奥龙特斯河东侧的一个古老城市。其遗址位于现在的土耳其城市安塔基亚。公元 1 世纪时耶稣的门徒被称为基督徒，就是从安提阿开始的。

组织。第二年，耶路撒冷因饥荒而就范[8]，向新的征服者敞开了城门，此时距离罗马人得意扬扬地把“真十字架”物归原位不过区区八年。这座被各种信仰撕裂的城市对伊斯兰教、犹太教和基督教来说都是神圣的所在，罗马人和犹太人为争夺圣地而持续数百年的争斗，就这样为穆斯林与基督徒之间绵延数个世纪的冲突所取代。

四年后，罗马帝国最富裕的省份——肥沃富有的埃及落入阿拉伯人之手。就在君士坦丁堡孤立无援之时，被其贬为撒拉逊人[9]——“住帐篷的人”——的野蛮沙漠部落成员不惜付出巨大代价，占领了他们近来重新征服的所有土地。众多王国和帝国荣耀尽失，纷纷陷落，就连主教们也开始怀疑穆罕默德是否真的受命于天。[10] 16

伊斯兰军队从埃及出发，一路向西，穿过非洲的地中海沿岸——出人意料的是，他们看似势不可当的突进却在那里停了下来。

部分麻烦来自国内。穆罕默德尚未指定继承人便去世了，甚至没有留下关于如何选择继任者的明确指示。世敌恩仇很快重燃，为争夺沙漠中一望无际的商队暗地携来的战利品，竞争更加激烈，而这些战利品无一例外都落入了古莱什人囊中，穆罕默德曾严厉指责的正是这个部落的垄断和贪婪。部落间一番尔虞我诈之后，首批四位哈里发——先知的“继任者”总算从穆罕默德的密友和家族中被选了出来，但即使身居如此高位也未能保护他们不受攻击。一个愤怒的波斯士兵在第二位哈里发做礼拜时从背后捅了他，把匕首插进他的肚子，将他开膛破肚。一群秘密结社的穆斯林士兵不满第三位哈里发的奢华生活和明目张胆的裙带关系，用重棒击杀了他，乌玛因此爆发了内战。

第四位哈里发阿里——他是先知的堂弟和女婿，也是先知最亲密的心腹——因为过于积极地与他的穆斯林同胞谈判，在清真寺的台阶上被人用毒剑刺杀了。[11]他的追随者们始终认为阿里是被穆罕默德亲自净身的继任者，并最终集结为“阿里党”——简称为“什叶派”，是彻底从实用主义的多数派中分裂出来的，后者即所谓的“逊尼派”，“逊尼”的词源意为“先知指明的道路”。

第一个哈里发王朝，即倭马亚王朝[12]，在动荡中成立了，它把首都迁出混乱恐怖的阿拉伯，以古老的国际都市大马士革为基地，实施了将近一个世纪的统治。然而敌对势力仍频频进犯年轻的帝国，这一次麻烦来自外部。阿拉伯军队在北非被衣
17 衫褴褛的蓝眼睛柏柏尔人[13]游牧部落阻隔了数十年，后者是该地区历史悠久的原著居民。此前，一波又一波的征服者造访时，柏柏尔人每次都会从山中的堡垒直冲而下，而且他们一般不会仅仅因为宣称皈依了新信仰而改变自己的行为。冲锋打头阵的是被阿拉伯人称为卡希娜或“女先知”的一个可怕的犹太勇士女王，她披着赤红的卷发驰骋战场，把入侵者赶回东方，直到最终在与一支阿拉伯大军的战斗中陷入绝境，她战斗到最后一刻，死时剑仍在手。

8 世纪初，柏柏尔人的反抗日渐式微，很多人加入了征服者的队伍。区区百年间，穆罕默德的大军横扫地中海盆地四周的新月地带，一路杀向大西洋海岸。

在那里，他们虎视眈眈地盯着欧洲。

世界以惊人的速度回到了原点。一种爆发于东方沙漠的宗教即将从西方闯入目瞪口呆的欧洲。但在性野难驯的柏柏尔人看来，这种宗教本有可能在欧洲那些混战的部落奋起反抗之前

便横穿大陆。

这股潮流早晚还会反转。当西方的基督教徒最终从震惊中恢复过来，欧洲大陆上就会蔓延起一场关于信仰的斗争——正是这场斗争驱使着瓦斯科·达伽马驶向东方的心脏地带。

自传奇时代以来，有两座石峰标志着已知世界的最西端。古人称其为“赫拉克勒斯之柱”①，还讲述了这位绝世英雄如何在完成其第十个不可能的任务时造了这两座山峰。赫拉克勒斯受命前往欧洲对岸去偷三头六腿的巨人革律翁的牛群，为扫清道路，他把一座山劈成两半。[14]围绕着世界的大洋之水经过这一裂缝冲入地中海。远处是扭动且不断变形的“海洋老人”[15]和沉 18
入水底的文明亚特兰蒂斯②，古老传说的碎片失落在时间的迷雾中，千年来，带给水手们无尽的恐怖。[16]

两千多年来，坐落在赫拉克勒斯南柱附近的，是一个名叫休达③的港口城市。休达地形复杂，以一条名唤“七峰”[17]的锯齿状山脉与非洲北岸相连。这一处小小的地峡漂移进入地中海，直到被一个叫作雅科山——也叫灯塔山（Beacon Hill）——的大土丘断然挡住去路。从雅科山山顶便可轻松看

---

① 赫拉克勒斯之柱（Pillars of Hercules），西方经典中形容直布罗陀海峡两岸耸立的海岬。一般认为，北面一柱是位于英属直布罗陀境内的直布罗陀巨岩，而南面一柱则在北非，但确切是哪座山峰一直没有一致的说法。大部分人认同的，一说是位于休达的雅科山，另外一说位于摩洛哥境内的摩西山。

② 亚特兰蒂斯（Atlantis），传说中拥有高度文明的古老大陆、国家或城邦之名，关于其最早的描述出现于古希腊哲学家柏拉图的著作《对话录》里，据称在公元前10000年前后被史前大洪水所毁灭。

③ 休达（Ceuta），西班牙两个位于海外的自治市之一，位于马格里布的最北部，在直布罗陀海峡附近的地中海沿岸，与摩洛哥接壤。

到西班牙海岸上直布罗陀巨岩[①]的石灰石。直布罗陀即为赫拉克勒斯北柱，得名于汇入大西洋的湍急的海峡。在这里，非洲与欧洲只有区区九英里[②]水域之隔，也是在这里，历史一次又一次跨海往还。

我们如今倾向于认为非洲和欧洲是被文明的巨大差距隔开的两个截然不同的大陆，但直到不久前，这种差别还毫无意义。多个世纪以来，水上运输货物和人员往来比陆地更容易，贸易和帝国的统治把地中海附近的各民族汇集在一处。早期的开拓者腓尼基人[③]在西班牙开采银矿，并在远至不列颠的地方找到了锡矿。他们在北非凸向西西里岛的地带建造了传说中的迦太基城[④]，同样出于对瓶颈地区战略价值的重视，他们又建造了休达，作为西部前哨。希腊殖民者随之而来，从西班牙到西西里岛建立了一系列殖民地，并安排亚历山大大帝贴身护卫的后人作为埃及托勒密王朝[⑤]的法老。接踵而至的是罗马人，他们夷平了迦太基，并在休达设置要塞，将其变成了世界尽头的一座军营。“地中海”这个词来自拉丁文，意为“大地的中心”，但政治现实和帝国骄傲促使人们给了它一个更加常见的罗马名

---

① 直布罗陀巨岩（Rock of Gibraltar），位于英属直布罗陀境内的巨型石灰岩，高达 426 米，其北端邻近直布罗陀和西班牙的边境。1713 年西班牙王位继承战争后，这块土地根据《乌得勒支和约》交给了英国。

② 约合 14.5 公里。1 英里≈1.609 公里，下同。

③ 腓尼基人（Phoenician），闪米特人的一支，乃犹太人的近邻，定居于古代地中海东岸的一个地区。腓尼基人善于航海与经商，在全盛期曾控制了西地中海的贸易。

④ 迦太基城（Carthage），北非的古代城市和城邦，位于现在的突尼斯附近。

⑤ 托勒密王朝（Ptolemaic），或称托勒密埃及，是在亚历山大大帝逝世之后统治埃及和周围地区的一个希腊化王国。王国建立者为亚历山大大帝的将领托勒密一世，他在公元前 304 年自立为国王并宣称自己是埃及法老。

字——我们的海①。正因为这种所有权意识，蛮族汪达尔人②横扫法兰西和西班牙，从直布罗陀海峡涌入地中海，在地中海附 19
近大一些的岛屿安顿下来，专干海盗的营生，最终洗劫了罗马本土，这一切在他们看来就愈发不可忍受了。

然而，再多的海上交通也未能让地中海北岸各地做好准备，迎接711年发生的那场大事件。那一年，一支穆斯林军队在休达城集结，他们渡过海峡，在西欧开始了长达781年的伊斯兰统治。这只远征军的首领是位名叫塔里克·伊本·齐亚德③的柏柏尔人皈依者，他登陆的岩壁遂被命名为塔里克山——阿拉伯语为 Jebel al-Tariq，我们则称之为直布罗陀。

当时，西班牙——中世纪欧洲用这个名字称呼整个伊比利亚半岛，也包括未来的葡萄牙本土——正处在蛮族哥特人④的统治之下，后者从汪达尔人那里强取此地，而汪达尔人则是从罗马人手中将其夺来的。短短三年后，哥特人被驱逐到了北方高地，在那里，他们有充足的时间思考国家何以毁灭，他们认为是统治者罪孽深重，招致神罚。[18]阿拉伯指挥官们带着柏柏尔人的军队在征服大部分半岛后，便挥师东北，越过狭长的比利

① 原文为拉丁文 Mare Nostrum。

② 汪达尔人（Vandals），古代一个东日耳曼部族，在民族大迁徙中，于429年占领今北非突尼斯一带，建立了汪达尔王国。455年，他们从海上出发，并于6月2日无情地洗劫了罗马城。

③ 塔里克·伊本·齐亚德（Tariq ibn Ziyad，689—720），柏柏尔人穆斯林将军，711年，他在倭马亚哈里发瓦利德一世的命令下，领军征服了西哥德的西斯班尼亚（今西班牙）。塔里克·伊本·齐亚德被认为是伊比利亚历史上最重要的军事将领之一。

④ 哥特人（Goths），东日耳曼人部落的一支分支部族，从2世纪开始定居在斯基泰、达契亚和潘诺尼亚。哥特人曾南下西班牙甚至北非，代替罗马人统治西班牙和北非。东哥特人于5世纪末在意大利建立东哥特王国。西哥特人在法国南部和伊比利亚半岛建立了西哥特王国。

牛斯山脉，挺进法兰西。

基督教世界危如累卵。

在伊斯兰教兴起后的第一个世纪，阿拉伯大军曾两次围攻君士坦丁堡，[19]但都未能攻破它高耸的城墙。坐落在博斯普鲁斯海峡之滨的这座城市两次目送庞大的阿拉伯舰队远去，那些战船上都装备着名叫“希腊之火”① 的新式武器。此时的君士坦丁堡是版图缩小、实力大减的基督教世界的东部堡垒，但它毫无屈服之意。相反，西欧却四面楚歌，仿佛任人宰割的鱼肉。入侵西班牙起初只是机会主义的大胆之举，但很快真正的侵略就从伊斯兰帝国的心脏地带开始了。伊斯兰领袖计划直接进军欧洲，吞并罗马放弃的土地，并从君士坦丁堡的后院巴尔干半
20 岛向它发起进攻。如果成功，伊斯兰教在地中海区域占据的新月形地带就会变成满月。

数以万计的阿拉伯人和柏柏尔人闯入法兰西，他们横扫阿基坦②，火烧波尔多③，沿着从普瓦捷④到圣城图尔⑤古老的罗马驿道行进。穆罕默德去世一个世纪后，一支前进的穆斯林军队距离巴黎的城门只有区区 150 英里。

在笼罩着欧洲“黑暗时代”的战争迷雾中，随着谣言四

---

① 希腊之火（Greek fire），拜占庭帝国所利用的一种可以在水上燃烧的液态燃烧剂，为早期热兵器，主要应用于海战中。

② 阿基坦（Aquitaine），法国西南部的一个大区，西邻大西洋，南接西班牙。

③ 波尔多（Bordeaux），法国西南一港口城市，是阿基坦大区和吉伦特省的首府。

④ 普瓦捷（Poitiers），位于法国中部克朗河畔，是波堤－夏朗德大区和维埃纳省的首府。普瓦捷由凯尔特人的部落所建立，后来落入罗马人的手中，罗马人在此建市。普瓦捷自古就是战略防御的重要都市。

⑤ 图尔（Tours），法国的一座古老城市。图尔在古罗马时代已是重要城市，是“耶稣圣容”神视（Holy Face of Jesus）的天主教徒圣地。

起，发生在地中海远岸的重大事件已经逼近。如果说远处响起的滚滚雷声预示着即将有一场直捣基督教世界正中心的突然袭击，这想法如此虚无缥缈，实在令人难以理解。然而这是一支戴着头巾的军队，受到古怪信仰的驱使，在不为人知的旗帜下驰骋，闻所未闻的陌生号角和铙钹的刺耳敲击响彻云霄，他们用异国语言发出令人胆寒的誓言，在法兰西的秋野上兼程而进。

伊斯兰教和基督教之间的较量在 732 年的一天改变了走向。[20]在普瓦捷城外的路上，伊斯兰军队撞上了粗野而刚毅的法兰克人①竖起的一道密实的人墙，这些西部日耳曼人从很久以前便住在罗马帝国境内，领头的是查理·马特，法兰克人都叫他“铁锤”[21]。步兵队紧紧地连在一起，一波波阿拉伯骑兵飞速地撞入前阵，也未将步兵阵列冲垮。曾在长达一个世纪的时间里使阿拉伯人获得了惊人的丰厚回报的战术[22]——断开敌人的前线、射箭时散开队形、在敌军乱作一团时重新集结、一个一个地干掉他们——这时却第一次失败了，穆斯林的尸体在法兰克人的盾牌前高高堆起。零星的战斗持续到深夜，但在曙光来临之时，残存的入侵者也消失了，他们退回了西班牙。

此后数十年间，庞大的伊斯兰军队仍一次再次地穿越比利牛斯山脉；他们偶尔会到达阿尔卑斯山，迫使“铁锤”的队伍重返战场。入侵之举最终日渐消弭，其原因与其说是西面基督教国家的军队英勇，不如说是涌进西班牙的数万名阿拉伯人和 21
柏柏尔人内部开始了你死我活的权力斗争。[23]尽管如此，穆斯林强盗还是控制了阿尔卑斯山的各个山口——他们最大的收获是

① 法兰克人（Franks），对历史上居住在莱茵河北部法兰西亚（Francia）地区的日耳曼人部落的总称。

俘获了欧洲最富有的克吕尼修道院①的院长，他缴纳了一笔堪比国王的赎金[24]——而穆斯林海盗纵横七海，直逼得基督徒“连把一块木板放入水中也不可能”，一位哈里发的首席幕僚得意地吹嘘道。[25]而在西方，普瓦捷战役②作为转折点被人们长久铭记。

正是为了描述马特的队伍，一位编年史家首创了欧洲人（europenses）[26]一词。

这是前所未有的一群人。大陆之间的地理分界线最初是由希腊人划下的，为方便起见，他们把位于自己东方的大洲叫作亚洲，位于自己南方的洲叫作非洲，其他地方都叫欧洲。随着走得更远，他们为了北方的哪条河标志着欧亚的边界、非洲究竟当始于埃及还是始于尼罗河等问题大伤脑筋，也质疑把一大片陆地分成三个部分的做法有何意义。对其他所有人来说，这种分割全然是武断的。当北欧还属于画成蓝脸的野蛮人生活的偏僻地区，而地中海还是西方文明之内湖时，大陆上的各个族群从未想过有朝一日他们会拥有共同的身份；罗马帝国的亚非各省份也并不因为它们位处欧洲之外而缺少罗马味儿。当拿撒勒③的耶稣的教义从罗马帝国的犹太行省向四面八方传播开去时，没有人能预测到其追随者的信仰会成为全欧洲的宗教；埃塞俄比亚是首批接受基督教的国家之一，而对基督教思想演变

---

① 克吕尼修道院（Cluny），910 年由阿基坦公爵虔敬者威廉在法国勃艮第大区索恩－卢瓦尔省克吕尼建立的天主教修道院。

② 西方（及中国）文献资料普遍将 732 年的这场战役记录为“图尔战役”（Battle of Tours），而“普瓦捷战役”更多是指代英法百年战争期间，发生在 1356 年的一场主要战役。

③ 拿撒勒（Nazareth），以色列北部区城市，位于历史上的加利利地区。那里是耶稣基督的故乡。

起到深刻影响的教会神父圣奥古斯丁本是来自阿尔及利亚的柏柏尔人。正是伊斯兰的军队和他们蔓延到三大洲的帝国使基督教沦为一种欧洲的信仰，只有少数例外零散分布在别处。

世上也从来没有过单一的欧洲基督教。大多数蛮族起初接受的是阿里乌教派①，这个民间教派认为耶稣是受造物。阿里乌派的一个部落伦巴第人②认为自己的使命就是杀死看法与其 22
相左的每一个天主教神父。主教们很多都是古老的元老院家族的后裔，他们在罗马帝国杂草丛生的废墟上苟延残喘，直到6世纪的法兰克人国王克洛维③在与哥特人的一场极其激烈的战斗中看到了曙光。法兰克人与罗马帝国达成协议，后者承认其国王的合法性，并以教宗的军队为其后援。双方达成协议的时间是800年的圣诞日，查理·马特的孙子查理大帝④沿着圣伯多禄大教堂⑤的台阶膝行而上，在罗马教宗面前俯伏于地，接受

① 阿里乌教派（Arianism），4世纪亚历山大港正教会的包加里教区长老阿里乌及其支持者的基督徒派别。阿里乌看重基督的人性，认为圣子是受造物中的第一位，基督不是上帝也不是人，是上帝与人之间的媒介。阿里乌教派的教导在不同的大公会议中都被斥为异端。

② 伦巴第人（Longbeards 或 Lombards），日耳曼人的一支，起源于斯堪的纳维亚，今瑞典南部。经过约四个世纪的民族大迁徙，伦巴第人最后到达并占据了亚平宁半岛（今意大利）的北部。

③ 克洛维（Clovis，466—511），法兰克王国奠基人、国王。克洛维在其妻子的劝说下，放弃了大多数日耳曼人所信奉的阿里乌教派，转而皈依罗马公教。这一行动在法国和西欧历史上产生了极其重要的影响，也为后来克洛维将其统治领土扩张到原罗马帝国高卢地区起到了举足轻重的作用。

④ 查理大帝（Charlemagne，742—814），法兰克王国加洛林王朝国王（768～814年在位），800年由教宗利奥三世加冕于罗马，成为他所扩张地区的皇帝。

⑤ 圣伯多禄大教堂（St. Peter's），又译为圣彼得大教堂，是位于梵蒂冈的一座天主教宗座圣殿，建于1506～1626年，为天主教会重要的象征之一。根据天主教会圣传，圣伯多禄大殿是宗徒之长圣伯多禄（彼得）的安葬地点，历任教宗也大都安葬于此。

加冕，成为罗马帝国的皇帝。[27]君士坦丁堡的另一位皇帝为此大发雷霆却又无能为力。教宗虽只是罗马帝国的主教，却实际上发动了一场政变，揭开了日后与东欧的正教会分裂的序幕。[28]

因为查理大帝的短命帝国很快便四分五裂，维京人①也从斯堪的纳维亚发起了一波波毁灭性攻击，又因为贫瘠的乡村耸立起石头城堡，城下人口十分稀疏，欧洲变成了一个落后的半岛，夹在大洋和伊斯兰绿海之间，风雨飘摇。正因如此，加之缺乏其他解决之道，欧洲算是找到了自己的身份。现代欧洲的概念不仅来源于地理疆界，也不仅由于拥有一个共同的宗教。各民族都有抗击伊斯兰教入侵的共同目标，这些倔强的民族拼凑起来，才逐渐形成了现代的欧洲。

这种新出现的共同身份有一个明显的例外：伊比利亚半岛仍然被一个强大的伊斯兰国家统治着。随着基督徒开始反击，也恰恰在那里，诞生了最热衷于天主教的国家。其理由简单得惊人。基督教和伊斯兰教是姊妹宗教，它们在伊比利亚长期共存。比起驱逐外人，要想把自己的姐妹赶出家门，就得更疯狂地占据道德制高点才行。

23 在已知世界的最西端，基督徒和穆斯林都将会释放出原教旨主义的力量，其影响无远弗届，在此后的数世纪绵延不绝。

一切本有可能全然不同。在阿拉伯世界，被伊斯兰教统治的西班牙被称作安达卢斯——这个名字后来用于指代西班牙的安达卢西亚地区，在长达三个世纪的时间里，安达卢斯曾是西方世界最具国际色彩的社会之所在。

---

① 维京人（Vikings），诺尔斯人的一支，他们是从 8 世纪到 11 世纪侵扰并殖民欧洲沿海和不列颠群岛的探险家、武士、商人和海盗。

自伊斯兰教兴起之初，穆斯林就把顺从伊斯兰教统治的基督徒和犹太教徒归入齐米①一类。异教徒自然是受到攻击的对象——他们面临的选择明摆着：要么皈依，要么死亡——但穆罕默德本人曾禁止追随者们干涉“有经者”[29]同胞的宗教自由。早期阿拉伯征服者们的做法尤甚：他们设置重重障碍，让犹太教徒和基督教徒很难皈依，这么做的重要原因是，任何人加入穆斯林精英阶层之后，都可以免除对异教徒收取的人头税②。然而当大批人口皈依成为常态，事实证明，宽容是有限的。9世纪的一位长于羞辱他人的哈里发下令，犹太教徒和基督徒要在住宅外悬挂魔鬼的木像，穿黄色的衣服，坟墓须与地面齐平，而且只能骑“配木头马鞍、鞍后有两个石榴样的球作为标志”[30]的骡子和驴出行。

在安达卢斯，非穆斯林的地位并不平等——这违背了伊斯兰的教义——但除了象征性的归顺之外，倒也没有人为难他们。这里反而诞生了一个激进的观念：不同信仰的人共同生活和工作③。犹太人，甚至基督徒，开始在政府中担任要职，例如文书、士兵、外交官乃至议员。曾有一个文雅、博学而虔诚的犹太教徒成为这个伊斯兰国家非官方任命但拥有实权的外交部长[31]，而他手下的一位大使还是个基督教的主教。希伯来语在此前的几百年一直只用于干巴巴的礼拜仪式，这时也在犹太诗人的笔下恢复成鲜活的语言，同时塞法迪犹太人[32]——得名自安达卢斯的希伯来语名称“塞法拉德”——摆脱了长期以来的 24
野蛮迫害，进入“黄金时代”。基督徒也同样开始喜欢上了阿

① 原文为拉丁化的阿拉伯语 dhimmi，意为“受保护的人民”。

② 原文为拉丁化的阿拉伯语 jizya。

③ 原文为西班牙语 convivencia，意即“共存”。

拉伯文化，他们像阿拉伯人一样穿衣、吃饭、沐浴，甚至用阿拉伯语诵读《圣经》和吟诵礼拜仪式。[33]因此，一小群把侮辱伊斯兰教视为己任的反抗者给那些喜欢阿拉伯文化的人起了个绰号——Mozarabs，意为“模仿阿拉伯人的人”。一个名叫尤洛吉乌斯的贵族修士专擅丰富多彩的詈词，他声称穆罕默德曾吹牛要在天堂夺去圣母玛利亚的童贞。[34]大多数拒绝改宗伊斯兰教的人也像其所追随的殉道者一样死去，他们尸体的不同部位被偷偷地带出国境，在四面八方的基督教城镇中颇受人青睐。安达卢斯从来都不算是多元文化的大熔炉，然而随着不同传统的混杂和相互补充，随着差别本身大行其道，代替了信心不足的社会强制人们服从的做法，拥有自己的观点和欲望的个人从等级森严的世界中脱颖而出。[35]

这在“黑暗时代”的欧洲是个非同寻常的现象，当时整个欧洲都坠入低谷，坚信世界日益衰老，末日之火已在地平线上摇曳。与之相反，西班牙却充满生机，大地上长满了从东方移植而来的异域新作物[36]，飘荡着橙花扑鼻的芬芳。瓜达尔基维尔河①河畔的伊斯兰教首都科尔多瓦②成为君士坦丁堡以西最壮丽的大都市，市场上堆满了精美的丝绸和地毯，灯火通明的平整街道上挂着提供法律、建筑、外科手术和天文服务的招牌。总图书馆——城里的70个图书馆之一——的书架上堆压着40万册书，比基督教西方最大的收藏也要多上千倍。大清真寺——西班牙语称之为Mezquita——由哥特式教堂改造而成，

① 瓜达尔基维尔河（Guadalquivir River），西班牙的第五长河，也是安达卢西亚自治区境内的第一长河。它的名字源于阿拉伯语，意为“大河”。

② 科尔多瓦（Córdoba），西班牙安达卢西亚自治区的一座城市，也是科尔多瓦省的首府。

精致的大理石柱支撑着红白相间的糖果色条纹叠置拱门，成为不断变幻的梦想空间。科尔多瓦有近 50 万人，一度是世上最大 25
的城市。一位撒克逊修女曾写道：“（它是）世界的辉煌点缀。”[37]

安达卢斯在 10 世纪达到巅峰，当时的统治者觉得自己创下了宏图伟业，区区埃米尔①一职实属屈才，因而宣布自己是真正的哈里发，是穆罕默德合法继承人的后裔，是所有穆斯林的领袖。为了和他新添的荣耀相配，阿卜杜拉赫曼三世②在科尔多瓦城外为自己建造了一座连绵不绝的雄伟城市。城里处处珠光宝气，象牙和乌木雕成的大门朝向护城河环绕的花园，还有充满异域风情的动物园和缀满琥珀珍珠的花哨雕塑，巨大池塘里的鱼每天要吃掉 12000 个新鲜烘焙的面包：改朝换代之意昭然若揭。使者们排着长队向新哈里发躬身奉上厚礼，他们在一个半透明大理石铺就的大厅里等待接见，大厅中央那颗巨大的珍珠吊坠下，灌满水银的池子时时被搅动起来，令人眼花缭乱。

然而三个世纪后，历史的手指轻轻一弹，便让欧洲大陆上的伊斯兰强者消弭于无形。和每一个因优越感而衰落的国家一样，安达卢斯也变得过于自满，无暇注意四伏的危机。美丽的童话总会终结，故事的高潮是傲慢的哈里发们在大理石宫殿里与世隔绝，致使国家落入一个名叫阿布·阿米

① 原文为拉丁化的阿拉伯语 emir，意即“总督”。

② 阿卜杜拉赫曼三世（Abd al-Rahman Ⅲ，891—961），伊斯兰帝国西班牙科尔多瓦的第八任总督（即埃米尔，912～929 年在位）和首任哈里发（929～961 年在位）。他也是后倭马亚王朝（即白衣大食）最伟大的统治者。他的称号是纳赛尔，意为“常胜者”。

尔·曼苏尔①——“胜利者”——的邪恶廷臣手中，这样的结局倒也恰如其分。曼苏尔还真是个常胜将军，在参战的52场战役[38]中取得了全胜。大多数战役都是以空前的狂热与固守在西班牙北部据点的哥特人后裔作战，曼苏尔的声名远播，为他赢得了“阿尔曼索尔”（Almanzor）这个西化的名字。阿尔曼索尔把在位的少年哈里发关了起来，并在科尔多瓦对岸为自己建造了一座可以与其媲美的雄伟城市，把安达卢斯变成了一个警察国家，还教唆粗野的柏柏尔人甚至基督徒雇佣兵加入他的军事
26 行动，这些都令臣民愤怒不已。1002年他去世后，穆斯林西班牙爆发了内战；几年后，不满的柏柏尔人军队毁掉了哈里发国的模范样板，此时距离它惊世崛起只有区区70年。

安达卢斯四分五裂，变成了彼此竞争的城邦的大杂烩，境外的基督徒国王们总算等到了反击的机会。

西班牙的基督教复兴是一个漫长而纷争不断的过程，小王国间无休无止的战乱令人厌烦。根据长久以来的部落传统，统治者们把身后的领土分给子嗣，而后者却纵情享乐，自相残杀。[39]战争的涟漪荡漾不息，彼此为敌的君主们常常与穆斯林入侵者结成权宜联盟，跟与同宗教的兄弟结盟一样频繁。不过他们缓慢地南移进入国力渐衰的城邦，然后突然间，历史的一次惊人反转竟指日可待。

千纪之交，西欧终于开始摆脱其血迹斑斑的黑暗笼罩。维京人开始了定居生活并皈依了基督教。在查理大帝那个古老帝国的西部，法国开始崭露头角，而德国的祖先神圣罗马帝国的

---

① 阿布·阿米尔·曼苏尔（Abu Amir al-Mansur，约938—1002），10世纪末至11世纪初安达卢斯事实上的统治者。他的统治标志着安达卢斯的巅峰时期。

东部国土上战事不断。罗马教会从屈辱的谷底恢复过来，再次梦想着壮大自己的信众。它在西班牙看到了机会。

1064 年，教宗支持与安达卢斯的穆斯林的战争——这是基督徒第一次公然与信仰相左的敌人作战。从那时起，西班牙人便开始在罗马教宗的旗帜和羽翼下行进，但从来没有真正地团结一致。基督在世间的代表为他们投入战斗提供了切实保证：大规模赦免死者的罪恶。这样一来，他们无须为自己的罪恶忏悔，死后便可立即进入天堂。

这场战争很快有了一个名字——收复失地运动①——全然不理会穆斯林统治半岛的时间长于基督徒这一令人尴尬的事实。为了个人荣耀和领土扩张的一系列无序战役演变成宗教解放之战[40]，西班牙还有了自己的守护神使徒雅各②。圣雅各——法语圣雅各（Saint Jacques）的西语拼法为圣地亚哥（Santiago）——在耶稣死后几年于耶路撒冷被斩首，但一位隐士在一颗星星的引导下，在西班牙的一片田垄[41]中奇迹般地掘出了他的尸骨。在他那可疑的转世重生中，耶稣的伙伴变成了Santiago Matamoros——“摩尔人屠杀者圣雅各”——而 Moro 则源自柏柏尔人的罗马叫法，是伊比利亚的基督徒对穆斯林、柏柏尔人和阿拉伯人的统称。摩尔人屠杀者后来又为“圣地亚哥骑士团”冠名，这是专对伊斯兰开战的众多军事组织之一，有 27

① 收复失地运动（Reconquest），是指 718～1492 年，位于西欧伊比利亚半岛北部的基督教各国逐渐战胜南部穆斯林摩尔人政权的运动。史学家以 718 年倭马亚阿拉伯征服西哥特王国，以及阿斯图里亚斯王国建国为收复失地运动的开端，以 1492 年格拉纳达的陷落为终止。这个事件的西班牙语和葡萄牙语名称“Reconquista”一词有“重新征服”之意。

② 使徒雅各（Apostle James），天主教也称圣雅各伯、长雅各伯宗徒，是耶稣的十二门徒之一。他是第一位殉道的使徒。

个令人振奋的口号："让阿拉伯人的鲜血染红长剑"。从那时起，使徒便经常出现在战火最炽之时，盔甲闪耀，身骑白马，敦促追随者们与异教徒血战到底。

就算到了现在，西班牙基督徒中仍有人不清楚自己到底该效忠哪一方。而那是熙德[42]的年代，他以西班牙的英雄之名蜚声四海，尽管他曾经是为穆斯林及基督徒服务的雇佣兵。1085年，熙德先前的主公——诡计多端、野心勃勃的"卡斯蒂利亚和莱昂的勇者阿方索"[①] 以欺骗手段控制了古老的要塞城市托莱多，因此信仰基督教的托莱多取代了没落的科尔多瓦，成为欧洲的文化之都。在穆斯林建筑师设计的犹太教会堂[43]里，托莱多的基督徒、穆斯林和犹太教徒举行着各自的宗教仪式，互不干扰。在托莱多的翻译学校里，穆斯林和犹太人合作，把医学、科学和哲学著作从阿拉伯语翻译成拉丁文。游客旅人往来于比利牛斯地区，把伊斯兰的文化和学问引进欧洲其他地区，改变了后者的精神生活，以及其装饰风格、菜谱、时尚和歌曲。[44]在共存的曙光下，西班牙人成为掌握最新时尚的大师。

托莱多是那个未能实现的平行世界中最后一道耀眼的亮光，是创造力的最后一次竞相爆发。随着基督教军队继续向南推进，
28 伊比利亚半岛上残存的穆斯林统治者开始害怕自己时日无多了。当勇者阿方索的狂热让他放肆僭越，贸然自称是全西班牙的皇帝时，安达卢斯终于开口向海外求助了。[45]

这是个致命的错误。

---

① 卡斯蒂利亚和莱昂的勇者阿方索（Alfonso the Brave of Castile and Leon，1040—1109），莱昂国王（1065～1109年在位，时间有间断），卡斯蒂利亚国王（1072～1109年在位）。从1077年开始，他自称为"全西班牙皇帝"。阿方索积极参加收复失地运动。1085年5月25日，阿方索把西班牙伊斯兰教地区最重要的城池之一托莱多也并入自己的领土。

穆拉比特人[①]是个来自撒哈拉沙漠的残忍的穆斯林教派，他们追随的是一位强硬派传教士，此人坚信应严苛训导和定期惩罚教徒。他们已经向南扩张到了撒哈拉以南的非洲地区，向北到了摩洛哥一带，如今正迫不及待地准备渡过直布罗陀海峡，直抵西班牙。他们甫一到达，便认为自己的教友是一群浑浑噩噩的好色之徒，于是转身回家拿起自己的法特瓦[②]——教令，确认自己有权处置那群教友。当他们再度回来时，安达卢斯骄傲的阿拉伯人深吸一口气，投降了。新的哈里发国及时再次联合纷争不断的城邦，向基督徒发起了反击，直到他们自己也日益松懈，被穆瓦希德人[③]赶下了权力的宝座，穆瓦希德王朝是从休达涌入的柏柏尔人建立的又一个无坚不摧的王朝。[46]

穆瓦希德人比穆拉比特人更加热衷于原教旨主义，他们打算把安达卢斯变成圣战者的国度。

很久以前，当伊斯兰教的扩张远远超出阿拉伯半岛时，伊斯兰学者曾把世界分成两部分：伊斯兰世界和战争世界[④]。根据这种学说，前者应责无旁贷地对后者施压，直至后者消亡。武装圣战——jihad 一词的本意不过是“斗争”，往往是指个人为求真主的恩慈而努力奋斗——成了蒙神认可的扩张工具。随着伊斯兰世界四分五裂，穆斯林陷入纷争，圣战本身的威力也日渐消退。而穆瓦希德人不能容忍这种衰弱，除了严厉抨击自

---

① 穆拉比特人（Almoravids），指 11 世纪来自撒哈拉的柏柏尔人，“穆拉比特”一词源自阿拉伯语，意为“武僧”。

② 原文为拉丁化的阿拉伯语 fatwa。

③ 穆瓦希德人（Almohads），北非柏柏尔人的一支。12 世纪初，伊斯兰教神学家伊本·图马特创立穆瓦希德教派，反对穆拉比特王朝。1121 年，其追随者阿卜杜·穆明建立政权。1147 年攻占马拉喀什，灭穆拉比特王朝，此后王朝定都于此。

④ 原文分别为拉丁化的阿拉伯语 dar al-Islam 和 dar al-Harb。

己的穆斯林同胞外，他们还宣称将对西班牙的基督徒和犹太教徒发动一场永恒的圣战。在穆瓦希德人赶尽杀绝和残酷翦除信
29 仰的过程中，基督徒的处境并不比异教徒好多少：他们崇拜神圣的三位一体而不是真正的唯一神，所以便再也不配做受保护的人民了。仍然住在安达卢斯的受保护人民收到了最后通牒：要么死亡，要么皈依。很多人不愿做出选择，宁肯一走了之。

西方基督教世界也曾经历过相似的转变。基督教起初是犹太教信徒的一个不起眼的运动，但它在被罗马帝国宣布为官方宗教后，很快就发起了征服世界的战争。罗马军团打着十字架的旗号投入战斗，随后，一波又一波的野蛮人也照此行事，他们中的很多人最初就是在利剑的胁迫下皈依天主教的。首次定义了“正义战争”概念的基督教思想家圣奥古斯丁曾谴责说，为了权力或财富而战无异于江洋大盗，但他同样认为，为了维持和平，以暴制暴也是必要的。自奥古斯丁以降，同样的想法影响着烧杀劫掠的野蛮人和维京人，启迪着教宗的宏大梦想以及军营笼罩下的欧洲，直到最后，为基督教而战被看作是反对“敌基督”① 的崇高战斗。随着天主教神学家们终于解开伊斯兰教的谜团[47]，他们发现如果这两种信仰之间有任何的和解与容忍，那不仅符合教义，也是切合实际的：穆斯林至少承认基督徒是其信仰的先驱（尽管早已走向歧途），而在基督徒看来，新宗教的出现本身就证明自己大错特错了，是可忍孰不可忍。

30 尽管两种宗教之间存在巨大差异，但造成其最大分歧的正

---

① 敌基督（Antichrist），指以假冒基督的身份在暗地里敌对或意图取缔真基督的一个或一些人。基督教认为，会有假冒基督的某人否认有关耶稣基督的《圣经》教义，与他的王国为战，虐待基督的门徒。凡是伪称代表基督的人、机构和国家，以及擅自以弥赛亚自居的人，都可说是基督的敌人。

是它们的相似之处。不同于其他任何主要宗教，两者都宣称上帝的终极启示是自己独有的。此外与大多数宗教不同的是，两者都以传播为使命，力图把自己的教义传播给被它们视为异端的没有信仰之人。作为世界性宗教和地理上的邻居，它们从一开始就是竞争对手。在西方，这种对抗曾一度因少数开明统治者、伊斯兰帝国的辽阔疆域，以及欧洲的血腥反省而中止。但容忍的最后一缕微光也迅速消失了，伊斯兰世界开始分裂成更加锐利的碎片，而欧洲也终于发起了反攻。

教宗向西方基督教世界的勇士们发起了武装号令。成千上万的基督教士兵南行穿过西班牙，他们满怀着复仇的热情，立志要把伊斯兰教赶出欧洲。[48]

在世界的西部边缘，日益无法弥合分歧的双方同时爆发了圣战。伊比利亚半岛自由战士的后代会以基督的名义跨海征服遥远的国度，这绝非巧合。与伊斯兰作战已融入他们的血液：这正是他们的国家建立之初的使命。

就在争夺西方的战役如火如荼之时，活力四射的欧洲把目光投向了东方。反击伊斯兰教的战斗始于西班牙，目标直指耶路撒冷，如今这场战斗有了一个将在未来几百年间萦回不绝的名字——十字军东征。

2. 圣地

31 1099 年的炎炎夏日，数千名烈日炙烤下的基督教战士穿欧入亚，聚集在耶路撒冷。他们喜极而泣，吟诵着祷文，还在天空中看到了幻象。他们在穆斯林火箭的猛攻下匍匐前进，推着木质的攻城器械来到了这座圣城高耸入云的白色城墙前。他们爬上城垛，在布满岁月痕迹的街巷间杀出一条血路，战况惨烈得连地上的石头都像在流血。他们刚下战场便拖着沉重的战利品，步履蹒跚地齐聚圣墓教堂，在基督墓前祈祷。耶路撒冷在变成穆斯林城市 461 年之后，终于重归基督徒所有。

欧洲人激情澎湃地发动的第一次十字军东征始于四年前，起点是遥远的法国中部山林。在 11 月寒冷的一天，13 位大主教、90 位修道院院长、225 位主教，以及大批贵族和骑士聚在一起，聆听教宗发表的重要声明。教堂过于狭小，无法容纳所有的听众，于是人群走到附近的一块空地上，倾听响入云霄的武装号令，向东方发起了绵延数个世纪的圣战。

教宗乌尔班二世[1]（Urban Ⅱ）本名“沙蒂永的奥多”（Odo of Châtillon），是香槟地区一个骑士家族的后裔。他有此宏愿，是因为受到了伊比利亚半岛收复失地运动的启迪，但真正促使他采取行动的，是来自君士坦丁堡的迫切请求。

罗马陷落六个世纪后，君士坦丁堡依然认为西欧是被野蛮

人临时占据的帝国领土，断然拒绝承认教宗是基督教世界的最 32
高领袖。就在40年前，教宗的使节在君士坦丁堡圣索菲亚大教堂①金碧辉煌的多层穹顶下昂首阔步，当场把牧首逐出了教会，[2]东正教在盛怒之下和罗马天主教永远分道扬镳了。向罗马求救难免尴尬，但君士坦丁堡别无选择。

君士坦丁堡的广场和街道上林立着古希腊和罗马的雕塑，它的赛马场②被镀金的骑士塑像和10万个座位环绕，教堂像是镶嵌工艺组成的金色火焰，作坊里堆满了精致的圣像和丝绸，要竞争旧世界里最为迷人的国际大都会，君士坦丁堡的对手只有一个。那个可以与之媲美的城市是由阿拔斯王朝③建造的，这支阿拉伯氏族曾把倭马亚王朝的哈里发们撵下大马士革的王座，还把倭马亚王朝的80位落魄亲戚请来赴宴，用他们的血肉作为宴会的主菜，一举消灭了余孽。[3]8世纪，阿拔斯王朝放弃了敌对的大马士革，在底格里斯河河畔选址定都，最终选定的地点离幼发拉底河最近，距离波斯旧都泰西封④高耸的废墟只有20英里。新都被乐观地称为“和平之城”⑤，后来改名巴

---

① 圣索菲亚大教堂（Hagia Sophia），位于今土耳其伊斯坦布尔的宗教建筑，有近1500年的漫长历史，因其巨大的圆顶而闻名于世，是一个“改变了建筑史”的拜占庭式建筑典范。

② 赛马场（Hippodrome），是一个罗马竞技场，曾是拜占庭帝国首都君士坦丁堡的体育和社交中心。“赛马场”（hippodrome）一词源于希腊语的hippos（ιππος，马）和dromos（δρομος，道路）。

③ 阿拔斯王朝（Abbasids），哈里发帝国的一个王朝，也是阿拉伯帝国的第二个世袭王朝。阿拔斯王朝于750年取代倭马亚王朝，定都巴格达，直至1258年被旭烈兀西征所灭。古代中国史籍（新旧唐书）称之为“黑衣大食”。

④ 泰西封（Ctesiphon），古代美索不达米亚的一个伟大城市，是帕提亚帝国及其继承者萨珊王朝的首都。泰西封在今日伊拉克首都巴格达东南的底格里斯河河畔。

⑤ 原文为拉丁化的阿拉伯语Madinat al-Salam。

格达。

巴格达是延续数世纪的波斯灿烂文化的继承者，加之席卷幅员辽阔的伊斯兰帝国的知识洪流在那里交汇，它很快就成为全世界的知识源泉。来自世界各地的学者聚集在这里的“智慧之家”[①]，把希腊、波斯、叙利亚和印度的科学、哲学和医学著作翻译成阿拉伯语，伊斯兰学者还用亚里士多德的学说测试了《古兰经》。数学家从印度引进了十进制数字系统并对其做出了改善，还解开了代数和运算法则的秘密。造纸的诀窍来自中国
33 犯人，公共图书馆系统让迅速发展的知识体系得以流通。工程师和农学家完善了水车，提高了灌溉效率，并培育了新作物；地理学家绘制了地图，天文学家绘制了星图。巴格达的知识复兴在世界各地引起了强烈反响——然而即便在那时，巴格达的核心也开始腐烂了。

阿拔斯的哈里发们把巴格达建造成一个正圆形的城市，市中心是雄伟的宫廷建筑金门宫。阿拔斯人的生活方式日渐奢华，金门宫成为充斥着美酒佳人、笙歌飨宴的游乐宫；在《一千零一夜》的世界里，朝臣觐见哈里发时会亲吻地面，哈里发无论走到哪里都有个刽子手相随左右。哈里发逃避公务，躲进庞大的后宫，那里回响着选自各国的侍妾和狡猾机智的歌女轻柔的脚步声。917 年，君士坦丁堡的一位大使来到巴格达，后者用乘坐在金银马鞍上的骑兵、披挂锦缎的大象、100 头狮子、2000 名黑种和白种阉人，以及端着冰水和果汁的侍者欢迎他的到来。[4] 宫殿里悬挂了 38000 匹金色的织锦，铺了 22000 块地

① 智慧之家（House of Wisdom），多译作“智慧宫”，是阿拉伯帝国阿拔斯王朝时期伊拉克巴格达的一所图书馆及翻译机构。它是翻译运动的重要机构，被视为伊斯兰黄金时代的主要学术中心。

毯，湖底都镀有锡粉，湖面上漂荡着四条金色和银色的游船。另一个池塘旁种着一株假树，上面缀着水果形状的珠宝，金银树枝上栖息着金鸟和银鸟；假树会听命摇摆，使金属的树叶瑟瑟作响，金属的鸟儿也开始啁啾。这与麦地那的平等主义乌玛相去甚远，随着公众的愤怒与日俱增，哈里发们用马穆鲁克人①——从漫游在中亚大草原上的野蛮民族中抓来的土耳其奴隶——组成私人军队的方式作为自己的安全保障。事实证明，这种做法并不是长久之计。土耳其人皈依了伊斯兰教，接受了本地文化，并发起了一系列军事政变：在九年时间里，至少有五分之四的哈里发被谋杀。愤怒的巴格达人爆发了起义，土耳其人烧毁了整座城市。

巴格达的城中心没能守住，幅员辽阔的伊斯兰帝国的中心 34
也同样失守了。在西面，一支什叶派[5]控制了突尼斯和埃及，其统治王朝自号法蒂玛王朝②，其统治者宣称自己是穆罕默德的女儿、阿里之妻法蒂玛的后裔，把领土扩张到叙利亚、巴勒斯坦以及阿拉伯半岛的大部分地区。200 年来，他们坐拥新都开罗，作为敌对的哈里发国实施统治。在东面，波斯的力量一度复兴[6]，直到中国西扩把土耳其部落全部推进了伊朗，他们在那里开拓出独立的王国，对哈里发们只是口头敷衍。1055 年，塞

① 马穆鲁克人（mamluks），9～16 世纪服务于阿拉伯哈里发和阿尤布王朝苏丹的奴隶兵。最早的马穆鲁克人服务于 9 世纪阿拔斯王朝的巴格达。他们来自高加索地区和黑海北部，大多是被奴隶贩子抓到并贩卖到中东地区的。当时那里有各种游牧民，如格鲁吉亚人、切尔克斯人和钦察人。大多数游牧民都不是穆斯林。

② 法蒂玛王朝（Fatimids），北非的伊斯兰王朝，建都于突尼斯的马赫迪耶，攻打摩洛哥的伊德里斯王朝，征服摩洛哥，并进而占领整个马格里布。969 年，法蒂玛王朝征服阿拉伯帝国统治下的埃及，973 年迁都开罗。中国史籍称之为绿衣大食。

尔柱王朝[①]——以其首任领袖命名的一个土耳其王朝——最终攻占了巴格达，他们称自己的领袖为苏丹，即“权力拥有者”，而把哈里发贬为宗教领袖的光荣头衔。

君士坦丁堡心满意足地全程观察着这些剧变。它收复了一些久违的失地，军队几乎抵达耶路撒冷城下。然而巴格达的衰落绝不意味着它的对手城市的胜利。塞尔柱人很快就穿越了君士坦丁堡的东部边境，他们在短短20年内歼灭了君士坦丁堡的军队，摧毁了它的城池。[7]此时他们就聚集在首都面前，古典世界的宝库终于濒临毁灭。

土耳其人强迫基督教男童在洗礼盆中撒尿，还鸡奸基督教神职人员、修士甚至主教之类的可耻的传闻[8]已在欧洲流传多年，但如果有谁还没听过这些谣言，教宗乌尔班也没给他留下任何想象的空间。教宗在临时搭建的布道坛上发表骇人听闻的宏论，宣称道：

> 土耳其人彻底毁灭了一些信仰上帝的教堂，同时又把其他教堂改用于崇拜他们自己的偶像。他们玷污和败坏了圣坛。他们给基督徒行割礼，还把割礼的血涂在圣坛上，
> 35 或是倒进洗礼的圣水盘中。他们以杀人为乐，将人开膛破肚，把垂死之人的肠子取出来拴在桩子上，然后用鞭子驱赶受害者绕着桩子跑，直到后者脏腑流出，倒地而亡。他们还把人绑在桩子上，向这些人射箭；他们还捉住一些人，

---

① 塞尔柱王朝（Seljuks），10世纪逊尼派穆斯林建立的王朝，他们吸收波斯文化，形成了中世纪西方和中亚地区的土耳其-波斯文化。塞尔柱人建立大塞尔柱帝国和鲁姆苏丹国，统治区域从安纳托利亚延伸至波斯，他们也是第一次十字军东征攻击的目标。

拉长他们的脖子，尝试用白刃一刀砍下他们的头颅。至于骇目惊心的强奸妇女，我还能说些什么呢？[9]

这一连串令人恐怖的事件足以令基督徒热血沸腾，但乌尔班还另有目的。请求天主教骑士前去救助东正教的君士坦丁堡及其以工于心计著称的皇帝们绝非易事，所以教宗把十字军的目标扭转到了一个新的方向：发兵耶路撒冷。[10]

在那个年代，哪怕是为了蒙受无名圣人的遗物散发出的神圣恩典，善男信女们也愿意踏上漫长艰巨的朝圣之旅，至于那座耶稣在那里布道、死去并复活的城市，在告解者们看来简直神圣至极。最初几个世纪，耶路撒冷的穆斯林君主原本乐于让基督徒在圣地祈祷，但伊斯兰世界的新势力废弃了这个古老的政策。1009 年，一位埃及统治者因为前来的基督教朝圣者人数过多而颇感不悦，下令把圣墓教堂拆得片瓦不留。[11]教堂后来因获得了大笔贡金而得以重建，但没过多久土耳其人又来到这座圣城，他们迫害朝圣者的兴致不减反增。乌尔班的话像个迷人的处女一样拨动了骑士们的心弦，耶路撒冷乞求得到解放，而且“从未停止恳求大家对它施以援手”。[12]

圣城被如此亵渎，的确很难堪，但实际上，乌尔班想让欧洲骑士们挺进东方的另一个原因，是他迫切地想把他们赶出西方。随着“黑暗时代”的结束，一个受到精良武装和长期训练的庞大武士阶层变得无事可做，唯有彼此攻击、恐吓手无寸铁 36
的民众，更让罗马教会怒不可遏的是，这群人甚至掠夺教会的财产。乌尔班告诫集结的骑士们：“既然你们彼此谋杀、发动战争，常常死于互相伤害，那么就让你们之间的仇恨消解，让争吵落幕，让战争停止，让所有的倾轧和论争都沉沉睡去吧。

踏上通往圣墓之路，从邪恶的种族手中夺回那块土地……为了宽恕你们的罪恶，在天国的不朽荣耀的保证之下，把它掌握在自己手中。”[13]他宣称，基督本人命令他们在他的国度中消灭那些鄙俗的土耳其人。

“这是上帝的旨意！”① 骑士们喊道。

乌尔班的花言巧语如此具有煽动性，但为基督而战的说法毫不新鲜。他的首创，是把武装战斗说成骑士们终其一生的朝圣之旅。如此诱人的前景引得成千上万贫苦男女老幼涌向隐士彼得②这位地狱之火布道者身旁，人们普遍认为后者拥有一封天堂来信，信中上帝召唤他率众攻打土耳其人。“平民十字军”近乎赤手空拳，却坚信基督会驱散前进路上的异教徒，他们甚至在欧洲的武士们开始集结之前就动身前往东方了。很多朝圣者在抵达君士坦丁堡的路上洗劫了富裕的犹太聚居区。皇帝吓坏了，赶紧转移他们的目标，让杀人如麻的土耳其人去对付他们。

真正的十字军在翌年出发，征途上可怕的艰辛把骄傲的勇士变成了饥饿的野兽，他们切下穆斯林尸体上已经开始腐烂的臀部的肉，把肉放在火上烤，等不及将其烤熟便撕下肉块。而真正让勇士们必遭天谴的，还是攻打耶路撒冷城。人们不会忘记1099年夏的屠杀之日：伊斯兰世界不会忘记，那里的作家咆哮说死了10万人；基督徒们也不会忘记，他们曾不无残忍地在
37 家中津津乐道着自己以上帝之名从事的“伟业”[14]。目击者报告

① 原文为拉丁文 Deus lo volt。

② 隐士彼得（Peter the Hermit，约1050—1115），来自法国北部城市亚眠的一位牧师，第一次十字军东征中的重要人物。他和沃尔特·桑萨瓦尔率领一支“平民十字军”自发前往耶路撒冷，最后被基利杰阿尔斯兰一世的塞尔柱军队所摧毁。

说，成堆的头颅和手脚散落在大街小巷。妇女在逃跑时遭人刺伤。有人看到骑士们“把婴儿从母亲的膝上或摇篮中倒提起来，砸在墙上，扭断他们的脖子”[15]，或是劈开死者的肚子，寻找他们“生前从恶心的喉咙吞下去”的金币[16]。在被穆斯林尊为圣所，穆罕默德曾在那里骑着飞马夜行，随后又在附近的岩石[17]登霄的阿克萨清真寺[18]，屠杀规模极大，以至于目击者们开始争论鲜血到底是淹到十字军的脚踝、膝盖还是马缰[19]。空气中的恶臭味数月不散，即使在城墙边“堆得像房子一样高”[20]——这是强迫穆斯林幸存者完成的任务——的千万具腐烂尸体被扔进闷燃的黑色柴堆之后仍然如此，他们在燃烧的尸体中发现了更多被吞下去的金子。屠杀的规模进而增强了十字军骑士关于来自天堂的光荣祝福照耀在他们身上的信念。一个狂喜的修士[21]宣称，征服耶路撒冷是史上自耶稣受难以来最伟大的事件，敌基督即将到来，末日之战即将打响。

耶路撒冷变成了一个基督教王国的首都，通常被称为鲍德温的属于一个长长世系的法兰西国王们都是在圣墓教堂被加冕的。耶路撒冷的北方还有三个十字军国家——埃德萨①、安提阿和的黎波里——沿地中海东岸一字排开。城堡组成的封锁线在叙利亚和巴勒斯坦的焦土之上拉开，一座比一座宏伟，彼此的距离不超过一天的马程。其中一些大型城堡的镇守者是出名地自律和极其富有的军事组织，它们起初是为了照顾生病的朝圣者、保护他们的旅途安全而建立的兄弟会，后来逐渐发展壮

① 埃德萨（Edessa），11 世纪末第一次十字军东征所建立的四个十字军国家之一。埃德萨伯国建立于 1098 年，主要领土位于今土耳其境内。1098 年，布洛涅的鲍德温脱离十字军的主队伍，独自率领自己的部队向埃德萨进发。他被当地的掌权者托罗斯收为养子和继承人。1098 年 3 月，托罗斯被刺杀（或被废），鲍德温取得了当地的统治权，冠上伯爵称号。

大。医院骑士团①和圣殿骑士团②变成了神圣武士的精英军团，
38 只听从教宗的指挥。圣殿骑士团身骑战马，手持铁枪，是十字军的前锋；他们手握长矛埋伏在战场上，以紧密的队形无声地驰进敌方的前线，装饰着红色十字架的白色披风在身后飞扬。[22]

圣殿骑士和医院骑士生活如修士般简朴[23]，作战如魔鬼般无情，但他们往往是死对头。被西方人称作“海外领地”的那片土地从一开始就是个怪胎。那是个移植到东方、以异域色彩装扮的小欧洲，在故土上让贵族们互相残杀的傲慢自负，同样肆虐在海外领地，使那里很快便沦为同样的内斗的牺牲品。十字军骑士不断钩心斗角，而其他人则离开教会，融入了当地社会。嗜血的新移民愤怒地发现，他们的前辈戴着阿拉伯头巾，身上喷着除臭剂，盘腿坐在水花四溅的喷泉旁的花砖地面上，欣赏着舞女的演出。新来者给这些人起了一个贬抑的称呼——小年轻③，同时愈演愈烈的隔阂注定要惨烈收场。

十字军国家要想生存，就必须依赖三面环绕着它们的穆斯

---

① 医院骑士团（Knights Hospitaller），亦名罗得骑士团或圣约翰骑士团，最后演变成马耳他骑士团，成为联合国观察员的“准国家”组织持续至今，是最为古老的天主教修道骑士会之一。医院骑士团的全称是“耶路撒冷圣约翰医院骑士团”，成立于第一次十字军东征之后的1099年，本为本笃会在耶路撒冷为保护其医护设施而设立的军事组织，后来演变成天主教在圣地的主要军事力量之一，其影响一直持续至今日。

② 圣殿骑士团（Knights Templar），全称是“基督和所罗门圣殿的贫苦骑士团”，是存在于中世纪的天主教军事修士会。圣殿骑士团创立于第一次十字军东征之后，主要由信奉天主教的法国骑士组成。圣殿骑士团曾是欧洲历史上最富有强大的天主教军事修士会之一，并且在其存在的近200年中对中世纪的欧洲经济体系产生了巨大的影响。

③ 原文为法语 poulins。

林之间更加严重的不和。北方，塞尔柱王朝的土耳其人开始了暴虐的自相残杀。东方是长期不和的叙利亚各城邦。西南方向，长期统治埃及的什叶派法蒂玛王朝也陷入了穷途末路的大混乱。其间有一个什叶派狂热信徒的变节教派[24]悄悄接近他们，比起杀戮基督教闯入者，这些变节者更热衷于从背后袭击自己的穆斯林同胞。他们的总部隐藏在叙利亚海岸迂回曲折的腹地，位于一片耸峭山石之上的要塞。他们的领袖则是个幽灵般的人物，西方人称之为“山中老人”。据说，为吸引一个路过的十字军战士的注意，他命令门徒从总部所在的要塞上舍身跳崖。伊斯兰世界的其他人把这个教派唤作食杂烩者①，这是个民间常见 39
的贬义词，十字军把这个名字略加修改，称其为“阿萨辛派”②。这距离西方神怪作家的荒诞想象只有一步之遥了，在那些故事中，宗教狂热者在被派去从事自杀式任务之前，有机会一瞥大麻烟雾缭绕之中的纵欲放荡，并被告知他们将会一劳永逸地获准进入安乐世界。无论他们是否进入了迷幻状态，阿萨辛派干掉了大量穆斯林要人，也杀死了不少十字军战士。

第二次十字军东征在统一穆斯林方面比穆斯林自己做得好得多。法德两位国王亲自率领十字军在 1147 年出发，去收复第一个赢得也是第一个失去的十字军国家埃德萨，却以攻击富裕的大马士革而滑稽收场，后者是唯一一个真正对基督徒友好的穆斯林城市。叙利亚人在解决了自身的分歧、痛击了朝圣的骑士后，开始入侵丰饶而四分五裂的埃及，后者无

---

① 原文为拉丁化的阿拉伯语 hashshashin。

② 阿萨辛派（Assassins），中古时期活跃于阿富汗至叙利亚山区的一个穆斯林“异端”教派，以秘密的暗杀组织闻名。他们以里海南岸山区为根据地，中心设在阿剌模忒堡（意为“鹰巢”）。英语单词“assassin”（暗杀）的词源便是由教派之名而来的。

可奈何地求救于十字军，十字军先是保卫了埃及，随后又攻击了它。

埃及人又被迫向敌人求救，想把自己的同盟赶出去，可这一次，叙利亚人留下来不走了。叙利亚指挥官的侄子，也是其左膀右臂，一个名叫优素福·伊本·阿尤布的库尔德青年作为总督接管了埃及，1171 年，他驱逐了最后一个法蒂玛统治者。这位优素福就是西方所熟悉的萨拉丁，他随后经过精心策划，又反向接管了叙利亚。1176 年，当塞尔柱王朝久无战事，准备对君士坦丁堡再次发动毁灭性攻击时，[25]萨拉丁同时与双方缔结联盟。十年里，他联合十字军的邻居们，消除了对自己的潜在威胁，并对基督教国家迅速收紧了包围。

萨拉丁是十字军最怕的那种对手：既是个战术大师，又是个虔诚的信徒。他致力于复兴实力日渐衰落的伊斯兰圣战，就像十字军中最狂热的基督徒一样。和乌尔班二世一样，他也把耶路撒冷作为建立全新的伊斯兰超级大国行动的核心，
40 但他的野心比教宗大得多。在攻克了圣城耶路撒冷之后，他宣称要分割自己的国土，立下遗嘱，并对欧洲人穷追不舍——“为的是让地球上不再有任何不信仰真主之人，为此战斗到最后一刻。”[26]

1187 年，萨拉丁兑现了他的第一部分承诺。那年夏天，他率领三万战士——其中近半数为快速的轻骑兵——西行穿过约旦河。两万十字军出城迎战，其中包括披挂着重型盔甲的 1200 名骑士。

两军在拿撒勒附近相遇了。

单是这个名字就足以让基督徒因胜券在握而心跳加快，但无论是上帝还是战术意识都没有站在他们这一边。就在贵族们

围绕应该在烈日下跋涉穿过沙漠还是应该等穆斯林送上门来的问题争吵不休时，萨拉丁却把他们都赶到了加利利海①以西的干燥平原上。夜幕降临，基督徒的水用光了，穆斯林的先锋部队对其怒吼辱骂，向他们射去一阵阵箭雨，并在他们目力所及之处把皮袋里的水倒在地上，还点燃了他们营地周围的灌木丛，浓烟让基督徒们窒息。第二天早上，虚弱的基督徒步兵乱哄哄地冲上名为“哈丁角”的一座死火山，并拒绝下山。骑士们发起了一次又一次的冲锋，但精神饱满的穆斯林军队只用数小时便结束了战斗。[27]

三个月后，耶路撒冷向库尔德征服者投降了。教宗立刻召集了第三次十字军东征，欧洲三巨头——英格兰的狮心王理查②、法兰西的腓力二世③和神圣罗马帝国的腓特烈一世④都响应了号召。年长的腓特烈在渡河时落马，在土耳其死于心脏病发作。按照传统习俗，他的肉被割下来煮熟后埋葬，骨头则被捆放在袋子里，与他的军队余部为伴。理查围攻海滨城市阿卡⑤，他答应放过城内的平民，却在阿卡城投降后屠杀了将近
3000 犯人。腓力与英王为战利品大吵一架之后回家了，十字军 41
还没有实现目标便渐渐离去了。

---

① 加利利海（Sea of Galilee），以色列最大的淡水湖，传统上称其为海。

② 狮心王理查（Richard the Lionheart，1157—1199），中世纪著名的英格兰国王以及十字军名将。因其在战争中总是一马当先，犹如狮子般勇猛，因此得到“狮心王”的称号。

③ 腓力二世（Philip Ⅱ，1165—1223），卡佩王朝国王（1180～1223 年在位）。腓力二世是卡佩王朝的第一位强大的君主，也是 1189～1192 年第三次十字军东征的领袖之一。

④ 腓特烈一世（Frederick Ⅰ，约 1122—1190），霍亨斯陶芬王朝的罗马人民的国王（1152～1190 年在位）和神圣帝国皇帝（1155 年加冕）。

⑤ 阿卡（Acre），以色列城市，位于以色列北部加利利海以西，距离耶路撒冷约 152 公里。阿卡是持续有人类居住的最古老的城市之一。

一波波新的被武装的朝圣者从欧洲出发去收复圣城，结果同样未能如愿。其中最怪异的要数第四次十字军东征，他们在威尼斯后台老板的命令下转道前往君士坦丁堡，根本就没往耶路撒冷的方向前进。在连续九个世纪久攻不下之后，十字军于1204年第一次攻破了君士坦丁堡高耸的城墙，毁掉了世上最伟大的基督教城市。在壮丽的圣索菲亚大教堂，醉醺醺的骑士们对着令人眼花缭乱的祭坛一通劈砍，肆意践踏无价的圣像，还有个妓女在牧首的宝座上一显身手。女修道院里的修女惨遭强奸，妇女和儿童在家中遭人杀害。威尼斯人把镀金的马匹雕像从古老的赛马场运走，去装饰圣马可大教堂①的大门，他们还垄断了这座城市的商业生活。占领者在自己人中间找了一个人，加冕他为皇帝。之后的半个世纪，有三个罗马帝国共存：被罢黜、流亡他乡的君士坦丁堡统治者们所建立的帝国，日耳曼的神圣罗马帝国，以及所谓的十字军拉丁帝国②。当然，这些统治者对罗马这座城市本身都没有任何统治权。

就这样，乌尔班二世发起的西方入侵东方的大规模运动，反倒对求助于他的那座城市造成了致命的伤害。

同样，一切本有可能全然不同。1229年，神圣罗马帝国皇

① 圣马可大教堂（St. Mark's Basilica），又称“圣马尔谷圣殿宗主教座堂”，世界上知名的教堂之一，是意大利威尼斯的天主教主教座堂、天主教的宗座圣殿，也是拜占庭式建筑的著名代表。圣马可大教堂的前身最初建于828年，当初只是总督府当中一座临时性的建筑，用以存放威尼斯的商人们从埃及亚历山大偷运出来的耶稣七十门徒之一圣马可的遗骸。

② 拉丁帝国（Latin Empire），1204年，第四次十字军东征攻陷拜占庭帝国君士坦丁堡后建立的国家，其拉丁语正式名称是罗马尼亚或罗马尼亚帝国。由鲍德温一世出任首任“罗马尼亚皇帝”。

帝腓特烈二世①抵达耶路撒冷，和那里的穆斯林统治者坐下来谈判，希望租下这座圣城。腓特烈是个宗教怀疑论者，他从小在国际化的西西里[28]——唯一可以和安达卢斯相媲美的基督教国家——长大，赞同三个亚伯拉罕宗教硕果累累的相互交流，而他本人因为没有加入十字军，已经被教宗逐出了教会。他说着一口漂亮的阿拉伯语前去赴苏丹的宴会，第二天早上，就连城市中在各个清真寺的尖塔里召唤信徒做礼拜的宣礼员们也出 42
于尊敬而保持了沉默。作为对这种敬意的回报，腓特烈坚称他只有听到悦耳的咏唱声才会留下。租约签署之后，耶路撒冷又回到了基督徒的控制之下长达 15 年，这引起了双方强硬派的愤怒。

腓特烈被他的同时代人称为“人间奇才”②（这倒不一定都是褒义），是个思想自由的异人。这是又一个看似有可能投射出迥异未来之朦胧轮廓的时刻，却再一次迅速凋零。最后，腓特烈的干预让欧洲的局势更加动荡了，十字军也走向了他们不可避免的结局。对很多人来说，最后那个顿悟的时刻是十字军在第七次东征中因为饥荒、疾病以及在埃及遭遇军事失败而走向毁灭，尽管法兰西的路易九世③发兵征服埃及时曾那般自信

---

① 腓特烈二世（Frederick Ⅱ，1194—1250），霍亨斯陶芬王朝的罗马人民的国王（1211～1250 年在位）和神圣罗马帝国皇帝（1220 年加冕）。他也是西西里国王、耶路撒冷国王（1225～1228 年在位）、意大利国王和勃艮第领主。腓特烈二世利用外交手段指导第六次十字军毫无死伤地进入圣地耶路撒冷，被称作“王座上第一个近代人”的知识分子。

② 原文为拉丁文 Stupor mundi。

③ 路易九世（Louis Ⅸ，1214—1270），卡佩王朝第九任国王（1226～1270 年在位）。他曾经发起第七次、第八次十字军东征，被认为是中世纪欧洲的君王典范，绰号“圣路易”。第七次东征时，路易九世很快便攻取了埃及的达米埃塔，但陷入了瘟疫的折磨。随后十字军被马穆鲁克将领拜巴尔率领的奴隶骑兵打败，路易九世被俘。法兰西以大笔赎金赎回了路易九世。

满满。“我心里悲愤交集，”一位圣殿骑士因为信仰崩溃而说道，“几乎不敢再苟活于人世。”

> 看来上帝决定支持土耳其人击败我们……啊，主啊……唉，东方的国度损失惨重，再也无力崛起了。他们会在圣玛丽女修道院上建造清真寺，因为这样的盗窃行为会取悦她的圣子——祂本应为此而哭泣，而我们也被迫顺从。……任何想与土耳其人战斗的人都疯了，因为耶稣基督不再与土耳其人为敌。他们征服了我们，还会继续征服下去。他们每天都会压制着我们，因为他们知道曾经清醒的上帝如今睡着了，而穆罕默德越来越强大。[29]

法王路易虽然被人用一笔天文数字的赎金赎回了，后来又被封为圣徒，但一些圣战战士还是丧失了全部的希望，叛变到了穆斯林一边。

最后一个十字军堡垒被颠覆，成千上万的基督徒难民被围困在巴勒斯坦海滨，看起来，只有奇迹的发生才能阻止伊斯兰吞没欧洲大陆。

43 正是在那个时刻，一群杀人不眨眼的骑兵怒吼着穿过东方。

在穿过亚洲蜂拥向西的众多游牧入侵者中，成吉思汗所统一的部落是最令人措手不及的，也是最具有破坏力的。13 世纪初，蒙古的战争机器横扫亚欧大陆东部，转而向西，在伊朗和高加索杀出一条血路。骑兵飞驰穿过俄罗斯，进入波兰和匈牙利，在那里消灭了一支欧洲大军，其中就包括大批的圣殿骑士和医院骑士。1241 年，他们行军至维也纳——而就像他们突然出现一样，他们又突然消失了，因为大汗之死而应召回国[30]。

确信末日将至的欧洲在最后一刻获得了缓刑，而伊斯兰世界可没有这么走运。蒙古人在那里待了下来，随着他们无情的推进，无数伟大的城市在他们身后余烬渐消。

当来自大草原的新灾难到来时，哈里发们还在巴格达的宫殿里安乐享受。1258 年，蒙古人攻克了和平之城，最终结束了阿拔斯王朝长达五个世纪的统治。胜利者忌讳皇族的鲜血四溅，因此最后的哈里发被卷在地毯里遭马匹践踏而亡。巴格达被烧毁，市民遭到屠杀，皇宫被洗劫一空，沦为废墟。那里的灌溉系统曾让美索不达米亚成为世上最丰饶的地区之一，此刻则完全被毁，孕育逾 5000 年文明的土地一片荒芜。

伊斯兰文明再也没能从失败中完全恢复。很多穆斯林对这种打击的反应是闭关自守：这正是托钵僧相继涌现的时代，这些神秘主义者把自己的流离感和隔阂感转为内心世界的斗争，因为这样可以摒弃那个自负任性的自我，展现无边的神力。当一些人反观内心时，另一些人却在回顾过去。无数图书馆遭到破坏，也毁灭了数个世纪的学问积累，伊斯兰的宗教学者团体 44
乌理玛[1]便退而变成了一种在基本信念中寻求稳定感的保守主义。乌理玛教导人们所有的外人都很可疑，还禁止非穆斯林到麦加和麦地那朝圣，伊斯兰教早期对犹太教和基督教的包容最终被人们遗忘了。

到 13 世纪中期，蒙古人用战斧、弯刀和长弓建立了世界上最大的帝国，其疆域之辽阔连贯，前所未有。遭到围攻、死守

---

① 乌理玛（ulama），在阿拉伯语中的原意为学者，是伊斯兰教学者的总称。任何一位了解《古兰经》注学、圣训学、教义学、教法学与有系统的宗教知识的学者，都可被称为乌理玛。它被用来泛指伊斯兰教中所有的知识分子，包括阿訇、毛拉、伊玛目等。

着故国的残余的十字军开始把敌人的敌人看成自己潜在的盟友，几十年来，他们一直希望建立起纵横四海的蒙古－基督教联盟，以对抗伊斯兰世界。联合攻击埃及倒是蒙古人自己提出的，此时的埃及由马穆鲁克人统治着，这个王朝是在奴隶士兵撵走了萨拉丁的后裔之后建立的。然而十字军坚持蒙古人必须先接受洗礼，他们才肯参加战斗，就这样，西方人因为不肯妥协，毁掉了另一个有可能改变历史走向的机遇。相反，很多蒙古人皈依了伊斯兰教，重建了毁于其手的很多城市，使它们的规模更胜从前。文明的毁灭者蒙古人同样证明了自己也是出人意表的能干的统治者，“蒙古和平”① 在亚洲统治了一个世纪之久。

最终，蒙古人自己日益厌腻自满，他们的帝国也沦为内部倾轧的牺牲品。它四分五裂，变成一片零碎的采邑——其中的金帐汗国一直统治着俄罗斯，直到15世纪——这对伊斯兰世界来说又是一次大变动。14世纪中期，腺鼠疫降临亚洲，部分被蒙古大军传播，夺去了将近三分之一人的生命。文明再次坍塌，依然衰弱的众王朝丧失了一切权威。“他们濒临毁灭和瓦解，”
45 出生于安达卢斯的一个难民家庭，双亲都殁于黑死病的穆斯林历史学家伊本·赫勒敦②如此悲叹道，“城市和建筑变成废墟，道路和路标被毁，聚居地和宅第荒废，王朝和部落日益衰落。整个人世间都变样了。”[31]

14世纪的欧洲也同样大大倒退。黑死病在那里夺去的生命和在亚洲一样多，曾经繁荣发达的城市和商业突然陷入停滞。

---

① 原文为拉丁文 Pax Mongolica。

② 伊本·赫勒敦（Ibn Khaldun，1332—1406），阿拉伯穆斯林学者、史学家、经济学家、社会学家，被认为是人口统计学之父。他出生在今天的突尼斯，是塞维利亚的阿拉伯贵族后裔。他受过系统的伊斯兰教育，1378年写成《历史绪论》。

英法百年战争的王朝屠杀拖延得没完没了。迷信再度盛行：在这个时期，有 17 个教堂吹嘘自己拥有耶稣行割礼后留下来的包皮，居然没人觉得这不合情理。教会的道德劝诫难以为继，罗马教廷自己的统治也举步维艰。1309 年，在法兰西国王的压力下，罗马教廷搬到了法国境内。天主教陷入了教会大分裂①，教宗的合法地位越来越遭到那些支持罗马竞争对手的法国王室之敌的质疑。在迁到法国一个世纪后，比萨大公会议宣称，法国和罗马的两位教宗都是异端，并选出了第三位教宗。这种毫不神圣的混乱直到八年后的康士坦斯大公会议[32]才得到解决。为期三年的大集会有 72000 名参与者，利益相关方包括 2 位教宗、1 个国王、32 个贵族、47 位枢机主教、361 名律师、1400 个商人、1500 名骑士、5000 名牧师，以及 700 名妓女。数代以来第一位毫无争议的教宗重返罗马时，他看到的罗马破破烂烂，连城市的痕迹都很难辨认了。脚手架纷纷架起，“永恒之城”变成了永恒的建筑工地。[33]

一个多世纪以来，圣战让位于为生存而苟延残喘。然而在偃旗息鼓的表面之下，伊斯兰教和基督教之间根深蒂固的敌对情绪并未平息。甚至正相反，双方的敌对状态因被迫转入地下

---

① 教会大分裂（Great Schism，1378～1417 年），罗马天主教会中数位教宗同时要求其合法性所导致的一次分裂。1309 年，教宗克雷芒五世被法兰西国王腓力四世掳到法兰西王国的阿维尼翁，成立了阿维尼翁教廷。1377 年，格列高利十一世把教廷由法国阿维尼翁迁回意大利罗马。格列高利十一世去世后，枢机团于 1378 年一致选出一名意大利人为继任教宗乌尔巴诺六世。但后来其中的 13 位枢机（大多数是法国人）宣布该选举无效，并另选出一名法国人克雷芒七世为教宗。1409 年，枢机主教们在意大利比萨开会，决定罢黜两名造成分裂的教宗，同时任命第三个教宗亚历山大五世。1414～1418 年在德国康士坦斯召开的大公会议终于选出了各方一致认可的教宗马丁五世。

而进一步加剧了。

恐怖过去之后，新的穆斯林统治者从东方望向西方。他们的视野被蒙古人不设限的野心拓展了，再一次开始梦想在旧世界的尽头建立全新的秩序。奥斯曼家族统一了土耳其，他们穿过巴尔干半岛进军欧洲，把目光投向了君士坦丁堡。

46 绰号“雷霆”的奥斯曼帝国苏丹巴耶塞特一世[①]召集了一次新的圣战。自第一次十字军东征击溃他们三个世纪之后，土耳其人再次集结在博斯普鲁斯海峡两岸。

基督教和伊斯兰教争夺的前线向西稳步推进到了匈牙利的边境，欧洲终于开始做出回应。1394 年，罗马教宗——在法国还有一个——宣布成立新十字军对抗正迅速逼近的穆斯林。其夸张的目标是把土耳其人赶出巴尔干半岛，替君士坦丁堡解围，并跨越土耳其和叙利亚去解放耶路撒冷，这听上去很耳熟。

结果也在预料之中。

百年战争迎来了一次短暂的和平，权势熏天的勃艮第公爵、事实上的法国统治者“勇者菲利普”[②]把教宗的战斗号令看作炫耀其巨大财富的新方式。菲利普没怎么考虑如何击败土耳其

---

① 巴耶塞特一世（Bayezid Ⅰ，1360—1403），奥斯曼帝国的苏丹，他的执政时期是从 1389 年到 1402 年。1391 年，巴耶塞特率军围攻拜占庭帝国的首都君士坦丁堡。帖木儿拯救了拜占庭帝国，由于受到巴耶塞特的奥斯曼军队攻击，帖木儿突然向巴耶塞特宣战。1402 年 7 月 20 日，在决定巴耶塞特命运的安哥拉之战中，巴耶塞特被帖木儿俘虏。

② 勇者菲利普（Philip the Bold，1342—1404），瓦卢瓦王朝的第一位勃艮第公爵（1363～1404 年在位）。菲利普二世是法国国王约翰二世（好人）的第四子，1363 年被其父转封为勃艮第公爵。从 1380 年至 1388 年，在其侄查理六世未成年期间，菲利普二世与他的两个兄弟实际统治着法国。1392 年查理精神错乱时，菲利普二世成为法国的实际统治者。

人这个问题，就决定派他的长子——24 岁的“无畏的约翰”[①]代父出征。

1396 年 4 月，数千名法国十字军东进至布达佩斯，行军因一连串豪华宴会而中断，他们还与备战的匈牙利国王西吉斯蒙德[②]联手。支持西方一边的还有一大群医院骑士，此外还有日耳曼人、波兰人、西班牙人，以及来自欧洲各地的少数狂热者。一支威尼斯舰队沿多瑙河而上，与这些地面部队会合，同时联合大军召开了一次军事会议，以确定使用何种战术迎击土耳其人。

激烈的争论随即爆发。第一个问题是他们根本看不到土耳其人。他们派出了侦察兵，但仍然一无所获。匈牙利人争论说十字军应该按兵不动，坐等敌人进军，应该吸取哈丁角战役的 47
教训。但渴望荣耀的法国人认为奥斯曼帝国充斥着一群懦夫，否决了盟友的意见。大军挥师保加利亚和穆斯林领土，法国人开始蓄意劫掠财物和屠杀平民。最后在 9 月 12 日，十字军来到尼科波利斯[③]的城墙下，那是建于石灰岩峭壁之上的一座要塞，

---

① 无畏的约翰（John the Fearless，1371—1419），菲利普二世之子。约翰于 1396 年名义上领导一支勃艮第十字军讨伐奥斯曼帝国，而实际上勃艮第根本不具备与土耳其人交锋的能力，这一年十字军在尼科波利斯战役中惨败，约翰被俘。在支付巨额赎金之后，他在次年被释放。1404 年，他继承了勃艮第公爵的爵位。

② 西吉斯蒙德（Sigismund，1368—1437），查理四世之子，卢森堡王朝的神圣罗马帝国皇帝（1433 ~ 1437 年在位）。他是勃兰登堡选帝侯（1378 ~ 1388 年、1411 ~ 1415 年在位），1411 年被选举为罗马人民的国王，1433 年加冕为神圣罗马帝国皇帝，同时还是匈牙利和克罗地亚国王（1387 ~ 1437 年在位）和波希米亚国王（1420 ~ 1437 年在位）。他致力于终结教会大分裂，终于在 1414 ~ 1418 年在德国康士坦斯召开大公会议，选出新任教宗马丁五世，结束大分裂。

③ 尼科波利斯（Nicopolis），希腊西部伊庇鲁斯地区一城市，地处多瑙河河岸的峭壁。现名尼科波尔（Nikopol），位于今保加利亚境内。

控制着下面的多瑙河。他们因为没有攻城器械，就在那里安营扎寨，大肆庆祝，坐等守城军队投降。当奥斯曼帝国的大军距此地只有区区六个小时的行军路程的消息传来时，大多数人还醉醺醺的。

那场战役非常恐怖，以至于中世纪的编年史家后来声称，参与此役的战斗人员达40万之多。

这时，法国人内部还在为谁该享有率军冲锋的荣誉而争吵不休。和往常一样，鲁莽轻率者占了上风。匈牙利人、医院骑士团和其他盟友退到一旁，而法国骑士们则向山坡飞驰，迎向奔涌而下的土耳其大军。他们冲破了土耳其人软弱的先锋，不料自己的战马却被鳞次栉比的尖木桩刺穿，而同时扑面而来的，是摧毁一切的箭雨。半数骑士失去了战马，但他们勇敢地继续战斗，并勉力击溃了训练有素的土耳其步兵主力。年轻的骑士们再次不听长者的劝告，身披笨重的盔甲爬上了山，坚信战斗已经结束了。他们登顶后，却听到战鼓声和号角声响起，土耳其骑兵部队喊着“真主至大!”雷鸣般地闯入了视野。

很多法国人扭身朝山下奔逃，其他人则绝望地投入战斗，直到“无畏的约翰”的护卫队在即将被践踏之际俯身在地，为他们的君主求情。无主的战马在平原上四处乱窜，而剩下的十字军队伍则被包围歼灭。很多人逃到多瑙河河畔，但在他们疯狂地爬上等候的船只时，一些船翻了，爬上船的人则拼命阻止
48 自己的十字军同伴继续上船。只有少数人成功抵达了对岸，但其中的大多数人在那里或被抢劫，或被活活饿死。

匈牙利国王西吉斯蒙德和医院骑士团的大团长也在少数幸运儿之中，他们坐着一条渔船逃脱了。“我们的失利，”西吉斯蒙德后来对同伴抱怨道，“全怪这些法国人的傲慢和虚荣。”[34]然

而法国人也付出了沉重的代价。巴耶塞特把最年轻的士兵收到自己的军队作奴隶；剩下的数千人在苏丹和待赎法国贵族的众目睽睽之下被剥光衣服捆起来斩首或肢解。得知这个恐怖的消息后，巴黎的丧钟响了一整天。

尼科波利斯战役，与普瓦捷战役恰恰相反：它的悲壮未能阻止伊斯兰深入欧洲的脚步。骇人听闻的大失败为中世纪十字军敲响了丧钟。只有跛子帖木儿①统领之下的旋风般的蒙古复兴，才给了君士坦丁堡和东欧最后一次缓刑的机会：自称是成吉思汗直系后裔的帖木儿与尼科波利斯的获胜者巴耶塞特苏丹互致了一系列侮辱对方的信件，前者随后在战场了擒获了后者，把他关在牢中，直到 1403 年他死在那里。

此时的欧洲再也没有人严肃地提议另派一支军队去东方了。亚洲再次看到绯红的十字架要到一个世纪之后——那时，它们将会被装饰在海上来客的风帆上。

出人意料的是，那些来客会从已知世界的西部边缘扬帆远航。

十字军发轫于伊比利亚半岛的骑士，但在一个半世纪中，他们忙着在自己的国土上与伊斯兰作战，根本没空出征争夺圣地。到 13 世纪中期，基督徒对安达卢斯的征服进展顺利，但在接下来的一个半世纪，骑士们又忙着争夺领地，无暇顾及世界其他地区发生了什么。然而，他们所燃起的讨伐精神却从未消失，而且在曾经摧毁了欧洲其他地区的东方面前，他们从未因 49
为挫败而受到羁绊。

---

① 跛子帖木儿（Timur the Lame，1336—1405），帖木儿帝国的奠基人。他出身于蒙古巴鲁剌思氏部落，打败了西亚、南亚和中亚的其他国家。1362 年，他在故乡附近的绥靖地区被打伤成了瘸子，因此人称“跛子帖木儿”。

15世纪，伊比利亚半岛新的统治者开始规划更大的梦想，他们的目光越过直布罗陀海峡，凝视着非洲及其前任统治者的土地。这不是突然萌生、前所未有的探索激情：起初，与他们的神圣战士前辈们一样，驱使他们的也是对伊斯兰教的仇恨和对其财富的渴望。而在一系列如雷贯耳的大人物的率领之下，他们步履蹒跚、循序渐进地发动了引领他们走向了地球的另一侧的、一次新的十字军东征。

3. 家族战争

葡萄牙国王若昂①一直在思考，应当如何以合适的方式给他最年长的三个儿子授予爵位，才配得上他们作为这个雄心勃勃的新王朝的继承人的身份。 50

葡萄牙是五个所谓的西班牙王国中最靠西面的国家，建立于西班牙十字军风生水起的时代。其他四个王国中的三个——卡斯蒂利亚与莱昂、纳瓦拉②以及阿拉贡③都是基督教国家；只有一个格拉纳达④是伊斯兰国家。一个多世纪以来，一群群坚强、热诚的武士得到在进军圣地中途停留的北欧十字军[1]的些许帮助，为了在安达卢斯这片旧土上创立新的国家而战斗，这里的人民也为他们来之不易的独立而深感自豪。教宗很早就知

---

① 葡萄牙国王若昂（King John of Portugal，1357—1433），即葡萄牙和阿尔加维国王若昂一世（1385~1433年在位）。他娶兰开斯特的菲利帕为妻，长子阿方索仅活了十岁，因此立次子杜阿尔特为王储。

② 纳瓦拉（Navarre），一个控制比利牛斯山脉大西洋沿岸土地的欧洲王国。778年，法兰西君主查理大帝南下进军受挫，他率领兵将穿过龙塞斯瓦列斯隘口回朝时，遭到巴斯克人伏击。大战后不久，巴斯克人独立，所建立的国家到905年改称为纳瓦拉王国。

③ 阿拉贡（Aragon），最初是法国的一个郡，后来自立为一个王国。925年，阿拉贡与后来的纳瓦拉合并。1035年，阿拉贡又从纳瓦拉王国分离出来，1707年之前一直是一个独立王国。阿拉贡王国的实际中心是巴塞罗那。该地区现为西班牙东北部的一个自治区。

④ 格拉纳达（Granada），位于西班牙南部内华达山麓，达若河和赫尼尔河汇合处，有史以来一直有人居住。1013年，随着兹里德王朝的来临，格拉纳达成为一个独立的苏丹王国。著名的摩尔人皇宫阿尔罕布拉宫就在格拉纳达。

道葡萄牙，并给予了他们征服摩尔人领土的神之委任权，葡萄牙统治者们也一直把自己看成罗马的亲密盟友。一位王室编年史家宣称：“葡萄牙王国的建立是上帝的指令和旨意，为的是解开他伟大的神秘面纱并让他的神圣信仰得以升华。”[2]

无论是不是神的旨意，起初，这个年轻的国家就是欧洲的狂野西部。有公正君主、残忍暴君、复仇天使和“爱到世界末日”等绰号的佩德罗一世①与一位名叫伊内丝·德·卡斯特罗的卡斯蒂利亚美女有染，当他正与其心爱的情妇幽会时，他父亲的心腹们来到现场，斩落了那女人的头颅，这让他狂怒不已，终于在1357年甫一继承王位便查出凶手，亲眼看着两个凶手分
51 别被从胸前和背后剜出心脏。几年后，他让人挖出伊内丝的遗骸，给她盖上王室的长袍，为她加冕，并把她架在身旁的宝座上。他让朝臣排成一队，在他“葡萄牙王后!”的可怕吼声中，他们鱼贯而过，亲吻她只剩白骨的手。佩德罗的继位者“美男子”斐迪南一世②也没有好到哪儿去。他撕毁了与葡萄牙的强邻和恒敌卡斯蒂利亚的女继承人的婚约，娶了名花有主的美人莱昂纳·特列斯。莱昂纳有一长串惊人的犯罪记录：最初是影射姐姐不贞，诱使姐夫谋杀了自己的妻子，事后又得意忘形地宣称一切都是自己编造的。后来她又开始与人通奸。当斐迪南一世的私生子兄弟若昂当场抓住她时，她炮制了一封若昂的通敌信件，陷害他入狱。斐迪南一世拒绝处死自己的异母兄弟，莱昂纳就在行刑令上伪造国王的签名，幸亏狱吏怀疑其中有诈，

① 佩德罗一世（King Peter Ⅰ，1320—1367），第八位葡萄牙和阿尔加维国王（1357～1367年在位）。佩德罗（Petro）为彼得（Peter）的葡萄牙译名。

② “美男子”斐迪南一世（Ferdinand the Handsome，1345—1383），第九位葡萄牙和阿尔加维国王（1367～1383年在位）。

拒绝执行，才让若昂逃得一死。

“美男子”斐迪南一世去世后，莱昂纳以她 11 岁女儿的名义摄政，她把女儿许配给了卡斯蒂利亚的国王。很难说葡萄牙人更恨自己的王后还是卡斯蒂利亚人，因为无论如何两者都公开联盟了，葡萄牙人爆发了叛乱，求助于唯一与外国无染的王室血脉。若昂是个私生子，继承王位的机会微乎其微，但他体格强健，下巴突出，看起来国王派头十足。他挺身而出，攻入王后的宫殿，手刃了她的情人。国民议会奉他为王，他前去咨询一位圣洁的隐士——可见若昂不仅爱国，还是个虔诚的教徒——的意见，而后接受了王位。卡斯蒂利亚把他的当选视为宣战，入侵了葡萄牙；同一年，也就是 1385 年夏天，若昂的军队以一敌七击溃入侵者，确保了葡萄牙独立国家的地位。[3]

新王朝需要一位王后，若昂把目光投向了英格兰。英格兰人和葡萄牙人在葡萄牙建国之前就是盟友——很多为其独立而 52
争相参战的十字军骑士就是英格兰人——两国最近又签署了一份永久友好、共同防卫的条约。[4] 若昂选择的新娘是兰开斯特公爵“冈特的约翰”① 的长女菲利帕。冈特是英王的叔叔，也是英格兰最富有、最不得人心的人，他的女儿在兰开斯特的多个堡垒里长大，从小就跟成群的家臣和兵士打交道，受过无可比拟的政治教育。

菲利帕风光无限地来到葡萄牙，但这场婚姻开始得并不顺利。[5] 若昂在婚礼当晚未能到场；一位朝臣爬上了菲利帕的床，试图与她达成协议，两人中间放了一柄贞节之剑。朝廷反对这

---

① 冈特的约翰（John of Gaunt，1340—1399），英格兰国王爱德华三世的儿子，理查二世的叔叔。他名中的“冈特”来自他的出生地比利时的根特（Ghent），英语中将其译为“冈特”。

桩婚事：新王后 27 岁，在中世纪人看来，她年纪太大，已经不适合做新娘了。但菲利帕是一个性格坚毅的人，她很快就让贵族们说法语，学习正确的餐桌礼仪。无论是出于爱情还是敬畏，若昂做任何事情都要征询她的意见，这对王室夫妻虽然外表迥异——若昂满脸胡子、身材魁梧，而菲利帕肤色苍白，一头金红色的头发，还有着一双“英格兰女人的小蓝眼睛”[6]，但他们几乎从未分离。为行使自己的主要职责——保持血脉，这位超龄的王后接连生了八个孩子，其中有五个男孩和一个女孩活过了幼年期。她负责孩子们的教育，把她坐在杰弗里·乔叟膝上学到的对诗歌的热爱传给他们——她还学过科学、哲学和神学，此外还有她终生践行的骑士规则。她的几个王子后来被称为“杰出一代”，概因他们的母亲是中世纪最出色的女人之一。

若昂经过深思熟虑，决定用一整年的盛宴，加上马上比武和竞技，舞蹈和游戏，以及欧洲受邀贵族的大量礼物来庆祝儿子们获得骑士地位。

在年轻的王子们看来，如此溺爱地册封骑士，其父的品位
53 实在不怎么样。[7] 他们彼此低语，认为游戏取乐配不上他们骄傲的血统。1412 年夏，里斯本城外，在阴凉群山之上的宫殿里，杜阿尔特王子①、佩德罗王子和恩里克王子坐在一起讨论。年纪最长的杜阿尔特 20 岁，恩里克刚满 18 岁。他们决定去见父亲，请他委任更合适的任务——与“伟大的功勋、勇气、危险有关，能让敌人鲜血四溅”[8] 的任务。就在那时，国王的一个大臣走了进来。他被他们看作心腹，帮他们拟定了一个计划。

---

① 杜阿尔特王子（Prince Edward，1391—1438），第 11 位葡萄牙和阿尔加维国王（1433～1438 年在位）。他是葡萄牙国王若昂一世的次子。杜阿尔特（Duarte）是爱德华（Edward）的葡萄牙译名。

这位大臣的仆人刚从休达回来，葡萄牙人在外海抓住了一批穆斯林囚犯，那个仆人被派去勒索一笔赎金。葡萄牙的贵族甚至神职人员和欧洲其他地方的同类一样，毫无例外地把海盗的营生当作副业，他们的对手也是如此。穆斯林海盗让欧洲惊恐不安了好几百年：他们声名狼藉，以至于地中海的非洲沿岸都因为柏柏尔人海盗而长期被称为柏柏里海岸。

此时距离一支伊斯兰军队首次爬上赫拉克勒斯南柱垂涎地注视欧洲已有七个世纪，但休达仍然是个充满象征意义的名字。为基督教世界收复休达是一次精妙的复仇行动，再说，那位大臣指出，那里还极其富庶。他补充说，他本人已经提出了这个想法，但国王把它看成是个天大的笑话。

彼时休达已经发展成为重要的商业港口。那里著名的粮仓中堆满了摩洛哥大西洋沿岸出产的小麦。来自撒哈拉沙漠的驼队止步于休达的大陆出入口，卸下象牙、乌木、奴隶和黄金。犹太裔、意大利和西班牙的商人定期航行到那里做贸易，他们的代理店在海滨鳞次栉比，他们在那些建筑里储存货物、经营生意。宗教狂热偶尔会升温，让外国人颇感不适，但休达算不上激进分子的温床。曾把穆瓦希德人赶出摩洛哥的马林王朝①对西班牙宣布了圣战，并占领了包括直布罗陀在内的几个沿海 54
城市。但从1358年一位苏丹被自己的高官勒死以来，摩洛哥一直陷于绝望的无政府状态之中。

撇开这些细节不提（当荣耀和战利品近在眼前时，通常无人顾及细节），休达还是个没有信仰的城市，对于王子们来说这就足够了。三人二话没说就去觐见父亲，国王再一次笑得前

① 马林王朝（Marinids），1244～1465年柏柏尔人的后裔统治摩洛哥的王朝。

仰后合。几天后，他们又试了一次，这一次，他们带上了一份理由清单。他们指出，进攻休达可以让他们在一场真正的战役中证明自己。这场战役还可以让本国的贵族练习其骑士技能。自从把摩尔人驱逐出去，并与卡斯蒂利亚缔结和平以来，他们没有了与之战斗的外敌，战斗技能已日渐生疏，这对国家有百害而无一利。如最年长的杜阿尔特所说，战争是“对操练武器极好的练习，因为缺乏这种锻炼，很多民族和王国消失了，这也可以让我们的臣民多点忧患意识，以免死于安乐”[9]。此外，葡萄牙有 100 万上下的人口，大部分生活在乡村，国家太小太穷，无力支持骑士阶层的奢华作风，一支新的十字军意味着新的劫掠机会。对于这些在敬畏上帝的骑士制度熏陶下长大的人来说，同样重要的是，这可以向世界证明，葡萄牙对异教徒的憎恨至少不亚于任何基督教国家。

若昂本人此前一直担心，如果没有其他渠道发泄精力，他那些身经百战的骑士们会彼此攻击。即使如此，他还是慎重地召来了忏悔神父、学者和参事。他说他希望了解征服休达能否为上帝效劳。自从十字军的全盛期以来，基督教神学家和法学家对于教宗是否有权自称世界的主宰，对非基督徒予以管束，以及批准开战征服后者渐生疑窦。至于基督教国王是否有权对没有直接威胁的异教徒国家发动战争，他们同样没有把握；反
55 战阵营指出，经书中认为应该通过传道而不是武器来让他人皈依。罗马教廷自然持不同观点，因为它仍在试图摆脱 14 世纪教派分裂造成的影响。教廷总是积极支持那些愿意把教宗的特权付诸行动的统治者，有几次还向葡萄牙人颁布了教宗的诏书，授权他们随时开辟对抗伊斯兰教的新战场。[10]

王室顾问们仔细考虑了若干时日，采取了教宗的立场，认

定基督教王子们拥有无条件的许可——甚至义务——去攻击任何异教徒或无信仰的人，无需其他理由。解决了合法性的顾忌之后，王子们又说服父亲放弃了他一长串务实的反对理由——尤其是这个计划的巨大开销——便开始制订作战计划。

军事委员会很快意识到，他们最佳的获胜策略是出奇制胜。但葡萄牙方面对休达的防御、锚泊地点或航行条件一无所知。国王若昂于是策划了一个阴谋。西西里当时在阿拉贡王国的统治之下，那里的寡居王后一直图谋嫁给葡萄牙的王位继承人杜阿尔特王子。外使团筹备就绪，但特使们——一位修道院院长和一位船长，两人都是出了名地诡计多端——按照指示，要为王室的次子、毫无继承权的佩德罗王子求婚，而不是杜阿尔特。

两艘战船装饰着王室颜色的旗帜、天篷和雨篷，水手们也身穿与之相配的制服。他们驶向直布罗陀海峡，在休达附近抛锚停泊。修道院院长作势在甲板上休息，努力记下周围的景观，而船长则划着一条小船，在夜色的掩护下绕着城市走了一圈。他们完成使命后，就驶往西西里，不出所料，王后对此提议毫无兴趣，于是他们便返回里斯本。他们应召入宫时，修道院院长要了两袋沙子、一卷缎带、半桶豆子和一只盆。他把自己关在一间密室里，建造了一座巨型的沙堡，小比例复制了休达的 56
丘陵、峡谷、建筑和防御工事。

即便是在沙盘上看，形势也不容乐观。雅科山周围环绕着一大片围墙、十字墙和塔台，从海滩一直建到山顶的城堡。主城位于丘陵与大陆之间的半岛上，城外还有更多的城墙。半岛的狭部横亘着一条壕沟，把城池与海滨的郊外隔开，陆地的入口处有一座城堡把守。船只可以在半岛两侧停泊，但常有风起且风向会毫无预兆地改变，葡萄牙人需要随时准备好改换锚位和战术。对于这个从来没有发动过海战的小国来说，前景令他们望而生畏。

还有一个需要克服的障碍——王后。若昂严肃地向儿子们解释，菲利帕深受人民爱戴，没得到她的允许，什么也不能做。王子们深知母亲决绝的天性，便试图要点儿小花招。他们把自己的计划透露给她，天真无邪地请求母后替他们向国王求情。

“陛下，”菲利帕对丈夫说道，“我想提出一个不该是由母亲替自己的孩子们提出的请求，因为一般来说，母亲总是担心他们受到伤害，会请求父亲让儿子们远离危险。”[11]

“而我，”她继续道，“请求您让他们远离嬉戏和消遣，去面对危险和劳作。”她解释说，王子们那天来见过她，他们说国王不愿采纳他们的计划，并求她说情。

“至于我自己，陛下，”菲利帕强调说，“考虑到他们的血统，一个非常伟大卓越的皇帝、国王和亲王的血统，他们的名字和声望将传遍世界，我没有任何理由认为他们缺乏成功的机
57 会，只要他们勤奋、勇敢、高明，定会完成可以媲美祖先的壮举。因此，我接受了他们向我提出的使命，他们的请求让我无比喜悦。”

若昂装模作样地让步了，准备工作继续进行。只有他的近臣了解这个计划，因而各种各样的谣言开始满天飞：什么葡萄牙要袭击阿拉贡的伊维萨岛①或西西里岛、穆斯林的格拉纳达，甚或卡斯蒂利亚的塞维利亚，诸如此类。最终召开了议会全体会议，公布了既成事实，要求与会者发誓严守机密。若昂的老战友们都年事已高，但据称，上至90岁的老人都对最后一次征

① 伊维萨岛（Ibiza），位于地中海西部，是西班牙巴利阿里群岛的一部分。

杀战场的机会雀跃不已。“动手吧，老家伙们!”[12]一位年长的议员喊道，令全场哄堂大笑。老兵们奋力把自己塞进铠甲的景象无疑令人欣慰，但出于谨慎，若昂还是在欧洲骑士圈里悄悄地散布消息说，一次贵族骑士探险行动即将开始。

奉国王之命，有人对全国的船舶数量和状况进行了考察。报告的结果并不乐观，国王下令砍伐了很大一部分王室森林，雇来所有可用的木匠、捻缝工和桶匠。葡萄牙的造船工是个特权阶层：国家的各个港口是地中海和欧洲北部之间的重要中转站，很多意大利商人和水手定居在那里，带来了他们在船舶设计和航海领域的专业技术。[13]但葡萄牙的港口根本比不上威尼斯军械库①，那个国家的生产线制造巨型战船的速度会令访客目瞪口呆。情况很快便一目了然，要想在短时间内组建一支大舰队，唯一的办法就是租用舰队，于是若昂向西班牙、英格兰和日耳曼派遣了特使，租下他们能够召集的所有高桅帆船。他命令葡萄牙的盐商把自己的库存以低于市场的价格卖给他，然后再出售这些盐获取大额利润，以此来支付船租；为了支付更多的开销，他还命令任何储备有铜和银的人立即交出存货。铸币厂日夜灯火通明、叮当作响，而货币则悄然贬值。对全国各地 58
的很多商人来说，企业精神跟骑士精神一样，根本就是鬼扯。[14]

这样一支大型战舰队很难瞒天过海，不过国王的手下另有变通之道。一些葡萄牙商人的货物在荷兰被盗，凭着这个微不足道的借口，葡萄牙派遣一名大使对荷兰人宣战。大使一到荷

① 威尼斯军械库（Venice's Arsenale），意大利威尼斯的历史建筑群，位于城堡区，原为国家造船厂和军械库。威尼斯军械库始建于1104年前后，是工业革命之前欧洲最大的工业复合体，负责装备威尼斯的海军力量，很早即使用标准化零件进行大规模生产。

兰，便设法与执政的伯爵密会，向他吐露了内情。伯爵得知机密后倍感荣幸，同意装作像真的受到威胁一样。预先安排好的这出戏在宫中上演时，伯爵的演出极具说服力，以至于议员们不得不出面制止，荷兰也作势准备开战。

在葡萄牙，三位策划的王子中最年轻也最狂热的恩里克被派到北方的古城波尔图，负责组建半数舰队。他的哥哥佩德罗将在里斯本执行同样的任务。国王自己则忙于督造武器和大炮，让他的长子杜阿尔特担负管理国家的大任，这让年仅22岁的优雅王子数月间夜不能寐，几近精神崩溃。

全国各地的武器都被擦洗一新，裁缝和织工匆忙赶制制服，木匠埋头打造弹药箱，缆索工也在纺捻麻丝。人们大批量地烘焙硬面包（Sea Biscait）作为水手的干硬主食，还屠宰成群的阉牛和母牛，把牛肉剥皮、盐腌，装入桶中。咸鱼在码头被开膛破肚，暴晒在烈阳之下，像一堆堆银色的花瓣。整个国家的人处处窃窃私语，议论着这次神秘使命的真正目的到底是什么：有人说是与英格兰联合攻击法兰西；有人说是十字军东征圣地，收复圣墓教堂；甚至还有人说要与荷兰打这场不太可能的战争。

葡萄牙的邻国们与其说是好奇，不如说是忧心忡忡。阿拉贡的费尔南多一世[①]先是得知葡萄牙人准备攻击他的伊维萨岛，
59 随后又变成了他的西西里王国，最后又变成了他和菲利帕的妹妹凯瑟琳共同摄政的卡斯蒂利亚：这种困局让他颇感难受。费尔南多派一名密使去里斯本，希望刺探到葡萄牙是否准备攻击

① 阿拉贡的费尔南多一世（Ferdinand of Aragon，1380—1416），阿拉贡、巴伦西亚、马略卡、撒丁和（名义上的）科西嘉岛的国王暨西西里国王（1412～1416年在位）。他也是卡斯蒂利亚的摄政王（1406～1416年在位）。

他的领土——如果是，葡萄牙觊觎的到底是哪一块领土。格拉纳达的穆斯林统治者也决定查出真相。无论是因为一心拒绝向摩尔人臣服，还是觉得这样混淆视听也全无坏处，若昂先是说他无意进攻格拉纳达，而后又拒绝对此做出任何保证。特使们对他的含糊其辞不知所措，转而求见菲利帕。他们告诉王后，格拉纳达埃米尔的第一夫人乞求她跟丈夫斡旋一下，因为第一夫人很清楚，女人的恳求对她们的男人很有力量。作为感谢，她会为菲利帕女儿的婚礼送上最昂贵的行头。

菲利帕傲然答道："我不知道你们的国王跟妻子的关系如何。基督徒可没有王后或公主干预丈夫国事的习俗。"[15] 在一长串激烈抨击之后，她又补充说，送礼的事请第一夫人随意。特使们最后试图以更昂贵的贿赂从杜阿尔特那里获得他们想要的保证。"在我的国家身居高位的人，"王位继承人刻薄地回复道，"没有用自己的声誉换取金钱的习惯，因为如果他们这样做了，就会被称作商人而非贵族或亲王了。"他另外补充道，即便他们把整个格拉纳达都贡献出来，他也不会接受——不过，他还是补充到，他们的国王真没什么好担心的。

7 月初，年轻的恩里克新近组建完成的舰队拔锚沿着葡萄牙荒无人烟的大西洋沿岸向南航行。行驶 200 英里后，舰队在一处岩岬转弯，鱼贯通过一条狭窄的海峡，进入塔霍河①广阔的河口。前方是一片平静辽阔的水域，2000 年来，那里一直是

① 塔霍河（Tagus River），伊比利亚半岛最大的河流。它发源于西班牙阿尔瓦拉辛附近的山脉，向西流淌，最终在葡萄牙里斯本注入大西洋。塔霍河全长 1038 公里，其中 716 公里位于西班牙境内，47 公里为西班牙和葡萄牙的边境，其余的 275 公里在葡萄牙境内。

60 一片壮观的深水港湾，它的北岸，沿水边而建的新船坞和仓库后面，葡萄牙的首都坐落在一片矮丘之间。一条设防的山脊横亘其中，向上延伸到山脊的大本营和要塞，那里曾是穆斯林的围墙防御工事，后来被重建为圣若热城堡。

消息传开后，人群涌出城去看这海上的盛会。26 艘货船和无数的小艇在前面引路，紧随其后的是 6 艘双桅船，最后在号角齐鸣中，7 艘三桅战船缓缓行进，王子的旗舰殿后。每一条船上都装饰着十字军的八点十字架，小旗都是金色的，还带有恩里克的徽章。绣着他的新座右铭——“顺遂之力”——的天篷覆盖着 7 艘战船的甲板，每个水手都在自己轮廓分明的制服上神气地装饰着丝质饰物，黑白蓝的背景上覆盖着银色的圣栎花环。王子和他的船长们穿的是简朴的毛呢服装，恩里克非常虔诚，但连他也已成长为一位公关大师了。

佩德罗率 8 艘王室帆船和几十条小船迎了上来，这些船上都带有国王的更朴素的徽章。各种形状大小的渔船及河船都投入了运送军队、马匹和补给的工作。当时英格兰正准备进军法兰西和阿金库尔①，所以只有少数外国骑士到场，其中大多数都是愿意去任何地方顽强战斗的常客。尽管如此，集结的大军人数也超过了 19000 人，其中包括 5400 名骑士、1900 名弓骑兵、3000 名步兵弓箭手，以及 9000 名步兵。[16]对于一个勉力维持 3000 人常规军的小国来说，这样一支队伍堪称庞大。

在更加嘹亮的号角声中，联合舰队停泊在距离大西洋沿岸几英里的地方。对于恩里克来说，这是一个值得品味的时刻，但没过多久，他就一点儿庆祝的想法也没有了。一艘外国船把

---

① 阿金库尔（Agincourt），法国北部阿拉斯西北偏西的一个村庄。1415 年 10 月 25 日，英王亨利五世在此村重创兵力远胜于己的法军。

瘟疫带到了葡萄牙，他的侍从匆匆赶来，把他母亲生命垂危的消息告诉了他。若昂令人把妻子转移到里斯本北面的一个山顶 61
上的女修道院，恩里克飞奔到那里与家人团聚。

在病倒之前，菲利帕令人锻造了三把宝剑，其剑鞘和护手都是镀金的，并装饰着宝石和珍珠。她本打算看着自己的三个儿子在出发的那一刻以这些宝剑来被封爵。如今，她知道自己不能目睹这个荣耀的场景了，她把孩子们叫到床前。据说，她虚弱的病体也没能阻止她在病床上拿出宝剑，明令眼前这三个悲恸欲绝的儿子，吩咐他们在她死后该如何行事。

1415 年 7 月 19 日，菲利帕去世了，享年 55 岁。另一个不祥之兆是，她死时恰逢一次长时间的日食。若昂慌乱的顾问们建议他把出发的日期推迟一个月，直到葬礼完毕，瘟疫平息为止。但事实上王后在去世当晚便近乎不体面地被匆匆下葬了（据称是因为夏天太热），第二天葡萄牙王室为她举行了一个简短的葬礼，一大群人在教堂外哭泣。对菲利帕最好的纪念是她如此全力支持的十字军东征；哀悼倒不急于一时。

恩里克像往常一样率先行动，他邀请两个哥哥来他的旗舰进餐。他升起旗帜，打开天篷，并命令号兵爬上桅杆吹奏欢快的曲调。那是一个星期天，其他船长们很困惑。他们划着小船靠近，听说出发的时刻即将来临，便冲回自己的船，匆匆脱下身上的丧服。

五天后的 7 月 26 日星期五——正是圣雅各日——舰队启航，缓缓驶离沉浸在悲痛中的里斯本。人群聚集在丘陵上，看着船帆在地平线上逐渐模糊，不禁疑问重重。国王怎么能在妻子尸骨未寒时准许这样的狂欢呢？是受到了年轻的恩里克的影响吗？国王总觉得他比他的兄长们更有男子气概。在王室森林

62 里打野猪是一回事，但杀死全副武装的战士就完全是另一回事了。年轻的王子们难道以为迫在眉睫的战争不过是另一场马上比武，没人敢把他们挑落马下？一切或许终究会以悲剧收场。

怀疑者的担忧似乎很快就得到了证实，因为这次伟大的出征很快变成了令人绝望的惨败。

离港两天后，国王若昂命令舰队抛锚泊船，最后让军队踏上了他们的目的地。国王的忏悔神父[17]做了一次激动人心的布道，朗读了一份新的教宗诏书[18]，诏书重申了葡萄牙讨伐异教徒的权利，并赦免了所有战死疆场之人的罪孽。很多军人不知所云，甚至以为这可能又是国王玩的什么花招。

风停下来的时候，军队才刚刚接受了光荣暴行的训诫。一个星期以来，舰队一直在葡萄牙的南海岸游弋。8 月 10 日，舰队终于驶向直布罗陀海峡，致使仍然控制着休达对面的赫拉克勒斯北柱的穆斯林惊恐万状。满载着各式昂贵礼物的小艇驶向国王的战船。他接受了这些礼物，却断然拒绝承诺和平。

庞大的舰队同样让住在塔里法小岛沿岸的卡斯蒂利亚人大吃一惊。据一份记述称，他们起初以为那些战船不过是幻影，就安然入睡了，第二天在薄雾笼罩的早晨醒来时，海面上什么都没有，直到太阳突然照耀在城墙外游弋的舰队上时，他们才从遐想中惊醒。葡萄牙人在卡斯蒂利亚的阿尔赫西拉斯港口外抛锚泊船时，总督带着大群牛羊来到岸边，并派他的儿子向葡萄牙国王进献牛羊。若昂声称自己很高兴，但解释说他的舰队补给充足。总督的儿子觉得需要展示一下自己的能力，便跳上马，在海滩上疾驰，戳死了那些牲畜。若昂礼貌地赞扬他英武有力，感谢他此番前来。

63 这一场戏剧性的插曲之后，国王召集会议，表示要在即将到来的周一进攻休达。他们扬帆起航时，恰好赶上一阵浓雾从大西洋滚滚而来。更糟的还在后头。这个海峡素来以水流湍急和狂风怒吼导致航行艰难而臭名昭著，而葡萄牙水手们由于缺乏经验而寸步难行。佩德罗指挥的运兵船被吹向穆斯林格拉纳达的主要港口马拉加，而王室战船则被直接吹向休达，最终在风向突然改变时被迫拔锚，奋力划向半岛的另一侧。城市的旗帜在山顶大本营招展，上面的两把钥匙象征着休达对于地中海入口和出海口的控制。城墙内的炮弹呼啸而出，还好船只一直设法停留在射程之外。

舰队的其他船只此时尚未跟上，国王派恩里克去寻找它们的下落。他发现兄长们的半数队伍染上了瘟疫，而其他人正因晕船而呻吟不已。此外再加上浓雾和难以驾驭的湍流，他们看样子已经准备放弃了。恩里克传达了父亲的命令，运兵船最终总算到达了休达。

就在那时，一阵暴风雨袭来，把整支舰队赶回了西班牙。国王和他的指挥官们驾着小船，涉水上了卡斯蒂利亚的一片海滩，在沙滩上召开紧急会议。若昂的很多顾问都认为他应该听从这些警示，掉头回家；还有人建议对附近的直布罗陀发起突袭以挽回颜面。国王斩钉截铁地回答说，他宁愿选择死亡，也不愿放弃自己作为基督徒的责任。实际上他别无选择：他闹出这么大的动静，如果在最后一刻退出，定会变成全欧洲的笑柄。

最终，舰队回到非洲沿岸。

观察哨的守军看到第一批葡萄牙船只靠近，继而迅速消失，不知发生了什么。年长的总督[19]认为至少有情况在酝酿中，出于谨慎，他派人请求大陆方面的增援。瘟疫和饥饿横扫摩洛哥，城市的防御人手严重不足。不过由于基督徒看来无法驶入正轨， 64

且显然已经退回到海峡的另一侧，他又让很多增援的军队回去了。对葡萄牙人来说，坏天气让他们因祸得福。

那一夜，休达人在每一个窗口都放了灯，假装城市有重兵把守。海上，由于军队准备攻城，更多的火把灯笼照亮了水面。天一亮，葡萄牙人就立刻展开了行动，磨快刀剑，铆紧重甲，练习着挥舞战斧，向神父忏悔自己的罪孽，砸开木桶尽情享用精选的食物。自东部的十字军东征时期以来，欧洲第一次殖民战争的日子终于到来了。

舰队此前穷于应付，显示出国王若昂对航海所知甚少，但他有毕生的陆战经验。他在休达城外逗留并非出于本意，却让他有充足的时间制订作战计划。计划的纲要很简单，目标就是攻取要塞，否则葡萄牙人就要正面受敌，但占领要塞之后，整个城市就在他们脚下了。[20]

国王让舰队的主力移动到城墙脚下。这是一个圈套：战斗的第一枪将是对雅科山的袭击。一小队船绕过山去，在山脚下的海滩停泊，其中有恩里克的王室战船。早在舰队出发前很久，他就乞求父亲让他率领第一次行动，国王和往常一样同意了他的请求。

他们在烈日下汗流浃背，敌人却在岸上挥舞着武器辱骂他们，几个性情暴躁的骑士没等到进攻的命令便自行上了小船。他们涉水登陆，开始战斗，留下恩里克在自己的战船上看着，这让恩里克很不耐烦。他跳进一条小船，命令吹响号角，投入了这场混战。

65 葡萄牙人很快便把守军推回到围绕在山脚下的城墙边，一窝蜂地追着他们穿过一道城门。混乱之中，恩里克突然看到哥哥杜阿尔特在他前方参战。他赶忙上前，据称两人还有时间交流一些无关紧要的细节。恩里克由失望转为精神饱满，他感谢上帝给了自己这样一个好同伴。“我也是，上帝啊，”杜阿尔特反复念叨着弟弟总算来了，答道，“你如此好意来援助我们，真是万般感谢。”[21]

一个高出众人一头的穆斯林战士此时正在轻松屠杀基督徒：他只用石头作武器，但他投掷的力量堪比投石机。一位葡萄牙史家生动地记述道，他全身赤裸，“黑得像乌鸦，牙齿又长又白，丰满的嘴唇也变成了黑色”[22]。总之这是个恐怖人物，但他被一支长矛刺穿倒下了，他陷入绝境的战友也退回了通向城市的第二道门内。

500名葡萄牙人紧跟着他们挤进了狭窄的小巷。葡萄牙人很快就绝望地迷路了，为了找到方向，恩里克和哥哥爬上一座看起来像是小山，实际上是城市粪堆的土丘。看到守军步步逼近，他们站在粪堆上，一边挡开攻击，一边等待着救援。无人前来救援。恩里克的一大群手下决定争得荣耀，他们无视敞开的城门，却去攻击一座紧闭的城门。在他们用战斧杀开一条血路，企图点燃木门时，城墙上的守军向他们的头顶乱掷石头，大多数人战死沙场。

两位王子把他们的队伍分成小组，终于杀下了粪堆。杜阿尔特前往通向城墙的阶梯，因为白天气温越来越高，他解开扣子，脱下盔甲，这样可以爬得更快一些。恩里克再次落在后面，他脱得只剩锁子甲，追在他哥哥身后。

国王若昂还在城市另一侧自己的战船上，完全没意识到双方已经交战了，他焦急地等待着岸上出现敌人。最后，他派佩 66
德罗去第二舰队发布进攻令。王子回来时说船上空无一人，国王这才发出全面进攻的信号。根据婉转的记述，若昂“丝毫没有显露出喜悦之情”，但他手下骑士们的情绪表露无遗。他们冲向城墙，嫉妒战友把握了先机，唯恐最好的战利品已经被人捞走。攻进城后，他们呈扇形散开，开始蓄意掠夺。城中所见让他们耽搁良久：休达的街道上排列着华丽的大厦和宫殿。“我们可怜的房子和这些比起来就像是猪圈”，一个目击者如实报告道。[23]更多的士兵在小房子低矮狭窄的门道里横冲直撞，与数十个惊恐的家庭面面相觑。其中一些家庭有武器，很多人简直是与入侵者以命相搏。其他人则冲到井边，把成捆的财产丢到井里，或是把它们埋在角落，希望收复城市后将其找回。入侵者逐渐制服了他们，很多人死于非命。

国王没有心情制止这种混乱，就算他希望制止也做不到。他刚到岸上腿就受了伤，只得坐在城门外面。后来据称，他为了维护尊严，决定把王室成员留作攻打要塞之用，而不是在攻克城市后才加入战斗。

当杜阿尔特及其部队正忙于占领城墙制高点时，恩里克决定单枪匹马地攻陷城堡，以此来扭转被动局面。他沿着通往大本营的主街前进，迎面遇上了数百名葡萄牙人正在逃避一群愤怒的摩洛哥人的追击。恩里克放下面甲，双臂伸进圆盾的绑带。他等到自己的同胞走过他之后才猛冲向那些追赶者。后来葡萄牙人认出了他们的王子，就转而追随他，穆斯林沿街逃走，基督徒紧追不舍。

67 守军到达海滨的商人代理店后面，转身再次进攻。葡萄牙士兵也再次后退。恩里克愤怒地冲向敌人，守军从附近那座通向大本营的城门撤退了。

城门设在一堵有雉堞的厚城墙上，后面是保护着第二道城门的一座布满箭孔的高塔，高塔后有一条通道，连着通向城堡内部的第三道也是最后一道城门。在从雉堞投射下来的倾盆火雨中，恩里克带着身边的区区 17 人冲过第一道城门——据报如此。其余很多人都忙着去掠夺或找水了，另外一些人则已筋疲力尽。有几个人战死了，其中包括恩里克的禁卫军总督，他是为了救自己这位冒失的年轻朋友而牺牲的。恩里克试图把这位伤员拖走，却为了争夺尸体跟对方展开了可怕的拔河。

后来据称，在两个半小时里，年轻的王子在白刃战中奋力前行。他的 17 位同伴只剩下 4 个，但不知何故，或许是因为城墙上的守军怕误伤自己人，他们溜进了第二道城门。他们勇猛推进，冲过第三道门，夺取了要塞。国王若昂最终到达现场时，发现城堡已无人看守。这是官方的说辞；更有可能的是，剩下的少数守军看到当时的风向，决定改日再战。当驻军接到撤退命令时，大多数平民已经逃走了，余下的人也纷纷效仿，如果他们还能做到的话。

第二天上午，城市上空回荡着伤员的哭喊声和士兵试图挖出新财宝的铿锵声。他们在疯狂地搜寻黄金时，毁坏了价值不菲的挂毯、丝绸、食油和香料。“破坏让某些出身低贱的人号啕痛哭，”史家如此记述道，这份尽管不能令人信服却相当尽职的记录补充说，“体面人和贵族倒不为这种东西烦心。”[24]一些
惨遭池鱼之灾的热那亚商人在事后向征服者提供了帮助，但获 68
得胜利的葡萄牙人无中生有地诽谤这些商人与异教徒交易，至少有一个商人遭受了酷刑，他被迫吐露出财产的下落。另外一队士兵闯进了一个巨大的地下蓄水池，正当他们凝望暗处，惊叹于墙上的瓷砖壁画和 300 根柱子支撑的拱顶时，在蓄水池深处发现了挤作一团的摩洛哥人。他们毁掉了这座蓄水池，连带杀死了里面的平民。[25]

那个星期天，国王若昂下令在休达的大清真寺高耸的大厅

里举行弥撒。首先要把那里刷洗一新。编年史家解释说，摩尔人习惯在磨损的破旧垫子上覆盖新的礼拜用垫，这使葡萄牙人不得不用铁锹掘起垫子，再装篮运出去。在依照仪式擦洗之后，国王、王子和贵族们聚在一处，神父们用盐和水驱除伊斯兰教的鬼魂。随后号角齐鸣，他们吟诵着感恩赞美诗，把这座建筑献给了基督。

弥撒结束后，三位王子穿戴上甲胄，并把母亲的宝剑挂在腰带上。他们跟着一列号手和鼓手走向新教堂，在父亲面前跪下，受封为爵士。不久，他们扬帆返航，受到了迎接胜利者凯旋的热烈欢迎。他们留下 3000 名士兵以抵御摩洛哥人，后者已在城墙外准备好狙击了。

一天之内就攻克了著名的堡垒城市，这个成就震惊了整个欧洲，只不过仅仅一个月后，它的风头就被英格兰国王亨利五世盖过了。和葡萄牙的王子们一样，亨利五世也是“冈特的约翰”的孙辈，他发动了蓄谋已久的入侵法兰西的战争。[26]三位年轻的王子宣称，他们国家的到来是一次惊世骇俗的十字军东征，而且三位王子中至少有一位无意止步于此。葡萄牙人追随着先辈的脚步，越过了同一个湍急的海峡，他们起初跌跌撞撞，随后势头越来越强劲，即将继续对伊斯兰教穷追不舍。

69 只有到了很久以后，人们才会把袭击休达看作葡萄牙整个海外征程的一个缩影。它起于基督徒和穆斯林之间在伊比利亚半岛上的苦战，在年轻人的热诚中谋划成形，在全国人（不管他们愿意不愿意）集体努力的培育之下得以实施。它中途受挫，几近夭折。部分由于决绝的勇气，部分由于纯粹的运气，这次突袭给世界留下了深刻的印象，还给这个年轻的国家留下了一笔厚重的遗产，让它在后来的几百年间施展自己的勃勃野心。

4. 大洋

葡萄牙王子恩里克的雕像在今欧洲西南端的一处岩岬上迎 70
风而立。这个孤单的王子穿着修士服装，凝望对面的非洲，为探索未知的天涯海角进行新的筹划。他的背后是他创建的伟大学校，当代最有成就的天文学家、制图师和领航员都聚集在此，推动着航海科学的发展。每次他的船员们完成大胆的任务返航后，他都会听取汇报，在他无与伦比的地图、图表和游记收藏中加入最新的信息。他已不再是十字军战士恩里克：他是航海家恩里克，是世界的发现者。

这是精心编撰的传奇说法，而真相迥异于此。[1]恩里克从未涉足任何出海的船只。虽然他的确对天文学感兴趣，也曾给一些重要的制图人委派过任务，但他的学校根本算不上一家正式的机构。他穿着一件粗毛衬衣，据说终生独身，还是个专心研读神学的学生，但他同样喜欢举办疯狂的奢华聚会。他是第一个发起大规模探索大洋运动的人，而他的探险起初不过是兼职海盗的营生而已。

恩里克在休达载誉而归之后不久，就开始了他的海盗生涯。他的船不断侵扰摩洛哥海岸，拦截地中海的穆斯林船只，偶尔也攻击信仰基督教的商人，有一次还招致卡斯蒂利亚国王大发牢骚。他第一次对未知土地的发现就直接源于劫掠活动。1419 71
年，一场暴风雨把他的两个船长刮到了大西洋中一个无人居住的群岛。第二年，他派遣一支探险队去那里，声称那些岛屿归王国所有。一位水手惊叹道，马德拉岛是“一个大花园，人人都有金色的收获”[2]。不过作为其终身领主的恩里克，所获比大多数人更加丰厚。那里很快便被确立为殖民地，开拓先驱们在那里所生的第一个男孩和女孩分别被取名为亚当和夏娃。

恩里克对探索的兴趣大增，但若只依靠海盗所得，他那些船的航程将极其受限。1420 年，直到国王若昂请求教宗让他的爱子担任一个声名狼藉的武修士团体的葡萄牙分会首领时，恩里克的前途才明朗起来。

在欧洲其他地方，圣殿骑士团的衰落与它的崛起一样令人猝不及防。圣殿骑士们被赶出圣地时，他们的神圣光环迅速黯淡下去。然而他们还保有一个由要塞、田产和完整市镇组成的广阔网络，在欧洲社会的根基很深。伦敦的圣殿受托管理英格兰的大多数财富，包括国王、贵族、主教和很多商人的值钱宝贝，甚至还一度保管过御宝。[3]巴黎的圣殿是一座高耸的要塞，周围有一条环形的护城河，其围起来的面积相当于一个村庄，骑士团在那里经营法兰西的国库。他们权势熏天，以至于欧洲最大的君主们最终都开始耿耿于怀，而且他们中间居然有那么多身披锁子甲的权贵，这些人能够利用修道院的戒律，拥有自己的常备军以及数量惊人的财宝，还能直达天听。14 世纪初，法兰西国王“美男子”腓力①欠下圣殿骑士的大笔债务就绝非偶然，故他以异端、亵渎神明和鸡奸等常见的凭空捏造的罪名，将骑士们逮捕归案，还胁迫教宗解散整个圣殿骑士体系。[4]在巴黎，数十位圣殿骑士被绑在火刑柱上烧死，其中包括大团长。

---

① “美男子”腓力（Philip the Fair，1268—1314），即腓力四世，卡佩王朝第 11 位国王（1285 ~ 1314 年在位），纳瓦拉国王（1284 ~ 1314 年在位，称腓力一世）。

这位长者在行刑架上供认有罪，随后又撤回了自己的陈述，并在烈火焚身时坚称自己是无辜的，他的双手以祈祷的姿势被绑 72
在一起。

只有伊比利亚的武修士们还保持着坚定的信仰。圣殿骑士们虽然因守卫圣地而闻名，但他们从一开始便活跃在欧洲的远西部。他们纵马于收复失地运动的最前端，坚守在与伊斯兰战斗的最前线，还入主了新占的大片土地[5]。对年轻的基督教国家来说，他们的热忱和雄厚的财力都是不可或缺的。在葡萄牙，他们从未消失；为洗刷新近远播的恶名，他们把自己的名字改成了基督骑士团[6]，仅此而已，其他一切都原封未动，包括他们的大量财产。

教宗同意了国王的请求后，恩里克突然间得到了与其野心相匹配的资源，而改头换面的圣殿骑士们也获得了意外的重生，成为“探索时代”的资助人。即便如此，探索也远非恩里克最关心的事情。相反，他把大量金钱和人力都耗费在与卡斯蒂利亚争夺加那利群岛的一场恶斗上了。卡斯蒂利亚宣称对该群岛拥有主权，而且群岛上石器时代的居民也连续三次击退了恩里克的军队，这成为他治军生涯中的奇耻大辱。恩里克的锐气不减反增，他发动了又一次摩洛哥十字军东征，继续自己在休达的英勇行为。

休达变成了葡萄牙的鸡肋。穆斯林商人很快就把商旅贸易转到了附近的丹吉尔①，休达的海滨仓库自此便空空如也。这块殖民地总是被围困，不久，城墙之外的房子尽数被毁，因为

---

① 丹吉尔（Tangier），摩洛哥北部一个滨海城市，在直布罗陀海峡西面的入口，大西洋及地中海的交界处。丹吉尔是一个历史名城，由于它位于地中海出口，历来都是兵家必争之地。

本地人总是利用它们来发起攻击。军队给养不足，而且士兵被迫忍受西班牙过往船只的嘲弄，这块驻地变得颇不受待见，只能靠服刑的罪犯来补充驻军力量。永久占领一个与世隔绝的边境哨所，并由海外提供补给，对于资源匮乏的葡萄牙是个巨大
73 的损耗，很多葡萄牙人抱怨说，这么做实属愚蠢。

恩里克却不这么看。在这位渴望荣耀的王子看来，溃败之后应该更加激进而非退缩。那个通向辽阔的未知世界的守护石——赫拉克勒斯双柱——已经不再归伊斯兰世界控制了。过去七个世纪以来，基督教世界头一次在非洲大陆有了一块立足之地。他和其支持者们认为，这次胜利证明上帝的恩赐照耀着自己的国家，为了信仰和荣誉，他们需要继续前进。毕竟，北非曾是基督徒的领土；为基督而重获此地，不就是继续推进收复失地运动吗？[7]

多年来，恩里克一直催促父亲进攻丹吉尔，但未能如愿。1433 年，若昂在举国悲痛中去世，书呆子杜阿尔特继位后，恩里克转而全力以赴地说服大哥。杜阿尔特让步了，恩里克一力控制了新的十字军。他冲锋在前，一如既往地过于自信，但他们当年在休达大获全胜是因为动用了很多手段，此刻却一样都没有。租用的运兵船未能按时抵达，他却不肯拖延，即便半数军队仍留在葡萄牙。7000 人勉强挤进现有的船只驶向非洲，恩里克对伊斯兰教的诅咒怒骂不断升级，以此激怒他们。而当葡萄牙人兵临丹吉尔城下，挥舞着一面画着基督身披盔甲的旗子，炫耀着教宗送来的那部分“真十字架”时，连恩里克也开始意识到，单凭信仰并不能获胜。丹吉尔比它毗邻的休达港大得多，防御兵力也多很多。而葡萄牙人的大炮火力太弱，不足以攻破坚固的城墙，他们的攻城梯太短，无法攀上城头，围城军队都

被包围在海滩附近的营寨里。随着更多的穆斯林军队涌进城市，十字架出现在乌云之间的寻常景象魔力不再，恩里克率领的数百位骑士，甚至包括他的几位禁卫军成员，都逃向船只，弃他而去。他手中唯一的谈判筹码就是休达了，为了让余部安全返回，他的特使们承诺交出休达。恩里克把自己的弟弟斐迪南送 74
去当人质，撤回休达，爬上床，拒绝回应让他回国并对这次灾难负责的反复召唤。

他根本没打算遵守承诺。[8] 斐迪南在摩洛哥的牢房里日渐憔悴，休达还是掌握在葡萄牙人手里。国王杜阿尔特于翌年去世，享年 46 岁，很可能是死于瘟疫，而不是人们普遍以为的死于心碎。斐迪南在狱中受尽虐待，五年间，他给兄长们写了无数封悲痛欲绝的信，恳求他们开启谈判，让他得以释放，不过还好斐迪南总算死于致命的疾病。恩里克私下或许痛不欲生，但在公开场合他始终坚称他的兄弟——死后被追授为“忠实的王子”——随时准备以身殉教。

作为幼子，恩里克本也可继承王位，但他为永无餍足的野心付出了沉重的代价。然而在宗教狂热的时代，他一心无二地想要为清除异教徒立下不朽功勋，全然不管自己会因此而陷入何种黑暗和迂回的境地，无疑会被很多人看作富有骑士精神的真英雄，值得被大加称颂。

恩里克又把目光转向了海洋。他每年的掠夺行动都向摩洛哥的大西洋沿岸迈进一点儿，逐渐形成了一个大胆的新计划。

像很多受过教育的欧洲人一样，他也知道一个流传很久的谣言：在非洲撒哈拉以南某处，有一座大得惊人的金矿，那是一片广阔区域，葡萄牙人称其为“几内亚”，这是个柏柏尔语名称。1375年加泰罗尼亚地图集[9]中有一张颇有影响的地图，上面画了一个骑骆驼的穆斯林商人走近传说中的皇帝曼萨·穆萨①，后者当时就在其首都廷巴克图②。头戴重冠的曼萨·穆萨蹲坐在大陆中心的王座之上，手持巨大的天然金块。“他的国
75 度盛产黄金，”地图上的图例说明如此写道，“让他成为这块土地上最富有、最高贵的国王。”[10]

对黄金的痴迷是可以理解的。欧洲几乎已经耗尽了自己的金矿，极其缺乏保持经济流动性所需的金银。三分之二的进口黄金是被装在袋子里由骆驼驮着，穿过撒哈拉沙漠跋涉而来的，而基督徒几乎完全被排除在非洲腹地之外。恩里克预测，开采那里的黄金可以一举两得：既可以使他的国家致富，又能让在交易中获利颇丰的穆斯林商人陷入贫困。

然而，金矿的所在地一直是个严守的秘密，而且与日俱增的挫败感自然会引发一大堆胡乱猜测。

从14世纪开始，欧洲的制图人就开始画一条极长的河流，几乎把非洲大陆纵向一分为二。这条河名叫金河③，地图上显示它在大陆中部地带的一个大岛周围分流，使那个岛看起来很像非洲躯干上的肚脐。恩里克确信黄金就在那里，随着他的船只向南方越走越远，他开始梦想着上溯金河，找到财宝。

不过有一个明显的障碍。在几乎每一张世界地图上，大西洋都是左侧一个蓝色的小水坑，其下的非洲大陆一直绵延到地

---

① 曼萨·穆萨（Mansa Musa），14世纪马里帝国的国王（1312～1337年在位）。马里帝国在14～17世纪统治着今西非的曼丁卡高原地区。

② 廷巴克图（Timbuktu），现名通布图（Tombouctou），是西非马里共和国的一个城市，位于撒哈拉沙漠南缘、尼日尔河北岸，历史上曾是伊斯兰文化中心之一。

③ 原文为西班牙语Río del Oro。

图的边缘。非洲大西洋沿岸的最后一个特征通常是一个不大的隆起，大约在丹吉尔南面 500 英里的地方，名叫博哈多尔角（Cape Bojador）。

这是个让历代水手恐慌不已的名字，围绕它流传着很多令人毛骨悚然的传说。那里有无数浅滩，船舶很难靠近而不被围困。湍急的离岸流会把船冲向未知的海域。滚烫的河流冲向大海，令海水沸腾。海蛇怪随时准备将入侵者生吞下肚。巨人偶尔会升出海面，用手举起船只。灼热会把白人变成黑人。人们 76
普遍认为，经过这个海角的人无一能够生还。

恩里克不愿被传说吓住。1433 年，他的侍从吉尔·埃阿尼什①返航回国，承认他的船员因为恐惧而不敢接近这个可怕的海角。王子听后又把他派回去，严令他完成任务后才能返航。

埃阿尼什的小船悄然驶近可怕的陆岬。[11]海浪和湍流非常强劲，浅滩从海岸上延伸出很远，雾霭挡住了去路，盛行风无疑使得归途艰险重重。然而穿过海角的红色沙丘后，沿岸竟然风平浪静。危险也许是穆斯林虚构出来的，为的是让欧洲人远离他们的商队路线。埃阿尼什班师回朝并获封爵士，恩里克对他大加称赞，说他胜过了历代的智者和水手。

九年后的 1443 年，恩里克说服了他的哥哥——杜阿尔特去世后的葡萄牙摄政王佩德罗，授权他控制开往博哈多尔角以南的所有船只。

就算对这位积极进取的亲王来说，声称海洋是他的个人财产也是个大胆的举动，且需要付诸实际行动。既有远洋航行的

---

① 吉尔·埃阿尼什（Gil Eanes，1395—约 1445），15 世纪葡萄牙航海家和探险家。埃阿尼什的传记鲜为人知，他是为葡萄牙恩里克王子效力的最早一批航海家之一。

经验，同时又对获得举世无双的经验充满热情的葡萄牙水手只有那么多，所以恩里克被迫去国外寻找新的人手。他在阿尔加维①——这个名字来自阿拉伯语的西方②——建有私宅，距离欧洲最西南角的平顶海岬萨格里什角[12]非常近便。天气恶劣时，从地中海开往欧洲北部的船只能在它陡峭的悬崖后避风。恩里克派人去迎接每一条船，对船上的人炫耀恩里克的探险家们收集的器具样品，盛赞亲王发现的新陆地以及那里的财富，还会哄骗水手们加入他的舰队。

事实上，恩里克的船只带回国内的不过是些毛皮和油脂，
77 这是因为当时每年对海豹的大规模捕杀已成气候。然而在1441年，一位船长回国时带了“十名黑人男女……一点儿砂金和一面牛皮盾牌，还有一些鸵鸟蛋。某一天，鸵鸟蛋被做成了一模一样的三盘菜，端上了亲王的餐桌，味道跟任何家禽的蛋品一样新鲜可口。而且我们可以合理地推测”，提供此消息的人补充道，“在这个基督教国家里，再也没有哪位基督教亲王的餐桌上会有这样的佳肴了”。[13]即使如此，很多鲁莽大胆的水手还是难以抗拒恩里克的诱惑。来自威尼斯的绅士冒险家阿尔维塞·卡达莫斯托③在驾驶帆船去往佛兰德的路上被吹上了阿尔加维海岸。恩里克的招募人员立刻就找上船来，用非洲的珍奇宝物款待他。“他们用这种口吻说了很多，”他记述道，“让我们一行人大为惊奇。就这样，他们引起了我越来越浓厚的欲望，想到那边一探究竟。我问他们这位大人是否允许任何人加入航

① 阿尔加维（Algarve），葡萄牙最南的一个大区，位于欧洲大陆的西南角。

② 原文为拉丁化的阿拉伯语 al-Gharb。

③ 阿尔维塞·卡达莫斯托（Alvise Cadamosto，1432—1483），文艺复兴时期威尼斯的航海家和探险家。他曾效力于葡萄牙王国，为其在非洲西海岸区域进行探险活动。他的航海报告发表于1507年。

行，得到了肯定的答复。”[14]和最远来自日耳曼和斯堪的那维亚半岛的很多其他人一样，卡达莫斯托跳下船，当场就签约了。

金钱和人力一样，在葡萄牙总是供不应求的，而且即便是在有了圣殿骑士的宝库钥匙之后，恩里克也无法无限期地为昂贵的探险事业提供资金。富裕的意大利金融家们在里斯本开店，恩里克亦许可热那亚、佛罗伦萨和威尼斯的商人开店和赞助航海，还总是把一部分利润占为己有。新政策取得了成功：1445年，足足有26条船驶向非洲，每条船上都飘扬着恩里克的基督骑士团的红色圣殿十字架旗帜。

那时，亲王的造船匠和船员们已经灵光乍现地想出了如何建造出适合探索大陆沿海（当然安全返航也是同样重要的考虑因素）的理想船舶。这种轻快帆船船身狭长，吃水浅，可以沿着海岸进入内河。它配备了大三角帆——这借鉴了印度洋上的阿拉伯船只[15]——可以对最轻柔的微风做出反应，比传统的横帆更容易切风航行。由于只有船尾配备了一个船舱，水手极为不适，船速也十分缓慢。舰队择路下探撒哈拉沿岸时，必须设 78
置持续的岗哨，以观察并对前方是否有浅滩和沙洲的大浪提出警示。必须有人测绘海岸线，而且探索那些离岸的岛屿也很有必要。船员必须投下测深锤来测量水深，而且到了夜晚，所有的工作都要中止。再往南去，强大的水流会把轻快帆船拽向岸边，所以船只不得不航行在看不见陆地的地方。返航时，他们必须朝着大西洋的方向航行很远，顶着东北信风的右舷风，以锯齿形的航道航行，直到足够靠北，可以在西风带顺风回到里斯本。

然而回报颇丰。关于鸟儿飞向何方的古老谜团终于真相大白：在撒哈拉的冬季，水手们发现了燕子、鹳、斑鸠和画眉；夏季，他们还看见了在欧洲过冬的猎鹰、苍鹭和斑尾林鸽。陌生的剑鱼和鲫鱼在他们的网中翻滚，艳丽的鹈鹕和优雅的火烈鸟的肉和蛋为他们的餐桌增添了异国情调。上岸后，他们为眼前的无限风光惊叹不已，有沙丘、岩石，还有生活于斯的各种生物。那里有比兔子还大的老鼠，能吞下山羊的大蛇，生活在沙漠中的大羚羊和鸵鸟，数量庞大的瞪羚、红鹿、刺猬、野狗和胡狼，以及其他完全陌生的野兽。红色和黄色的大群蝗虫弥漫四野，绵延数英里，遮天蔽日，所过之处，地面上的一切荡然无存。龙卷风一日之间便可让贫瘠的土地鲜花盛放，沙暴像滔天大火一样咆哮，把海龟和鸟儿像树叶一般抛来抛去。

他们立起木头的十字架，昭告此地归基督所有，然后出发去接触当地人。探险家们为非洲人错综复杂的王国和部落大杂烩大伤脑筋，那些人各自说着不同的语言，令人头昏脑涨。由于他们自己穿着全副盔甲爬上海滩，前进路上遇到喝骆驼奶的
79 沙漠牧人，或是用海藻烧火炙烤海鱼海龟的温顺渔夫，就高喊“葡萄牙和圣若热!”，还抓来几个犯人充作探子和通事，这样的亮相方式令双方彼此都缺乏理解。

欧洲人胆气渐壮，进兵内陆，他们经过了出产世上最好的椰枣但据称有食人族居住的偏远山区，又经过了房子和清真寺全用盐砖砌成的沙漠小镇。[16]他们不时会遇上一支闻名遐迩的骆驼商队。骆驼既是运输工具，也是口粮：运气不佳的骆驼会被迫几个月不喝水，然后痛饮清水，以便在旅途中被杀了用来补水。商人们肤色棕褐，头巾半遮着脸，白色的斗篷镶着红边，赤足行走。这些穆斯林往来于格拉纳达和突尼斯，用白银和丝绸换取奴隶和黄金。他们决心让闯入者身陷困境。

最终，沙漠一方偃旗息鼓，舰队行经塞内加尔河[17]的河口，进入人口更稠密的热带地区。一切突然显得更加宏伟磅礴，充

满生机。“在我看来这简直不可思议，”威尼斯探险家卡达莫斯托还在撒哈拉时便满怀期待地写道，“河那边的人都又黑又高，体格强壮，身材匀称；整个国家一片绿意，树木葱郁，土地肥沃。而河这边的人肤色棕褐，低矮瘦弱，营养不良；土地贫瘠，寸草不生。”[18]

欧洲人在自己从未想象过的新世界里眼界大开。在这里，男人用烙铁在自己身上烙下印记，女人用火针给自己文身。男人和女人都戴金耳环、鼻环和唇环，女人还在两腿间悬挂金环。访客们惊叹于参天的大树、蔓延的红树林，还有羽色鲜亮的会说话的鸟儿。他们收购猩猩和狒狒带回国去；他们盯着河马发愣；他们亲眼看见猎杀大象，还品尝了这个庞然大物的肉，当然，其肉质粗硬、寡淡无味。回国后，他们把异域的礼物呈献 80
给恩里克亲王，其中包括一头幼象的象足、躯干、毛发和用盐腌制的肉；恩里克又把一具成年大象的象牙和象足赏赐给了他的妹妹。

起初，非洲人对新来者也同样痴迷。他们在白人的手脚上吐口水，然后用手揉搓，想看看他们的白肤色是不是染成的。他们似乎觉得，白人的风笛是某种会奏乐的动物。他们划着独木舟靠近轻快帆船，想知道它们是大鱼还是大鸟，直到看见水手便四下逃散——反正葡萄牙人是这样认为的。

让欧洲人沮丧的是，这里的人居然也是穆斯林。尽管如此，他们的信仰却绝不僵化，他们大多很穷，但至少其中一些人愿意和基督徒做生意。在一次上溯塞内加尔河的航行期间，卡达莫斯托受邀前往附近的一座王城[19]，和他的开拓者同胞一样，他也满怀期待，希望看到一个欧洲风格的君主和朝廷。当他走近王座时，看到请愿者双膝跪倒，以头抢地，还把沙子洒在裸露的双肩上。他们如此匍匐向前，陈述自己的事由，又被粗鲁地打发走了。因为他们只要犯一点儿小过错就会导致自己的妻儿被逮捕、拍卖，卡达莫斯托认为他们的恐惧也不无道理。他赞许地记录道，国王及其王公贵族们的权势远大于他们在欧洲的同类——又补充说，不过他们也都是“大骗子”。

如果说非洲人的很多习俗看似原始，那么另一些习俗就很难被轻易地评判了。卡达莫斯托很快就与宫廷穆斯林神职人员就宗教的细节展开了辩论。和往常一样，欧洲人在讨论一开始便告知国王他的信仰有误。统治者笑答，如果基督教的上帝是个公正的主，那么他和他手下的水手们进入天堂的机会就大得多，因为欧洲人在尘世间获得的财富和知识要远远多于其他人。
81 “这种说法，”卡达莫斯托评论道，“表现了他良好的推理能力和对人性的深刻理解。”[20]国王还显示出另外一种对人性的理解，他赠予这位威尼斯的水手“一个 12 岁的年轻俊俏的黑人女子，说是送给我侍寝。我接受了她”，卡达莫斯托记述说，“把她送到船上去了”。[21]

不是每个非洲统治者都这样仁慈，探险家们很快就遭遇了无情的袭击。武士们从森林里冲出来，挥舞着用瞪羚皮包裹的圆盾，铁尖倒钩且淬了蛇毒和树液的长矛，还有像标枪一样的梭镖和阿拉伯风格的弯刀。一些武士跳起战舞，唱起战歌；还有些划着独木舟悄然靠近。所有的武士都勇敢无畏，情愿战死也不逃跑。轻快帆船上配备了发射石弹的小型火炮，但还是有很多骑士、侍从、士兵和水手倒在敌人的猛攻之下，而他们试图送到岸上去作为通事之用的俘虏也同样被击毙在沙滩上。

随着越来越多的轻快帆船载着半数水手勉强回国，恩里克开始对逐步升级的敌意提高了警觉。他命令手下的士兵只有在自卫时才能开枪，但那时他们的暴虐之名早已远播。当下一拨探险家到达冈比亚河的开阔河口（距离里斯本逾 1500 英里）时，发现传闻已先于他们到达了那里，说他们吃人肉，尤其喜欢黑人的肉。他们溯河而上，大群黑人在森林的掩护下冲出来，朝他们投掷梭镖，发射毒箭。一队队的作战独木舟奋力划向入侵者，体格健壮的武士们身穿白棉汗衫，头戴插着白色羽毛的帽子，卡达莫斯托记述说他们的肤色“非常黑”[22]。在后来的谈判中，欧洲人很想知道他们这些带着礼物而来的和平商人为什么会遭到袭击。据卡达莫斯托报告，非洲人回答说他们“不想要我们的任何友谊，只求能把我们全杀了，然后把我们的财产献给他们的君王”[23]。甚至枪声的震撼也不会让他们长久退避， 82
所以这些不受欢迎的来访者只好再度匆忙撤退。

随着贸易网络沿着海岸线徐徐展开，葡萄牙人开始想方设法把装着黄金的袋子运回里斯本；葡萄牙近百年来的第一枚金币很快就在里斯本的造币厂里被骄傲地打造出来，这枚金币被命名为“十字军”，这倒也恰如其分。然而事实证明金河不过是海市蜃楼，而恩里克的第二个伟大探索——寻找反抗伊斯兰的强大盟友——也进展甚缓。

在古老的传说中，遥远的海外某处有一个失落的基督教帝国，它君临天下，丰饶无比。据称它的统治者是“祭司王约翰”。

祭司王这个词来自古法语司祭①，但约翰可不是寻常的传教士。欧洲人坚信他是个强大的基督教国王，很有可能就是给

① 原文为古法语 prestre。

襁褓中的耶稣带来黄金、乳香和没药的东方三贤者之一的后代。数百年来的猜测，给祭司王的王国平添出无数奇闻怪事，什么有一座不老泉令祭司王数个世纪长生不死，有一面镜子助他看清整个世界，还有一张翡翠桌子被无数燃烧着贵重香膏的油灯照亮，他在这张桌旁宴请三万宾客。在诺亚的寿命被作为公认事实的年代，祭司王约翰这个老朽的存在听来言之有理，至少它证实了西方基督教世界共有的梦想。

祭司王约翰的故事不止是个流传甚广的传说。它源自一连串的传闻、骗局和一知半解的事实，但很多当权的人都信以为真，其中包括一系列教宗。

已知的事实是这样的。1122 年，一个自称印度主教约翰的男人觐见教宗，把他的土地描述成一个富有的基督教国度。20
83 年后，一位日耳曼主教[24]报告说，东方有一位基督教国王正与伊朗交战；他还补充说，据他的线人所言，这位国王名叫祭司王约翰，手持一支坚硬的由翡翠做成的权杖。这两则消息此后都没下文了，直到 1165 年，一份署名祭司王的信件副本开始出现在欧洲各地。这封信的语气傲慢自负，倒是很符合一位宣称统治着 72 个国王、自诩为“三印①之帝”的人的做派。信中讲

① 三印（Three Indies），这一地理概念来自欧洲人在探索时代之前关于东方基督教王国的传说。一种说法是东方三贤者中的第一位在内恒河地区（Intraganges，即“第一印度”）建立的王朝征服了其他两印，并建立了上帝的选民之国“三印”；埃塞俄比亚为“第二印度”；而“第三印度”却不知其所在。另一种说法则认为“东方”（Orientalis）为第一印度；古也门存在过的一个王国希木叶尔王国（Homerite）所在之地为希木叶尔印度（Homeritæ Indi）；而埃塞尔比亚则被称为“小印度”或第二印度（也有人称其为第三印度）。祭司王约翰所统率的三印之地幅员辽阔，东至恒河湾（Gangicus Sinus），王国西极则为不老泉，北疆有一堵铜浆铁砖砌成的长墙以抵御蛮族，下属的 72 个王国并非全是人类。

到，他坐在桌旁，有“7 个国王”伺候着他，“每个国王又有 62 个公爵伺候，每个公爵又有 365 个伯爵伺候。……在我们每日进膳的大堂里，右手边是 12 个大主教，左手边是 20 个主教”[25]。想想满天星辰与恒河沙数，便可对他的王国如何疆域无边、权力无限有些了解——他在信中所提到的倒真有些助益。

从中世纪开始，欧洲人就靠源源不断的传奇和奇迹支撑着，这些不羁而神奇的断言让这封信显得更加可信。祭司王进一步解释说，他的王国有“长角人、独眼人、前后都长眼睛的人、人头马（centaurs）、人头人脚羊（cfauns）、人头羊身羊（satyrs）、矮人、巨人、独眼巨人，以及长生鸟和世上几乎所有种类的动物”[26]。其中有能把牛叼进窠巢的狮鹫，更有能把骑士连人带马抓住杀死的插翅虎，还有一对高贵的鸟儿，它们长着火色的羽毛和利刃般的双翅，已经统领了世上所有的鸟类 60 年，直到它们自杀式跳入海中才逊位。一族矮人与鸟类展开了一年一度、看起来像是一边倒的战争，而一族射手因为自腰以下全为马身而占尽优势。在别处，四万人忙着给火堆添加燃料，好维持吐丝之虫的生命以使其继续吐丝。

教宗在对着这封特别的信琢磨了 12 年后，才决定回信。他委托自己的私人医师出发去寻找这位传说中的国王，但这名医师从此杳无音讯。虽然如此，祭司王的这封信还是引发了欧洲的无限遐想，它被译成很多种语言，被人如饥似渴地诵读了数 84
百年。每当欧洲受到海外的威胁，就会有人指望祭司王约翰疾驰来援，一举粉碎异教徒。十字军东征期间，有人谣传他计划攻打耶路撒冷。蒙古人入侵欧洲时，他又被传说改派到了中亚，人们一度认为他就是成吉思汗与之翻脸的养父[27]。据说他拒绝把女儿嫁给成吉思汗，激怒了后者，还输掉了两人之间的战争，干脆被成吉思汗消灭了，[28]但当欧洲开始梦想使蒙古人皈依时，他又复活了，成为新的蒙古统治者。

据说，祭司王治下的人口数量比整个西方基督教世界多3倍。[29]他有10万常备军，手下的武士个个挥舞着由黄金打造的武器。如有需要，他可以召集100万人上战场；传说他的很多士兵都是裸体征杀，这让他们听来更加吓人。他是世上最有权势的人，可以随意支配源源不断的贵金属和宝石。若是与他的无敌军队结盟，欧洲必能让伊斯兰从世间消失。

只要能找到他。

恩里克派人寻找祭司王约翰的时候，这位伟大的国王已经被谣言改派到东非去了。这与他统治印度的旧说法出入不大，因为欧洲人已经开始相信，印度和非洲是连在一起的。东非当时又叫“中印度”[30]，中印度也是埃塞俄比亚王国的别名，真是乱上加乱。

众所周知，埃塞俄比亚自古便是个基督教国家，但由于伊斯兰的阻挠，欧洲长期以来与那里的人失去了联系。有人说它与埃及之间有沙漠相隔，穿越沙漠需要50天，并且有阿拉伯裸体强盗横行其间；还有人说，埃塞俄比亚人百病不侵，能活
85 200年。[31]1306年，在数百年的沉默之后，埃塞俄比亚特使突然出现在法兰西的罗马教廷上，而且因为双方无疑都渴望取悦对方，这次会面之后，祭司王约翰被任命为埃塞俄比亚教会的牧首。那可不是什么令人振奋的事，因此祭司王约翰很快又由牧首升级为独裁者，被看作埃塞俄比亚这个辽阔而强大的国家无所不能的皇帝。到1400年，英格兰的亨利四世对这一猜想确信无疑，他以新任英王的身份写信给祭司王，因为传说这位伟大的统治者再次计划进军耶路撒冷。欧洲人坚持不懈地召唤他们

的君主祭司王，使得偶尔来访的埃塞俄比亚特使无比困惑，15世纪这些特使继续造访欧洲——1452 年有一次，他们出现在里斯本，引起了极大轰动，当然，对于自己受到的接待规格远超设想，他们也颇感荣幸。

欧洲的希望再次被点燃，事实一定会证明祭司王是他们对抗伊斯兰的坚定盟友。然而，就算他决心已定，如何与他取得联系还是个问题。后来总算有地图显示非洲西岸有一个巨大的新月形海湾时，这个难题看似解决了。这个海湾被命名为埃塞俄比亚湾，看起来直达祭司王之国的心脏地带。

多年来，每当恩里克的船只航行至据信这个海湾大张的入口所在的位置时，他都会命令船员们打探印度国及其神父 - 皇帝祭司王约翰的消息。1454 年，亲王向教宗请愿成功，确定了他在大西洋的垄断地位后，他承诺很快就会完成任务，“只要印度人像传闻那样崇拜基督之名，我们就可以与之联络并劝说他们在基督徒对抗撒拉逊人之事上施以援手”[32]。葡萄牙人接下来又花了几十年时间寻找的信仰基督教的印度根本就不是印度，而是埃塞俄比亚。

恩里克从来没有找到他的埃塞俄比亚湾，也就是那条直达祭司王国土的路线。寻找这位伟大国王的努力仍将继续，为了实现统治世界的梦想，西方基督教世界也将继续争创奇迹。 86

结果证明，几内亚完全没有欧洲想象的那样光辉灿烂。它的贸易站散布于广袤的荒野之中，季节性的商队几乎无法到达那里。除了一点点儿黄金之外，探险家们带回国的货物——羚羊皮、琥珀、灵猫麝香和活的灵猫、阿拉伯树胶、芳香树脂、海龟油、海豹油、椰枣和鸵鸟蛋——虽然样数颇多，却难称带来了天翻地覆的变化。[33]更糟的是，非洲人很嫌弃葡萄牙人拿来做交易的大包大包的粗布料，所以恩里克只好从摩洛哥购买漂亮衣服去几内亚转卖。当他的船员们遇到一致抵抗，被迫采取更谦恭的立场时，他解释说贸易只是继续与伊斯兰做斗争的另一种形式。[34]如今，就连这样的说法也越来越站不住脚了。

在葡萄牙，叛乱的传闻挥之不去。恩里克对金钱和人力的巨额支出看来毫无效果。

有一种近乎与黄金同价的商品的到来终于平息了异议，那就是人。

恩里克第一次成熟的贩奴远航始于1444年，他的手下毫不留情地袭击了阿尔金岛①上的平静渔村，那座岛屿就在非洲西部凸起处中点的岸边。在夜幕的掩护下，士兵们乘着小船开始行动，拂晓时，他们高喊着“葡萄牙、圣若昂和圣若热!”扑向了岛民。史家记述了那个可怕的景象：

> 可以看到母亲抛弃了孩子，丈夫抛弃了妻子，每个人只想着逃命，越快越好。有人在海里溺水而亡，有人在茅屋里避难，还有人把孩子藏在泥下，认为这样便可躲过敌
> 87 人的双眼，过后再来找他们。最终，我们的主对顺利完成任务给予了奖赏，因为我们的人在当日为祂所做的一切，理该享有战胜敌人的胜利，而且努力和付出理应获得回报。祂下令带回165名俘虏，其中有男人、女人和孩童，死人和自杀的人不算在内。[35]

掳掠者祷告着转向了附近的一个岛屿。他们找到一个被弃

① 阿尔金岛（Arguin Island），位于西非阿尔金湾的岛屿，属毛里塔尼亚。

的村庄，伏击了九名男女，这九个人当时正引着驮满海龟的驴群蹑手蹑脚地离开。九人之一侥幸逃生，给下一个村庄带去了警告，让全村人得以在葡萄牙人到来之前逃离村庄。不过葡萄牙人很快就在一个沙洲找到了划着筏子逃到那里的村民。由于海水太浅，难以乘船靠近他们，葡萄牙人返身搜查了那个村子，强行拖出八个吓得缩成一团的妇女。翌日，他们又杀了个回马枪，来了一次拂晓扫荡。村里还是荒无一人，于是他们沿着岸边航行，不时放人登陆以寻找新的牺牲品。最终，他们发现了一大群逃跑的人，抓住了十七八个妇女儿童，“因为这些人跑不快”[36]。不久，他们又看见更多的岛民划着筏子逃命。史官悲叹道，当葡萄牙人意识到无法把这么多人装进船里，自己将失去这样一个赢得荣誉和财富的好机会时，他们的喜悦很快就变成了悲伤。不过他们还是向着那群岛民划过去，“虽说这些筏子上满是异教徒，但出于同情，他们只杀了少数几个人。然而可以被相信的情况是，很多摩尔人出于恐惧弃筏而逃，死于海中。因此，路过筏子的基督徒为了在自己的船上装载更多的人，便首先选择孩童，他们总共带走了 14 个孩子”。

他们为战胜信仰的敌人而感谢上帝，其后“好好服侍上帝的愿望比以往任何时候都更加强烈”，翌日，葡萄牙人再次发动袭击。正准备全力袭击时，一群人冲向他们，他们逃走了。 88
史家自然不肯让侵略者显得那么愚蠢，记载说这些愤怒的岛民是上帝派来挡住基督徒的，以便他们在 300 名全副武装的武士到场之前逃走。不过即便如此，在他们有时间跳进船里之前，“摩尔人已经赶了上来，所有的人都加入混战，场面乱成一团”。葡萄牙人总算逃脱了，并带走了更多的囚徒，其中包括被留在废弃村庄里的一个年轻姑娘。他们总共把 240 个男人、女人和儿童塞入等候的船只，那些船的货仓和甲板本已拥挤不堪，老鼠蟑螂成群，仓底污水和烂鱼的臭气熏天，如今又散发出战栗惊恐的奴隶们的恶臭。

当贩运人口的船只抵达葡萄牙时，消息迅速传开。兴奋的旁观者挤在码头上，恩里克骑马赶上，来监督战利品的分发。他骑在马上，咆哮着发出命令，把卑鄙肮脏的场面变成了一场取悦民众的噱头。

艰难的旅程之后，奴隶们看起来都很可怜，当他们被迫裸体列队行进，并展示他们强壮与否时，就连一些葡萄牙人都觉得可怕。“什么样的人才会如此心狠，看到那样一群人竟毫无同情心？”目击这一场面的戈梅斯·埃亚内斯·德·祖拉拉[①]如此写道，他承认自己落泪了。

> 有些人一直低着头，他们彼此对视，泪流满面；其他人站在那里哀伤呻吟，他们仰头望天并大声喊叫，仿佛在向自然之父求助；有人以掌击面，四肢伸展地倒向地面；还有人按照他们国家的习俗，以忧伤的曲调唱起了哀歌。虽然我们不懂他们的语言，那声音却让我们感受到他们有
> 89 多么悲伤。然而让他们更加痛苦的是，现在那些负责分配俘虏的人出现了，开始把他们两两分开……父子分离、夫妻永隔、兄弟星散，丝毫没有表现出对亲友关系的尊重，但凭每个人的运气了……谁能毫不费力地面对这种分离？每当他们被归出一群，其中有儿子看到父亲在另一群里，

---

① 戈梅斯·埃亚内斯·德·祖拉拉（Gomes Eanes de Zurara，1410—1474），文艺复兴时期欧洲历史学家、地理学家。他的作品《几内亚的发现和征服编年史》是现存的关于葡萄牙人在西非的最早报告。

> 就会全力以赴地站起来冲过去；母亲紧紧抱住被分在别群的孩子，带着孩子一起摔倒在地；她们为了自己的骨肉宁愿接受无情之人的鞭挞，只要彼此永不分离。[37]

恩里克满足地看着这一切。他对批评者们的答复是：虽然他没有找到黄金之地，但他为葡萄牙在当世的几个奴隶交易大国中赢来了一席之地。当另一大批奴隶于第二年到达里斯本时，持怀疑态度的人终于沉默了。“现在，”看到好奇的人挤满甲板、几乎要把船挤翻了时，祖拉拉记述道，“没有一个人愿意承认自己曾是批评者之一。看到囚犯被用绳索绑着走过街道时，人群立刻骚动起来，大声赞颂亲王的伟大美德，如果有人敢于说出和他们相反的意见，也会很快被迫收声。”[38]

奴隶们用戴着枷锁的劳役拯救了葡萄牙的海洋探险。

奴隶制度在中世纪十分普遍。整个穆斯林社会都是建立在奴隶制之上的；奴隶的数量如此庞大，以至于伊拉克在 9 世纪就爆发了有 50 万人参与的奴隶起义。很多奴隶都是从重商的意大利诸共和国那里买来的，热那亚尤其不在意它贩运的奴隶来自何方，常常会有大量东正教基督徒出现在热那亚的街区。更多奴隶是从高加索地区和撒哈拉运来的，或是由柏柏里海岸的 90
海盗从欧洲沿海抓来的：根据计算，海盗将 100 万男人、女人和孩童运去北非的市场上出售。[39]没有沾染这种肮脏交易的国家凤毛麟角，也很少有人觉得这种交易有什么不对。大多数人觉得这些受害者本来就是一种低等人类；很多人——包括以售卖敌人来换取小麦、衣物、马匹和葡萄酒的非洲军阀在内——认为他们抓住的任何人都是可以被任意处置的猎物。心肠柔软的基督徒想象那些奴隶原本生活的非宗教环境并不比兽类强多少，以此来安慰自己，却不觉得为拯救某人的灵魂而剥夺他的自由有什么稀奇的。流泪的祖拉拉提醒自己，奴隶制的源头是大洪水过后诺亚对他的儿子含（Ham）的诅咒；他解释说，黑人是含的后裔，须永远顺服其他种族。他安慰自己的读者说，他们所遭受的任何困难，在“等待着他们的美妙新事物”[40]面前都显得无关紧要了。永恒的救赎照例是世间苦难的回报，受的苦难越多，未来的慰藉也会相应地增加。在恩里克的有生之年，大概有 20000 名非洲人被抓住或买下并运到了葡萄牙；到了世纪之交，这个数字增至 150000 之多。[41]

恩里克亲王的仰慕者们从未因为他贩奴头目的新身份质疑过他对十字军东征的信念。恰恰相反，他们认为这再清楚不过地证实了探索大西洋就是继续扩展其毕生追求的十字军东征。由于恩里克致力于对抗异教徒的永久战争，并且由于在大多数人看来反对异教徒的战争顾名思义就是正义之战，他抓住的任何人都是合理的战犯，因此，根据当时的传统，理应将这些人作为奴隶。与普通的奴隶贩子相反，恩里克不断暗示自己之所以涉足这种交易，完全是为了把福音传播给不幸的野蛮人，因而赢得了高度赞扬。在他的国人看来，他贩卖奴隶的劫掠是富
91 有骑士精神的高尚行为，与在战场上抓获俘虏同样值得赞扬。恩里克本人无疑也认为，他的新生意不止获利颇丰，显然还取悦了上帝。

教会不但同意这样的行动，还煞费苦心地明示自己的赞同。1452 年，教宗颁布诏书[42]，授权葡萄牙人攻击、征服和镇压他们遭遇到的任何“撒拉逊人、异教徒及任何其他非基督教徒”，夺取他们的财物和土地，要他们世代为奴——就算他们皈依了基督教也是一样。罗马已经给所有在基督骑士团的十字架下参

加东征的基督徒赦免了全部罪孽，1454 年，罗马教廷又授予恩里克专属的神圣管辖权，所有新发现的领土任由他处置。

不知何故未能找到真正信仰的非洲人身处“基督的律法之外，所以其身体当任凭任何基督教国家处置”，这个令人震惊的观念正是第一批欧洲殖民者周游世界时所持的态度。他们并不只是为了发现的快感或贸易的利润而踏上征程的：他们航海的目的就是以基督之名让人皈依和征服他人。宗教热情与空前绝后的劫掠机遇相结合，这是一个令人兴奋的致命组合，它将坚定不移地把葡萄牙人吸引到印度乃至更远的地方。

恩里克付出沉重的代价，启动了大西洋的奴隶贸易，以此大大扩展了欧洲的眼界。他所引领的尝试仍然道路漫长，但当东方传来了令人错愕的坏消息时，它又呈现出全新的迫切性。

5. 世界末日

92 1453 年 5 月 22 日，被围困的君士坦丁堡城头夕阳西下。[1] 一小时后，一轮满月在澄净透明的天空中升起，但突然间便黯然失色，变成了惨淡的碎片。恐慌的人群彻夜在古老的街道上跌跌撞撞，唯有城外敌人炮火的闪烁红光照亮了他们的道路。最后的罗马人高举着珍贵的圣像，口中吟诵着对上帝、圣母和圣人的祷告，他们知道，古老的预言终于应验了。天堂动摇，末日将近。

一千多年来，君士坦丁堡在一波波野蛮人，以及波斯人、阿拉伯人和突厥人的攻击下屹立不倒。它经历了毁灭性的瘟疫、浴血的王朝混乱和四处劫掠的十字军骑士而幸存至今。皇帝们的这座金城日渐沦为一个中空的蜂窝；昔日的辉煌建筑尽成瓦砾；居民人口只有鼎盛时期的十分之一，散布在遍地废墟的乡野间。而它依然坚守不怠。它在很久以前便放弃了拉丁语，采纳了大多数居民所使用的希腊语；西欧人早就把这个帝国改叫希腊帝国了。后代的史家称之为拜占庭，这是这个城市在君士坦丁堡崛起之前的名字。对骄傲的市民来说，它始终是罗马城市，是古典世界的最后一个幸存者。

21 岁的奥斯曼帝国苏丹在城市以西不到四分之一英里的地方安营扎寨，这火光四射的景象在他看来，与其说是罗马帝国的终局，倒不如说是在他庇护之下的复兴。穆罕默德

二世①身高中等，体格敦实，目光锐利，他长着鹰钩鼻子，嘴 93
巴小巧，声音却很洪亮，他精通六种语言，还热衷于研读历史[2]。他已经征服了东方原属于罗马的几乎所有领土，历史告诉他，皇城的征服者都可以继承历代伟大皇帝的衣钵。他即将成为合法的罗马皇帝，而他狂妄的野心将为那个神圣而空虚的名字恢复真正的权威。

土耳其人兵临城下，躲在君士坦丁堡城墙背后的皇帝最后一次向西方求助。出于绝望，他曾亲自拜访教宗，并同意再次联合东正教会和天主教会。[3] 他的使命因为希腊人和意大利人数百年的积怨而失败，甚至在最后的时刻，君士坦丁堡的市民们还发起了一场激烈的宣传运动来反对调停。此外，尽管教廷一如既往地强调它的有利条件，欧洲却几乎再无人想去品尝败在土耳其人手中的滋味了。这一次，再没有教宗的联盟，也没有十字军来守御这座基督教国家的东部堡垒了。

土耳其人在靠近城市的地方配置了一架火力强劲的大炮，炮筒有 26 英尺②长，宽度足够一个人爬进去，但炮身过重，需要 30 对共轭牛和 400 个人，才能把它安放就位。七个星期以来，它重达 1200 磅③的炮弹击中了古代的废墟，像流星撞击地面一样使得地动山摇。无数的小火炮彻底摧毁了防御工事，士兵、修士和妇女争分夺秒地修补缺口。雄伟的城墙被炸得不成

---

① 穆罕默德二世（Mehmet Ⅱ，1432—1481），奥斯曼帝国苏丹（1444～1446 年、1451～1481 年在位）。他也经常被人们直接以外号“法提赫”（Fatih，意为征服者）相称。他 21 岁时已指挥奥斯曼土耳其大军攻陷君士坦丁堡，消灭了拜占庭帝国；后来更西侵巴尔干半岛腹地、东抗白羊王朝，为日后奥斯曼帝国百年霸业奠下稳固的基石。

② 约合 7.9 米。1 英尺 =0.3048 米，下同。

③ 约合 544 千克。1 磅≈0.4536 千克，下同。

样子，但仍然屹立不倒，剩下的几千守军最后一次振作了起来。

对于东正教来说，东方基督教会的首都不只是新罗马，它还是新耶路撒冷，是基督教世界的摇篮。整座城市就是一处被认为拥有神力之圣物的藏骸所[4]；其中有名的包括“真十字架”
94 的大部分和“圣钉”、基督的系带鞋、猩红色长袍、荆棘冠，以及裹尸布、喂饱五千人①的鱼和饼的残余、施洗者约翰②须发俱全的头颅，还有圣母玛利亚馨香扑鼻的衣服，常常会有人看到她的身影在城墙上漫游，鼓舞守军的信心。在君士坦丁堡的光辉岁月里，圣愚安德烈曾经身为奴隶，后来禁欲苦行，他独出心裁的疯癫被追随者看作极端圣洁的标志。[5] 他曾承诺，这个大都市永远不必担心敌人入侵，直到地老天荒。“没有哪个国家能俘获或占领它，”他对自己的弟子伊比凡尼奥斯说，“因为它被赐给了圣母，没人能从她手中把它夺走。会有很多国家攻打它的城墙，但只会落得骨断筋折，愧而撤退，哪怕他们能收获它的礼物和不少财富。”[6] 他还说，只有到了最后审判日，上帝才会用强大的镰刀从它下面切开土地，到那时，长期以来承载着这艘圣船的水就会像瀑布一样倾泻在这座城市上，而它会像浪尖上的魔石那样旋转不已，随后一头栽进无底的深渊。对于忠实的信徒来说，世界末日与君士坦丁堡的末日是一回事。

不祥的月食出现一周后，末日来临了。

在号角与横笛的和奏声、定音鼓的隆隆声，以及火炮的雷

---

① 喂饱五千人（feeding of the five thousand）是《圣经·福音书》中被多处记载的一个奇迹。耶稣用五饼二鱼让五千听道者吃饱了晚饭，而且其门徒随后在收集残余时，竟还装满了十二个篮子。

② 施洗者约翰（John the Baptist），基督教、伊斯兰教中的一个重要人物。据基督教和伊斯兰教的说法，施洗者约翰在约旦河中为人施洗礼，劝人悔改，他因为公开抨击当时的犹太王希律·安提帕斯而被捕入狱并被处决。

鸣声中，十万土耳其士兵在夜色的掩护下发起了全面进攻。基督徒和穆斯林在瓦砾堆中展开了白刃战，那些废墟曾是史上最坚固的防御工事，命运跟君士坦丁堡开了最后一个残酷的玩笑。在骚动中有一处城门未关，土耳其人长驱直入。在一片尘土、硫黄和硝烟笼罩下，黎明破晓之时，最后一批罗马人溃败了，他们退回弹尽粮绝的城里，跪在地上。

土耳其人沿着梅塞大道蜂拥而入，这条城市主干道还是君
士坦丁大帝在一千多年前建造的。他们离开大队人马，冲进左
右两侧的房屋，声称这些全归他们所有，然后携着战利品大摇
大摆地前行。他们屠杀了全城的男人，强暴了那里的女人，其
中很多是修女。根据交战的习俗，征服者有权劫掠三天；穆罕 95
默德二世考虑到历史的评说，当天中午便下令停止掠夺，并坚
持把幸存者掳走为奴。无人抗议，就连久经沙场的士兵也停下
来凝视这静默的奇观。君士坦丁堡终于落入伊斯兰军队手中，
此时距离他们第一次攻城已近八个世纪。

5 月一个阳光灿烂的下午，穆罕默德二世沿着梅塞大道骑行，在圣索菲亚大教堂外下了马。他弯腰捧起一抔土，在头巾里把土碾碎，继而走过沉重的铜门，有几扇门已经从门枢上被卸下来了。当他的双眼逐渐适应了这个洞穴般幽暗的所在，看到后墙上闪闪发光的残破镶嵌画时，他拔出宝剑刺向一名正在地上撬大理石板的士兵。基督教国家最伟大的教堂从此变成了一座清真寺。

在欧洲，人们认为古典时代的终结是一场不可避免的悲剧。在人们看来，这座历经风雨的城市从很久以前就已经属于另一个世界了。

“但近来那个关于君士坦丁堡的坏消息是什么呢？”学者埃尼亚斯·西尔维乌·皮科洛米尼，即后来的教宗庇护二世，在写给当时教宗的信中说道：

> 谁能怀疑土耳其人不会把他们的愤怒发泄在上帝的众教会上？世上最著名的圣堂——圣索菲亚大教堂——即将被毁或被亵渎，这令我心如刀割。无数圣徒的宗座圣殿和建筑奇迹将要变成一片废墟，或遭到穆罕默德的侮辱，这令我悲从中来。至于那里还有意大利尚无从知晓的无数书籍，我还能说些什么呢？唉，多少伟人的名字即将永远消失？这就像是荷马的再次死亡和柏拉图的再度毁灭。[7]

后来人们发现，那些书籍安全无虞，不过大多数教堂就没那么幸运了。在土耳其人到来之前，大批学者纷纷出逃，他们
96 大多携带着成抱的书籍（其中包括古希腊的文献）去了意大利，推动了早期的文艺复兴。[8] 征服者穆罕默德——他的子民如今这样称呼他——守护着他珍贵的图书馆中剩下的书籍，这位举止文雅的独裁者很快就转而关注当如何重建他所摧毁的东西了。作为文艺复兴时期世上唯一拥有超级强权的统治者，他有的是人才可用。君士坦丁堡的废墟上将会矗起一座名叫伊斯坦布尔的新城，这座灿烂辉煌的都市足以与征服者的野心相匹配。15 世纪的世界贸易中心“大巴扎”将会用拱门连起古老的街道，无数作坊也将忙碌起来，那喧响的节奏已经销声匿迹了数百年。基督徒和犹太教徒将被请回来做工匠和行政人员，牧首将继续照看他东正教的教众，大拉比也将入驻参政院，与穆斯林宗教领袖平起平坐。

而穆罕默德二世的大好人生才刚刚开始，他可不会在珠光

宝气的王座上酣睡。这位自封的帝王并不想止步于君士坦丁堡这个古老的新罗马。为求十全十美，他还必须要征服旧罗马。

灾难即将来临之时，一些欧洲人看到了机遇。“特拉布宗的乔治”[9]是个好斗的希腊移民，后来成为著名的意大利人道主义者和教宗的秘书。他坚信穆罕默德二世会成为世上唯一的统治者，从而应验那古老的预言。根据当时的普遍看法，世界将被笼罩在长期的恐怖统治中，直到最后一位基督教皇帝来统辖一段和平时期，那预示着世界末日将近。乔治发现，人类有望跳过两个世纪的人间地狱，直接进入幸福时代，所以就给奥斯曼的苏丹写了一连串长信。他称苏丹是明君，并为调停伊斯兰教和基督教出谋划策，目的是让穆罕默德二世受洗，成为“天上人间的（最后一个）帝王”。乔治的末世计划极具野心，但他并不是唯一
一个试图让征服者皈依的人：还有好几位希腊学者，甚至教宗庇 97
护二世都写信给穆罕默德二世，提出了同样的建议。

西方基督教世界的其他地方没有意识到土耳其人的猛攻中所隐含的救赎机遇，又被一贯的内战弄得四分五裂，只能目瞪口呆地看着穆罕默德二世的军队深入东欧，并扬帆驶向意大利。[10]七个世纪前，穆斯林进军欧洲的梦想曾被迫止步于法兰西的乡野间，如今那个梦想就要由大获全胜的苏丹实现了。

罗马难免又召集了一次新的十字军东征。这一次，教宗的灭族计划是重新征服君士坦丁堡，入侵奥斯曼帝国的核心地带，并彻底消灭土耳其国家。

1454 年 2 月，强大的勃艮第公爵“好人”菲利普[①]——他

① “好人”菲利普（Philip the Good，1396—1467），瓦卢瓦王朝的第三代勃艮第公爵（1419～1467 年在位），百年战争末期欧洲重要的政治人物之一。所谓“好人”并非指其人品好，而据说是指此人使得一手好剑。

还是航海家恩里克的妹妹伊莎贝拉的夫君——举办了一场15世纪最壮观的宴会，为尚未决定的圣战擂鼓助威。数百位贵族聚集在里尔参加“雉鸡宴会”，宴会的招待风格倒是颇适合菲利普这样一位沉迷骑士文学的人。[11]大厅里摆放着三张桌子，每张桌子上都装饰着玩具师傅制作的微型自动装置等新奇物件。主桌上单独摆设了一座城堡：其护城河里倒满了用橙汁调制的鸡尾酒，酒从瞭望塔里滴落下来；风车不断旋转的翼板上栖息着一只喜鹊，它是一队弓箭手难以射中的靶子；老虎正在苦苦对付着海蛇；小丑跨上了熊的背；一个阿拉伯人正骑着骆驼；一条船在两座城市间往来不停；一对情人在吃一个被手持木棒的人从灌木丛中赶出来的鸟儿；还有个魔法桶，从中倒出来的可能是甜酒，也可能是酸酒——标签上写着“来一杯吧，如果你够胆量的话！”宴会上的主菜是被推进来的一块巨型馅饼，饼皮被剥掉了，里面有一支28人的弦乐团在演奏。戴着面具的宾客们在48道菜间穿梭时，杂耍艺人在旁翻着筋斗，演员们表演着短剧，一头活狮子在一个女人的塑像旁咆哮，女人像的右乳有加香葡萄酒不断流出，还有人放出两只活猎鹰杀死一只苍鹭，并把猎物呈献给公爵。当晚的正事时辰将至，一个打扮成穆斯
98 林的巨人牵着一头大象进场了。大象拉着一个城堡模型，象身上骑着一个扮成修女的男演员。他宣称自己是“圣教会”（将教会人格化），接着“用可怜兮兮的女性嗓音”发了一通对土耳其人所犯罪过的“牢骚和悲叹”。按照悠久的骑士传统，一个武官庄严地带着一只雉鸡向主桌的宾客炫耀一根缀满黄金、珍珠和珠宝的项链。公爵对着上帝、圣母、贵妇人和这只雉鸡宣誓讨伐异己，参加聚会的骑士和侍从们也纷纷效仿。这样一出戏后，再礼貌地拒绝就绝非易事了。

菲利普公爵付出了这么多努力，结果却发现，贵族们对宴会的兴趣远胜于诛讨土耳其人，教宗的战争召唤遭到一致漠视。葡萄牙几乎是唯一一个严肃对待十字军东征提议的国家。前国王杜阿尔特之子、恩里克亲王的侄子国王阿方索五世[①]如今成年了，他急于建功立业，想让先辈们赢得的神圣武士之名相形见绌。固执的年轻国王自荐为12000人葡萄牙军队的总指挥，但当他派特使去意大利推行他的计划时，很快便被意大利的政治污水溅了一身脏。几个意大利城邦承诺加入十字军，但据特使报告，那些城邦无论如何都不可能守信。特使的怀疑得到了米兰公爵的附和，后者在1456年9月狡猾地写信给阿方索五世，赞赏“刚刚成年的葡萄牙国王在崇高精神的引领之下，希望在与葡萄牙传统的北非战场相去甚远的地方攻打异教徒，尽管事实上他的计划可能会将休达置于危险之中”[12]。阿方索五世一怒之下宣称，他会独力对战土耳其人。就连他的叔叔也认为他疯了，恩里克慌忙劝阻他把精力转向新的摩洛哥东征。

自命为世间最高君主的罗马教廷的地位愈发岌岌可危，便 99
转而依靠坚定的伊比利亚十字军来扶持其宏大的抱负。1455年，教宗发明了一个“几内亚之主”的称号，授予年轻的阿方索五世，表彰其讨伐的热情；鉴于教宗仍然享有权威，葡萄牙人如今就成为非洲大片土地及其周边已知和未知海域的统治者。无论小小葡萄牙的梦想看起来多么遥不可及，罗马都没什么可损失的，支持他们反而有可能赢得一切。

阿方索五世命人在里斯本的大教堂里当着一群各国要人的

① 阿方索五世（King Afonso V，1432—1481），阿维什王朝的葡萄牙国王（1438～1481年在位）。

面，朗读了这份冗长的教宗诏书[13]，那座教堂是建在旧时的聚礼日清真寺原址上的一座城堡式建筑。教宗用热情洋溢的词句赞扬航海家恩里克是“我们心爱的儿子”，而他的发现与征服乃“基督真正的战士”所为。他还申明了新任“几内亚之主”的权利，包括“入侵、搜寻、抓捕、消灭和镇压所有撒拉逊人与任何异教徒，无论身在何处的其他基督之敌，以及他们持有或拥有的王国、公国、侯国、领土、领地及一切动产或不动产，并让他们的人永世为奴”。对于欧洲在海外的任何铁腕行动来说，这都是来自最高权威的最明确的许可，后人称之为葡萄牙帝国主义的特许状。这份诏书与1452年授予恩里克的诏书一起，多次被拿出来证明数百年欧洲殖民主义和大西洋奴隶交易的合法性。

五年后的1460年，恩里克去世了。当时，他的船队已经从里斯本向南航行了2000英里，他一生对海洋探索的痴迷使葡萄牙的野心得到了惊人的膨胀。他的很多同胞把他尊为英勇的预言家，称他是启动大规模大洋探索的第一人和未来帝国之父。不是所有的人都同意这种说法：也有人认为他是个鲁莽的机会主义者；还有人觉得，他是个反动的中世纪骑士，对十字军东征和骑士精神痴迷不已。这些说法都没错，但他远超头脑清醒
100 之人的、不达目的誓不罢休的坚毅和固执，改变了历史的进程。他并非完人，却独一无二。如果没有他，欧洲对自己海岸线之外的认知进程就会慢得多；没有他，瓦斯科·达伽马或许根本不会启航去印度，哥伦布也根本到不了美洲。

阿方索五世对恩里克的探索毫无兴趣。他继续了叔叔攻打丹吉尔的十字军东征，战况起起伏伏，直到1471年丹吉尔最终陷落时，探索已中断了九年。他最终听从劝说，把探索

非洲的事业转包给了一个名叫费尔南·戈梅斯（Fernão Gomes）的里斯本富商。在排除了王室讨伐异教徒任务的干扰后，航海进展神速。戈梅斯的船只绕过西非大陆的巨大凸起，沿着大陆朝正东方向航行。在加纳——葡萄牙人称之为“矿藏海岸”，而英国人后来又将其改名为“黄金海岸”——戈梅斯的船最终发现了恩里克一直没找到的黄金产地，并于1473年再次扬帆南航，他们又越过了赤道。他们总共又向前推进了2000英里。

戈梅斯谋利过多，反而害了自己：第二年，他的合同被终止了，王室收回了控制权。[14]贵金属并不是唯一的原因。当葡萄牙人突然发现自己身处南半球时，一种惊人的可能性最终开始激发起这个国家的集体想象力。

几百年来，欧洲人一直梦想着发现一条确定的路线以通往遥远的亚洲。几百年来，伊斯兰建起的信仰高墙让这个想法绝无可能实现。然而，如果非洲有尽头，就有可能找到一条从欧洲直达东方的航路。完成这一壮举的国家终将改变自身和整个世界。

在古典神话中，欧洲来自东方的一起劫持事件。[15]传说一个名叫欧罗巴的腓尼基公主在和侍女们嬉戏时，众神之王宙斯把
自己变成一头白牛，诱惑他想要追求的公主骑上牛背，继而带 101
着她游到克里特岛上。史学之父希罗多德后来解释说，欧罗巴实际上是被克里特岛的米诺斯人①抓走的，用以报复腓尼基商

① 米诺斯人（Minoans），爱琴海地区的古代文明，出现于古希腊迈锡尼文明之前的青铜时代，该文明的发展主要集中在克里特岛。“米诺斯”这个名字源于古希腊神话中的克里特国王米诺斯。

人此前的一次绑架，从而引起了欧亚之间的敌对，最终在希波战争中达到顶峰。总之，欧洲之母显然无意远离亚洲的胜地，移情异国的海岸。

在中世纪的欧洲人看来，东方仍是神奇的国度，本土的一切都无法与之匹敌。有关东方的大多数知识都是从《圣经》推导而来的，又经过中世纪神秘思想的解读。

由于缺乏关于自身边界之外的第一手知识，欧洲从很久以前就退回到用形象来为世界重新赋形的圣经直译主义。在它车轮形的《世界地图》（*mappae mundi*）上，三个已知的大陆围绕着一块 T 形水域而分布。亚洲被放在字母 T 的横杠上面，横杠对应着尼罗河和多瑙河。欧洲在代表地中海的竖线左侧，非洲在右侧。大洋围绕在圆圈的边缘，正中央的位置是耶路撒冷。按照欧洲的概念，耶路撒冷处于世界的绝对正中心。“主耶和华如此说，这就是耶路撒冷。我曾将她安置在列邦之中。列国都在她的四围”[16]，这是《圣经》记录的先知以西结的话，地图也是据此描画的。

这幅地图的最上方，也就是远东地区，就是伊甸园，是人类自身的源头。[17]这种教士地理学并无任何象征意义。“塞维利亚的圣依西多禄”编纂的卷帙浩繁的百科全书[18]——中世纪和文艺复兴早期普及率最高的百科全书——把这个人间天堂列为与印度、波斯和小亚细亚一样的东方省份。14 世纪的《通史》（*Polychronicon*）对“天堂”这一词条的详细解释是，它是由“地球上不小于印度或埃及的一大块土地”组成，“因为这块土地原本旨在容纳所有人类，如果后来人没有犯下罪孽的话”。[19]
102 当然，伊甸园在人类“堕落”之后就与世隔绝了：地图上显示，一个挥剑的天使、一堵火墙，或是一片有蛇群出没的荒野守卫着这座园子，它坐落在高得可以触及月球轨道的山顶上，因而在“大洪水”期间滴水未沾；或是建在岛上，唯一的入口是一扇令人望而生畏的大门，上书“天堂之门”。门里面是浓郁的森林、芬芳的花朵和轻柔的微风，还有人所能想象的、代表一切美丽、快乐和幸运的事物。天堂或许遥不可及，但无疑是存在的。

除了《圣经》的权威之外，数百年来，欧洲了解世界别无他法，唯有通过那些遭受了野蛮人的猛袭仍劫后余生的经典文本的片段。典型的中世纪风格把这些片段润色成令其满意的模样。中世纪最畅销的《亚历山大罗曼史》（*Alexander Romance*）中记录了亚历山大大帝的冒险经历，其中讲述了亚历山大有一次邂逅伊甸园的遭遇，这个故事有无数个版本，而且一个比一个牵强。[20]在其中一个版本中，亚历山大及其同伴沿着恒河航行，来到了一堵高耸入云的城墙边。在绕着墙底部走了三天后，他们终于看到一扇小窗，于是就冲上喊话。回应的老门卫说，他们来到了圣徒之城，有生命危险。亚历山大带着一件纪念品离开了那里，那是一块比黄金还重的石头，但一碰到土地就会变得比羽毛还轻，象征着世上最强大之人的结局。那些经由中世纪的创作智慧添油加醋的古代传说也功不可没，致使人们普遍相信亚历山大在旅行中遭遇过很多“怪异种族”[21]，包括矮人族、食人族、狗头人或是脸长在胸膛上的人，还有些是有头无嘴、靠苹果的香气维持生命的种族。每个种族都有个公认的名字：最后一个被恰如其分地称作“闻苹果族”。

制图人不但描画了亚当夏娃逃出伊甸园[22]，基督从坟墓中复活，以及死者在审判日那天分别前往天国或地狱的场景，还

见缝插针地画上了空荡荡的巴别塔、无忧无虑的极乐岛[1]、枯
103 树[2]之地、俄斐[3]的金矿、失踪的以色列十支派[4]、东方三贤者的王国，以及歌革和玛各[5]的野蛮国度——他们四下逃散将会引发世间的末日之战[23]。歌革和玛各的国度被画在亚洲最北方，他们被关在亚历山大大帝建造的铁门后面，与之一同被关在那里的还有 22 个邪恶种族。这些地图描绘了饮鲜血吃人肉（包括孩童的嫩肉和流产的胎儿）的可怕部落。这种黑暗的想象并不限于散布恐惧的民粹派，就连当时最重要的思想家也将其当作福音。13 世纪，中世纪科学界的先驱罗吉尔·培根[6]敦促进行地理研究，以便基督教世界为抵御即将来临的东方入侵做好准备。

重重臆测之下，欧洲开始认为那些空想的地方是真实存在的，而实际存在的地方却因所知甚少而变成了太虚幻境。关键问题在于，遥远的东方如此神秘，以至于人们至少在某个较深

---

① 极乐岛（Happy Isles），古希腊人认为在遥远的大西洋中的一座岛屿，是死后永生之处。

② 枯树（Dry Tree），基督教以“枯树”来比喻不生育者。见《圣经·旧约·以赛亚书》56：3。

③ 俄斐（Ophir），《圣经》中记载的一个港口名，以其富庶闻名于世。见《圣经·旧约·列王纪上》9：28。

④ 失踪的以色列十支派（Ten Lost Tribes of Israel），古代以色列人十二支派（或称部落）中失去踪迹的十支。他们属于北国以色列，在北国以色列被亚述摧毁（约公元前 722 年）以后，便不见于《圣经》的记载。

⑤ 歌革和玛各（Gog and Magog），多次出现在《圣经》的《创世记》、《以西结书》、《启示录》等章节中的种族或地名。见《圣经·旧约·启示录》20：8 等处。

⑥ 罗吉尔·培根（Roger Bacon，约 1219 或 1220—1292），英国方济各会修士、哲学家、炼金术士。他学识渊博，著作涉及当时所知的各门类知识，并对阿拉伯世界的科学进展十分熟悉。他提倡经验主义，主张通过实验获得知识。

的层面上能够将它们想象成基督教的地盘。

在所有这些谜团中，印度的所在最令人困惑。它带来了无法言说的失望和挫败感，因为据信印度是世上最受欢迎的商品——香料的主要产地。

没有什么东西比香料辛辣的味道更能令中世纪的味觉深感愉悦了。在全欧洲的厨房里，香料被大量放进酱料里、浸在葡萄酒中，还会在加入食糖后结晶成为糖果，这种糖果本身就被视为一种香料。肉桂、姜和藏红花是每个体面厨师的必备之物，而珍贵的丁香、肉豆蔻籽和肉豆蔻衣也同样无处不在。连乡下人也渴望得到黑胡椒，而富裕的美食家以惊人的速度匆匆吞下从茴芹到莪术（一度受人青睐的姜类植物）的各种香料。15 世纪，第一代白金汉公爵的家人每天都要吃掉两磅香料，包括将
近一磅胡椒和半磅姜，而如此庞大的摄入量，与国王、贵族和 104
主教们在宴会上倒进锅里的香料袋比起来也相形见绌。1476 年“富人”巴伐利亚公爵乔治①完婚时，厨子们花了一大笔钱采办东方的美味：

胡椒，386 磅。

姜，286 磅。

藏红花，207 磅。

肉桂，205 磅。

丁香，105 磅。

肉豆蔻籽，85 磅。[24]

---

① “富人”巴伐利亚公爵乔治（Duke George “the Rich” of Bavaria，1455—1503），巴伐利亚－兰茨胡特的最后一位公爵。他与波兰卡齐米日四世之女海德薇格·亚盖隆卡公主的婚礼，是中世纪最华丽的欢宴之一。

香料不仅能调动味蕾，还碰巧有益于身体健康。[25]中世纪的医学生了解到，身体是宇宙的缩影，这个概念来自古希腊医学，并由穆斯林医师传到了欧洲。四种体液分别是火、土、气、水在人体内的对等物，每一种都被赋予了自己的性格特征。例如血液会让人气色红润或压抑不住地乐观，而黑色的胆汁则导致忧郁。没有一个人有幸生来就有一个完美的平衡，但过度失衡便会导致疾病。食物在保持身体平衡方面尤其重要，和体液一样，食物也根据其所含热量和水分而分为不同的类别。诸如鱼类和多种肉食这样的湿冷食物，在适度添加干热的香料后，危险程度就降低了。更妙的是，人们认为香料是高效的泻药，在那个喜欢对重疾下猛药的时代，这是人们很重视的特性。

每种香料都有其特别的药物用途。在臼和杵的标记下，药剂师将脱水后的宝贝研磨后放进香甜酒、药丸和松香中，然后作为特效药和健康补品出售。黑胡椒这种最常见的香料被当作
105 祛痰剂来治疗哮喘，被当作解毒剂来治疗溃疡，还可以——非常刺激地揉进眼睛里——改善视力。医生开出了各种不同合剂的处方，其用途很多，比如治疗癫痫、痛风、风湿、精神错乱、耳痛以及痔疮。肉桂的功用也大致相近，从治疗高烧到缓解口臭。医生都会推荐用肉豆蔻籽来治疗肠胃道胀气，而滚热的姜汁是治疗男人性欲低下的首选药物。中世纪曾有一位写过众多房中术秘籍的作者给那些为“某位小兄弟”而烦恼的男人提过如下建议：

> 为交媾而希望其强壮的人，须在交合之前以温水擦拭它，直至其在热量的作用下因血液流入而变红变长；然后须用蜂蜜和姜的混合物涂敷其上，并勉力擦拭。随后便可令其与女人交合，如此男人便可让女人获得巨大的乐趣，

她会享受地拒绝让他再次离身。[26]

除了常规的烹调所用的香料之外，杂货批发商和本地商人还能供应来自世界偏远角落、充满异域风情的各种动植物和矿物珍品。这些东西也被归类为香料，其中很多都是通过吸入来服用的。

中世纪的男人和女人并不像民间传说的那样普遍不洗澡，但其生活环境中确实充满臭气。制革厂和冶炼厂的刺鼻气味在居民区上空飘荡。街道上污水横流淤塞，其中混杂着生活垃圾以及被赶到集市上去的马、用鼻拱地的猪及牛的粪便。地板上铺着灯芯草或稻草，还点缀着芳香草料，但其下残留的东西对人有害。伟大的荷兰人道主义者伊拉斯谟①在去英格兰的途中记述道，重铺灯芯草"缺点多多，底层的残留物纹丝不动，有时会留在那里长达 20 年，藏匿着痰液、呕吐物、狗和人的尿液、泼溅的麦芽酒、鱼肉碎屑，以及不便提及的其他可憎的东西。只要变天，这些物质就会排出水汽，我认为这对健康非常 106
有害"[27]。抵抗恶臭的唯一方法便是用奇香，人们点燃辛辣的香料作为熏香，或把它们当香水涂在身上，还会洒在房间各处以营造芬芳的生活环境。对负担得起的人来说，昂贵的芳香是最能慰藉人心的东西；最受人珍视的芳香剂有乳香、没药、洋乳香和香脂等稀有树脂，甚至还有诸如海狸香、麝猫香，以及从喜马拉雅山脉的一种麝身上提取的麝香等更为芳香的分泌物。

---

① 伊拉斯谟（德西德里乌斯·伊拉斯谟，Desiderius Erasmus，1466—1536），中世纪尼德兰（今荷兰和比利时）著名的人文主义思想家和神学家，北方文艺复兴的代表人物。伊拉斯谟是一个用"纯正"拉丁语写作的古典学者。

人人都知道臭气不好，尽管他们对此无甚作为。人们认为包括黑死病[28]在内的传染病都应归咎于恶臭，这种看法把人们对异域芳香剂的酷爱变成了彻头彻尾的着迷。预防瘟疫的无上神药是龙涎香[29]，这是抹香鲸吐出或排出的肠道脂肪分泌物，在水中硬化后被冲到东非的岸上，形成一种有硬壳的灰疙瘩，闻起来有动物、土壤和大海的味道。大名鼎鼎的巴黎大学医学院曾开过一种混合了龙涎香和其他芳香剂——如檀香和沉香木，没药和肉豆蔻衣——的处方药，装在名为香丸①的穿孔金属球中，但法兰西的国王和王后以及少数能负担得起的人吸的都是纯龙涎香。

在那个充满玄秘和神迹的世界，香料是世上最难以获悉的秘密之一。正因为龙涎香如此怪异，它才被赋予了魔力，同样古怪的其他东西也是如此。药剂师私下出售的物品中有一种叫“塔提”（tutty）的硬壳沉积物，取自东方的烟囱；还有一种叫“麻米”（mummy）的东西，有一本一流的药物手册说它是“一种采自死人坟墓的香料”——从经过防腐处理的尸体头颅和脊椎上刮下来的，气味难闻，状似沥青。[30]山猫尿结晶这种备受珍
107 爱的商品被认为是一种琥珀或宝石，而真正的宝石和次等宝石却和更加稀少的香料堆放在一处，众口相传，说它们具有极其强大的疗效。医生开出青金石的处方治疗忧郁症和疟疾。黄玉可以缓解痔疮。黑玉被碾碎后撒在房子周围可以促发月经，并有驱除恶咒的附加效果。服用碾碎的珍珠可以止血、增加母乳分泌，穷奢极欲之人还服用它来治疗腹泻。如果其他手段都无力回天，宝石与香料的奢华混合物就是最后的救命稻草：奢侈骄

① 原文为法语 pommes d'ambre。

纵的精英会吞服加入丁香、肉桂、芦荟、肉豆蔻籽、姜、象牙和樟脑的珍珠粉来对抗冬季忧郁的心情，并以珍珠、蓝宝石、红宝石和珊瑚碎片掺加龙涎香和麝香制成的一种精致混合物来延缓衰老——比起用毒蛇肉、丁香、肉豆蔻籽和肉豆蔻衣制成的廉价替代品，这种奢侈的混合物只不过稍微易于消化一些而已。

宝石自然是给富人用的，有少数医生私下里也表示过怀疑，认为那些来自东方的物品不一定比普通的种植草药更加有效。但在那些为买到好东西不惜一掷千金的人看来，产自未知的森林和沙漠，穿越遥远的大陆和海洋而来的香料这个事实本身——以及它们索要的天价——无疑是尊贵身份的象征。在颂扬标新立异的消费的时代，沐浴在一片东方的芬香中是豪奢生活的基本要素。在中世纪的世界里，香料是最出众的奢侈品。

香料生意利润巨大，不讲道德的商人在推销时口口声声说是什么东方的舶来品，事实上也经常把它们泡在水里以增加重量，把走味的香料藏在新鲜的下面，甚至把单价比丁香低的银屑加进去掺假。顾客们的愤怒无法遏制：1444 年，纽伦堡有一个在藏红花里掺假的商人被人烧死，不过通常遇到这种情况，人们焚烧的都是香料。然而，日益激烈的反香料游说得到的关注自然多于地方上的小偷小盗；真正触犯众怒的是骇人听闻的 108
挥霍浪费。道德家们严词谴责，说香料——甚至包括“该死的胡椒”[31]——只会刺激感官、造成暴食和贪婪，且带来的欢愉转瞬即逝。他们怒气冲冲地说，这种依赖香料的习惯把勇敢的欧洲人变成了娇气的废物。最令人震惊的是，对于东方奢侈品的嗜欲耗尽了欧洲的金银财宝，让它们流入异教徒贪婪的手中。

并不是说人们认为香料亵渎了神明，而是恰恰相反。否定者严厉告诫，东方的芳香当属天堂和圣徒，而不属于贪婪的凡人。树脂和香料至少从古埃及时期就在宗教仪式上被用作熏香、香膏和油膏，虽说最初的基督徒认为香气与澡堂、妓院和异教徒的祭坛有关而避免使用它，但它可以召唤超自然神力的想法却挥之不去。中世纪的基督教世界相信，香料又苦又甜的味道是人间天堂的气息，是从来世飘来的芬芳。据说，这种香味与路过的天使紧紧相随[32]，证明了它们的存在，而魔鬼则会散发出恶臭味而被人察觉。人们还相信，圣徒们都散发出非凡的香气，而那些死前受过很多折磨的人会相应地拥有一个芬芳馥郁的来世。15 世纪，“斯希丹的圣李维娜”① 在她还是少女时因滑冰而跌断了一根肋骨，但命不该绝，又活了 38 年，其间她的身体大块掉落，七窍流血，但据说她的尸体散发出令人垂涎的肉桂和姜的味道。

很久以前，欧洲人就走过香料之路。希腊人探明了道路，而罗马人把克娄巴特拉赶下王位后，在埃及东岸和印度西岸之间建立了正常贸易。[33]每年有多达 120 条巨型货船往返航行，满足罗马人对辛辣味道和外国香水的嗜好，尽管在当时，纯
109 粹主义者也抱怨大量的金银被用来支付东方的那些不值钱的小玩意儿。讽刺作家波西蔼斯②在 1 世纪就曾写到过这个主题：

> 贪婪的商人为钱财而奔忙，
> 奔向灼热的印度和初升的太阳；
> 他们从那里带走辛辣的胡椒和贵重药品，

---

① 斯希丹的圣李维娜（St. Lydwine of Schiedam，1380—1433），荷兰的神秘主义者，天主教会尊封其为圣徒。

② 波西蔼斯（Persius，34—62），来自伊特鲁里亚的罗马诗人和讽刺作家。

用意大利的货物换得香料而归。[34]

到了3世纪，阿拉伯人霸占了海路，后来，伊斯兰的崛起又巩固了他们对东方贸易的控制。随着欧洲时来运转，威尼斯和热那亚的商人在君士坦丁堡繁忙的香料市场上讨价还价，这些市场都是根据皇家法令在皇宫大门旁建立的，以便香气扶摇直上，即便在十字军东征期间，在叙利亚和巴勒斯坦基督徒的港口，香料、珠宝、东方地毯和丝绸的生意仍然兴隆。然而，欧洲的香料商是供应长链上的最后一环，他们对于这种珍贵的货物产自何方或如何生产等细节一无所知。

无知照例会导致各种臆测满天飞。人们推测，既然香料无疑来自福地，其产地显然就是人间的天堂。[35]据一些权威人士称，印度明显盛产香料，由此可见，印度必与天堂为邻。即便如此，据信也有些香料来自其他遥远的地方，而这个谜题的答案就在《圣经》里。《创世记》表明，伊甸园里流淌着四条河，人们认为它们分别是底格里斯河、幼发拉底河、恒河及尼罗河。长期以来，人们相信这四条河都是从伊甸园中心一个巨大的喷泉中喷涌而出的，但就算是欧洲人也开始对地理上的错位产生疑虑，因此人们认定，这些河流都在地下奔淌，一直到达可见的源头才开始流出地表。在这四条河中，尼罗河是最尊贵的，由于它不太可能流经大海，人们相信它所起源的非洲内陆必与印度接壤。这巧妙地解释了埃及为何遍地盛产香料。一个法兰 110
西人在第七次十字军东征时随军去了那里，他透露说，住在上尼罗河沿岸的人每天晚上都会在河里撒网：“破晓时，他们就把姜、大黄、芦荟和肉桂等渔获按重量出售并运抵埃及。据说，这些东西来自人间天堂，因为在那个天堂一般的所在，风轻而易举便能吹倒树木，就像在我们的土地上，森林里的枯枝总是随风飘落一样；天堂之树上掉落的枯枝落入河中，就被这个国家的商人卖给了我们。”[36]

关于香料收割之法，欧洲的专家们也有满腹之言要说。众所周知，胡椒长在树上，周围毒蛇环伺。“胡椒林有大蛇守护，但当胡椒成熟时，当地人就焚烧树木，火势会驱走毒蛇，”塞维利亚的依西多禄在其百科全书中如此解释道，“是火焰熏黑了胡椒，因为胡椒本是白色的。”[37]某些权威声称，整个胡椒林不得不在过火后被重新种植，这解释了为何此种作物的价格如此高昂。采摘肉桂也同样耗费人工：

> 阿拉伯人说，这种干树枝……是由大鸟带到阿拉伯来的，它们把树枝衔回巢中，那些泥做的鸟巢位于人迹不至的悬崖之上。他们发明的取肉桂树枝之法如下。人们把死牛尸体切成大块，放在巢边的土地上。然后人们四散走开，鸟儿飞来，把肉衔到巢中，而脆弱的鸟巢无法承受这样的重量，坠落在地。人们便可上前拾起肉桂。[38]

更加愤世嫉俗的人怀疑这是阿拉伯商人散布的荒诞不经的故事，以此来证明其价格合理，但人们普遍相信这种说法。先前关于宝石仅见于危险的印度峡谷的传言也是如此：既然无人
111 能爬下山谷，那么获得宝石的唯一途径便是把大块生肉扔下去，然后用受过训练的鸟取回少量闪闪发光的宝石。这种独特的观点甚至让伊斯兰世界也信以为真——巴士拉①的水手辛巴达的

① 巴士拉（Basra），建于635年，是伊拉克第一大港和第二大城，位于底格里斯河和幼发拉底河交汇的夏台·阿拉伯河西岸，南距波斯湾55公里。

故事里就出现了这个情节——并一直传播到中国。数百年间，故事中的峡谷里又加进了毒蛇，其中有些蛇只需看人一眼便可取其性命。当然，亚历山大大帝自有办法：他会放低镜子，让那些蛇盯着自己看而将自己弄死，不过他也是采用肉与鸟的策略才取到了宝石。

一直到漫长的蒙古和平时期，关于香料产地的第一个真实信息才传到了欧洲。并不执迷于信仰的蒙古人保证了穿越其帝国的所有人的旅行安全，而对于爱冒险的欧洲人来说，能够深入亚洲隐地一探究竟的机会实在难以抗拒。传教士先行一步[39]，商人随即跟上[40]。意大利人和往常一样成为先驱，其中就包括那位名叫马可·波罗的威尼斯青年。1271 年，17 岁的马可·波罗出发去了大都（今北京），成为深受蒙古皇帝忽必烈信赖的特使。他前去勘定大汗的领土，24 年后，又带着金银珠宝和丰富精彩的故事回到威尼斯。他几乎立即就被正与威尼斯开战的热那亚人关进了监狱，他借以消磨时光的做法便是向一个狱友口述其《行纪》。

马可·波罗口中的亚洲全然没有怪异的种族，他给沙罗曼达辟火的说法泼冷水，还把独角兽重塑为不那么优雅的犀牛。他——或是他的文书助理——倒也不是完全不受古代传说的影响：《行纪》解释说，印度人用大块生肉引诱白鹰飞进有蛇群出没的裂隙，等那些鸟儿吞下钻石后，再从它的排泄物中找出钻石。然而总的来说，他的著作是讲求实际的商人所言——正是这一点让此书读来格外惊心。他描述的中国是一个极其富庶、幅员辽阔的和平繁荣之国，那里有无数规模庞大的城市，每个城市都有数千座大理石桥和停满了船舶的港口。距离中国海岸 112
1500 英里——这一过高估计的数字日后大大激励了一个名叫克

里斯托弗·哥伦布的热那亚水手——就是日本，那里的宫殿都以黄金为顶。马可·波罗是第一个报告日本和印度支那存在的欧洲人；他还是已知的第一个到达印度的人，也是第一个传回消息说印度的很多香料都来自其遥远的东方海岛的人，他精确地说，这些香料的种类多达 7448 种。

蒙古人从未征服印度，而在马可·波罗之后，只有极少数西方人到过这个次大陆。1291 年，就在他回到让他大为惊讶的威尼斯之前不久，两位传教士[41]在去往中国的途中访问了印度，很快就有第三个人——一个名叫“塞韦拉克的若尔丹”① 的勇敢的道明会修士紧随其后，他大部分的人生都在以一己之力维持先辈们建立起来的小小的基督教社区。若尔丹和他方济各会的同伴“波代诺内的鄂多立克”[42]均记录了他们在印度的见闻，其中渲染着对新入教之人的诱惑，但也包含一些全新的信息。鄂多立克最终解释说胡椒长在藤上而且是晒干的；还补充说，鳄鱼常在藤园猖獗，但它们胆子很小，一把火就会吓得它们四散逃窜。另一个名叫“马黎诺拉的约翰”② 的方济各会修士在 1338 年作为教廷特使前往中国，在亚洲的大部分地区漫游了 15 年，他描述了胡椒的收割方式，还把伞带到西方，向民众解释了遮阳伞脚架的功用。

在所有新近揭示的信息中，最有煽动性的当属鄂多立克修士的记述，他说印度盛产胡椒，它在那里就像欧洲的谷物一样稀疏平常；他猜测，这种作物只种植在印度西南季风区海岸线

① 塞韦拉克的若尔丹（Jordan of Sévérac，活跃期为约 1280—1330 年），道明会修士，亚洲探险家。他是印度第一个天主教教区——罗马天主教奎隆教区的第一位主教。

② 马黎诺拉的约翰（John of Marignola，活跃期为 1338～1353 年），14 世纪到达远东地区的著名的旅行家。

上的马拉巴尔海岸[43]地区，但从这片种植园的一端走到另一端需要 18 天。当时欧洲对调味品离谱的高价正怒不可遏，这个消息不啻火上浇油。印度在西方人的眼中越真实，往昔因为香料过于稀有所产生的敬畏就越发荒唐可笑，如今人们更愿意相信香料简直遍地都是。辩论家们开始声称，东方处处都有香料，一钱不值，是基督教世界的敌人传播了那些离奇的谣言，并操 113
纵了供应和价格。

对于很多人来说，这些信息一时很难消化。马可·波罗描述的广袤大地对于古人和当时的基督教制图人一样是完全陌生的，他的说法也没有获得广泛的认可。它只是同时出现的众多声音中的一个而已，其他游记作者继续兜售和美化古老的故事，有的人甚至都没有离开过故乡。极富想象力的《曼德维尔爵士游记》（*The Travels of Sir John Mandeville*）一书大概是 14 世纪中期由一个来自列日（Liège）的法兰西医生所写的，其中详细描述了狗人、闻苹果族和独眼巨人，这本书远比马可·波罗的冷静报道更受读者欢迎。“曼德维尔”游历了中东、中国和印度的大片土地，还绕道去了泉水喷涌而出的、由火焰之剑构筑的墙壁阻隔的天堂之山。这本看似可信的游记坚称，胡椒种植园终究还是有大批毒蛇出没其间，不过倒是可以用柠檬汁和蜗牛将它们轻易驱走。他还说，祭司王约翰因为拥有广阔的胡椒林，以及他的河流中闪闪发光的翡翠和蓝宝石而极其富有。他的土地用一眼味道绝佳的泉水灌溉，这股泉水可以治愈任何疾病，还能让每个人永葆青春，停留在 32 岁，那正是耶稣被钉死在十字架上的年纪。

随着蒙古的衰落，陆路不得安宁，终至无法通行，两个大陆间几乎所有的往来都停止了。欧洲对东方心驰神往的一瞥很快就变成了模糊的回忆，古老的幻想已有多少个世纪的传统，所以要想从中分辨事实就变得比以往任何时候都更加困难了。但严峻的事实摆在眼前，土耳其人守在君士坦丁堡，欧洲想要染指香料贸易，希望比以往任何时候都更加渺茫。这不是享乐主义者的无病呻吟：这种困境给欧洲的经济、政治结构乃至信仰都带来了可怕的威胁。随着价格飞涨，而需求几乎没有减弱，满脑子想着如何维持门面，让包括几个宫廷在内的特权阶层不
114 得不面对真正迫在眉睫的严重的财政拮据。更糟的是，越来越富裕的伊斯兰世界可能会推开穷困潦倒的欧洲的大门，那无疑是基督教国家的灭顶之灾。

在新秩序下，看上去损失最大的欧洲列强是威尼斯和热那亚。几百年来，这两个海上共和国为了东方贸易的控制权一直纷争不断。一个在 15 世纪后期走访威尼斯的游人震惊地发现，全世界好像都在那里做生意。“谁能数清这么多的商店，”他惊叹道，“店里供货齐全得像仓库，有那么多各式各样的布料——各种花色的绣帷、织锦和壁挂，各种地毯，各种颜色和质地的羽纱，各种丝绸；还有那么多仓库，里面堆满了香料、杂货和药物，以及那么多美丽的蜡制品！这些东西令观者目瞪口呆。”[44]两座城市的财富都要仰仗定期供应的亚洲奢侈品，而供应却日趋枯竭。

然而，在那座建筑师们从东方的清真寺、巴扎和宫殿中获得灵感而新近建成的总督宫里，当威尼斯的市议员们聚在其中开会时，他们闻到了机遇而非灾难的气息。这座城市的商人们仍与伊斯兰世界保持着密切的联系，由于穆斯林对于贸易路线近乎全面的控制，欧洲其他地方与他们竞争的能力比以往更加不足。威尼斯半悬在泻湖之上，与欧洲一直若即若离；在它的邻国看来，它的实力有一种冷硬的光辉，而它的宗教顾忌远远

低于贸易。“首先是威尼斯人，其次才是基督徒”，① 那里的人喜欢这样说。君士坦丁堡被征服的数月之内，这两个共和国就回来采购奥斯曼帝国的奢侈品，并把上涨的关税转嫁给了顾客。这样的友好协约并未持续多久——穆罕默德二世很快就把其征服者的目光转向了威尼斯的海外殖民地，纵有万般不愿，威尼斯共和国仍然决意发起自己的十字军东征——虽然奥斯曼节节胜利，他们却并未能一手遮天。穆罕默德二世与埃及马穆鲁克王朝的苏丹并肩作战，而埃及人派遣了一连串令人眼花缭乱的 115
特使前往意大利，蓄意把穆斯林战友挤出市场。有一个代表团携着香膏、麝香、安息香、沉香木、姜、平纹细布、中国瓷器、纯种阿拉伯马，以及一只长颈鹿来到佛罗伦萨。[45]另一个代表团到达了威尼斯，因此这个共和国很快便把大部分贸易转到了埃及的古老港口亚历山大港。

在欧洲其他地方看来，这是一桩丑闻。意大利商人与穆斯林共谋，垄断了香料贸易，而他们的基督教同胞却要为此付出代价。一如既往，需求是发明之母，随着伊斯兰国家再度在欧洲沿岸摆开阵势，绕道海洋前往东方的想法便不再显得那么荒谬了。

这在当时仍是个相当激进的想法，很少有人闪过这个念头，但也算不得标新立异。早在 1291 年，圣地上的最后一个十字军城堡落入埃及人之手时，热那亚两兄弟就曾把一个近于自杀的英勇计划付诸行动。乌戈利诺·维瓦尔迪和瓦迪诺·维瓦尔迪装备了两条桨帆船，计划经过十年的航行，绕道非洲抵达印度。他们划船穿过地中海，经过赫拉克勒斯双柱，从此便杳无音讯，不过传说他们绕过非洲，最终沦为祭司王约翰的阶下囚——祭

① 原文为意大利语 Siamo Veneziani, poi Cristiani。

司王约翰与基督徒为敌，倒真是令人意外。在瓦斯科·达伽马两个世纪后扬帆起航之前，没有人尝试过同样的壮举，但与东方的海上贸易是削弱伊斯兰的关键所在这个观念渐成信条，在十字军复兴主义者笔端流出的大量宣传文本中不断再现。

1317 年，一个名叫威廉·亚当（William Adam）的道明会修士给教宗的侄子枢机①写了一封名为《如何根除穆斯林》② 的长篇备忘录。亚当花了九个月的时间探索印度洋，他建议寻求伊朗的蒙古人的帮助，用热那亚的战船在海上封锁埃及。“在
116 埃及市场上出售的一切，”他解释说，“像胡椒、姜和其他香料，黄金和宝石，丝绸以及用印度的色彩染制的富丽的纺织品，还有其他一切贵重物品，都是从印度带去埃及的，而这些国家的商人们为了购买这些东西，都要冒着被逐出教会的风险去亚历山大港。”[46]根据亚当所言，两艘热那亚战船已经在蒙古人的领土上建造成功，并已经沿着幼发拉底河驶向了印度洋，但水手中的对立派系很快便内讧起来，船没走多远，人就死光了。七年后，道明会修士“塞韦拉克的若尔丹”主动承担起在印度建立天主教会的任务，他写信给自己的修道会，重申了亚当希望派船去印度洋，对埃及发动一次新的十字军东征的要求。“如果我们的教宗能在海上建几条战船，”他敦促道，“那会是怎样的成功？又会对亚历山大港的苏丹造成怎样的破坏和毁灭？”[47]他匆匆赶回欧洲，力陈己见，1329 年，教宗派他回印度担任主教，但他回去后不久，就有谣言说他死于石刑。

---

① 侄子枢机（cardinal-nephew），中世纪的一种枢机任命惯例，指以教宗侄子或外甥及类似亲戚关系而被任命为枢机的人。由于教宗的神职人员身份不允许有后裔，因此侄子枢机可说是教宗所能找到的血缘最相近的晚辈，也可说是他的亲信。因此在一段时期中许多重要职务都会由侄子枢机担当。

② 原文为拉丁语 De modo Sarracenos extirpandi。

大约在同时，一个名叫马里诺·萨努多·托尔塞洛的威尼斯政治家动笔撰写了一份复兴十字军的详细指南。[48]这份指南附带的地图不算精确却巨细靡遗，同样也提出要进行海上封锁。对于巴勒斯坦最后一个基督教港口的失守，教廷的反应是禁止与伊斯兰世界的一切贸易，但罗马很快就开始给欧洲的商人放出一条生路，以换取高额酬金。萨努多极力抨击基督教商人用欧洲的财富换取香料，认为这给伊斯兰发动与基督教军队的战争提供了资金。他指出，事情一清二楚，单凭武装远征并不能把穆斯林逐出圣地。当前亟须以逐出教会相威胁，通过巡逻帆船强制执行全面的海运封锁，封锁将大大削弱埃及苏丹的力量，因为他的财富完全来自对香料贸易的控制。十字军海军可在尼罗河溯流而上，完成这一使命。骑士们可以从埃及的新基地出 117
发，与蒙古人结盟攻击巴勒斯坦，重夺耶路撒冷。最后，可以在印度洋建立一支舰队，管辖那里的人民和贸易。萨努多向前后两位教宗和法兰西国王力陈了他的计划，但由于这个计划需要欧洲诸多倔强的统治者协同行动，最终不了了之。

正当筋疲力尽的大国忙于回避一个个接踵而来的建议，认为它们全都是愚蠢的异想天开时，小国葡萄牙却在紧锣密鼓地准备着。

古老的世界地图上没有南半球的一席之地。与普遍的看法相反，制图人倒不认为地球是平的[49]，但他们的确认为无人生活在赤道以南的对跖之地。人们普遍认为，赤道本身就是一圈炙热的火焰，因为诺亚方舟停泊在北边的阿勒山①，所以很难

① 阿勒山（Mount Ararat），坐落在土耳其厄德尔省的东北边界附近，为土耳其的最高峰。据《圣经·创世记》记载，著名的诺亚方舟在大洪水后，最后停泊的地方就在阿勒山上。

想象人们如何南下。此外，《福音书》也认为那里无法抵达，而《圣经》宣称福音已传遍全天下。[50]

随着以往的世界图像开始变化并最终崩溃，制图业也经历了一场革命。几十年来，新近绘制的世界地图一直是中世纪和现代的古怪混合品：一半是基于水手们相当准确的波多兰航海图①或沿岸地图，另一半是填充以食用异域白人的黑巨人或名为“塞壬”的美人鱼。当先进的制图师开始寻找关于地球上遥远地区的更加可靠的信息时，就像文艺复兴时期的很多新事物一样，他们还是要回溯到古典时代。

1406 年，托勒密的《地理学指南》（*Geography*）出现在一个逃离君士坦丁堡的学者的行李中，终于在西方重见天日。托勒密是罗马帝国的公民，2 世纪住在埃及，是第一位就如何在平面上绘制球体给出详细指导的地理学家，也是列出世上所有已知地方的全面地名录的第一人。《地理学指南》一书随即被
118 翻译成拉丁语，很快就成为每一个自重的王子、教士或商人图书室里的常备书籍。上溯到一千多年前反而意味着知识上的巨大进步，这恰恰说明了欧洲长期以来是多么与世隔绝。基督教地理学家曾经相信，地球上七分之六是土地，还曾想象过被唯一一个大洋包围的唯一一个超级大陆。托勒密把他的大陆放在一片浅蓝色的背景上，他的地图是一派惊人的水世界景观，海洋到处都是。

也就是说，除了非洲最南端附近，其他地方到处都是水。托勒密的非洲没有尽头：它的东西两岸突然变成直角，延展到

① 波多兰航海图（portolan charts），13 世纪开始，由意大利、西班牙、葡萄牙开始制作的一种写实地描绘港口和海岸线的航海图。“波多兰”一词源于意大利语的 portolano，意思是“和港口或海湾相关”。

页面的底部，看似一条座头鲸的尾巴。东岸的延伸线弯过来与亚洲向南伸出的细端相连，使得印度洋像是个巨大的内陆湖。

托勒密的重新发现从根本上改变了欧洲人关于地球的概念，但有一个胆大的制图人抓住了时代精神，决定更进一步。1459年，葡萄牙国王阿方索五世委任著名的威尼斯人弗拉·毛罗①绘制一张全新的世界地图。毛罗是个修士，在穆拉诺岛上的一个修道院里负责地图工坊，他综合了托勒密和马可·波罗的信息，又加上了一位更加勇敢的威尼斯旅行家提供的情报，这位冒险成瘾的旅行家名叫尼科洛·达·康提（Nicolò de' Conti）[51]，他在1419年离家出游，学习了阿拉伯语和波斯语，伪装成穆斯林商人，还在东方游历了25年之久。在弗拉·毛罗的地图上，非洲在离纸底很近的距离止步，一条窄窄的水道把大西洋和印度洋连在一起。[52]正是这位狂妄大胆的修士提出了有可能航行绕过非洲这个诱人的建议，而他开拓性的独家观点几乎肯定是建立在误解的基础上的。

在印度，尼科洛·达·康提得知中国的庞大舰队有时会造访那里的港口。那些巨大的多层船有五根船桅，船尾悬桥上吊着一个巨型的船舵。船体装有三层木板以抵御风浪，还分成了很多船舱，因此即便某个舱漏水，整艘船也依然适航。船上是 119
一排排房门上锁的小屋和厕所，甲板上的花园里种着草药和香料。这些舰船远大于欧洲的货船，而且它们远非中国海上体量最大的船舶。

中国欣然自称“中央王国”，多个世纪以来一直与印度和

① 弗拉·毛罗（Fra Mauro，？—1459），15世纪威尼斯卡玛尔迪斯修道院的修士。作为一位地图学家，毛罗受葡萄牙国王的委托，利用同时代探险家的活动资料，以惊人的精确程度绘制了一幅极大的圆形世界地图。

东非有贸易往来，但在1405年到1433年期间，明朝皇帝上演了一出壮观的海上大戏。在郑和将军——魁梧的穆斯林宦官，某位蒙古军阀的曾孙——指挥之下，七个流动的外交使团到达印度洋。单单第一支舰队就有317条船和27870名水手、士兵、商人、医生、占星家和工匠。舰队中领头的是62条九桅宝船，而为了展示可能会让欧洲人目瞪口呆的慷慨，这些船本意并非收纳，而是发放财宝。他们每航行到东南亚、印度、阿拉伯和东非的一个港口，就卸下大量的丝绸、瓷器、金银器具，以及其他中国生产的新奇物品。这种吓人的宽宏大量当然无一例外达到了预期效果：区区数年间，37个国家的特使争相去向北京的皇帝表达敬意。然而即使是中国也无法负担如此无止境的慷慨赠予，1435年，“中央王国”主动放弃了它在印度洋上居高临下的地位。数十年后，它的海军和商人舰队消失于无形——如果不是这样，葡萄牙的东方路线或许确实会遭遇阻隔。

在弗拉·毛罗的地图上，有一段说明记录了一则好消息，说是1420年前后，一条平底帆船绕过非洲[53]，朝西南方向继续走了2000英里，这一航程有可能深入结冰的南大西洋。毛罗认为这个消息“信源可靠”，可能就是由他的威尼斯同胞尼科洛·达·康提提供的。而康提恰在传说中这条船启航的前一年
120 就出发旅行了，因而如果他真的听说了这个故事，那一定也是道听途说。弗拉·毛罗还有其他论据：他补充说，他的报信者本人被一场大风暴吹到了非洲西南偏西的2000英里之外。而康提本人的旅行记录仅提到他在搭乘一艘印度船或阿拉伯船前往非洲途中被吹离了航线。由于弗拉·毛罗关于非洲南端的描述与位于北部且距其很远的东非海岸的特征非常相似[54]，那么最有可能的解释是，制图人曲解了自己获得的事实，发明了新的

信息来支持自己的推测——或许这么做是想取悦他的葡萄牙恩主也未可知。

就是凭借着这样一则小小的信息，人们的信念日益坚定，即印度洋最终必与大西洋汇合一处。这不是什么横空出世的新点子，但时机已到。

6. 竞争对手

121 1475 年，43 岁的葡萄牙国王阿方索五世迎娶了他 13 岁的外甥女卡斯蒂利亚的胡安娜。这桩婚姻并非真爱的结合。

胡安娜的母亲，也就是阿方索的妹妹，嫁给了卡斯蒂利亚国王恩里克四世。恩里克四世人称“无能者”，因而人们普遍认为胡安娜的生父是一个名叫贝尔特兰·德·拉库伊瓦的贵族，这一丑闻让她一生都背负着“贝尔特兰之女”这个外号。[1] 卡斯蒂利亚的大部分贵族厌恶贝尔特兰之女成为他们的女王，转而纷纷支持恩里克同父异母的妹妹伊莎贝拉。虽然伊莎贝拉 17 岁时跟她的表兄、阿拉贡的王位继承人斐迪南私奔了，但至少她血统纯正。1474 年恩里克四世去世后，对立派系宣布胡安娜和伊莎贝拉都是女王。胡安娜的支持者匆忙安排了她与舅舅的婚姻，于是阿方索五世宣称自己是卡斯蒂利亚的合法国王。

两个邻国之间开战，战火迅速蔓延到大西洋。[2] 卡斯蒂利亚人派遣自己的舰队去掠夺非洲沿岸，他们暗中从事这种勾当已有多年。葡萄牙的战船很快处理了他们，但阿方索的陆上军事行动在西班牙的一个异常寒冷的冬天偃旗息鼓，而当起初支持胡安娜的教宗改变立场并宣布其婚姻无效之时，她的同盟也分崩离析。胡安娜独自遁入一个女修道院；阿方索陷入了极度的沮丧，他写信给儿子若昂，想让位给他，并开
122 始筹划去圣地朝圣。若昂当了不到一个星期的国王，父亲就

改变心意回国了，他的正式登基被延迟到 1481 年阿方索五世去世之后。

如果说阿方索体现了他叔叔恩里克性格的一面——他对十字军东征的热情和对骑士传统的热爱——的话，那么若昂二世就是将恩里克的另一面推至顶峰。他简直就是现代权谋政治统治者的化身：既有超出常人见识所及的雄心壮志，又不过分注重实现抱负的细节。他聪明绝顶又冷酷至极，他以“完美王子”的诨号著称于世，而受他迫害的人们称其为“暴君”。很多受害者都是不惜出卖王室利益而为自己争权谋利的王公贵族。26 岁的国王发现自己的国库几近枯竭时，便当机立断，削减了他们的特权。愤怒的贵族密谋推翻他，却一个接一个人头落地。

早在与卡斯蒂利亚开战的一年前，王室便收回了对发现新地的控制权，所以允许自由经营的政策十分短命。看到非洲贸易利润丰厚，新国王迅速采取行动来支持他的海上帝国。非洲奴隶在里斯本抡着铁锤奋力打造船锚、兵器和弹药。若昂二世命令工程师们改进船载基础火炮的瞄准能力和火力，并斥巨资从佛兰德和日耳曼进口了最新式的大型火炮。国王还着手解决舰队自靠近赤道开始遭遇的问题：葡萄牙的航海家在海上用来确定其纬度的参考点——北极星——看不见了。若昂二世潜心钻研宇宙科学，还请来了一班专家。领头的是两个犹太数学家－天文学家约瑟夫·维齐尼奥和亚伯拉罕·萨库托[3]，他们重新设计了船只的简单航海仪器，并提供了相关表格，供水手以太阳为基准读取纬度。

舰队定期往来于里斯本和非洲，带来了沿海建造要塞所需 123
的材料和人力——这是帝国中枢的第一个环节。其他船只继续南行。1483 年，一个名叫迪奥戈·康①的水手到达刚果河三角洲，并立起了第一根石柱，石柱顶的十字架上有葡萄牙的纹章、日期，以及国王和船长的姓名。从立起的那一刻开始，这根石柱就标志着葡萄牙探索发现的边界。“自创世以来第 6681 年，自我们的主耶稣基督诞辰以来第 1482 年，”他竖立的第二根石柱上铭刻着这样一段文字，“至高至善至强的葡萄牙国王若昂二世命其禁卫军侍从迪奥戈·康发现此地并立此柱为证。”[4] 康回国后被授予了爵位，随后再次出发。1486 年，他到达纳米比亚怪石崚嶒的克罗斯角，那里除了有大量繁殖的非洲毛皮海狮之外，一片荒芜；他或许还到过鲸湾[5]，那片被沙嘴保护的深港是继续南下途中的一个重要的补给站。鲸湾距离非洲最南端只有 500 英里，但康没有成为一个名留青史的人：在一次不成功的刚果探险之后，他死在了回国的路上。[6]

若昂二世跟他的先辈们一样热切地渴望把基督教传到几内亚，尤其是因为洗礼可以让他获得更加可靠的同盟。逐渐有稀稀落落的非洲人主动皈依，或是被带回来作为人质，在接受信仰的指导后被当作使者派回故乡。他们成了名人，蜚声海内外。一位被废黜的塞内加尔王子比莫伊来到里斯本，引起了很大轰动，他请国王履行诺言，在他皈依后助他重登王位。比莫伊时年 40 岁，身材高大健壮，一表人才，他留着一把派头十足的胡子，谈吐威严，国王和宫廷以隆重的礼节接待了他。他和 24 名同伴在旷日持久的欢宴期间接受了洗礼，葡萄牙人一

① 迪奥戈·康（Diogo Cão，约 1452—约 1486），葡萄牙探险家，15 世纪 80 年代，他沿非洲西岸进行了两次航行，成为第一个发现并深入非洲第二大河刚果河考察的欧洲人，也是第一个到达西南非洲的鲸湾（今纳米比亚附近）的欧洲航海家。

方举办了锦标赛、斗牛、滑稽剧和晚宴，而访客一方则表演了惊人的马上绝技。由 20 艘战船和一大群士兵、建筑工匠和牧 124
师组成的分遣队护送他们回国，但让若昂二世愤怒的是，舰队司令的妄想症发作，认为这个非洲人谋划叛逆，在途中刺死了比莫伊。

即使没有这样的草率行为，劝人改变信仰的步伐也极其缓慢费力。[7] 随着葡萄牙的间谍进一步深入几内亚内陆，突然从非洲最深处传来了一则令人震惊的情报。

祭司王约翰的消息来了。

1486 年，一位特使带着贝宁国王的使节返回里斯本。他宣称，在距离海岸 20 个月行程的地方，住着一位名叫奥甘内的君主，他受到子民的尊敬和爱戴，就像天主教徒对教宗那样。很多非洲国王去拜访他，接受铜盔、权杖和十字架的加冕，但人们只能见到他的一只脚，他仁慈地从丝绸幕布后伸出那只脚来，供人亲吻。

王室专家们仔细查阅地图，确定从贝宁走到埃塞俄比亚正好需要 20 个月。故事传说在招手示意，探索发现便一往直前。

若昂二世决定双管齐下，寻找祭司王约翰，再与他兵合一处，前往印度。他会推动海上的航行，与此同时，还会加紧在陆上搜寻可靠消息。

辨明真相的唯一方法，便是派出自己的密探，深入东方。

若昂二世先是派两名间谍去寻找祭司王约翰，可结果并不乐观。他们走到耶路撒冷，在那里遭人警告说如果不会说阿拉伯语便会命不久长，两人就打道回府了。

国王在征询意见后，召来了两个更有希望成功的人[8]。佩罗·达·科维良（Pèro da Covilhã）[9]当年40岁上下，是两人中比较年长的一个，他是在葡萄牙中部埃什特雷拉山脉一个满是花岗岩峭壁和峡谷的地方长大的。作为一个出身底层、机灵世
125 故的孩子，他虚张声势地混社会，获得了为一个卡斯蒂利亚贵族效力的机会——不光要按照贵族的习惯以出生地给自己取名，还要在西班牙骑士间无穷无尽的秘密斗殴中证明自己是个有用的剑客。他从卡斯蒂利亚回国后混进宫廷为国王阿方索五世效劳，先是作为王室仆役，后来又担任随扈。若昂二世在父亲死后收用了他，派他去监视那些躲过死刑、逃往卡斯蒂利亚的葡萄牙贵族；他的情报至少让两个贵族叛徒丧命。若昂二世后来改派佩罗去摩洛哥和阿尔及利亚，与非斯和特莱姆森①的柏柏尔人国王们商谈和平条约，这位可靠的特使很快学会了阿拉伯语并熟悉了穆斯林风俗。他反应敏捷、英勇无畏，拥有惊人的记忆力，还善于装神弄鬼，要完成这个危险的任务，他是个天赐的人选。为他选择的同伴是出身体面家庭的阿方索·德·派瓦（Afonso de Paiva）[10]，但他和佩罗一样都有吃苦耐劳的山地血统。派瓦是禁卫军侍从，在西班牙战争中证明了自己的忠诚，也会说一点儿阿拉伯语。

两人在若昂二世的秘书位于里斯本的家中碰头了，这次会面属于最高机密。在场的还有国王的三个顾问：他的私人教士，同时也是丹吉尔主教和热心的宇宙学家；他的医生，同时也是天文学家的罗德里戈；以及犹太数学家约瑟夫·维齐尼奥。[11]三个人开始分析地图，谋划两位间谍的路线。

1487年5月7日，准备工作完成，两人骑马前往距离首都

---

① 特莱姆森（Tlemcen），位于阿尔及利亚西北部，是中央马格里布的古都。

45英里的圣塔伦王宫，远离窥探之眼——那个时代，全欧洲每个宫廷都有间谍出没。

和大多数在对实际情况一无所知时制订的宏大计划一样，若昂二世的命令说来简单，执行起来却困难重重。两个人要到达印度，了解香料贸易。他们要找到祭司王约翰，和他结盟。他们要探索是否真有可能航行绕过非洲，进入印度洋，以及到了那里之后如何航行。[12]直到那时，他们才能回国提交完整的 126
报告。

这个任务如此大胆，连一向行事不羁的科维良也有些力不从心，他表示遗憾，“他如此渴望为陛下效劳，却力不能及”[13]。国王告诉他要对自己有信心：他福星高照，也已经证明了自己是个忠诚的好仆人。

若昂二世的王储当时也在场。曼努埃尔①面若银盘，是个外表柔弱的年轻人，他长着栗色的头发和绿色的眼睛，丰满的双臂“如此修长，双手的手指都垂到了膝部”[14]。当时，这位年轻的公爵还差几个星期才满18岁，他把三位智者画的地图定稿递给两位间谍。国王从用于支付王室地产费用的宝箱里取出一个装有400枚“十字军”金币的袋子，连同一封“致世上所有国家和地方”的国书，一并交给他们。临走前，他们跪在地上，接受了国王的祝福。

携带这么多钱上路简直就是唯恐没人来抢，弄不好还会因财丧命。两人在口袋里装了一些金币以付日常开销，急忙赶回

---

① 曼努埃尔（Manuel，1469—1521），葡萄牙和阿尔加维国王（1495～1521年在位）。曼努埃尔的堂兄若昂二世死后无合法子嗣，他因而被贵族们选中继位。曼努埃尔一世幸运地继承了若昂二世为葡萄牙建立的航海事业，坐享其努力的成果，因此被称为“幸运儿”。他在位期间，将葡萄牙变成在东方的海上贸易帝国。

了里斯本，在那里，他们把这一袋黄金拿给一位显赫的佛罗伦萨银行家[15]，换成了一张信用证。

办完此事，两位密探骑马横穿葡萄牙。他们越过西班牙边境，转道去了巴伦西亚，在那里的佛罗伦萨银行的一家分支机构兑现了信用证，卖掉马，坐船沿着海岸线去了巴塞罗那。这个繁忙的港口有船定期开往北非、法兰西、意大利和地中海东部，在把金子换成另一张信用证之后，两人买船票去了那不勒斯。经过十天的轻松航行，他们到达了维苏威火山脚下开阔的海湾。要去的地方没有银行提供服务，因此他们最后一次兑现了支票。[16]他们把沉重的金袋藏好，沿着阿马尔菲海岸①南下穿
127 过墨西拿海峡，然后横渡爱琴海，来到距离土耳其海岸不远的罗得岛。

罗得岛是医院骑士团的老家，也是筋疲力尽的海外诸国的最后一个防御阵地。海港上赫然耸立着有雉堞的城墙和突出的瞭望塔，令人难以接近。医院骑士被逐出圣地之后，便以掠夺穆斯林船只为新的目标；七年前，征服者穆罕默德二世试图把这最后一批顽固的十字军分子从他们的岛屿城堡上驱逐出去，但未能如愿。

两位间谍借宿在一个修道院，开始向两位葡萄牙医院骑士征询意见。骑士们建议他们用金子买100桶蜂蜜和一套新衣服。他们朝着伊斯兰领土出发，从现在开始，他们要扮作卑微的商人——不过这么装扮的目的与其说是针对穆斯林的，不如说是针对意大利商人的，因为前者不太可能会分辨出他们跟其他欧洲人的区别，而后者却戒心十足地要守护自己的利益免受好事

---

① 阿马尔菲海岸（Amalfi Coast），意大利南部萨莱诺省索伦托半岛南侧的一段海岸线，西面到波西塔诺，东面到海上维耶特利。

者的干扰。

两位间谍从罗得岛向南航行到埃及和古老的亚历山大港，开始履行真正的使命。从这里开始，他们的调查发现将会对瓦斯科·达伽马及其航海先驱同伴们至关重要。

亚历山大港曾是古典世界最伟大的国际都会，是欧洲、阿拉伯和印度之间的贸易中枢，还是罗马帝国本身的典范。那里闪闪发光的大理石街道两侧排列着4000个宫殿和公共浴室，还有400座剧院，这曾令阿拉伯征服者们大惊失色，正是因为厌恶这种异教徒的洋洋大观，他们才迁都去了开罗。亚历山大港很快便衰落了，沦为一个小镇，它所在的帝国也外强中干。亚历山大图书馆早已无影无踪，随之而去的还有托勒密王朝的雄伟宫殿。地震夷平了传说中的航标灯①，曾经的灯塔高耸，光束一度远达距离地中海海岸35英里处，就在七年前，人们刚刚从灯塔废墟上搬走最后一批巨石，以重复利用，去建造一个海港要塞。“此时，（亚历山大港）看起来荣光不再”，一个富裕
的日耳曼骑士马丁·鲍姆加腾②写道。因为妻子和三个孩子过 128
早离世，他悲痛欲绝，在32岁那年，也就是1507年，动身前往耶路撒冷朝圣：“城墙范围甚广，建筑精良，高大坚固，墙上塔楼众多；但墙内并没有城市，那里除了一大堆石头之外，一无所有。”[17]

船缓缓驶进海港中浸没水下的岩石之间，船帆照例降下，以对苏丹表示顺从，船刚停下，便有官员上来检查乘客和船员。

---

① 航标灯（Pharos），指从前亚历山大港内法罗斯岛上的灯塔，是古代七大奇观之一。

② 马丁·鲍姆加腾（Martin Baumgarten），日耳曼探险家，著有1594年出版的《埃及、阿拉伯、巴勒斯坦和叙利亚》一书。这是谈及巴勒贝克（即“太阳城”）废墟的第一本现代著作，英国哲学家约翰·洛克曾谈及此书。

商人们经常会把货物藏在最奇怪的地方，企图逃避税赋，一个旅行者吹牛说，曾有一群基督徒“把带来的大部分货物藏在猪肉里，他们最厌恶这东西了”[18]。

即便遭到了严重损毁，亚历山大港仍然进行着香料、丝绸和奴隶的贸易，并且随着君士坦丁堡的陷落，它开始重新恢复世界级贸易中心的地位。这是个混乱的港口城市，能听到很多种语言。曾经通往灯塔的宽大石堤的一侧排列着很多意大利人的仓库，里面堆满了等待运往欧洲的东方货物；另一侧是穆斯林为自己保留的一处避风港。这两群人时有激烈的冲突，但既然双方的一致目标是牟利，通常也只是不安地对峙着。

两位间谍穿过嘈杂的街道，找到了隐蔽性很好的寓所。他们的伪装倒是没有被识破，但他们发现，在亚历山大港恶臭的环境里，疾病跟货物一样横行无碍。他们染上了尼罗热，辗转难眠，大汗淋漓，苏丹的代表放弃了对他们的治疗，认为他们必死无疑，还征用了他们带来的蜂蜜——这东西在北非很抢手。他们康复后，那位代表已经卖光了那些蜂蜜，他们索回能拿到手的钱，迅速离开了城市。

乡下地势低洼，一片荒芜，零星分布着椰枣树丛。渔夫从沼泽地里跳出来向他俩强索保护费，夜里，两人抱着自己剩下
129 的物品，坐在地上断断续续地打盹。黎明前他们再次上路，狂风移动沙丘，挡住了前行的道路。最后他们总算看到尼罗河源头的罗塞塔①尖塔，便雇了一条挂着大三角帆的窄窄的小船，溯流而上。一路上，他们用以消磨时光的是辨认潜伏在甘蔗林中的鳄鱼和废弃在岸边的神秘石碑，或是观看埃及男男女女脱

---

① 罗塞塔（Rosetta），埃及港口城市，今亦称拉希德（Rashid），位于尼罗河三角洲西北部。

下蓝色的长衫，把衣服缠在头上，以惊人的速度游泳过河。黄昏时分，船员们点亮金字塔形的灯笼，在帆上捆好叮当作响的铃铛，拉起弓，把喷火的箭矢射向夜空，自娱自乐。

快到开罗时，他们看到沙漠中耸立的真正的金字塔像巨人雕刻的山峦。就算在那时，也没有哪个旅客会来开罗不参观金字塔就走。16 世纪，一个名叫约翰·桑德森的英国人在埃及搜寻木乃伊：除了几具完整的尸体之外，他还带回 600 磅破损的木乃伊卖给伦敦的药店，还带回了“一只小手”[19]送给他的兄弟罗彻斯特副主教。他在两个日耳曼朋友的陪同下，爬上胡夫金字塔的国王墓室，钻进无盖的石棺，躺在里面“闹着玩儿”。[20]没过多久，一个名叫彼得罗·德拉·瓦莱①的意大利旅行家登上金字塔塔顶，把自己和情人的名字刻在石头上。和每一个外国人一样，他也彻底被声称能破译象形文字的导游骗了，这样的骗术传统可以追溯到古代。[21]

开罗——阿拉伯语为 al-Qahira，意即“胜利的”——给欧洲人带来的震惊程度甚至超过了它古代的前身。城市相当宏伟。“他们言之凿凿地坚称城里有 24000 座清真寺，”马丁·鲍姆加腾记述道，“我也不知是真是假。”[22]很多清真寺都有图书馆、学校和医院，医院不但提供免费诊疗，还有音乐家们演奏音乐抚慰病患；所有的清真寺都用白石建成，在强光之下令人目眩，几乎让复杂的植物雕刻以及墙面上布满的书法铭文为之失色， 130
有一些建造清真寺的材料就来自金字塔。鲍姆加腾说，夜幕降临后，在点燃的火把和油灯的照耀下，尖塔上的宣礼人“不分昼夜，总是在特定的时刻发出一种奇怪而粗野的响亮声音”。

① 彼得罗·德拉·瓦莱（Pietro della Valle，1586—1652），意大利旅行家。他在文艺复兴时期走遍了亚洲，到过圣地、中东和北非，最远到达过印度。

日耳曼报信人也说，城里有10000个厨子，他们中的大多数人看起来都是在覆盖着灯芯草的巷陌迷宫里完成工作的，他们用头顶着罐子，边走边给菜里加调味品。他还补充了一个惊人的统计信息，只不过这一条就没那么引人注目了：开罗大街上无家可归者的人数超过了威尼斯的居民人数。

开罗发展成伊斯兰世界最繁忙、最先进的城市。土耳其人、阿拉伯人、非洲人和印度人会聚于此。意大利商人有自己的聚居地，希腊人、埃塞尔比亚人和努比亚人①也一样。埃及本地的基督教徒科普特人在古老的教堂里做礼拜，数千犹太人也聚集在犹太教会堂里。穆斯林统治者在色彩斑斓的地毯上举办宴会，大吃大喝，而他们为数众多的妻子们等在楼上的房间里，沐浴在丝绸、香膏和香水之中，透过格子屏风偷看街上的世俗生活。史学家伊本·赫勒敦②对这座他心爱的城市赞不绝口，他写道，开罗是“世界都会，宇宙花园，各国国民荟萃、人群稠密之地，伊斯兰的圣坛，权力的宝座”[23]。他狂热地写道，我们在梦中所见“往往会超越现实，但人们有关开罗的所有梦想，都远远不及现实”[24]。

两位间谍骑驴——只有高官才可以骑马进城——在高耸入云的主城门祖韦拉门上有尖塔的双楼下穿过。尖塔顶上凉廊中端坐的鼓手会以鼓声宣告贵宾的来临，但这两位葡萄牙人没有那么高规格，开罗街头的男孩们朝他们扔来土块、碎砖和发霉

---

① 努比亚人（Nubians），起源于苏丹北部和埃及南部的一个民族。古代努比亚人在非洲中部及尼罗河较低流域从事贸易活动，促进周围一带的繁荣。他们以巨大的财富闻名于世。多数努比亚人是逊尼派穆斯林。

② 伊本·赫勒敦（Ibn Khaldun，1332—1406），阿拉伯穆斯林学者、史学家、经济学家、社会学家，被认为是人口统计学之父。1352年开始从政，1378年写成著作《历史绪论》，1406年3月19日在开罗逝世。

的柠檬，算是欢迎。

跟随着熙熙攘攘的人群，两人沿着这座城市最热闹的中央干道穆子大街（Muizz Street）往前走。走到一半的时候，就在追求永生的富人们建造的华丽陵墓－清真寺之间，他们看到了 131
开罗大量财富的源头：人头攒动的、香料和香水云集的国家市场。香水市场上罗列着一排排细颈瓶，里面盛着用树脂和岩石蒸馏而成的深黄褐色科隆香水和香膏。香料店里堆满了麻袋和木桶，一直延伸到后面黑暗的隐秘处，商人们在那里用精密校准的戥子称量贵重物品；高温之下，香叶、种子和根茎的气味混在一起，几乎令人窒息。

两位访客奋力挤进满是尘土的小巷，避开周围那些正在吃草或被人赶着往来于露天市场的驴群。他们找到了廉价旅馆——无疑是在到处招揽生意之人的帮助下——并着手计划接下来的旅程。不久，他们就遇到一群来自非斯和特莱姆森的商人，特莱姆森正是科维良熟悉的北非城市。商人们正要前往阿拉伯和印度本土，这位狡猾的间谍于是用那里的方言诱骗他们同意带上自己和同伴一起上路。

时值 1488 年春，自从他们俩离开葡萄牙，已经将近一年过去了。骆驼备鞍驮重，忍过城门口男孩子们的一阵投掷之后，长长的商队就此出发，前往红海的港口托尔（Tor）。葡萄牙人在他们又吵又臭的坐骑上一路颠簸，穿过了平直多石的西奈沙漠，来到一大片贫瘠的花岗岩山峦，岩石在烈日下闪闪发光，像是涂了一层油。然后他们又来到一条狭窄的沿海小径，在小径的最窄处，不得不骑马渡海。他们用烘烤了两次的硬饼、干奶酪和腌牛舌作食物，还被迫花大价钱买水喝，哪怕水里蠕动着红色的虫子。强盗在椰枣林里伏击他们，偷走他们的供给，还强收过路费，且必须用银子支付。骡子和骆驼把式一直在涨工钱，一旦有人抱怨，他们就会赶着牲口驮着辎重一走了之。两人很少睡觉，在旅途快结束时，他们精疲力竭，滑下驼鞍，恍惚看见有人夺走了他们仅存的一点儿食物。

132 香料何以在欧洲如此昂贵，已经显而易见了，而旅途才刚刚开始。

商队最终抵达红海时，向导们又开始信口开河，讲起另一个古老的故事。他们解释说，正是在这里，海水在摩西及以色列的子民面前分开，又冲向法老的追兵。马丁·鲍姆加腾原原本本地记述道，法老战车的辙痕和战马的蹄印清晰可见，“即便此刻毁去了它们，下一刻它们又清清楚楚地浮现出来”[25]。

红海全长 1400 英里，形状像一条伸长了身体的蛞蝓朝着北方爬向地中海，欧洲旅人们惊异地发现它根本就不是红色的。蛞蝓的头上伸出两根触须：左边的是苏伊士湾，把埃及和西奈半岛分开；右边的是亚喀巴湾，又把西奈从阿拉伯半岛中分离出来。在它的南端，蛞蝓的尾巴挥进亚丁湾和阿拉伯海，也就是印度洋横亘在非洲和印度之间的那部分。两个水域在那里汇合，非洲的海岸以锐钩的形状蜿蜒向东，环抱着阿拉伯半岛的西南角。

两个大陆之间那条狭窄的海峡名为巴布-埃尔-曼德海峡，意为“泪之门”。湍流和散布其间的岛屿使得通行不利，而红海本身的大部分海域也点缀着危险的小岛和没入水中的暗礁。狂风和起伏的波涛时常会使满载的帆船撞向岩石，也有少数出海的船只不把这个海峡放在眼里，继续沿着东海岸航行后半程，直抵麦加的港口吉达，但由航海老手们掌舵的小船多半就要自求多福了。葡萄牙的这两名间谍在小港口托尔搭乘的两条独桅三角帆船——阿拉伯的传统帆船——是几百年来往返于这条路线的典型船只。船体是用椰子纤维缝在一起的木板制成的，船帆是用椰子叶编织而成的席子制成的。为了追求机动性，也因 133
为木材短缺，船身较小，哪怕轻微的泡胀也会导致漏水和船身不稳。领航员只能白天工作，由于海盗横行，夜间他们不得不把船开到外海避险。商队驶过“泪之门”前往阿拉伯半岛南部沿岸时，距离他们从开罗启程已经两个月了，海上生活着实艰苦难耐。

两名间谍即将发现香料贸易中心地带那个极其富裕的铁三角了。铁三角的第一个顶点就是他们刚刚到达的港口，而那里处处防御森严，难以靠近。

著名的亚丁海港坐落在也门大陆上凸起的一座死火山的火山口里。城市依偎在环形山底，犬牙交错的黑色峭壁顶上覆盖着一圈城堡，它们包围着亚丁、几乎延伸到海里。海滨背后坚固的工事补全了这个圆形的防御阵地，阿拉伯地理学家穆卡达西①认为，整个防御阵地看起来像个巨型的羊圈，颇不寻常。亚丁拥有优良的锚地和天然屏障，还便于控制红海的入口，自古以来便是一流的商业中心，并且作为装载着东方香料以及丝绸、宝石和瓷器的海上船只的重要终点站，亚丁是中世纪世界最富有的贸易城市之一。

来自开罗的一行人到达此地后，把阿拉伯船只吹到位于东南的印度的季风已经开始肆虐了。在盛夏横穿阿拉伯海只可能面临两种结果：要么是死，要么只需短短 18 天便可到达。耽搁

---

① 穆卡达西（al-Muqaddasi，约 945 或 946—991），中世纪阿拉伯地理学家。他是第一个使用自然色彩绘制地图的地理学家。

过久就意味着还要再等一年，所以两人决定分头行动。派瓦准备从亚丁短距离航行到埃塞俄比亚，在那里寻找祭司王约翰，而科维良准备继续航行去印度。他们计划在各自的探险结束后，回到开罗会合。

科维良搭乘去印度的帆船比红海的那些船大得多，但也是同样的单桅帆船，桅杆向前倾斜，一根长帆桁横穿而过，大三
134 角帆就系在上面，船也是用缝在一处的木板打造的。[26]这种船没有甲板，货物用厚厚的藤席盖着，而乘客必须尽其所能地挤进去。躲避烈日几乎是不可能的，阻挡海浪冲刷船身的只有沾满沥青的席子或布条，至于食物，就只有撒了糖和椰枣碎末的半熟干米了。这条三角帆船十分轻快，阿拉伯船长们都是航海老手，但航行至印度的几周时间让人度日如年。

年终将近，科维良沿着印度海岸前往一个城市，他一路上听说了很多那里的奇闻逸事。卡利卡特是贸易铁三角中的第二个顶点，是东方香料和珠宝的汇集之所，这位间谍在此地停留了几个月，调查这些在欧洲以重金出售的神秘货物，其来源和价格究竟如何。他的报告后来对恩主们产生了深远的影响：几年后，瓦斯科·达伽马驶向印度，正是肩负着直奔卡利卡特的使命。

2 月，科维良踏上归途，一路停靠以记下沿途更多港口的位置和贸易。此时，阿拉伯舰队已掉头回家，他搭上一条前往霍尔木兹①的船，那是传说中铁三角的第三个顶点。

船驶进了波斯湾（那是红海在阿拉伯半岛东侧的两个入口之一），前往控制着一条狭窄海峡的小岛。随着船靠近，科维

① 霍尔木兹（Hormuz），伊朗南部一城市，位于霍尔木兹岛上。霍尔木兹海峡东接阿曼湾，西连波斯湾，素有“海湾咽喉”之称。

良透过塞满港口的桅杆丛林，看出这是一个庞大的城市。上岸后，他发现城里满是来自亚洲各个角落的商人。霍尔木兹坐落在阿拉伯半岛突然伸出、看似在伊朗沿岸造成了凹陷的位置，那里没有绿色植物和淡水，这些东西必须从大陆运来，但它坐镇重要的海路交叉点，是从印度和远东经陆路穿过伊朗到达叙利亚、土耳其和伊斯坦布尔的必经之路。那里的市场上堆满了 135
珍珠、丝绸、珠宝、织锦、香料、香水和药物，极尽奢华，无可匹敌。为了顾客舒适，街道上都铺着地毯，屋顶上垂挂着亚麻布篷以遮挡烈日。商人的桌子上摆着美酒和昂贵的瓷器，才华横溢的乐手在人们进餐时奏乐助兴。后来的一位葡萄牙访客报告说，那里的食物比法兰西的好，而一个英格兰探险家惊呼那里的女人美若天仙，不过他觉得她们的“穿着非常奇怪，鼻子、耳朵、脖颈、手臂和小腿上都穿着有珠宝镶嵌的圆环，耳朵上还挂着金银锁，鼻侧贴着长条的金子。由于珠宝太重，她们的耳洞被拉得很长”，他补充说，“可以插得进三根手指”。[27]抛开巨大的文化差异不说，这座海岛城市的重要性无可否认。阿拉伯谚语有云，如果世界是一只金指环，那么霍尔木兹就是镶嵌其上的宝石。

如今科维良已经亲眼看见了阿拉伯海上贸易如此繁荣发达，令人目眩，也深切体会到商人们每一步都危险重重，税赋也令人望而生畏。从欧洲出发的海上路线或许更长，但大洋上绝无强盗和海关官员，无疑会大赚一笔。还有一件事：要弄清楚船是否真可以从欧洲径直航行到印度洋。

这位葡萄牙间谍搭乘一艘前往非洲的船离开了霍尔木兹，他在塞拉①下了船，那个繁忙的穆斯林海港出口黄金、象牙和

① 塞拉（Zeila），亚丁湾海岸的港口城市，位于索马里境内。在古典时代，塞拉曾是奴隶贸易的中心。

来自埃塞俄比亚的奴隶。伟大的摩洛哥旅行家伊本·白图泰①认为塞拉是“世上最肮脏的城市，臭气冲天，污浊可厌”[28]，不管海面如何波涛汹涌，街上屠宰鱼和骆驼的臭气还是令人作呕，这致使他最终选择在船上过夜。科维良也没有在这里待太长时间。他着手查明自己能航行到距离海岸多远的地方，且很快就得到了答案。阿拉伯人在东非海岸进行殖民活动已有几个世纪了，但他们的小帆船经受不起南方的惊涛骇浪。此外，就算他们拥有技术，也不觉得有必要进行这样的航行，很可能都从未
136 尝试过。长期以来，他们的商队从非洲北部和东部的内陆集中货物，运到地中海和印度洋，而把生意做到西部和显然一无所有的大西洋地区没有任何意义。他们当然没有试过绕非洲航行抵达荒芜的西欧：既然已经控制了半个地中海，包括那里很多主要的港口，欧洲的货物和大量黄金都主动送上门来，何必还要开辟新路线呢？

非洲之谜可能还要一段时间才能解开。科维良回到北部，于1491年初抵达开罗。回程让他既筋疲力尽又欣喜若狂，他离家已将近四年了。他一定盼望着和他的间谍同伴碰头，然后回国去跟妻子和家人团聚，并接受他当之无愧的奖赏。

他再也没见到他的同伴。他在开罗等待派瓦时，后者却患病离世了。

不畏疲倦的科维良准备独自踏上归程，但他正要动身时，两位葡萄牙犹太人出现在他门口。他们说自己是国王若昂二世

---

① 伊本·白图泰（Ibn Battuta，1304—1377），摩洛哥的穆斯林学者，被公认为世上最伟大的旅行家之一。他的旅程记录在《伊本·白图泰游记》中，在30年的旅途过程中，他经过了伊斯兰世界中大部分著名的地方，也到了许多非伊斯兰地区，足迹遍及北非、非洲之角、东欧、中东、南亚、中亚、东南亚及中国等地。

派来的，还说他们颇费了一番周折，才在开罗这个繁华的大都会里找到他。

两人中一个名叫约瑟夫，是个来自葡萄牙北部的鞋匠；另一个名叫亚伯拉罕，是个来自南部的拉比。几年前，约瑟夫曾经陆路前往巴格达，大概是去调查鞋类市场的，他在那里听说了霍尔木兹的美妙神奇。回程路上他曾寻找过那位国王，国王对来自远方的信使总是大开方便之门的。拉比也曾去过东方，或许还到过开罗。因为两个间谍未能回国述职，若昂二世决定派这两位犹太人去寻找他们。

新来的人随身带着国王的一封信，科维良迫不及待地打开阅读。

信的内容很难以令人愉快来形容。若昂写道，如果他们完成了任务，两人应返回葡萄牙，在那里接受至高无上的荣誉。137
如果任务失败，他们应该让鞋匠约瑟夫带回进展报告，自己则要直到完成任务才可罢手。具体而言，他们必须找到祭司王约翰本人的下落，方能回国。但他们首先要送拉比去霍尔木兹。国王无疑认为，与鞋匠相比，拉比是更可靠的报信人，亚伯拉罕也发誓说除非亲眼看到霍尔木兹，否则绝不回国。

国王若昂二世无从得知他的间谍已经去过霍尔木兹，并准备一五一十地向他报告情况。科维良身受王命，和以往一样，他决定充分利用这一点。他给国王写了一封长信，把信交给约瑟夫后，就和新同伴一起出发了。[29]鞋匠回国，这位带信人对于瓦斯科·达伽马即将执行的任务至关重要。

科维良再次穿过沙漠前往托尔，再次经历缓慢而危险的行程，沿红海南下。到此时，这位间谍已是阿拉伯各个港口的常客，因而两人在亚丁没费什么力气就找到了前往霍尔木兹的船。

亚伯拉罕对自己的所见所闻心满意足，两人随后分道扬镳：拉比大概是跟着一个去叙利亚的商队回到了葡萄牙，而科维良则回到了红海。

科维良从那里出发去麦加的港口吉达。他准备全然无视命令，单独行动了。他已经对探险产生了强烈兴趣，像任何执着的探险家一样渴望经历危险，让生活变得更加刺激。

吉达这个富裕繁荣的港口全面禁止基督徒和犹太人进入。但因为乘坐无遮无挡的船长途旅行，科维良的皮肤早已晒成了古铜色，又因为水手们通常不喜欢刮胡子，此时他满面胡须。另外，他过去四年都和穆斯林一起生活、旅行，穿上了他们的服装，能够流利地说他们的语言，对他们的风俗也十分熟悉。
138 他在吉达没有被人识破，因而决定继续深入——前往麦加。他知道，只要暴露出一点基督徒的迹象，自己就会被就地正法。

这位葡萄牙间谍或许剃了发，光着头，身上裹着朝圣的两件套白色戒衣，进入克尔白天房的圣区，并沿着无数礼拜者在花岗岩石板上留下的足迹，绕着石头房子走了七圈。如果他是在麦加朝觐期间去的，他或许还随着朝圣的人群去了阿拉法特山①——据称穆罕默德在那里进行了最后一次训诫——然后又去米纳②朝着魔鬼扔石头，还观看了为纪念易卜拉欣而用公羊代替他儿子来做燔祭的动物大屠杀。心满意足后，他前往麦地

① 阿拉法特山（Mount Arafat），位于沙特阿拉伯城市麦加以东，是一座花岗岩丘陵。阿拉法特山又称“仁慈山”。穆罕默德的生命接近尾声时，追随者们陪伴他一同进行朝觐的活动。在阿拉法特山的时候，穆罕默德向他的追随者发表了著名的“辞朝演说”。

② 米纳（Mina），圣城麦加以东五公里处，属于麦加的郊区，因为每年有大批信徒在此搭帐篷准备参加朝觐，又被称为“帐篷城”。该地每年朝圣期间会举行“掷石拒魔”的仪式。

那，参观了建在穆罕默德墓地[30]之上的大清真寺，这座清真寺曾遭雷击，大部分的古建被毁。

完成这一套入教启蒙后，科维良离开麦地那前往西奈沙漠，顺道还拜访了古老的圣凯瑟琳修道院①。骨瘦如柴的希腊修士像对所有朝圣客一样，匆匆打发他去教堂参加礼拜，他带着赞叹观看了摩西本人也曾见过的，至少是君士坦丁大帝的母亲海伦纳②在到圣地寻找圣物期间，奇迹般地被发掘出来的“燃烧的荆棘”③。这样一来，科维良便了结了自己关于信仰的所有心愿，他随后继续前往托尔，并第五次去了红海。此时已是1493年，自从他和那位拉比一起离开开罗后，时间已经过去了一年有余，而祭司王约翰仍然不见踪影。

这位间谍在埃塞俄比亚高原附近登陆东非，几个世纪以来，这个强大的壁垒一直保护着内陆免受袭击。在穿越沙漠、高地和平原的危险之旅后，他来到“犹大支族之狮”④和“万王之王”亚历山大的宫廷[31]，亚历山大及其王朝曾自称所罗门王和示巴女王⑤的后裔。埃塞俄比亚曾是个强国，在它偏僻的要塞

---

① 圣凯瑟琳修道院（monastery of St. Catherine），位于埃及西奈半岛南端的西奈山脚下，是一间仍在服务基督徒的古旧修道院。修道院由6世纪时在位的东罗马皇帝查士丁尼一世下令兴建的。

② 海伦纳（Halena，246—330），君士坦提乌斯一世的妻子，君士坦丁一世之母。她有名的事迹是在基督教传说中找到了真十字架。她在天主教及正教会都被视作圣人。

③ 燃烧的荆棘（Burning Bush），见《圣经·出埃及记》3：2。根据《圣经》所述，这种植物经火而未毁，故而得名。摩西正是在此地受上帝之命，率领以色列人走出埃及的。

④ 犹大支族之狮（Lion of the Tribe of Judah），是以色列民族的十二支族中犹大支族的象征。“犹大之狮”的说法见于《圣经·创世记》49：9。

⑤ 示巴女王（Queen of Sheba），在希伯来《圣经》的记载中，是一位统治非洲东部示巴王国的女王，与所罗门王生活在相同年代。示巴的位置大约相等于今日的埃塞俄比亚，他们相传是诺亚长子闪姆的后人。

中仍然保持着古老的传统。国王统辖着规模宏大、层次错综复139 杂的贵族阶层，有很多妻子和数十个女儿，她们中的一些人实际上在管理着这个国家。而他本人是个基督徒[32]，他的子民也是一样。

亚历山大热情地接待了这位来访者，科维良则献给他一份用阿拉伯语写就的致辞和一枚雕刻着多种语言的铜质勋章，那是他从离开葡萄牙时便一直小心保存到现在的。两样东西其实都是献给祭司王约翰的，但如今埃塞俄比亚人已经习惯了欧洲人将他们每一个国王都称为约翰，这个习惯虽然古怪，却也无害。

科维良后来报告说，那位君主“非常高兴，充满快乐（地接待了他），并说会很隆重地送他回国”[33]。这位君主后来没能兑现诺言。几个月后，亚历山大出兵镇压一起叛乱，因在夜间没有被认出来而中箭身亡。他还在襁褓之中的儿子继承了王位，但在幼年时期便死于疾病，一片混乱之后，亚历山大的弟弟瑙德取代他登上了王座。科维良立即请求新国王履行他哥哥的承诺，却被礼貌地拒绝了。后来瑙德也先于科维良死去，但瑙德的儿子和继任者戴维也不愿放科维良这位游客回国。既然他的先辈们都没有允许这个欧洲人离开，新国王解释说，自己也“没有资格准许他这么做，因此还是维持原状”。[34]

科维良离开葡萄牙多年，家人无疑以为他早就不在人世了，而他却变成了一个十足的侨民。他见多识广，又精通数种语言，是埃塞尔比亚宫廷里不可多得的顾问。他在那里被加官晋爵，荣宠有加，最终还被任命为一方总督。长期抗议无效之后，他终于屈从了国王的愿望，在当地娶妻。他显然有能力为自己做出最佳选择，因为后来，在这位前间谍离家 33 年后，一个葡萄牙使团来到埃塞俄比亚中部，发现他在那里过着令人艳羡的生活：大腹便便、富足喜乐，膝下儿女成群。[35]

若昂二世一面苦等着自己派出的间谍回国，一面在推进其总体规划的第二阶段。他选择了巴尔托洛梅乌·迪亚士①来指挥下一次海上探险，后者是王室禁卫军的一名骑士，也是个富有经验的船长。迪亚士的任务是一劳永逸地解答船舶能否航行绕过非洲这个亟待解决的问题，如有可能，他还将登陆祭司王约翰的领土。 140

1487 年 8 月[36]，迪亚士悄无声息地离开了里斯本，比佩罗·达·科维良和阿方索·德·派瓦出发的时间晚了三个月。其舰队包括两条轻快帆船，还有一条由迪亚士的兄弟佩罗担任船长的补给船，这是个创新设计，用来防止行程与日俱增的远航由于缺乏食物、饮用水和备用零件而中途夭折。尽管对这样的冒险来说，那些船小得令人丧气，但准备工作异常周密，船员们也个个都是老手。同行的还有以前海航途中抓来的两个非洲男人和四个非洲女人，为的是随时派他们上岸打探印度和祭司王约翰的消息。王室规划者认为带上女人是一计高招，因为她们不像男人那样容易受到袭击，然而结果是，有一个女人死在去非洲的途中，而其他五人消失在内陆，从此音讯全无。

舰队航行经过刚果河宽阔的河口，在鲸湾受阻，然后顶着一股强烈的近岸流奋力南行。为了加快速度，迪亚士起锚出海，却被卷入了一场暴风雨。13 天来，轻快帆船被狂风吹向西方和南方，他们把船帆降下一半，以防船头冲向怒海。到迪亚士总

① 巴尔托洛梅乌·迪亚士（Bartolomeu Dias，1451—1500），葡萄牙贵族和著名航海家。他出身于葡萄牙航海世家，1487 年带领船队航行至非洲大陆最南端并发现好望角，为葡萄牙开辟通往印度的新航线奠定了坚实的基础。

算能把船扳回正道、驶向东方之时，温度已显著下降，走了几天还看不到海岸，他只得转头向北驶去。

山峰很快就出现在地平线上，随着船队渐渐靠岸，他们看到一片自东向西绵延无尽的沙滩，其后是绿地缓坡，牧牛人正在放牧牛群。[37]牧牛人看了一眼神秘的船队，就把牛群赶回了内
141 陆。目力所及之处空无一人，几个水手出发去寻找淡水，却遭遇山上投来的一阵石雨，成为众矢之的。迪亚士用弩射杀了一个攻击者，然后舰队急忙回到海上，继续航行。

一路上担惊受怕、精疲力竭的船员们已经受够了。食物几乎耗尽，他们齐声抗议。补给船远远落在后面[38]，如果他们继续前行就一定会饿死。他们已经发现了欧洲人前所未见的 1400 英里的海岸线，单单一次航行就有这么多发现，怎么也该够了吧？

迪亚士最后让步了，不过那是在他的军官们上岸之后才决定的，他们迫使他签署了一份决定返航的声明。正是在回程中，他终于明白无误地看到了一个大海角的岩岬，其后是一连串拔地而起的高峰，围绕着一座顶部平如桌面的高山。他沮丧地将其命名为“风暴角”，而他回国后，国王决定给它一个更乐观的名字——“好望角”。[39]

这次航行延续了 16 个多月。船只支离破碎，幸存者的身体也垮了。他们经历了一场暴风雨，看到了非洲的南端，还带回了精确的航海图，证明了伟大的托勒密的错误。古老的谜题终获破解，消息走漏出去，欧洲的地图也很快被重新绘制。[40]然而就在他即将航行驶入东方时，迪亚士却不得不认输了。他向国王汇报时充满歉意，说自己既没能找到祭司王约翰，也没到达印度。那些是他肩负的使命，而他没有达到那个高标准。他的

发现并不完满，他的大名也不会载入史册。

到这时，葡萄牙人已经绘制出整个非洲西岸的地图。这一伟大成就证明了其整个民族不屈不挠的坚定意志，很多人为此付出了高昂的代价。然而已近胜券在握的他们突然发现，此前所做的一切，可能皆为枉然。

1488 年 12 月聚在一起倾听迪亚士报告的众人里，有一个 142
名叫克里斯托弗·哥伦布的热那亚水手。

1493 年 3 月 4 日，一条孤独的轻快帆船挣扎着驶进里斯本的海港，停泊在葡萄牙最强大的战船旁。尼尼亚号在暴风雨中受到重创，船帆剥落，船长被迫在力所能及的范围内寻找避难所。

这不是克里斯托弗·哥伦布向往的荣归故里。多年来，他力劝葡萄牙国王资助他大胆冒险，向西航行前往东方。然而若昂认为意大利人最擅吹牛，谎话连篇，他的专家团对哥伦布的提议嗤之以鼻，拒绝让他放手一试。

哥伦布是个热那亚织工的儿子，自幼便对大海着迷。1476 年，他作为一个普通海员，随一艘运送洋乳香去英格兰的商船第一次到达葡萄牙。船队在距离阿尔加维海岸不远处、航海家恩里克曾经的行动中心所在地附近遭到猛烈的袭击，当他所在的船开始沉没之时，这位年轻的水手抓住一支桨纵身入海，半游半漂了六英里后上了岸。这种戏剧性的亮相之后，他来到了里斯本，娶了一位贵族的女儿[41]，投入了葡萄牙的海军事务。

哥伦布并不是第一个提议向西航行前往东方的人。这个念头至少可以追溯到罗马时代，近来又屡屡有人重提。1474 年，一个名叫保罗・达尔・波佐・托斯卡内利①的佛罗伦萨著名知识分子曾写信给他的众多通信者之一、名叫费尔南・马丁斯的里斯本天主教修士，提出一个计划，建议向西航行到印度去，因为这“比从几内亚去往香料产地的行程要短”。[42]教士把这封信呈给宫廷，该计划在那里受到冷遇，却传到了新来的热那亚人的耳朵里。哥伦布被这样一个宏大的探险和逐利计划打动了，便写信给托斯卡内利，索要一份信件的副本。信件副本如期到
143 达，还附上了一张地图，上面标注着佛罗伦萨人建议的路线，哥伦布全身心地投入到密集的研究之中。

他从自己所阅读的材料中得出了几个结论，西行航道看来触手可及。

首先，他得出的地球周长比实际情况要小得多。在这个结论上，哥伦布得到了强有力的权威的支持：伟大的托勒密本人在他的希腊前辈埃拉托斯特尼②相当精确的计算数值上砍掉了几千英里。托勒密自己的估算后来又被9世纪的波斯天文学家法甘尼③所取代，在其所著的《天文学基础》一书中，后者得出了更大的周长数字，该书是托勒密学说的修订概要，在当时仍是东西方最为普及的课本。然而，哥伦布以为意大利的长度单位和法甘尼使用的阿拉伯单位是一样的，而实际上前者比后

① 保罗・达尔・波佐・托斯卡内利（Paolo dal Pozzo Toscanelli，1397—1482），文艺复兴时期欧洲佛罗伦萨的天文学家、数学家和宇宙学家。他根据多年的计算结果，断定由欧洲向西航行可以到达亚洲（而实际情况则略远）。他的评估为哥伦布所知悉，为其航行计划做好了准备。

② 埃拉托斯特尼（Eratosthenes，前276—前194），希腊数学家、地理学家、历史学家、诗人、天文学家。埃拉托斯特尼的贡献主要是设计出经纬度系统，计算出地球的直径。

③ 法甘尼（Alfraganus，800或805—870），波斯的逊尼派天文学家，9世纪最著名的天文学家之一。月球上的法甘尼火山口即以他的名字来命名的。

者短得多，因此，他认定地球比托勒密想象的还要小。

在缩小了地球以后，哥伦布又延展了亚洲。[43]关于从葡萄牙往东驶向中国沿海的距离，时人的估计短至116个经度，这样一来，如果打算走另一个方向，就要跨越大洋航行整整244个经度。托勒密在这个问题上更有帮助了——他计算得出的距离是177个经度——但即使如此，航行越过大半个地球还是个不可能完成的任务。哥伦布改而求助于托勒密的同时代人——泰尔的马里努斯①，他得出的数字是225个经度，那样一来，横跨海洋的距离只有135个经度了。

即便采用地球周长的最小估算值和对亚洲跨度的最大估算值，但如果没有定期的新鲜食物和淡水补给站，也无人能在这种航行中存活下来。哥伦布需要的是中途有陆地的证据，为此目的，他又求助于马可·波罗。马可·波罗曾报告说日本距离中国海岸足足有1500英里远，这样在哥伦布的脑海里，亚洲又近了一大截。他确信，日本就在加那利群岛以西大约2000英里的地方，而中国、香料群岛②和印度本身都在它后面不远处。顺风的话，他几个星期就能到达那里。更好的情况是，去日本的路上还有一块可用的踏脚石——安提利亚③岛，有传言说， 144
为躲避阿拉伯人入侵西班牙，有基督徒于8世纪前往那里定居

---

① 泰尔的马里努斯（Marinus of Tyre，约70—130），希腊地理学家、制图师和数学家，他创立了数理地理学，并给托勒密影响广泛的《地理学指南》提供了理论基础。

② 香料群岛（Spice Islands），即摩鹿加群岛（Maluku Islands），有时也会被称为“东印度群岛”，是印度尼西亚境内众多群岛板块之一，也是马来群岛的组成部分。中国和欧洲传统上称为香料群岛者，多指这个群岛。

③ 安提利亚（Antillia），中世纪晚期欧洲人虚构出来的一个幽灵岛。构想中，安提利亚位于西班牙以西的大西洋，西非加那利群岛及亚洲的中间，更曾有人绘出虚构的地图标注它的位置。

下来，据说它的位置就在大洋深处。

哥伦布大胆地反其时代之道而行之。[44]在葡萄牙遭到断然拒绝之后，他又到热那亚和威尼斯力陈观点，不过也没有什么好运。他的弟弟巴塞洛缪去英格兰和法兰西试探国王们的态度，而克里斯托弗则放弃了葡萄牙，转投它的宿敌西班牙。他在那里获得斐迪南二世和伊莎贝拉一世的接见，他们当时在科尔多瓦统治着卡斯蒂利亚和阿拉贡，哥伦布向他们呈交了自己的计划。两位君主在自己的顾问商议期间好吃好喝地供养着这位未来的探险家，但事情拖延得太久，哥伦布又偷偷溜回葡萄牙，想再试试运气。

恰在那时，巴尔托洛梅乌·迪亚士从好望角归来，船停靠在里斯本。迪亚士的发现对哥伦布来说不亚于一个灾难：它终结了葡萄牙对绕道西行的亚洲航线的一切兴趣。哥伦布又溜回卡斯蒂利亚，却得知斐迪南二世和伊莎贝拉一世的专家们认为他的“诺言和提议全无可能，徒劳无功，应予拒绝”[45]。

两年后，一切都变了。

1492年1月2日，斐迪南二世和伊莎贝拉一世经过为期十年的艰苦战争后，终于征服了伊斯兰王国格拉纳达。据说，最后一位苏丹在离城之时转回身去，最后看了一眼阿尔罕布拉宫①被夕阳染红的、其屋顶被柔光笼罩的尖塔，不禁泪如雨下。“你哭得像个女人，却不能像个男人那样保卫国家”，他的母亲如此责备他，他们就此离开了那里。阿尔罕布拉宫的新主人们身穿华丽的彩绸衣服上山来到宫殿门前——那是安达卢斯的辉煌遗产给世人留下的最后回忆。

① 阿尔罕布拉宫（Alhambra Palace），位于西班牙南部格拉纳达，是摩尔王朝时期修建的古代清真寺-宫殿-城堡建筑群。

穆斯林统治西欧的最后一点儿痕迹也被清除了，王室夫妇立即派人向教宗报信。他们虔诚地自夸道：“我们的主乐意赐 145
予我们对格拉纳达国王和摩尔人的全面胜利，他们是我们的神圣天主教之敌。……经过如此艰辛的努力、巨额的开销、死亡和流血后，被异教徒占领了逾 780 年的格拉纳达王国……（终被攻克）。”[46]信中未提及的尴尬事实是，在过去 250 年的大部分时间里，格拉纳达一直是卡斯蒂利亚的附庸国，不仅向其供应绝佳的穆斯林物品，还为其军队补充兵力。

收复失地运动圆满结束了，西班牙已为统一大业打下了基础，“天主教双王”——这是心怀感激的教宗赐予斐迪南二世和伊莎贝拉一世的称号——开始着手净化他们的国度。留在西班牙的穆斯林和犹太人不久就会皈依，他们对此很有信心，但大众的情绪很快转为复仇。犹太人把基督徒儿童钉死在十字架上，还吃掉其余温尚存的心脏的恐怖故事让整个西班牙都为之战栗，虽然无人能指出谁家的孩子真的不见了，但仍有几个替罪羊被逮捕并活活烧死。1492 年 8 月 2 日这一天被定为所有犹太人要么接受基督教信仰、要么面临行刑的截止日期，因而在格拉纳达陷落后仅仅七个月，加的斯①的大西洋港口就挤满了数以万计准备逃离西班牙的犹太人。逃离的人流过大，船长们借机勒索，犹太人须花费重金才能换得货舱里的一方立足之地，然后却被像倒垃圾一样倒入水中，或者被卖给海盗。其他人逃到了北非，却被禁止入城，客死荒野。塞法迪自古以来一直是个童话而非真实的所在，如今却变成了一个噩梦。

穆斯林的遭遇也没好到哪儿去。格拉纳达有保证信仰自由

---

① 加的斯（Cadiz），西班牙西南部一滨海城市，是安达卢西亚加的斯省的省会。

的协定，包括保护清真寺、宣礼塔和宣礼员，但这个协定很快就被撕毁了。西班牙的穆斯林没过多久就被强制皈依，随后又被送进刑讯室，看看他们是否真正忠于被强加给他们的这种信仰。宗教裁判所是西班牙意识形态纯洁性的证明，它以此来声
146 称自己是最正当的基督教国家，但也是伊斯兰教和基督教在伊比利亚半岛长期战斗的另一个证明。它还对经济造成了毁灭性影响。当年，征服者穆罕默德二世的儿子和继任者、奥斯曼苏丹巴耶塞特二世①派海军前往西班牙去拯救那里的穆斯林和犹太人。他欢迎难民来伊斯坦布尔并赋予他们公民身份，对任何虐待犹太人的土耳其人以死亡相威胁，还嘲笑斐迪南二世和伊莎贝拉一世驱逐这么多有钱的臣民实属短视。“你们说斐迪南是个明君，”他讥讽朝臣们说，“而他耗尽自己的国家来让我的国家变得富有！”[47]伊比利亚愈演愈烈的宗教战火烧回原国，战火让西班牙在未来的几个世纪都陷入黑暗之中。

把外来事物清除出自己的王国之后，王室夫妇把注意力转向国外。

征服格拉纳达的几个星期后，伊莎贝拉一世召来克里斯托弗·哥伦布，驳回了他对专家裁决的申诉。这位未来的探险家闷闷不乐地骑着骡子往回走，而与此同时，斐迪南二世的财务大臣正在宫廷里畅所欲言。他指出，哥伦布已经从意大利投资人那里拿到一半资金。这个计划的开销最多也只够为外国使节们举办为时一周的祭典，而王库定可辗转腾挪，找到资金来源。

---

① 巴耶塞特二世（Bayezid Ⅱ，1447—1512），奥斯曼帝国苏丹，他的执政时期是从1481年到1512年。他是征服者穆罕默德之子，于1481年父王去世后登上王位。巴耶塞特二世跟他父亲一样包容东西方文化。与许多苏丹不同，巴耶塞特非常努力地确保内部政务的顺利推行，所以他被冠以“正义者”的称号。

或许哥伦布的财神救星[48]那时就已经怀疑自己将被迫自行筹措大部分资金；或许，作为一个受洗的犹太人，他自有理由坚持认为，为了亚洲皈依神圣信仰的回报，哥伦布的计划很值得冒险一试。

伊莎贝拉一世派使者去追哥伦布，正赶上他准备上船去法兰西。哥伦布的条件无礼之极：在他发现的所有土地上，他要所有收入的百分之十作为终身年金，他要当西班牙的总督，还要负责每一块殖民地的任命。此外，一旦他登陆，就要被任命为“大洋海军上将”。他的大部分条件都被接受了，但在那时，没有人真觉得他会成功。

1492 年 8 月 3 日，日出前半个小时，塞满了犹太人的船慢 147
慢驶离加的斯，向东而去，哥伦布也向西驶往亚洲。他的小舰队甫一安全上路，他就在旗舰圣玛利亚号（Santa María）狭窄的船舱里坐下，写下了自己的第一行航海日志。

日志的开头便是“以我主耶稣基督之名”[49]。

哥伦布打算在回欧洲后把日志献给斐迪南二世和伊莎贝拉一世，因而这本日志是写给他们的。他颂扬了天主教双王对格拉纳达的摩尔人的伟大胜利，说他们驱逐犹太人的决策是英明正确的，还提醒他们，自己已经启程，去完成一件同样神圣的任务：

> 两位陛下因天主教基督徒和诸位国君献身于神圣的基督教信仰而成为该信仰的宣传者，以及穆罕默德教派乃至所有邪神崇拜和异端邪说之敌，现决定派遣我——克里斯托弗·哥伦布，前往印度上述地区拜访上述国君、民族和土地，并（了解）他们和所有地区的情况，以及当以何种方式令其皈依我神圣信仰。我受命不经陆路（即以通常的

> 方式）前往东方，而是经由西方的路线，此路至今无人知晓是否曾有先驱。

他补充说，他很快就会携大笔财富返航，“三年之内，两位君主就能做好准备去征服圣地。我已请两位陛下明鉴，在下此番所得的全部利润均应用于征服耶路撒冷”。

在葡萄牙的日子里，哥伦布与生俱来的航海天赋得到了很好的磨炼，他离开加那利群岛五个星期后就看到了陆地。他不是个天生的领袖：就算在那么短的时间里，船员们也不止一次威胁说要哗变。他们发现的那块陆地是一个小岛，但友善的原
148 住民表示附近有个大得多的岛屿。哥伦布继续航行，坚信他正前往日本并将探索那里的一段海岸，只是当地人把那个地方叫作科尔巴岛。圣诞节早上，在圣玛利亚号搁浅之时，他已访问了第三个岛，随即返回西班牙。

后来，这三个岛被证明是巴哈马群岛中的一个岛屿，以及古巴岛和伊斯帕尼奥拉岛①，但哥伦布坚信自己到达了亚洲。的确，东方与他期待的景象有一定的差距。他发现了一种闻起来像是肉桂和坚果的灌木，虽然它又矮小又不宜食用，但如果运用一点儿想象力，它看上去就很像椰子了。洋乳香树当年显然没有结果，而且他带走的黄金结果被证明是黄铁矿——愚人金。住在茅屋里的岛民显然是大汗的贫穷子民，但他在日志中记载道，皇宫无疑就在附近。

当历经风雨的尼尼亚号被吹离了航道，不得不返回里斯本时，这位新上任的大洋海军上将也致信国王若昂二世。信中，

---

① 伊斯帕尼奥拉岛（Hispaniola），加勒比海中第二大岛，仅次于古巴。该岛位于古巴东南方、波多黎各的西边。

他请求获准进入王室海港，以便躲开那些寻宝人，并强调他是从印度地方而不是从葡萄牙的几内亚回来的。巴尔托洛梅乌·迪亚士划着小船上岸时，他的战船就停在哥伦布的停泊处旁边，海军上将忍不住炫耀了他为证明自己的惊人发现而带回来的“印度人”俘虏。

哥伦布在计划之外抵达里斯本的四天后，前去觐见葡萄牙国王。他随身带入宫廷的是最古怪的俘虏和在岛上捡的几样小玩意儿，显然没有香料、宝石和黄金。

国王心情不太好。两年前，他的独子阿方索在塔霍河畔骑马时坠马，极度痛苦地死在了一个渔夫的棚屋里。17 岁的阿方索娶了斐迪南二世和伊莎贝拉一世的长女——阿拉贡的伊莎贝拉。天主教双王的独子身患重病，而且由于阿方索看来很有希 149
望同时成为西班牙和葡萄牙的继承人，很多人怀疑这是一起谋杀。斐迪南二世和伊莎贝拉一世曾经尝试所有的外交手段来让这起婚姻无效，但纯粹出于政治原因而结合的这对年轻人坠入了爱河，真不让人省心。更值得一提的是，阿方索是个出色的骑手，而他的卡斯蒂利亚随从也在事后失踪了，从此不见踪影。斐迪南二世和伊莎贝拉一世现在还想靠发现到印度的海上路线来抢若昂二世的风头，摆明了是要让后者难堪。

哥伦布此番雪上加霜，要求国王以新称号来称呼他，并尖锐地提醒他，本大洋海军上将曾给过国王极佳的机会，却遭到了拒绝。若昂二世的一些顾问建议杀了这个放肆无礼的水手，但国王听完了他的陈词。人们还不清楚哥伦布到底发现了什么，但他显然有所发现。上将发言完毕后，若昂二世指出他并没有找到香料。哥伦布解释说他最远只到了日本的外岛，国王于是改变了策略。他毫无诚意地说自己很高兴航行进展得如此顺利，但根据教宗的诏书和卡斯蒂利亚与葡萄牙签订的条约，哥伦布的发现无疑在葡萄牙的势力范围之内。哥伦布回答说自己是遵从双王的命令启航的，并没有到达非洲附近的任何地方；此外，从来没有哪项条约提及西方的新陆地，因为没有人认为那里会有陆地。

若昂二世态度暧昧地微笑着，他回到寝宫，对自己曾让这样一个机会从手中溜走而有些恼怒，并匆忙写就一封致西班牙的信，威胁要派战船去查明真相，如有必要，将宣布新发现的陆地归葡萄牙所有。这不是虚张声势：他有一支舰队整装待命，如果哥伦布再次出海，他们就会跟上他。斐迪南二世见状惊慌起来，忙派遣一名特使去恳求若昂二世推迟舰队的出发日期，直到问题讨论完毕再行动也不迟。

1493 年 5 月 4 日，在哥伦布终于抵达西班牙后不久，教宗把世界分成两半，平息了这场争论。

150 教宗亚历山大六世[①]不是个中立的调停人。他出生于西班牙，而他的姓氏——波吉亚——后来成了明目张胆的裙带关系的别称。他最钟爱的情妇给他生了四个孩子，而他把教廷的大块土地分给了他们。西班牙的凶手、妓女、淘金者和间谍在罗马肆无忌惮，而教宗的宫殿里据称尸横遍野。甚至有谣言说，罗德里戈·波吉亚[50]是靠贿赂才爬上圣伯多禄的位子的，但他的候选人地位一定是得益于他的朋友西班牙的斐迪南二世的干预。天主教双王有足够的理由相信罗马站在他们这一边。

---

① 亚历山大六世（Alexander Ⅵ，1431—1503），罗马教宗（1492～1503 年在位）。他本名罗德里戈·波吉亚（Rodrigo Borgia），是教宗卡利克斯特三世的外甥。1493 年，他为葡萄牙与西班牙划定了殖民扩张分界线，即“教皇子午线”。

在教宗的要求下，人们在地图上从亚速尔群岛①到佛得角群岛②以西 100 里格[51]的地方，从上到下画了一条线，那两个群岛是在航海家恩里克的时代发现的，仍是葡萄牙最西面的属地。从此以后，这条线以西的一切都属于西班牙。这份长长的诏书安排了新世界的秩序，却故意完全没有提及葡萄牙，其后不久，里斯本的窘境便发生了更加戏剧性的逆转，情况变得更糟了。那年 9 月，另一份诏书废除了此前给予葡萄牙在新发现的陆地殖民的一切许可。教宗解释说，既然向西方或南方航行的西班牙或许会"发现属于或曾经属于印度的岛屿和大陆"，那么"已发现与即将发现的，已探索与尚未探索的，位于或可能位于或看上去可能位于向西或向南航行或行程的路线上，无论其属于印度西部还是印度南部和东部的地区"[52]都将归西班牙所有。鉴于印度幅员尚不确定，这样的含糊其辞就足以覆盖几乎任何地方，包括非洲的大部分地区。

葡萄牙长达数十年的探索突然有可能竹篮打水一场空。

西班牙人在第二份诏书正式颁布的前两天，再次派哥伦布向西航行，时机的选择难免让人怀疑是与教宗串通好的。大洋海军上将这次指挥着包括 17 条船的舰队和一支 1200 人 151
的军队。他探索了巴哈马群岛和安的列斯群岛，发现了新的群岛，在波多黎各登陆，还再次拜访了古巴。这次的赌注很大，哥伦布急需确凿的证据，以证明他可以把东方的财富带回国。他的手下四处去闻树木，坚信自己找到了香料，哪怕

① 亚速尔群岛（Azores），位于北大西洋中央的群岛，为葡萄牙领土。

② 佛得角群岛（Cape Verde Islands），位于非洲西岸的大西洋，它横跨大西洋中部的十个火山岛，距离西非海岸线 570 公里。"佛得角"在葡萄牙语意为"绿角"。

那些树上的果实跟上次一样稀少。哥伦布命令他的新臣民每个季度都要交出黄金作为贡品；他威胁说，若是有人胆敢拒绝，就把他们的手剁掉。由于无法完成定额，很多人被砍掉双手，流血不止而死，而数千人则以服毒身亡来结束这种折磨。还有几百人被围在一处，以装船运回西班牙出售，母亲们在逃走时纷纷把婴儿放在地上，而很多人死在途中。西班牙人以野蛮的狂热烧杀抢掠，不计其数的绞架在新世界各处竖起，景象触目惊心。[53]

哥伦布还没有回来，国王若昂二世就派特使直接与西班牙谈判。他的海军更强大，而且他很清楚斐迪南二世和伊莎贝拉一世债务重重，还在忙于建设自己的新国家。此外，他安插在西班牙王室议会的报信人告诉他，天主教双王愿意把教宗那份骇人听闻的敕令作为一个谈判立场。

双方在西班牙的托尔德西里亚斯小镇上会面了，那里离葡萄牙的边界不远。在教宗特使的调停之下，谈判双方制订出一个折中方案。西班牙人同意把分界线西移 270 里格，大约是在佛得角群岛和哥伦布的西印度群岛之间的中点位置。葡萄牙人承认西班牙水手在西部发现的所有土地均归西班牙所有，而西班牙则把东部所有陆地的权利让给葡萄牙，不管那里是不是印度。新的条约于 1494 年 6 月 7 日签署，被葡萄牙人认定为一场胜利。更准确地说，这是有史以来最不同寻常的联盟协议，但
152 最终它所引发的问题跟它解决的问题一样多。至于在那些散落的岛屿之中，370 里格的量度究竟始于何处，两国留待后人联合远航时再确定，但联合远航从未成行。无论如何，水手们根本无法确切得知自己所在的经度，因而也无法知晓是否越界。也没有人想到考察一下这条线是仅仅把西半球一分为二了，还

是会一路延伸到整个地球。

为在全球范围内推行其信仰和统治权，西班牙和葡萄牙开始了一场激烈的竞赛。欧洲人连其中有些国家的名字都叫不全，但那些地方不久就会发现，自己被两个闻所未闻的欧洲列强私相授受了。

第二部分
探　　险

7. 指挥官

在里斯本岸边的造船厂里，木制脚手架下的两条船逐渐成 155
形，表面看去，它们并无出奇之处。木匠们完成了粗壮的翼肋框架，把船壳板固定到位，两个船体开始显出同样圆滚滚的形状，同样的方形船头和高耸的方形船尾，跟这个热闹的港口里锚泊的几十条货船没什么区别。它们显然非常坚固——木料是特地在王室森林里砍伐的——但它们的确相当小，整体长度或许只有八九十英尺。只有少数几个知情人知道：它们注定要在未知海域里进行一次异乎寻常的远航。

船匠结束了船体的工作，桅杆高耸，直入云霄，根部固定在龙骨上。桅杆周围铺上了甲板。高大的艏楼和更高处的艉楼[1]在主甲板上逐渐成形，它们坚固耐用，待船员上船后，足以作为最后一道防御阵地。船舵固定在船尾的长柱上，柱头上安装了沉重的木制舵柄。船头装上了桅杆，它们像独角兽的角一样派头十足地向上伸出，在必要时可用作备用桅杆。船只守护神的雕刻头像装在船头的显要位置，装备就此开始。

码头工人把一车车石头接力推上陡峭的跳板，倒进船舱作为压舱石。绳匠翻转绕着缆索的大木桶，那些缆索都是亚麻绞成的，帆匠也扛来了用帆布做成的大帆。船头装上铁锚，备件 156
存入船舱。船体的干舷部分涂上了黑色的柏油混合物，以保护木料不致受潮腐烂。水线以下部分的木板间的缝隙都填满了麻絮——从旧的柏油绳索上剔下来的麻丝纤维——并将滚热的沥青泼在上面，形成防水层。当时的船底是用一种难闻的沥青牛脂混合物来涂抹的，用来抵御附着在船体上造成阻力的藤壶，以及把藤壶蛀成筛子的热带寄生虫。与此同时，力工队伍用推车拉来大炮，那些大炮的炮筒是以熟铁条在熔炉中锻造而成的，并以铁箍加固。每条船上都装备有20门大炮，一些沉甸甸的臼炮被捆扎在木制炮台上，其他轻型小炮安装在简易的叉状炮座或铁制台座上，不过即便是最小的炮也重达数百磅。自16世纪中叶以来，葡萄牙前往非洲的轻快帆船都携带有加农炮，还特别设计了加固的船只来承载大型臼炮，但敏锐的观察者或许会停下来想一想，要知道这两条船本来就比大多数船只配备的武器更加精良。

一个身披黑色斗篷的人观察着每一步进展。巴尔托洛梅乌·迪亚士受国王若昂二世之命，建造这两条船。他放弃了轻快帆船，因为以往的惨痛教训使他明白，轻快帆船太小了，如今的航海动辄持续数年而非数月，那样的船实在难以确保舒适，此外它们也太轻，吃水太浅，无法抵御南大西洋来势汹汹的风浪。这一次，他设计参照的基础是多功能商船，那是将北欧和地中海的造船传统相结合，逐渐发展演变而来的。新船的主桅和前桅都挂横帆，后桅则挂一面大三角帆。虽然新船的船体较重，船速较慢，逆风航行的能力也不如轻快帆船，但它们比较宽敞，也更稳固安全。迪亚士谨慎地保持了船体设计的紧凑——吨位在100吨或120吨，大约是轻快帆船
157 的两倍——这使得它们可以在沿海的浅水地带航行继而进入较深的河流。即便如此，仍然无法掩盖这样一个事实：他们即将进行极其危险的航行所用的船舶，原本是用来在欧洲沿

岸拖拉大宗货物的。

从一开始，若昂二世就打算让这两条船航行去印度，但他甚至没来得及亲眼看到它们离开里斯本。[2]

1495 年 10 月 25 日，国王久病之后，死神还是降临了，有人认为是王子阿方索之死的悲伤所致，还有人认为他死于经常服用有毒的药剂。他吻了十字架上的基督像，为自己的坏脾气做了忏悔，并拒绝人们以王室头衔称呼他，“因为我不过是长满蛆虫的一袋尘土而已”[3]，他在巨大的痛苦中死去，终年 40 岁。他的堂弟和内弟曼努埃尔继位。

在国王曼努埃尔一世成年的时代，宫廷中充满了阴谋的气息。若昂二世在与贵族的斗争中杀害了曼努埃尔的哥哥和姐夫。他粗率地认为曼努埃尔本人不过是个懦弱的无能之辈，而且是在私生子若热（Jorge）未能取得合法地位后，才提名曼努埃尔作为继承人的。新国王是个虚荣任性之人：他非常喜爱新衣服，以至于半个宫廷的人都穿着他弃置不要的旧衣物；他还很怕政敌，在他漫长的统治期间，国会只召开了三次会议。和不少虚荣之人一样，他也是个虔诚的清教徒，只喝水，避免吃用油脂烹饪或涂抹过的食物。他很快就得到了“幸运儿”的外号，既因为他不太可能的继位方式，也因为他继位之时恰逢前任寄望之伟业的关键时期。然而，国王和亲王往往会以各自不同的方式为开疆拓土提供新动力，笃守虔诚的曼努埃尔也是一样，无论福祸好坏，都会在历史上留下深深的印记。若昂二世推行的新派作风昙花一现，葡萄牙很快又退回到仍带有强烈中世纪色彩的王室世界观，信仰，而非理性思考，将驱使着葡萄牙的舰队径直驶入伊斯兰世界的核心地带。

26 岁的国王尚未婚配，他继位后不久，斐迪南二世和伊莎

158 贝拉一世便来提婚，奉上了他们的女儿。新娘就是曾许配给若昂二世之子——曼努埃尔的外甥——阿方索的那位阿拉贡的伊莎贝拉。伊莎贝拉在阿方索死后悲痛欲绝，她回到卡斯蒂利亚的家中，决定守寡。被人强推进昔日爱人的舅父的怀抱是件残忍的事，她提出须答应自己的条件才同意这桩婚事。曼努埃尔得知，他必须效法她的父母，把拒绝皈依基督教的犹太人全部驱逐出境之后，方可成婚。曼努埃尔一世对邻国的土地觊觎已久，当天主教双王的 19 岁独子在参加姐姐婚礼的途中死亡后，他对于自己新娘的感情急剧升温。曼努埃尔突然变成了卡斯蒂利亚的继承人，从而也有望成为整个伊比利亚半岛的最高君主。[4]

1492 年，成千上万的犹太人从西班牙逃到葡萄牙。如今，他们又要走上逃亡之路了。

按照官方的说法，葡萄牙的犹太人口长期以来都被限制在人称犹太区①的地区里。那里是欧洲比较好的犹太人区：在里斯本，最古老的犹太区占据了商业区和码头之间的优质地产，基督徒白天可以进入，晚上则不得不离开，这让基督徒很懊恼。然而实际上，犹太裔达官显贵想住在哪里就住在哪里。他们对葡萄牙经济的贡献很大，对地理发现也同样起到举足轻重的作用。航海家恩里克曾雇用了航海、制图和数学领域的犹太专家；犹太人中既有备受信任的王室顾问，也有鞋匠约瑟夫和拉比亚伯拉罕这样的特使和探险家。然而在 1496 年 12 月 5 日，葡萄牙境内的每一个犹太人都接到命令，必须在十个月内离境，否则就要面临死刑。[5] 到次年复活节，犹太教的会堂纷纷被封，希

① 原文为葡萄牙语 judiarias。

伯来语书籍被查抄，孩童被迫离开家庭，被送去基督徒家庭抚养长大。

对这项新政策，曼努埃尔私下里远没有他公开表示的那样痴迷。他很清楚大批犹太人离境必然意味着人才流失，也没打 159
算让大部分犹太臣民离开。那些选择离去的犹太人只能乘坐国王指定的船只；他们到达港口时，已经有神职人员和士兵等在那里，强迫或哄骗尽可能多的人受洗。1497 年 9 月，剩下的大多数人被集中带往里斯本被迫受洗；大概只有 40 个人拒不从命。曼努埃尔宣称，所有皈依的犹太人及其后裔今后将被称为“新基督徒”，他还宣布了一个漫长的宽限期，在此期间，不允许任何人询问他们的信仰。他履行了岳父母在信中表达的愿望，同时全然无视其精神实质，但这只是实用主义的小花招，而非宗教宽容。对那些提出抗议，认为强迫皈依远不如流放——简直令其生不如死——的人，他答复说，这是一件大喜事，成千上万的灵魂因此而避免了万劫不复，并受到引领走向“真知”。曼努埃尔点燃了一根很长的引信，宗教净化之火终有一日也会烧到葡萄牙来。

与此同时，无须天主教双王的催促，曼努埃尔还把所有穆斯林从他的国土上驱逐出境。昔日葡萄牙的伊斯兰印记仍然比比皆是，连里斯本的王宫圣若热城堡的壁垒正下方也是一样。纵横交错的街道沿着山坡蜿蜒而下，卵石铺就的阶梯将它们连在一处，在装饰着流水淙淙的喷泉的小广场上彼此交叉，涂白的墙上时而会有一道缝隙，可以瞥见种着芬芳的橘子树的庭院。[6] 然而彼时葡萄牙只剩下少数穆斯林，还被限制居住在几条巷子里，他们要缴税，禁止经商，还被迫在头巾上佩戴半月形标记。他们在经济上没什么地位，因而和犹太人不同，他们可以离境。在西班牙完成其宗教净化仪式的前几年，曼努埃尔便已拆散了共存的最后纽带，宣布葡萄牙是个纯粹的基督教国家。

160 国王的顾问们对新的内政没什么看法，他们更担心的是他日益浮夸地谈论着要改变世界。很多人利用暴君若昂二世驾崩的机会，表达自己对企图抵达印度的这种愚蠢行径心有余悸。他们指出，这种愿望祸福难料，却必定要冒巨大的风险。就算有奇迹发生——他们能够穿过危险重重的大洋，到达那个广阔神秘之地，谁知道等待他们的危险又是什么呢？连守住休达都如此艰难，征服印度谈何容易？更糟的是，进攻东方显然要与比自己富裕得多的强国为敌，尤其是埃及和威尼斯，这难道不会让本土遭到威胁吗？

忠言被当作耳旁风。曼努埃尔继承了一种神圣的职责，他决心收获荣耀。当无法用理性说服批评者之后，他回复说，上帝会照顾他的王国，他会把此事交到祂的手中。

年轻的国王坚信葡萄牙的探险事业有神相助，很多臣民也这样认为。这源于一种信念：葡萄牙作为一个诞生于十字军东征的国家，有义务与伊斯兰战斗到底。但曼努埃尔的野心要大得多。1500 年眼看就要到来了，随着君士坦丁堡的陷落，各种世界末日的象征显现出来。曼努埃尔在他虔诚的妻子的鼓励之下，表现出令人惊愕的救世主倾向。他开始认为圣灵直接赋予了他灵感，让他去开创基督教全球化的新纪元。他即将派往东方的舰队将要为曼努埃尔新外政的那个压倒一切的目标铺平道路，那就是发动最后一次十字军东征，重新夺取耶路撒冷，《圣经》中曾预言，这一事件必定会引来世界的最后审判日，就像黑暗过后必将重现光明一样。

船体接近完工之时，曼努埃尔命令其代理商尽快装备设施。码头工人在每条船的甲板上都安装了两条划艇、一条大艇和一艘轻体双桅帆船，并配备了长桨以便紧急情况下划船之用。船舱里装满了铁箱、石弹石丸、备用船帆和滑车、罗盘和测深铅 161
锤、威尼斯沙漏和各种贸易货品等。军械库里的弩弓和长柄战斧、长枪战矛、鱼叉长剑都安全地堆放在一边。脚夫们扛着一箱箱葡萄酒、食油、醋、一桶桶硬面包[7]、腌肉咸鱼和各式干果上了船。规划的航行预计船员们要离家三年，但无人真正知晓航行的归期。

舰队还差两条船。贝里奥号（Berrio）是一条敏捷的轻快帆船，载重量50吨，是从一个名叫贝里奥斯的领航员那里买来的。最后，根据国王的命令，舰队又从里斯本的一个船主那里买了一条载重200吨的军需船。

舰队差不多准备好了，指挥官开始为船员队伍填补最后的空缺。

舰队的负责人并非巴尔托洛梅乌·迪亚士。这倒不仅仅是因为他在扬帆驶向东方之际被桀骜不驯的手下制服了。迪亚士是个职业水手，他的工作一向是探索和绘制航海图。而新使命的首领需要了解航海路线，但他同时必须是个外交官，如有必要，还得指挥作战。他的任务不仅是到达印度；一旦到了那里，他还要与驱逐穆斯林、保卫葡萄牙的力量结盟，共建一个东方强国——所有这一切都要在西班牙到场之前完成。他需要唆使、哄骗和恐吓，如果辩论不行，还须拿枪说服对方。简而言之，此行需要的是一个文武昆乱不挡的全才，既是能指挥水手的船长，又是能与国王们交谈的特使，还是适合执行基督准则的十字军战士。

要求过高，可用之才寥寥。葡萄牙仍是个教会和军功显贵盘踞的蛮荒之地。那里的神职人员子嗣众多，而里斯本新成立的大学水准很低，以至于连续几任教宗都禁止这所大学教授神学。1484 年，一位来访的波兰人对自己的所见所闻着实不屑。
162 他说，各个阶层的葡萄牙人都“粗鄙、贫穷、无礼、愚昧，还要佯装智者。他们让人想起了英格兰，那里的人不承认有任何社会能与之媲美……他们丑陋、阴暗、黝黑，简直像黑奴。至于他们的女人，也鲜有美女；几乎所有的女人都跟男人一样粗壮鄙俗，不过她们一般都有一双可爱的黑眼睛”[8]。他补充说，不过至少他们不像英格兰人那样残忍无情，也更忠诚、更稳重一些。

曼努埃尔的目光最终落在一个年轻朝臣身上，他是一位贵胄（fidalgo）[9]——国王家族的一位绅士——渴望发财致富，看来也有望处理好各种技巧的平衡。

瓦斯科·达伽马的确是个出人意料的人选，就连葡萄牙的编年史家也不认可任命他的理由。有人解释说他父亲受命指挥这次任务，父亲过世后，达伽马继而任之。另一个人声言，达伽马的哥哥保罗受命在父亲过世后担纲，却因健康问题而婉拒了，但显然足以胜任其中一艘船的船长。第三个人干脆说什么国王看到达伽马走过宫殿，对他很有好感。最有可能的解释是，指挥这次航行意味着在极其恶劣的条件下生活三年，并很有可能以死亡告终，所以合格之选寥寥无几。瓦斯科·达伽马是曼努埃尔能找到的最佳人选。[10]

达伽马的血统未能让他在平凡的人生中脱颖而出，就连他的出生地点和出生日期都不得而知。他很可能是 1469 年出生于锡尼什的，那是里斯本以南 100 英里处的一个小小的大西洋海港。[11]传统上认为，他的出生地是一个小城堡的灰色城垛之下的一幢简易石头房，他父亲埃斯特旺是当地的镇长①、最高行政官和军政长官。这是一个体面家族的体面职位。达伽马家族曾在阿尔加维与摩尔人战斗，也曾扛着王室的旗帜参与了抵抗卡斯蒂利亚的战役，而达伽马的母亲伊莎贝尔则是一个名叫弗雷德里克·萨德利的英格兰骑士的孙女，萨德利来到葡萄牙与卡斯蒂利亚人战斗，而后再也没有离开这里。

瓦斯科·达伽马大概是五个嫡子中的第三个；他还有至少 163
一个姐妹和一个同样名叫瓦斯科·达伽马的非婚生异母兄弟。他出生时，父亲在神通广大的维塞乌公爵斐迪南②那里谋了个骑士的闲职。斐迪南是航海家恩里克的侄子、养子和继承人，是阿方索五世的哥哥，曼努埃尔一世的父亲，以及基督骑士团和圣地亚哥骑士团[12]的首领。他是个值得拥有的恩主，埃斯特旺在摩尔人屠杀者团体里升至中级职位。1481 年，年轻的瓦斯科·达伽马应邀参加了圣地亚哥骑士团的一次会议，按照骑士团修士的衣着，他受赠一套绣有红十字的白袍，其小臂的形状像一把短剑。这位新晋十字军战士自幼便浸淫在武修士对穆斯林的宿仇之中。[13]

小镇从城堡起，沿着山坡凌乱地蔓延而下，伸到一个由小海角和岩礁形成的小港，渔夫在那里卸鱼补网。达伽马和他的兄弟们无疑是从他们那里第一次了解到大海的脾气。作为一个二流贵族的儿子，他或许曾被送到古老而富有学术气氛的埃武

① 原文为葡萄牙语 alcaide-mor。

② 维塞乌公爵斐迪南（Ferdinand，Duke of Viseu，1433—1470），葡萄牙国王杜阿尔特一世和王后阿拉贡的埃莉诺的第三子。

拉[1]去上学，在十八九岁时或许和同伴们在摩洛哥并肩战斗。显然，他自幼便固执任性、骄傲自大。1492年的一天夜里，他和一个王室护卫一起出行，遇到一个治安官盘问这两个离队者。达伽马拒绝表明身份，治安官企图上前抢他的斗篷。被两个年轻人打退之后，治安官不得不靠几个同僚的帮助才总算从这场恶斗中脱身。

尽管他天生是个暴脾气，1492年，达伽马还是从外省一跃进入了宫廷。那一年，一条法兰西私掠船——一种得到国家许可，袭击劫掠敌船的私人船——截获了一条从非洲满载黄金返航的葡萄牙船。作为报复，国王若昂二世下令扣押了葡萄牙水
164 域内的所有法兰西船只，并派23岁的达伽马去里斯本以南各港口执行王命。根据史家记载，年轻的达伽马当时已在葡萄牙“舰队和海军事务部门”任职，深受国王信任。三年后，达伽马成为国王曼努埃尔家族的贵胄——圣地亚哥骑士团的专职骑士，还领着两个庄园的岁入。他是个粗人，举止多少有些唐突，但他聪明过人、野心勃勃，愿意冒生命危险去创造财富。人们也许会对他的暴脾气疑虑重重，但就算这不是外交官的理想品质，至少看起来会让船员守规矩。总之，国王明白无误地看到他自信满满、意志坚定，天生就是做领袖的材料。关于这位在年轻的肩膀上担着葡萄牙——有人认为是整个基督教世界——之未来的平凡之人，我们所知的大致就是如此了。

瓦斯科·达伽马第一个选定的舰队成员是他的哥哥保罗。他们俩感情深厚，虽然保罗没有多少拿得出手的航海经验，但

① 埃武拉（Évora），葡萄牙中南部埃武拉区一城市。

舰队出海后，忠诚才是最为重要的品质。

两条新造的船分别以雕刻在船头的两位圣人来命名。瓦斯科·达伽马选择了略大一点儿的圣加布里埃尔号（São Gabriel）作为旗舰，任命保罗担任其姊妹舰圣拉斐尔号（São Rafael）的船长。他让一位世家密友尼古劳·科埃略指挥贝里奥号，还让自己的一个家臣贡萨洛·努内斯来指挥军需船。牢固确立了自己的权威之后，他从葡萄牙最有经验的水手中选择了余下的军官。

圣加布里埃尔号成员名单：

佩罗·德·阿伦克尔（Pêro de Alenquer），首席领航员。负责整个舰队的领航，他曾随巴尔托洛梅乌·迪亚士航行到过好望角，后来还去过刚果。

贡萨洛·阿尔瓦雷斯（Gonçalo Álvares），航海官。旗舰船长，他曾在迪奥戈·康的第二次航行中任职。

迪奥戈·迪亚士（Diogo Dias），文书。巴尔托洛梅乌·迪亚士的兄弟。文书又称书记或代笔人，是船上少数真正受过教 165
育的人之一，负责保管所有的记录。

圣拉斐尔号成员名单：

若昂·德·科英布拉（João de Coimbra），领航员。

若昂·德萨（Pêro de Sá），文书。

贝里奥号成员名单：

佩罗·埃斯科巴尔（Pêro Escobar），领航员。他曾在费尔南·戈梅斯的舰队中服务，也曾跟随迪奥戈·康去过刚果。

阿尔瓦·德·布拉加（Álvaro de Braga），文书。

军需船：

阿方索·贡萨尔维斯（Afonso Gonçalves），领航员。

士官——包括监督甲板人员的水手长，以及负责仓库和补给的干事——统统列入花名册。

对这次任务来说，与军官同样重要的是一小群译员。其中有马蒂姆·阿方索（Martim Affonso），他曾在刚果生活过，会说数种非洲方言；还有费尔南·马丁斯（Fernão Martins），他曾在摩洛哥蹲班房期间掌握了阿拉伯语。

地位较低但价值不遑多让的还有10个或12个被称作流放者①的人，他们是从里斯本的监狱里招募来的，都是罪犯，被国王减刑而到船上来服务的。根据达伽马的意愿，他们将要在危险地带上岸去担任探路人或信使，或是收集情报，等待后来的舰队把他们接回来。

能干的普通海员选自此前航行到过非洲的老手，而且尽可能从迪亚士的海员中挑选。有些海员精通对航海至关重要的各种手艺，他们中有木匠、捻缝工、桶匠和绳匠。船上的工作人员还包括炮手、士兵、号兵、童仆、侍者和奴隶，总人数是148~170人。[14]与此前的很多次航行全然不同，这次任务因为重要级别很高，船上没有一个外国人。当然，女人也不许上船。

166 还有很重要的一点是，有一个水手被指定负责——或是他主动请缨——记录航行日志。他的记录是被保存至今的唯一目击报道，并且虽然人们反复尝试确认他到底是哪一位船员，但我们迄今还是不知道他姓甚名谁。我们将在故事中尊重他隐姓埋名的意愿，权且称他为“记录者”。[15]

① 原文为葡萄牙语degredados。

国王曼努埃尔一世在俯瞰里斯本的那座古老的摩尔城堡里监督着准备工作，但随着温暖气候再度来临，街道上的垃圾堆开始泛起惯常的臭气，他只好撤到更清爽的地点。为了方便人群前来送别，瓦斯科·达伽马及其船长们骑马出城向东，穿过繁茂的果园和葡萄园、麦浪翻腾的小麦地和大麦地，然后快马加鞭，越过从阿连特茹到新蒙特莫尔连绵起伏的平原地区。

在那里，他们骑马穿过村庄，来到另一个高耸的摩尔城堡。在它雉堞林立的长墙之后，众朝臣盛装出席。国王发表了冗长夸张的讲话，列举了祖先的丰功伟业，历陈他决心让祖先的事业迈向更大的辉煌。

“全靠上帝保佑，我们依仗武力把摩尔人从欧洲和非洲的这些地方赶走了”，为提醒听众注意即将开始的这次航行是漫长的十字架东征的自然延续，曼努埃尔如此回忆道：

> 我认为，没有什么比寻找印度和东方之土更适合我的王国了——我总是与你们讨论此事。那些地方虽然距离罗马教会如此遥远，但我希望依靠上帝的仁慈相助，我们不但能通过自己的努力让那里的人接受我们的主、圣子耶稣基督的信仰，作为回报我们能在那里的人民之中赢得声名和赞美，而且能够通过武力从异教徒手中夺取新的王国、城邦和巨大的财富。[16]

他补充说，既然葡萄牙通过探索非洲赢得了权利和财富， 167
那么通过寻找亚洲、获得“古代作家颂扬不已的东方财富”，无疑会带来多得多的荣耀和回报，那些财富“有些已经通过商业交易造就了威尼斯、热那亚、佛罗伦萨等强大城邦，还有意大利的其他强大势力!”他强调，自己不会拒绝上帝赐予的这样一个机会，也不会舍弃祖先长期坚持的十字军东征和寄予厚望的事业，那只会令他们蒙羞。

在结束了对朝廷大批怀疑派——这些人对王室捕风追影的寻宝探险没那么热衷——的演讲后，曼努埃尔一世为众人引荐了他选来指挥这次任务的人。他告诉与会者，瓦斯科·达伽马在他受命担纲的工作中一贯表现出色，他之所以选择达伽马，就是因为他“是个忠诚的骑士，配得上这样一个光荣的事业”。国王授予这位年轻的指挥官一个职衔，将其航海家和军事领导的职责合而为一：从现在开始，他被称作舰队的总船长。

曼努埃尔一世命令其他船长听命于他们的领袖，并要求他们团结一心，战胜前方必将面对的种种危险。随后，每一个人鱼贯走过国王的面前，跪下来亲吻了他的手。轮到瓦斯科·达伽马时，曼努埃尔一世赠予他一面丝质的白旗，上面绣着基督骑士团[17]的十字标志，总船长跪下宣誓：

> 我，瓦斯科·达伽马，奉您、我的君主、至高至强的国王陛下之命，去探索印度和东方的海洋和土地，我把双手放在这个十字架标志上郑重发誓，我将高举这面旗帜对陛下效忠，对上帝效忠，不会屈服于任何摩尔人、异教徒，以及沿途所遇的其他种族，在一切危险面前，无论是水火还是刀剑，永远捍卫旗帜，保护旗帜，至死不悔。

国王令访客退下，达伽马回到了里斯本。他随身带着自己
168 的航海命令还有给旅途中可能会面的一些大人物——其中当然有三印的祭司王约翰——的一包信件。

在伟大航行即将开始的前夜，舰队首领们的头脑中交织着

兴奋与恐惧，恐怕没有人会冷静下来推敲国王讲话的深意。即便仔细推敲，曼努埃尔一世把宗教、政治和经济等量齐观的说法也不会让他们对自己的事业有丝毫怀疑。就算是不关心这些的人也知道，健康富有的国家是上帝垂青的征兆，也是祂继续广施福祉的信号。用垄断香料贸易来寻求财富就是加强守卫基督教的国家，继而削弱伊斯兰。如果意大利各商业共和国在此过程中受到重创，那也是它们咎由自取，谁让它们从来都和东方眉来眼去，而对西方爱答不理？

每个签约参与的人都有自己的动机，每个人都知道自己是一盘大局上的一个棋子。不过事实上他们并不知道这盘棋到底有多大。瓦斯科·达伽马的任务不仅是抵达印度；他还要争取盟友和财富，以便葡萄牙入侵阿拉伯核心地带，直捣耶路撒冷。欧洲人要航行绕过半个已知的世界，只为到达地中海东岸附近，这诚然是个惊人之举，但完全出自对祭司王约翰、奇妙的东方，以及香料的价值的坚定信念。逾 700 年的历史被放在最多 170 个人的手中，这也是非同寻常之事，但真正的信徒对此胸有成竹。如果最终证明此法行不通，上帝必会干预此事，补上不足之数。

葡萄牙探索大洋的征程始于航海家恩里克，但这项事业也一直是葡萄牙倾举国之力推进的。启航之前，瓦斯科·达伽马得到的是整整四代葡萄牙亲王、船长和水手收集来的情报。丹吉尔的主教——那个为佩罗·达·科维良的任务做准备的热心的宇宙学家——为他提供了地图、航海图和各式报告，其中也 169
许还包括无畏的间谍本人寄回的信件。

最后的补给——淡水、水果，以及面包、活鸡、山羊和绵羊——纷纷被装上了船。船队离开码头，锚泊在城市下游四英里的地方。附近，在一片上好的沙滩后面，就是贝伦（Belém）[18]——伯利恒①的葡萄牙语拼法——这个小村庄。曾有一支大舰队在同一地点出发驶向休达，航海家恩里克在这里盖了一个小教堂作为标记。出发的船员去那里祷告航海成功和安全返航已经成为一种仪式了，1497 年 7 月 7 日晚，达伽马和他的哥哥及同僚骑马到了那里，彻夜未眠，黎明方归。

当太阳从塔霍河泛着银色光泽的水域上升起之时，水手和士兵们划船过来，加入了他们。军官们都穿着钢铁盔甲，他们的手下身穿皮制短上衣和护胸甲。水手们穿着宽松的衬衣、齐膝短裤、带帽的长斗篷，戴着深色的帽子。[19]他们挤进这个昏暗的小教堂，举行了最后一次弥撒，他们的家人、爱人和朋友们聚在大门外。随后钟声响起，戴着蒙头斗篷的僧侣和身穿长袍的神父领着礼拜者来到岸边，每个人都举着点燃的蜡烛，口中吟诵着祷文。到这时，庞大的人群已经围拢过来，他们冲向海滩，喃喃地唱着圣歌，“为那些在此时出发之人的命运哭泣和哀叹，他们投身如此危险的航行，几乎必死无疑”[20]。神父在听取全体的忏悔，宽恕即将启程的十字军战士所告解的罪恶时，所有的人都跪了下来，随后全体船员划小舟上了船。

号角嘹亮，战鼓轻敲，王旗在总船长的主桅上高高升起。基督骑士团的旗帜飘荡在瞭望台上，其他三艘船的主桅上也飘扬着同样的十字军旗。船锚在有节奏的船歌咏唱声中拉起，甲板人员拉动吊索，船帆慢慢展开，露出他们自己的大十字——
170 当年，正是在同样的十字下，圣殿骑士们策马投入了争夺圣地的战斗。

---

① 伯利恒（Bethlehem），位于巴勒斯坦西岸地区的一个城市，坐落在耶路撒冷以南十公里处。对于基督教而言，伯利恒是耶稣的出生地。

疾风鼓满船帆，舰队缓缓前行[21]，先是不知不觉，后来逐渐加速。船上最小的男孩也不会察觉不到惊人的颠簸。那一刻他们似乎开始了一种全新的生活，要与陌生的同伴共度甘苦、驶向未知之地。随着故乡逐渐消失在远方，茫茫海面在眼前展开，闪烁着对探险的无限期待，也带着一丝对危险和死亡的恐惧。在接下来的数个年头，这幅图画将逐渐填满；眼下只需观察和等待。

在保罗·达伽马的船上，记录者写下了他的第一条日志。他记录了日期——1497 年 7 月 8 日，星期六——和出发地点。随后，他补充了一句简短而衷心的祷告："愿我们的主上帝允许我们为祂圆满完成这次航行。阿门！"[22]

8. 掌握诀窍

171 起初一切顺利。7 月 15 日星期六，在离开里斯本一个星期后，加那利群岛出现在四条船船员们的视线中。第二天，他们在破晓时分停船，准备钓几个小时的鱼，黄昏时他们抵达一条宽阔的水湾，早先的探险家将其命名为“金河”，那似乎也是很久以前的事了。

那天晚上，他们第一次尝到了危险的滋味。夜幕降临，浓雾渐起，保罗·达伽马看不到他弟弟船上的灯笼。翌日浓雾散去，但仍是一片可怕的寂静，海面上没有圣加布里埃尔号和舰队其他船只的踪影。

葡萄牙人对这种小事故素有经验，圣拉斐尔号驶向佛得角群岛，那是第一个指定集合地点。接下来那个星期六的拂晓时分，在看不见地平线的海域航行了几近一周后，瞭望员第一次看到了岛屿[1]。一个小时后，军需船和贝里奥号也出现了，正驶向同一地点。然而圣加布里埃尔号仍然踪影皆无，几条船重逢后，水手们焦急地相互喊话。他们按既定路线继续前行，但海风几乎立刻平息了，船帆垂了下来。他们在风平浪静的海上漂流了四天，最后在 7 月 26 日上午，岗哨才辨认出五里格之外的圣加布里埃尔号。晚上，他们终于赶了上来，兄弟俩的船靠得很近，足以商谈情况。船只离散是个凶兆，为了共庆重聚，号角齐鸣，炮手也发射了数轮臼炮。

172 第二天，重聚的舰队抵达佛得角群岛中最大的岛屿圣地亚哥岛，并在背风的圣玛利亚海滩抛锚。帆桁和索具都需要修理，船队在那里停留了一个星期，采购了肉、水和木头等新鲜补给上船。8 月 3 日，他们又回到海上，先是向东航行到非洲沿岸，然后改向南行。他们如今来到可怕的赤道无风带，这里一片死寂，多少船只陷于其中，船员们也随时有可能因为饥渴而慢慢死去，随后又经历了多变的狂风和突发的风暴。船只摇晃颠簸，连老水手也饱受晕船的折磨，新手更是接连数日捧着自己的胃向船外呕吐个不停。一次暴风中，圣加布里埃尔号的主帆桁一折为二，方形的大主帆垂下来，像折断的翅膀那样扑腾着；整个舰队停了下来，直到两天后新帆桁安装就位。

继续航行后，船队转舵西南，朝着大西洋的正中心驶去。

在此前每一次已知的航行中，每一位船长——包括巴尔托洛梅乌·迪亚士在内——在沿非洲海岸探索时，都尽量靠近岸边行驶。这次可不一样。或许葡萄牙人曾秘密派人去解决了南大西洋的风向规律这个难题——因为保密级别过高而没有留下任何记录。或许他们意识到，横帆船的装备远不如轻快帆船，无法逆东南信风和北向洋流行驶。又或许纯属碰巧加上出于直觉，瓦斯科·达伽马驶向外海去寻找一个大风轮，以便走一条逆时针的弧线，回旋至非洲南端。如果真是这样，那可是个惊人的冒险之举。如果他适时驶离航线，就会乘着西风加速驶向目的地。但如果他搞错了，就会被冲回非洲海岸——或者更糟，他还有可能被吹出已知的世界。[2]

达伽马的手下别无选择，只能信任他们的指挥官。他们唯一的同伴是大群的苍鹭，那些海鸟与舰队同步前进，直到晚上才振翅飞向远方的海岸。一天，一头鲸鱼在附近浮出水面，引起了船员的骚动：或许和另一次航行的情形一样，水手们敲打着鼓、平底锅和水壶发出噪音，以防这条鲸鱼突然玩心大起，弄翻船只。[3] 其他时候他们各司其职，逐渐适应了一成不变的海上生活。

半个小时又半个小时，沙漏里的沙子昼夜不停地流动着。船上的童仆每一次翻转沙漏，船钟就会响起；八响过后，岗哨就换班了。离岗的水手交班时会唱起一首古老的小曲：

> 瞭望台换班，沙漏还在转！只要上帝保佑，就能一路平安。[4]

每一天都是以在甲板上祈祷和吟唱圣歌开始的。每天早上，水手长一声令下，甲板水手就会泵出渗进船底的水，擦洗盐渍的甲板，刮刷木制构件。水手们调整索具，修补船帆上的破口，用磨破的绳子制作新的绳索，而炮手们则清洗加农炮，并用打靶练习来试炮。准备开火前，他们先把石丸装进长长的炮筒，然后把火药填进圆柱形的金属管。他们把火药管开口的一端楔进炮筒的后膛，在火门里放进一截闷燃的火绳。开火时最好保持一段距离，这是苏格兰国王詹姆斯二世①在 1460 年发现的：

> 火炮发射时，这位国君就站在炮手身旁。好奇心战胜了国王的身份该有的矜持或尊贵，他的大腿骨被一枚构造不当、发射失灵的炮弹炸成两半，他被击倒在地，一命呜呼。[5]

---

① 詹姆斯二世（King James Ⅱ，1430—1460），苏格兰斯图亚特王朝国王，苏格兰国王詹姆斯一世之子（1437～1460 年在位）。1460 年，他在攻打苏格兰独立战争后被英格兰人占据的最后一座苏格兰城堡时，因一门名叫“狮子”的火炮爆炸而亡。

如果没有意外发生，并预先充填好了足够的火药管以便随时插入炮筒，就可以维持一个缓慢但稳定的开火速度。

炮声隆隆，仆人和侍者为长官擦亮钢铁盔甲，替他们清洗 174
和修补衣服。船舱内，仓库管理员对设备和补给做例行检查。厨房的侍者在甲板上的填砂炉膛烹饪每天一顿的日常热食，人们用大木盘盛着饭食，直接用手指或随身小刀进餐。自船长以下，每一位船员的日常基本口粮都是一样的：1.5 磅硬面包，2.5 品脱水，少量醋和橄榄油，连同一磅咸牛肉或半磅猪肉，在斋戒日则以米饭配鳕鱼或奶酪来代替肉类。[6] 果脯等美食是留给高级军官的，事实证明，这些非常有益于他们的健康。

军官们从主桅后的后甲板发布命令，或是沿着梯子爬上艉楼舱顶的甲板以便对当前形势看个仔细。与此同时，领航员们计算位置，校正航线。手头只有些很简单的仪器，这可苦了他们。船队南行，海面上北极星的角度逐渐降低，通过相当简单的计算便可确定纬度。为了计算仰角，领航员们使用一种简化版的小型天体观测仪器，它是经过多个世纪演变而来的。水手的星盘是悬在铜环上的一个铜圈，这是为了确保它在摇摆的甲板上尽可能地垂直。照准仪是以铜圈圆心为轴的一支表尺，用它对准北极星——如果北极星没有被云层遮住的话，星盘周围的刻度即可显示纬度。这是近期的发明，且由于它用黄铜薄板制成，在强风中容易摇晃，因而很难获得精准读数，着实恼人。

夜复一夜，北极星升起的高度越来越低，直到最后只在赤道上方九度左右，低到与海面齐平，消失在海平面的那一端。在头一次在南半球的天空下过夜的新手看来，仿佛整个世界突
然翻转过来了。就算是老手也要惊叹眼前的奇观，再逐渐适应 175

波谲云诡的新天象。葡萄牙人是最早面对在赤道以南航海的问题的欧洲人，没有北极星的引导，他们学会了通过测量正午太阳的高度来计算纬度。眯着眼睛直视太阳（这还是在没有云彩遮挡的情况下）可不是什么令人愉快的差事，再加上当时还没有用于航海的精准计时器，因此必须获取大量读数才能测出子午线高度，也就是子午线弧形顶上的那个点。此外，太阳可远不如北极星那般可靠。因为太阳黄道并不沿天体赤道运行——换言之，因为它在天空中的轨迹并非与投射在太空中的地球赤道齐平——它与赤道形成的子午线角在一年中的每一天都不一样。因此，如果航海家希望参照太阳得知自己所处的纬度的话，就需要补偿变量。葡萄牙人再一次抢得先机。达伽马的船上携带着《太阳规则》，这是国王若昂二世的数学家委员会在 1484 年制定的一系列冗长的表格和详细说明。这些表格为任何一天的太阳偏角，即正午时分太阳与赤道的夹角给出了确定的数字，还指导航海家如何应用该数字测得读数。这是一整套累人的过程，很多人宁愿放弃天文导航而相信自己的直觉，但瓦斯科·达伽马是个对规则一丝不苟的人。

以上是纬度的测量；当时根本没有找到任何有用的方法来测量经度。航海家们依仗的是航位推测法，基本上是老练地猜测航速，再根据罗盘显示的方向加以持续校正得来的。罗盘这个不可或缺的工具就安装在艉楼壁凹处，靠近舵柄穿过船尾的地方。磁针附在一张标有罗盘刻度的卡片上，连接在一只圆碗的枢轴上；这个装置靠一盏小油灯照亮，装在一只带盖的木盒
176 里。备用的磁针和卡片，以及给磁针重新上磁的硬石块都小心地堆放在位。瞭望台上的军官大声喊出改变航向的指令、命舵手用力扳动沉重的舵柄转动船舵时，他会密切注意身边的罗盘。

由于他的视线被船帆和艏楼、水手以及甲板设施挡住了，罗盘通常是他了解自己面向何方的唯一方法。

在履行职责的间歇，有些人会读书，更多的人则用骰子和纸牌赌博。有的人用钓钩、渔网和鱼叉捕鱼，还会清洗、剔肉和腌渍剩下的渔获。其他人会奏起曲子或唱起海上的歌谣；有几个人养猫养狗，用于猎捕在船舱里到处啃噬的鼠类。很多人只是吃吃喝喝，四下闲荡，谈天争论，在每人每天定量高达两升的葡萄酒的作用之下，偶尔还会打架斗殴。每个人都祈祷。身处这一片未知的海域深处，地平线上永远显现着死亡的阴影，他们的内心始终需要一位能引导他们前进的仁慈的天神。他们独处时祈祷、工作时祈祷，有时也会在船长的带领下集体祈祷。他们在船上的神龛前礼拜，阅读祈祷书，摩挲护身符，并以冗长的祷文和欢庆仪式来度过圣日。

每一天结束时都会举行宗教仪式，仪式结束后，夜班人员各就各位，桅杆上也挂起了灯笼。船长回到他位于艉楼的船舱，军官们也回到他们位于底舱和前舱的铺位。其他人睡在哪里都可以——船楼之间抬高的跳板下面、艉楼下的隐蔽处，在热带附近的晚上，如果隔舱里味道难闻，就露天而睡，舱口上方那个唯一的平坦处总是供不应求。规模小得多的轻快帆船只有一个船舱，更不用提私人空间了，人们也挤得更紧。

8 月渐逝，炙热的天气让船员病怏怏的。剩下的食物会迅 177
速腐败。淡水开始发臭，人们喝水的时候只好捏住鼻子。浓重的味道四下飘散。人们在烈日下收起风帆和船锚，无论工作还是睡觉都穿着同一套衣服，数月不换。在海上，他们从不理发，也很少洗头——海水太咸，淡水又过于珍贵——头皮上满是虱子。他们蹲在艏楼的锚索和起锚架中间，用一只敞开的箱子作厕所，但箱子在海浪的翻滚中东倒西歪，如遇暴风雨，则连最基本的体面也无法保持了，排泄物总会被冲到船舱里。后来有一位搭乘葡萄牙人的船去东方的旅客曾描述过船上那些最糟糕的时刻如何地艰苦难熬：

> 我们陷于穷极想象的最无序最混乱的境地，因为人们上吐下泻，污秽物溅得彼此满身都是：耳闻之声唯有饥渴病患及其他不适之人的悲叹和呻吟，诅咒之声不绝于耳，他们诅咒上船出发的时间，叱骂自己的父母双亲，更恶毒地说自己才是万恶之源。我觉得他们已经完全丧失了理智，状若疯人。[7]

灼热的天气、暴风雨和赤道附近的无风带都过去后，新的灾难又降临到不幸的水手身上。非洲沿岸下起了倾盆热雨，他抱怨道：

> 后来，如果湿物没有充分晒干，他们就转而诅咒蛆虫。我也是，看到被子湿答答的，上面爬满虫子，这的确是个大麻烦。雨水恶臭难当，一切都腐烂朽坏，不只是身体，还包括所有的衣物、箱子、器具和其他物品。我本人没有更多的衣物可换，被迫将其穿在身上烘干，至于被子，也
> 178 只能躺在上面，但我完全适应了。至于发烧和腰部的剧痛，也让我习惯了病痛，整个旅途中，我几乎一直患病。

9月过去了，然后是10月，除了一群鲸鱼和大群海豹像光滑的卵石掠过海浪之外，海上生活一如既往地单调乏味。然而到此时，舰队已经到达环大西洋的巨大环形路线的西南端，西

风带正把它全速吹回非洲。最后，11 月 1 日星期三，一丛丛马尾藻开始在他们眼前漂过：这是陆地将近的迹象。

那个星期六破晓前两小时，夜班人员放下铅锤测量水深。他们测得的数字是 110 英寻[①]，就是说水深只有区区数百英尺。他们从纬度测算得知，舰队已经来到好望角以北仅 30 里格的地方。[8]

上午 9 点，岗哨看到了陆地。船队汇聚一处，每个人都穿上自己最好的衣服。大松了一口气的船员升起旗帜和王旗，炮手发射了炮弹。

整个航程令人筋疲力尽。焦躁不安的船员们已经 93 天没看到陆地[9]，很长时间没有享用干净的淡水或食物了，这着实令人绝望。然而这次空前的环大洋航行得到了巨大的回报：他们避开迎面而来的沿海的风和洋流，省去了几个星期的宝贵的航海时间。瓦斯科·达伽马在其指挥初期便发现了从欧洲到好望角的这条最快速也最安全的航线。

此人决心让自己和船员们突破极限，达成超凡目标，这是他朝着该目标前进的第一次大胆之举。

船队改变航向，靠近海岸，但海岸线与巴尔托洛梅乌·迪亚士所绘的航海图和航行指南毫无相似之处。他们再次驶向大海，乘风前进，三天后又一次靠近陆地。

这一次，他们看到眼前有一个宽广的海湾，其后是地势低 179
洼的平原。迪亚士的老水手们以前从未见过此地，探险家们将其命名为圣赫勒拿湾。

---

① 约合 201 米。

受瓦斯科·达伽马之命，首席领航员乘小船出发去测水深并寻找一个安全的停泊之所。这个港湾安全隐蔽，海水清澈见底，第二天，11 月 8 日，舰队在海岸不远处抛锚停泊。

四个月的海上生涯对船造成了严重破坏。它们一艘接一艘地驶进浅滩，开始了名为侧斜检修的艰苦工作。存货堆在船舱的一侧，众人协力牵拉绳缆，船身倾斜。水手们爬梯子登上暴露的船体，把镶嵌在木头上状如数千个小火山的藤壶刮除干净。他们刮去虫子、海螺和海草，把新鲜的麻絮用捻缝凿填进船缝。海滩上点起一堆火，煮得沸腾的沥青被倒进缝隙中。在对船身的另一侧进行了同样的操作之后，船只被拉回到水平位置，待船身平稳后被拖到海上。这时，压舱石都浸泡在舱底的污水之中，垃圾和被冲刷进船舱的排泄物散发着恶臭味，船舱内还爬满了老鼠、蟑螂、跳蚤和虱子。人们把有毒的混合浆液铲了出来，换进去新的压舱石。甲板也被擦洗一新，船帆得到了修补，毁坏的桁木和磨损的绳索也用备件替换下来。

工作进行之中，一支登陆小队出发去勘察海岸、寻找淡水、收集木料。在东南方向几英里外，他们遇到一条蜿蜒流过草原的河流，在附近还遇上一群当地人[10]。

“这个国家的居民有黄褐色的皮肤，”记录者如此写道，“他们的食物仅限于新鲜的海豹、鲸鱼和瞪羚，还有草根。他们以毛皮为衣，男性成员都佩戴刀鞘。”[11]他们携带着橄榄木的标枪，枪尖上装着淬过火的角片，而且无论去哪里都带着一群
180 狗。葡萄牙人惊奇地发现，那里的狗吠起来和故乡的一样，鸟儿——鸻鹬、海鸥、斑鸠、冠毛云雀，还有很多其他鸟类——也都是他们熟悉的物种。

舰队抵达翌日，瓦斯科·达伽马带着几个船员乘船上的小

舟上岸。他搭起一个大型的木制星盘，以便测量比海上更准确的纬度，他的手下看到一群非洲人正在采集蜂蜜。海岸线附近，蜜蜂在灌木丛旁的沙堆上筑造蜂房，当地人正忙着用烟把它们熏出来。水手们悄悄接近他们，抓住了一个身材矮小的人，把他拖到圣加布里埃尔号上。被抓之人显然吓坏了，总船长让他坐在桌旁，命令两个侍者——其中一个是黑奴——也坐在他身旁，一起美餐了一顿。这位访客渐渐开始自主进餐，待达伽马回来时，他已能愉快地与人交谈了。他在船上过夜，第二天，达伽马给他穿上漂亮的衣服，还送给他一些小玩意儿——一些铃铛、水晶珠子，还有一顶帽子——然后放走了他。

正如达伽马所愿，这位访客很快就再次出现在海岸上，还带来了十多个同伴。总船长令手下划船送自己去海滩，一上岸便在非洲人面前摆开肉桂、丁香、小粒珍珠和黄金的样品。他打着手势询问他们是否有类似的东西可供出售。了解到他们从未见过这类东西后，他又分发了一些铃铛和锡制戒指，然后回到了船上。

第二天，另一群人出现了，接下来的那天是个星期日，四五十个当地人聚集在海岸上。晚餐过后，葡萄牙人上岸用一些小硬币换来了一些非洲人用作耳环的海螺壳，以及狐尾草做的扇子。记录者为了找个纪念品，用一枚铜币换来“当地人佩带的一把刀鞘，这似乎表明他们非常看重铜”[12]。

交易完成后，一个高腔大嗓的水手费尔南·韦洛索问达伽马，他是否可以陪同当地人去后者居住的村庄看看那里的生活。 181
这位业余的人类学家全然不听劝阻，达伽马在哥哥的说服下妥协了。大多数人回到船上，而韦洛索则和非洲人一起去享用搭配着烤菜根的新鲜烤海豹肉。与此同时，保罗·达伽马和尼古劳·科埃略也留下来，带着一些人收集岸上的浮木和龙虾。他们在搜寻时看见一小群幼鲸游进船队中间，追逐着浅滩处成群的小鱼。保罗和船员们跳上小船紧追不舍，手中挥舞着用绳索连在船头上的鱼叉。水手们瞄准，用倒钩刺中一条鲸鱼的背部。鲸鱼大痛之下乱蹦乱跳，数秒之间便绷紧了鱼线。小船颠簸着歪向一片血沫中；多亏沿岸水浅，鲸鱼冲到水底安静了下来，他们才幸免被拖向外海。

过了一会儿，冒险家和觅食者们回到船上，费尔南·韦洛索飞奔下山，和他一同进餐的伙伴们穷追不舍。他饱餐一顿后，非洲人毫不含糊地打手势告诉他该回自己人那里去了。他惊慌失措地跑回来，开始向舰队大声叫喊。

达伽马一直注意着他何时归来。这时他打信号给各船以回去拯救未来的人种学家，为了避免引来更多的麻烦，他命令手下人划船送自己上岸。

韦洛索大步走下沙滩，冲向小船，非洲人守在有灌木掩护的地方。然而，水手们并不急着去救他们那位趾高气扬的同伴。四个月来，他们受够了他的自吹自擂，决定让他受受挫折。两个非洲武士目标明确地跑上海滩时，他们还在享受着这场恶作剧。可就在那时，气氛突然就变了，但在援救人员爬上岸前，其他非洲人突然现身，朝小船猛烈投掷，标枪矢石如雨。好几
182 个人受了伤——包括瓦斯科·达伽马，他刚到现场不久，大腿上就中了一箭——登陆小队仓促退回舰队。达伽马把一种用尿液、橄榄油和解毒剂制成的药膏[13]涂在伤口上，他觉得很没面子，便下令弩手向岸上随意射击。

总船长认为自己得到了一个有益的教训，他在余下的海上生涯中一直谨记着这个教训。

“这一切之所以会发生，”记录者写道，“都是因为我们把

这些人看作小精灵，以为他们不会使用暴力，因此在登陆时没有首先武装好自己。”[14]

葡萄牙人没有再见到当地人，他们又待了四天，直至修理完毕。11 月 16 日，天刚破晓，他们便离开海湾，朝东南偏南方向驶去。两天后，他们第一次确凿无疑地瞥见了好望角。落日余晖下，群山如舞台布景般熠熠发光，这座地标巍然耸立，如同试图越过它的数十年航程一样壮丽辉煌。

他们虽然看到了好望角，却发现它很难通过。南风沿着海岸呼啸而过，为了出海，船队与之搏斗了四天，但还是被吹回到陆地上。最后在 11 月 22 日中午，风改从船尾吹来，他们这才绕过海角。此前只有一支舰队曾在这片水域航行，而巴尔托洛梅乌·迪亚士也只是在归途中看到了这个传奇的地标。

号手奏起嘹亮的号曲，船员们纷纷感谢上帝引导他们安全航行。

三天来，船队都紧挨着海岸，经过了茂密的森林和许多河川的河口，最后到了一个巨大的海湾，它的河口的水深和宽度都有六里格。迪亚士正是在此处不幸遇到一些牧民的，而且达伽马事先便得到了警告。

探险家们驶进海湾，经过一个岸上满是海豹的小岛，在海滩外抛锚停泊。这将是一次长期停留。三艘主船的补给将尽，军需船上的东西需要转到主船上去。

一个星期过去了，他们没有发现任何有人居住的迹象；只 183
有诡异的一大群肥牛徜徉在岸上。随后，在 12 月 1 日，大约有 90 个人从丘陵中现身，有些人沿着海滩走了下来。[15]当时，大多数船员都在圣加布里埃尔号上，非洲人甫一现身，他们就带上武器，划着小船出发了。靠近岸边时，达伽马扔了一把铃铛到沙滩上，好奇的当地人捡了起来。过了一会儿，他们径直走向小船，又从船长手里拿走了更多的铃铛。与迪亚士一起航海的几位老手有些困惑；水手们猜测，或许在他们最近那次小冲突发生之前，消息已经传开，说来访者毫无恶意，还会分发礼物。

伤势未愈的达伽马却没那么乐观。他让手下划船离开非洲人聚集过于稠密之地，划向空旷的海滩，在那里遭遇突袭的概率较低。在他的示意下，当地人也跟了过去。

总船长领着诸位船长、士兵和弩手上了岸，他示意非洲人三三两两地靠近。作为对他的铃铛和一些红色睡帽的回报，他收到了一些精美的象牙手镯。显然，这里大象资源丰富，处处可见大坨的象粪。

第二天，200 名当地人带着十几头肥牛和四五头羊出现在海滩上。在最肥的那头牛的背上，有个男人坐在茅草驮鞍支撑的一丛树枝上；其他的牲畜鼻孔中都穿着木棍，葡萄牙人后来才知道，这是牲畜待售的标志。连续数月咀嚼干肉和腌肉，烤牛肉实在令人垂涎。葡萄牙人直接上岸，而招待他们的当地人则取出一些像笛子一样的乐器奏起乐曲，开始跳舞。达伽马此刻兴致勃勃，下令号手吹响号角。葡萄牙人在小船上站起身来翩翩起舞，总船长也加入了他们。

184 探险家们用三只手镯的便宜价格买了一头黑牛，第二天是星期日，他们美美地享用了牛肉午餐。“我们发现肉很肥，也像葡萄牙的牛肉一样美味”，记录者如此写道。[16]

双方在喜庆的氛围中放松下来。更多好奇的当地人开始出现，这一次他们带来了女人和小男孩，还有成群的牛。女人们站在海岸后边的一面小坡上，男人成群聚集在海岸上跳舞奏乐。

随着葡萄牙人的到来，用狐尾草扇风的老人们靠近他们，双方设法用手势交流。一切显得如此欢快，直到水手们注意到部落的年轻人正手持武器匍匐在灌木丛中。

达伽马把他的非洲翻译马蒂姆·阿方索拉到一旁，吩咐他再用一些手镯买一头牛。非洲人收下手镯，把牛赶进灌木丛中，并把阿方索拉到附近的一个水塘旁，葡萄牙人用那里的水灌满了储水桶。非洲人愤怒地问道，为什么这些陌生来客要拿走他们宝贵的水？

总船长开始对整个局面有一种不祥的预感。他让手下人聚集一处，呼叫阿方索赶紧归队。葡萄牙人退回小船，沿着岸边划到起初登陆的开放水域。当地人跟了上来，达伽马命令士兵系好胸铠，弩弓上弦，枪矛在手，在海滩上列队整齐。展示武力看来奏效了，非洲人向后退去。

达伽马命令士兵上船，他们划出去一小段距离。记录者写道，总船长有些焦虑，极力避免误杀任何人，“但为了证明我们的实力，尽管不愿伤人，他还是命人从一艘大船的艉楼甲板开了两炮”[17]。非洲人此刻安静地坐在灌木丛前的海滩上。当炮声响起，炮弹从他们头上呼啸而过时，他们跳起来四下逃窜，
仓皇之下，把兽皮和武器丢弃了一地。一分钟后，两个人跑回 185
来收拾散落的财产，他们赶着牛消失在丘陵之后。其后数天再不见他们的踪影。

由于装配调拨的工作，军需船上的备件和木料消耗殆尽，达伽马命人在拆卸一空的船体中点了一把火。点燃的船体多日闷烧冒烟，像个阴郁的警报信号。然而，水手们很快便忘记了岸上的麻烦——那是总船长操心的事——娱乐才是他们更关心的。一队人划船到海湾中间的岛上，就近观察海豹群。岛上满

是海豹，从远处看，整个岛屿就像一堆移动的光滑大石。有的海豹大如熊，吼叫起来像狮子一样，毫无畏惧地攻击人类；最魁梧的水手投出的长矛也对它们毫发无伤。还有些海豹体型较小，叫声像山羊一样。记录者及其观光同伴们数到 3000 头的时候就放弃了，为了自娱自乐，他们朝着海豹群开炮。还有一些叫声如驴的怪鸟，“大如鸭子，但不能飞行，因为它们的翅膀上没有羽毛”。[18]那些是黑脚企鹅①，探险家们也屠杀了它们，直到厌倦了方才罢手。

在海湾的第 12 天，余下的三艘船都差不多可以离开了，水手们再次出去装满储水桶。有一次出动时，他们带去了一块从葡萄牙带来的“发现碑”②，这是一种刻有王室盾徽的石柱。达伽马命人用军需船的后桅做了一个大十字架，在地上立起石柱后，把十字架安装在它的顶上。

第二天，就在小舰队扬帆起航时，非洲人终于从灌木丛中现身了。他们自始至终一直在观察着无礼的外乡人，现在总算抓到了复仇的机会。十几个人跑出来，把十字架和石柱砸得粉碎，离去的船队上的人将这个场景尽收眼底。

186 现在是 12 月 7 日，船上有一股明显的紧张兴奋的情绪。巴尔托洛梅乌·迪亚士上一次只到前方不远的位置便返航了，而瓦斯科·达伽马的人将要进入大自然的神秘地带。很多人坚信，他们将要驶向无法跨越的极限，而他们最大的担心似乎很快就得到了证实。

舰队离开海湾不久，风就停了下来，船帆低垂，船舶终日

---

① 黑脚企鹅（Cape penguins），又称非洲企鹅或公驴企鹅，生活在非洲西南岸。

② 原文为葡萄牙语 padrões。

锚泊。第二天——记录者虔诚地说是圣母受胎节——上午，他们出发了，却迎头遭遇一场可怕的暴风雨。[19]

浪头高耸成海水的峭壁。舰船被抛向漆黑的云层，又落入深渊。刺骨的寒风拍打着船尾，一切都漆黑一团。各船张挂起满帆，船头都沉入浪中，船长们赶忙下令收起前桅帆。

冰冷的海水撞击在甲板上，浸湿了水手的羊毛外衣。船舱里所有的人手都在泵水，但海水渗透和冲进来的速度超过了他们奋力排出的速度，船舱里泛滥成灾。怒号的天空盖住了领航员的指挥之声，但就算好几个人紧紧抓住在舵柄，船也几乎无法控制。暴风雨最严重的时刻，尼古劳·科埃略的轻快帆船从视线中消失了，最有经验的水手也觉得他们此番定是在劫难逃。他们哭泣不已，对彼此忏悔，挣扎着在十字架后排成一列，他们向上帝祷告，求祂大发慈悲，让他们从灾难中生还。

天空终于放晴了，日落时分，瞭望台上的人看到贝里奥号出现在海平面上，足足有五里格之远。两条船挂起信号灯，顶风停住船。午夜前后，第一班岗哨行将换岗时，科埃略终于赶了上来，但这完全靠的是运气。科埃略根本没看到另外的船只，直到几乎撞上才发现；他航行的方向跟他们一致则完全是因为残风令他别无选择。

舰队被刮到了大海深处，他们再一次驶向大陆。三天后，岗哨看到一条低洼的岛链。佩罗·德·阿伦克尔一眼就认出了它们：五里格之外，从海岸突出来的一块陆岬上，矗立着巴尔 187
托洛梅乌·迪亚士立起的最后一根石柱。[20]

第二天，12 月 16 日，三艘船经过了迪亚士哗变的船员强迫他返航的河口。欧洲人——几乎可以确定地说，人类——从来没有航行经过他们此刻所经之处。他们当晚停船，每一个半睡半醒的人满脑子想的，都是前方会有怎样的千难万险。

第二天，他们顺着西风轻快地航行，但到了傍晚，风向突然转为东风。船队又一次被迫在海上搏斗，他们尽其所能地抢风改向，坚持了两天。风向最终变回西风时，他们又驶回了陆地，想搞清楚自己身在何方。他们很快便看到了熟悉的景色：迪亚士立起十字架的那个岛，这比他们计算自己应该在的地方后退了60里格。一股强大的近岸洋流又把他们拖了回去，他们折返了半程，退向大约两个星期前刚离开的那个海湾。

很多水手认为他们撞上了一堵看不见的墙，那堵墙把东方与西方分隔开来。瓦斯科·达伽马完全不信这番鬼话，手下人也已经越来越清楚他有钢铁般的意志。舰队沿航线继续前进。

这一次，强烈的顺风吹了三四天，船队逆着洋流徐徐向前。

“自此以后，”和其他人一样放松下来的记录者写道，“蒙仁慈的上帝恩宠，我们得以前行！我们再也没有被赶回去。愿祂保佑我们今后也一直如此！”[21]

他们正航行经过茂密的林地，越是深入其中，树木越高耸入云。这似乎是一个预兆，果然不出所料，海岸也清晰地向东北方向延伸。

在数十年的探索和多个世纪的梦想之后，欧洲人终于驶入了印度洋。

9. 斯瓦希里海岸

1497 年的圣诞节在船上神龛前的祷告声中过去了。为纪念 188
这个日子，探险家们将自己经过的地方命名为纳塔尔①，但他们没有时间休息。他们走到了航海图的尽头；从现在开始，他们必须在白纸上填入新图。一切都需要观察和记录，而通常的考验还会进一步拖后腿，诸如桅杆开裂、锚索折断、逆风航行等。最糟糕的是，饮用水就要用完了，厨子别无他法，只能在海水里煮咸肉，做出的食物令人作呕。登陆的需求越来越迫切了。

当岗哨终于看到一个小河口时，新年已经过去 11 天了。总船长下令在海岸附近锚泊，第二天，登陆小队划着小船出发了。他们靠近岸边时，发现一大群男男女女正盯着他们看。那里的人个头都很高——比葡萄牙人高得多。[1]

达伽马像往常一样在前面指挥，他命令马蒂姆·阿方索带着一个同伴一起登陆。非洲人平静而礼貌地接待了他们。人群中有一人像是酋长，根据阿方索的理解加猜测，他好像在说，来访者在他的地盘上可以随意，想拿什么就拿什么。

作为回报，达伽马送给酋长一件红外套、一条红裤子、一顶红色的摩尔帽，还有一只铜手镯。夜幕降临，小船返回了舰
队，马蒂姆和他的同伴随着非洲人去了他们的村子。路上，酋 189

---

① 纳塔尔（Natal），南非共和国东南部以前的省份名。“纳塔尔”是葡萄牙语中的圣诞节之意。

长把他的新衣服披在肩上。“看看他们给了我什么！”[2] 他对迎上前来的人说，口气中透着惊喜或高兴。他们在众人的掌声中来到了村子，酋长绕着茅屋到处炫耀。他就寝后，来访者被带到一个招待客人的房子，得到小米粥和鸡肉的款待。他们睡得很警觉，主要是因为无论什么时候睁开眼，都会发现有成群的村民凑在近前盯着他们。

第二天上午，酋长带着两个人出现了，他们准备领着水手回到船上去。酋长给他们一些鸡作为送给指挥官的礼物，并补充说他会把他们的礼物带给一个大酋长，葡萄牙人认为那就是这片土地上的国王了。马蒂姆和他的同伴以及两个向导出发走回登陆地点时，吸引了逾 200 人尾随。

葡萄牙人把这个国度称作“好人国”。这里看来人口稠密，有很多酋长，但女人的数量是男人的两倍。武士们装备着弓箭、铁尖长矛，以及镴柄象牙刀鞘的匕首，他们与相邻各部落之间战争不断，无疑都是由这种性别不平衡引发的。男人和女人的四肢和发辫上都佩戴着铜制饰品。村庄附近是水塘，人们用晒干掏空的葫芦运来海水在此处蒸发，提取海盐。访客们急切地推断说他们一定来到了更发达地区的边缘。即便如此，他们还是在那里停留了五天，把船锚泊在海上，用亚麻衬衣交易大量的铜，还重新灌满了补给淡水。这一次，非洲人帮助他们把储水桶运回船上，但在他们准备就绪之前，岸边刮起了顺风，召唤着探险家们继续前行。

九天的航行之后，密林左右分开，现出一个大得多的河口[3]，那里到处是被红树灌木丛覆盖的沙洲。达伽马决定派一小
190 队侦察兵冒险一探究竟，他命令贝里奥号进入水道。一天后，两条大船也随之驶入。

河两岸地势平坦，沼泽平原上零星分布着一丛丛高大的树，树上的果实古怪却可食。那里的人肤色黝黑、身体强壮，除了短小的棉质腰布之外一丝不挂。葡萄牙人很快注意到，那里的少女样貌非常标致，哪怕她们穿孔的嘴唇下挂着一串吓人的锡编饰物也瑕不掩瑜。记录者写道，非洲人普遍对他们这些陌生来客表示欢迎。人们成群结队地划着独木舟送上土特产，还毫不犹豫地爬上船来，就当欧洲人是老朋友一般。他们带走了铃铛和其他小玩意儿，带领水手们去他们的村庄，还欣然向他们提供淡水，让他们随意取用。

几天后，两个戴着绿缎绣花帽的人划船来到舰队。他们显然是当地的贵族，用内行的眼光审视了船只。他们解释说，他们中间有个年轻人来自一个遥远的国度，曾经见过这样大的船。

“这些暗示让我们很高兴，”记录者写道，“因为看来我们似乎真的正在接近自己梦想的目的地。”[4] 看到那两个人不怎么瞧得上自己送上的礼物时，葡萄牙人不开心了：他们还远未到达印度，这是个令人担忧的冷遇。不过傲慢的绅士们还是命人在河岸上为他们建造了小屋，并一连七天派仆人来用染成红色的布匹交换这些外来客手里的小玩意儿，直到他们逐渐厌倦，划船回到了上游。

葡萄牙人在河上待了 32 天。达伽马认为经历了这么久的航海考验，船员们有必要好好休息一下，何况他们显然很享受有体贴的美女陪伴左右的时光。与此同时，他们修理了圣拉斐尔号的桅杆，并再次侧斜检修了全部三条船。

到目前为止，他们发现东非是个天堂般的所在，但温暖潮湿的空气中潜伏着危险。很多船员得了重病，手脚膨胀得像气 191
球一样，腿上也破了数百个小口子。牙龈肿得都盖住了牙齿，弄得他们无法进食，呼吸的臭气也令人难以忍受。眼睛流血，眼球开始从他们皱缩的脸上凸出来。离家七个月，可怕的坏血病终于爆发了。

保罗·达伽马是个和蔼热心的人，他日夜看望那些病人，不光安慰他们，还从自己的存货里拿出药品分给他们。船员中没有内科医生，不过由于船上的几位外科大夫——他们还担当理发师——像意大利旅行家彼得罗·德拉·瓦莱遇到的人物那样，“相貌丑陋不堪，就算我身体完全健康，被他一搭脉也会生病”[5]，因此他们的作用非常有限。最痛苦的是伤口化脓，这导致病人全身瘫痪，牙齿也掉光了。大概有30人死亡，而幸存者只能站在旁边，无能为力。

最终，瓦斯科·达伽马下令继续前行。出发前，他立起了第二根石柱，并留下一张纸条，上书手下人为锚泊之处起的名字——好兆河（River of Good Omens）。然而眼前出现的显然并非全是吉兆。舰队刚刚穿过河口的沙坝，旗舰就在沙洲上搁浅了。在人人都以为没有希望，准备放弃时，搁浅的船才总算趁着涨潮再次浮上水面。

2月24日星期六，这支小舰队再次回到开放海域。晚上，领航员们制订了远离海岸驶向东北的航线。接下来的一个星期，他们沿着相同的方向航行，每天晚上停船，以免撞上什么，但除了一些零星散布的岛屿外，没有什么值得注意的。

3月1日，一大簇岛屿进入视野，这一次，它们距离海岸很近。此时时间渐晚，船队再次离岸锚泊，想等到第二天早上再勘察情况。

黎明的曙光显现出一大片平坦的菱形的珊瑚，其边缘是白

沙，点缀着绿色植被，周围环绕着一大片广阔的陆地。两个小 192
岛守在出海口旁。达伽马决定先派轻快帆船前去探路，尼古劳·科埃略扬帆前行，沿着边缘进入海湾。他很快就明白自己判断错了路线，贝里奥号一头扎进了沙洲。他正试图退出来时，看到一个小型船队从主岛出发了。

这时，其余两条船也跟了上来，岛民们兴奋地试图招呼他们停下来。达伽马兄弟无视大陆和岛屿之间的隐蔽锚地，继续前行，在欢迎队伍的紧追之下，他们抛锚停了下来。七八条小船赶上了他们，还有一支小乐队奏着小曲。葡萄牙人认出了他们吹奏的长颈笔直的小号，这种小号与北非摩尔人用的乐器一模一样。

小船上其余的人热情地示意来客跟着他们驶进岛屿的港口。达伽马邀请一些人上船，与船员一同酒足饭饱。

葡萄牙人很快就意识到，这些岛民说的是阿拉伯语。这既给了他们希望，又让他们十分困惑。这里的人显然是穆斯林，但比探险家们此前见过的任何穆斯林都友善得多。

瓦斯科·达伽马认为有必要进一步查明自己身处何地，以及这些是何许人也。他再次命令尼古劳·科埃略前往港口测量水深，看看大船是否可以跟进。科埃略试着绕岛航行，却在一处岩岬上撞断了船舵。他终于设法挣脱，轻快帆船一路摇摆地驶进港口清澈的深水中。

贝里奥号刚刚停稳，当地的苏丹[6]便率着一大群扈从靠近并登上了船。他身穿一袭亚麻长衫、一件及踝的天鹅绒长袍，头戴一顶镶金边的彩色丝帽，脚踩一双丝鞋，非常惹人注目。他的手
下穿着精工细作、染着明快条纹的上好亚麻和棉布服装。他们 193
头上戴着绣金线的缎带帽子，腰带上挂着阿拉伯弯刀和匕首。

科埃略以隆重的礼节接待了贵宾，不过他只能向苏丹献上区区一条红色的头巾。苏丹礼尚往来，把他祈祷时手捻的黑串珠赐给了船长，示意后者可以将其视作亲善的信物，还邀请一些水手和他一起上岸。

他们在海岸线的一段岩石带登陆，那里水浅，涨潮时方可容小船靠岸。岸边是一排货栈。附近正在建造几条大船，船体的木头是用椰壳纤维捻缝的，船帆也是用这种多用途材料编织而成的。远处是个相当大的镇子，镇上有一些小清真寺和华丽的墓园，还有用珊瑚石灰岩和石块建造、灰泥粉饰的房子。到处都是成堆出售的椰子、甜瓜和黄瓜，街道上的妇女在贩卖炸小鱼和用煤炉烤制的餐饼。

苏丹召唤水手们去他的家，在款待后送他们回船，并以“一罐子用碎椰枣配丁香和莳萝做成的果酱作为给尼古劳·科埃略的礼物”[7]。

时至此刻，两条大船也跟着贝里奥号驶进港口。苏丹向他们分发了更多美味佳肴，达伽马急忙做准备迎接他的到访。艰苦航行之后，他的船员们相当有碍观瞻：状态最好的也是衣衫褴褛、蓬头垢面，而最糟的已命悬一线了。总船长命令病患和体弱之人躲到船舱里去，并把其他船上最强壮的人招来。他们在宽松的衬衫外披上皮制短上衣，蹬上靴子，还在衣服下面暗藏好武器。船上升起了旗帜，天篷也搭好了，一切准备就绪，时间也刚刚好。

幸亏如此。苏丹盛装出席，随从也穿着精美的丝绸服装，乐手一刻不停地吹奏着象牙号角。达伽马迎接苏丹上了船，让
194 他坐在遮阳篷下，用最好的肉和葡萄酒来款待他，还献上了一些帽子、短袍、珊瑚珠，以及从箱底拿出的其他小玩意儿。苏

丹瞥了一眼呈送到眼前的礼物，轻蔑地看了看，问外国人是否有猩红色的布料。经阿拉伯语翻译费尔南·马丁斯转达，达伽马不得不答复说没有。宾客没过一会儿就离开了，不过苏丹倒是对他们颇感兴趣，又来了几次，葡萄牙人继续有求必应。

现在，探险家们已经得知自己来到了一个名叫莫桑比克的国家。那些穿着讲究的人是与北方的阿拉伯人（葡萄牙人坚称他们为白摩尔人）做生意的富商。港口里有四条阿拉伯船，后来他们发现这些船满载着“金银、丁香、胡椒、姜，银戒指，还有大量的珍珠宝石，这些全都是这个国家的人使用的物品”[8]。欧洲人的新朋友们解释说，除黄金外，所有这些东西都来自富裕城市，在那些地方，宝石、珍珠和香料均属常见之物，“这些东西堆积成筐，根本无须购买”。

来访者的心跳加速。这是关于传说中的富庶东方的第一个证据，也是他们历尽艰辛要寻找的目的地。发现穆斯林控制了整个海岸——他们后来得知这里叫作斯瓦希里海岸，得名自阿拉伯语中的“海岸居民”，这当然令人不安，但也有好消息。商人告诉他们，附近有一个非常富庶的岛屿，那里的人一半是基督徒，一半是穆斯林，他们总是在打仗。葡萄牙人踌躇着询问了祭司王约翰的下落，得知他也在附近，统治着大量海岸城市，那里的居民都是“拥有大船的巨商”[9]。据传说，祭司王的宫廷远在内陆，只有骑骆驼才能够到达，但得知阿拉伯人的船上就有两名来自印度本土的基督徒，算是缓解了他们深深的失望。这个消息还暗示了另一个事实，那就是基督徒是阿拉伯人
的俘虏，不过这两个人不久就被带到了圣加布里埃尔号上。他 195
们一看到船头的圣人像便跪下祈祷。无论是否身为囚徒，这终究确切地证明了整个东方都有基督徒这一事实，这是欧洲人期

待已久的。

“这个消息，”记录者欢欣鼓舞地写道，“以及我们听到的很多其他传闻都令人非常高兴，我们喜极而泣，祈求上帝保佑我们身体健康，以便亲眼看见如此热盼之事。”[10]数个世纪的希望和梦想几乎触手可及：东方的一位基督教国王，他治下富裕得惊人的国民，还有诸多城市，城市中有随处可见的、只需用筐舀起的宝石和香料。

就在来访者们兴奋得满脸通红的时候，局面急转直下。

苏丹某次来访时问外国人是从哪里来的。他想知道他们是土耳其人，还是他不熟悉的另一个遥远的穆斯林民族？他知道土耳其人是跟他们一样诚实的人。他还说，如果他们是土耳其人，他很想看看他们国家著名的长弓，还想看看他们的《古兰经》版本。

达伽马尽量面无表情地回答说，他们并非来自土耳其，而是紧邻的一个王国。他很乐意向苏丹展示他们的武器，但表示他们没有携带宗教书籍出海。士兵们拿出他们的弩弓开弩放箭，苏丹看起来又惊又喜。吃过一顿无花果、蜜饯和香料后，达伽马冒险地解释说，他们伟大而威严的国王派他去寻找通往三印的道路。他问是否可以在这儿雇用两个熟悉印度洋的领航员，苏丹欣然同意。两个人适时前来报到，达伽马给了他们每人一小袋黄金和一件短袍。他通过费尔南·马丁斯告诉他们，唯一的条件是，从现在开始，两人中的一个必须始终留在船上。

领航员们上船后不久便制造了麻烦。这些面色苍白的远方来客的行为，他们所说的奇怪语言，以及他们更加奇怪的船，
196 早就引起了怀疑。他们看起来对这个海岸及其土特产一无所知，问个不停，还拒绝给出明确的回答。这两个人终于明白了，雇

用他们的不是某个异域的穆斯林种族而是基督徒，于是两人中的一人找借口离开了。这个人再也没有现身，葡萄牙人便动身前往距离海湾一里格远的一个小型外岛，他们此前获知他就住在这里。船在附近抛锚停泊，达伽马和科埃略指挥两条武装小船直奔岸边，并让另一名领航员也一起。立即便有六条独桅帆船从小岛出发拦截他们。那些船上满是佩戴着弓弩长箭和圆盾的穆斯林战士，他们做手势让葡萄牙人回城。

达伽马命人看住这个领航员，下令让炮手向那些船开火。

炮弹从炮膛中呼啸而出，空中一片隆隆声。

这一刻，基督徒和穆斯林在印度洋上相遇了，此情此景似曾相识，双方的关系也从友善转为敌对。古老的激烈对抗扩展到了新的水域。第一炮打响之后，此后的数个世纪都回响着隆隆炮声。

保罗·达伽马留守舰队，以便随时增派援手，炮声响起后，他迅速采取了行动。贝里奥号冲向阿拉伯船时，后者逃回了主岛，在保罗赶上来之前便消失在城里。

葡萄牙人返回其停泊地点。与苏丹的关系显然无法弥补了。记录者写道，此前苏丹以为他们是土耳其人，显然还是十分友善的。“但当他们得知我们是基督徒后，就准备背信弃义，抓住并杀死我们。被我们扣押的领航员后来向我们透露了他们的全部意图——如果有能力做到的话。”[11]葡萄牙人欣然接受这则消息，认为这名领航员一定是被万能的主所感动，才向他们透露了这一阴谋。

第二天是个星期日，船员们出发去小岛举行弥撒。他们发 197
现了一个偏僻的地点，在一棵大树的树荫下摆设圣台，举行了圣餐仪式，然后紧接着就扬帆去寻找更加宜人的水域了。

然而天意自有安排。两天后，船队驶过一个背靠高山的海角，风停了下来，他们也慢慢停了船。接下来的那个晚上，一阵微风把他们送出了海，但第二天早上他们醒来时发现，一股强大的离岸流又把他们一路拖回了莫桑比克岛。傍晚时分，他们总算回到了之前举行弥撒的那个小岛上，但那时风向又变成了逆风。他们锚泊等待。这可是他们最不愿意久留的地方。

苏丹听人报告说基督徒又回来了，便派人带着友好的口信去了舰队。特使是个来自北方的阿拉伯人，他发誓说自己是圣族后裔，是先知穆罕默德的后代。他还喝得烂醉如泥，告诉葡萄牙人说他的主公希望能跟他们讲和，说之前都是遗憾的误会。达伽马回答说他也如此认为，但首先要求他雇用的领航员回船。圣族后裔离开后便再也没有回来。

没过多久，另一个阿拉伯人带着自己的小儿子来了，请求获准上船。他解释说自己是来自麦加附近港口的一条船上的领航员，正在寻找回北方的船。这多少有些古怪，因为有很多阿拉伯船定期往返于这个海岸，但达伽马同意他上船，这与其说是出于好客，不如说是为了套取情报。新来的人主动提供了一条建议：他说，苏丹讨厌基督徒，他们最好保持警惕。

拖延了一个星期后，达伽马命令舰队回到港口。他别无选择：天气没有好转的迹象，饮用水也快喝完了。

198 岛上没有淡水资源：挖井掘出的也是碱化的盐水，喝这种水的人会染上严重的痢疾。淡水无不来自大陆，而探险家们得知，那里好斗的部落里都是裸身有刺青的人[12]，他们把牙齿磨尖，以猎杀的大象肉和他们囚禁的人为食。

水手们无视这种骇人听闻的消息，入夜后，他们悄悄地放下小船，装上空水桶。午夜前后，瓦斯科·达伽马和尼古劳·科埃略带上一些人，静静地划船去了大陆。达伽马从苏丹那里雇来的领航员[13]提出带他们去饮水处，因而也跟着队伍出发了。然而他们很快便在红树丛中迷了路，开始怀疑领航员只是为了伺机逃走。划了一整夜的船之后，他们又累又气地回到大船上。

第二天傍晚未等入夜，他们又试了一次。这一次，领航员很快便指明了地点，但当小船靠近时，葡萄牙人看见岸上有20个人向他们挥舞长矛，示意他们离开。

达伽马忍无可忍，命令手下的人开火。炮弹冲膛而出，非洲人逃进了灌木丛。水手们登陆，取足了水，然而得知圣拉斐尔号领航员若昂·德·科英布拉的一个非洲奴隶趁人不备逃走了，他们又有些泄气。葡萄牙人很快就愤慨地得知，那个非洲奴隶虽然早先已经受洗变成了基督徒，现在却又皈依了伊斯兰教。

第二天，另一个阿拉伯人靠近舰队，送来了一个威胁的口信。他冷笑着说，如果外乡人需要水，可以自己去找，但会不会遇上什么东西让他们畏缩不前，就不得而知了。

总船长终于忍无可忍。他的礼物遭到冷遇，领航员溜了一个，如今，来访者又一个接一个地戏耍他。他被当成傻瓜一样，因此决定给穆斯林一个教训，免得继续丢脸。他给苏丹捎去口 199
信，要求其交回奴隶和领航员，且很快就得到了回复。苏丹盛怒。水池旁的人在欢欣鼓舞中就被基督徒杀死了。至于领航员，他们都是外国人，而苏丹对此一无所知。这些来访者起初表现得老实可信；如今看来，他们不过是一群四处游荡、劫掠港口的下贱无赖。

达伽马召集船长们开了一个简短的会议。所有的船都装备上火炮，朝镇子冲去。

岛民早已准备好迎战了。数百个人装备着标枪、匕首、弓箭冲上海滩，用投石器向不断靠近的船投掷石头。加农炮回击之后，岛民退到他们用成排的木板扎牢的木栅后面。他们藏起来虽保全了性命，却也无法再轻易攻击，葡萄牙人连续轰炸海岸长达三个小时。

“最后我们开炮开得累了，”记录者显然被激怒了，却假装用漫不经心的口吻写道，“就回船里吃晚饭了。”[14]

岛民开始带着他们的物品逃跑，划着独木舟逃回了大陆。

晚餐过后，葡萄牙人再度出发去完成任务。总船长的计划是用囚犯交换奴隶和阿拉伯人手中的两个“印度基督徒”。他的哥哥追上四个非洲人划的一条独木舟，把他们拉回到大船旁。另一群水手追踪着那个自称圣族后裔之人的小船。船上塞满了他的个人财产，但桨手一到大陆，便舍弃了这条小船。葡萄牙人还发现了另一条被遗弃的独木舟，上面有“上好的棉织品、棕榈叶编制的篮子、一只盛着一些黄油的釉罐、装着香水的小玻璃瓶、法典书籍、一箱籽棉花束、一张棉网，以及很多灌满小米的小篮子”——这是一个富商的全部家当。达伽马把除了
200 《古兰经》之外的所有东西都分给了水手，他要留着《古兰经》，带给自己的国王。

第二天是星期日，海滩上空无一人。葡萄牙人装满了储水桶，这一次无人敢反对了。星期一，他们再次给小船装备好火炮，出发去了镇子。剩下的岛民都留在自己家里。一些人咒骂着这些野蛮的来客。达伽马不想冒险登陆，看来既然无望寻回失踪之人，他为了保全面子，便命炮手开火。

表明态度后，葡萄牙人离开了锚泊之地，返回小岛。他们不得不再等上三天，直到起风才能航行。

探险家们即将沿着航行的海岸流传着令人惊恐的故事。曾有一位旅行者报告说沿途某地“黑人捕捞 Pisce Mulier，也就是‘女人鱼’”：

> 这种鱼和女人很相似，同样有阴部，用身体两侧可充当双臂的鳍夹着幼仔，经常上陆，并在那里放下她的幼仔。黑人渔夫发誓绝不与这些女人鱼有任何瓜葛。它们的牙齿功效强大，（据我所知）可以治疗痔疮、血痢和热病，将其在大理石上研磨，加水搅拌，服下即可。[15]

他补充说，不管有无禁忌，非洲人“极其喜爱这种鱼，还与其交媾，提振精神”，要知道这些可绝非迷人的美人鱼，它们“面庞丑陋，鼻子跟猪鼻子一样”。不过海岸上纯粹的人类居民就更加可怕。据说，在内陆腹地有一个伟大的国王，他治下的臣民“杀死任何敌人后，都会切下他们的阴茎，晒干后给自己的妻子挂在脖子上，他们相当以此为荣：挂得越多就越受 201
尊敬，因为那证明丈夫更加强壮勇敢”。另一个旅行者的解释也很有启发，他说拥有“一串男人的阴茎”[16]相当于在欧洲被授以爵位；对东非的武士而言，这“跟我们佩戴金羊毛，或英格兰人被授予嘉德勋章一样”，是个巨大的荣誉。

葡萄牙人顽强地坚持着，3 月 29 日，一阵轻风终于把他们吹向北方。他们顶着洋流慢慢前进，由于要连续起落船锚，海员们的手上长满了水泡。

4 月 1 日，他们航行来到一个热带岛屿的大群岛[17]，岛屿边缘生长着红树林，周边都是生机勃勃的珊瑚礁。小船往返于这些岛屿和大陆之间，岸边还有相当规模的商栈。前一夜，在葡萄牙人还离得太远，无法辨认地形时，阿拉伯领航员坚称这些岛屿是大陆的一部分。到这时，达伽马确信人人都在不怀好心地对付他，因而命人把领航员狠狠鞭打了一顿。为纪念这件事，葡萄牙人将第一个岛屿命名为“鞭打岛”。

达伽马决定继续前进，三天后，他们来到另一个群岛。这一次，两位穆斯林领航员都认出了这个地方。他们宣称，舰队在三里格之前刚刚经过了一个基督徒居住的岛屿。

总船长坚信两个领航员故意让他错过了一个友善的港口。船队整日都在设法到达那个港口，但一路顶着强烈的逆风。结果证明他们因祸得福，根据事后的了解，这简直就是上帝创造的奇迹，因为基尔瓦岛是沿海最强大的统治者的老家，统治者可不是个基督徒。失望的领航员不但不把葡萄牙人引离此地，还企图把他们带进陷阱。

当领航员们清楚地看到他们已经没有回头路可走，便又出了新招。他们说，前面再航行四天，就会见到一个名叫蒙巴
202 萨[①]的大城，那里也住着强大的基督徒。时间已晚，但风势正猛，舰队取道向北。夜幕降临时，岗哨看到前方有一个大岛[18]——莫桑比克领航员声称那是另一个既有基督徒也有穆斯林城镇的地方。达伽马毫不理会，继续前进，船队顺风前行，速度很快，后来圣拉斐尔号突然撞上浅滩，搁浅了。

时值破晓前两个小时，舰队距离陆地还有几英里远。船员们朝着身后的其他两条船喊破了喉咙，因为它们在黑暗中很有可能撞上前船。圣加布里埃尔号和贝里奥号及时停了下来，放下了小船。

黎明时分，潮水退去，圣拉斐尔号搁浅在一片浅滩上。远

---

① 蒙巴萨（Mombasa），肯尼亚第二大城市，位于印度洋海岸中非洲东岸的城市，是肯尼亚的主要港口。

处海岸上是一片雄伟的高山，山脚下有一个聚居点。当地人看到商机，纷纷划向受损的船只，很快便卖出一批橘子——水手们认为这种水果比家乡的好多了。达伽马用惯常的小玩意儿犒赏了他们，其中两人留在了船上。

现在，圣拉斐尔号已经放下了所有的船锚。各条船上的人们费力地把每一个船锚举到前面的船头处，远离浅滩，然后喊甲板上的同伴放出锚链。晚些时候涨潮之时，缆绳绷紧，大船才漂浮起来，船员们倍感欣慰，发出一片欢呼声。

舰队终于抵达蒙巴萨。

时间是4月7日，星期六。前方在大陆环抱之下，有一个林木茂密的岛屿。巉岩高处面朝大海的地方坐落着一个城墙高耸的大城。前面的浅滩处有一座灯塔，在差不多与水面齐平的地方，有一个守卫着沙洲的城堡。岛北侧的海港就在眼前，葡萄牙人可以看见那里停泊着大量船只，它们个个彩旗招展，像是在举行什么庆典。他们显然到了一个富裕的重港，为了不落人后，他们也升起了自己的旗帜。表面功夫倒是做得不错，但实际上舰队的状况非常糟糕。很多水手死于坏血病，还有很多 203
人病情很重，船上人手不足的情况已经持续好几个星期了。但让幸存者欢欣鼓舞的是，第二天就可以登陆，去听星期日弥撒了。领航员们告诉他们，基督徒在城市中有自己的聚居区，它由自己的法官和领主统治；领航员们保证，他们会以巨大的荣誉迎接来客，还会邀请这些葡萄牙客人到自己漂亮的家中作客。

夜班人员上岗后，其他人都在自己惯常的角落里就寝，期盼着白天的来临。

午夜时分，岗哨大声呼喊。一条单桅帆船从那个城市出发，载着大约100个人迅速靠近，所有人都携带着弯刀和圆盾等武器。单桅帆船逼近旗舰，武装人员企图爬上甲板来。达伽马吼叫着发出命令，士兵在甲板上列队阻挡。他最终同意四名首领登船，但前提是他们必须放下手中的武器。

达伽马从士兵变成了外交家。他乞求来者对他的小心谨慎切勿见怪，他一面向他们提供食物，一面补充说自己是个外乡人，不知道这里的规矩。他的客人们面带微笑解释说，他们只是来看看舰队，因为这个景象太惊人了；还补充说，携带武器是他们的习俗，无论和平还是战争期间都是如此。苏丹正热切期盼着外宾的到来；如果不是因为时间太晚，他就亲自前来迎接了。

态度微妙的谈判进行了两个小时。四人离开之时，葡萄牙人仍坚信他们是来看看能否掳走一条船的。他们毕竟是穆斯林，虽然他们也证实了岛上的确有很多基督徒。

星期日的早晨来临了，随之而来的是蒙巴萨苏丹的礼物：一只绵羊，还有成筐的橘子、柠檬和甘蔗。显然，欧洲人已是沿岸地区的名人了，因为他们整日都在接待络绎不绝的访客。
204 其中有两个特使给达伽马带来了苏丹的戒指，以此来保证远道而来的葡萄牙贵宾的安全，并承诺说，如果他们进入港口，会得到所需要的一切补给。特使们皮肤苍白，自称是基督徒；他们言之凿凿，葡萄牙人就相信了他们。达伽马送他们回去，并以一串珊瑚珠子作为给苏丹的礼物——在一个四周全都是珊瑚礁的海岸，这个礼物可真是平平无奇——还让他们带口信说他准备次日进入港口。与此同时，他派两个流放者亲自去向苏丹重复他的友好问候并侦查现场。

两个人一上岸，一群人就围拢过来，跟着他们穿过狭窄的街道走向王宫。走到觐见厅要通过四个大门，每个大门都有手持出鞘弯刀的门卫把守。苏丹亲切地接见了外乡人，并命令手下人带他们参观城市。

一群人蜿蜒穿过两旁都是三层楼建筑的漂亮街道。从窗口望进去，可以看见精美的石膏天花板。女人们戴着丝质面纱，身上的金银珠宝闪闪发光，被锁在一处的奴隶们则戴着脚镣曳步而行。

观光人员最后来到两个商人的家里，有人介绍说他们俩都是基督徒。他们向客人们展示了一幅他们崇拜的画像，看上去像是画成白鸽的圣灵。[19]向导解释说，城里还有很多基督徒，葡萄牙人的船一驶入港口，就能见到他们了。巡行结束，他们回到王宫，苏丹再次现身，交给两人一些丁香、胡椒和高粱的样品。他说，这些东西可以被大量出售，他会准许来访者满载而归。他还有很多仓库装满了金银、琥珀、树蜡、象牙，以及其他财富，并承诺会以最低价格卖给他们。

收到这些口信和关于城市的报告后，达伽马大为满意。他征询了三位船长的意见。为了防止印度之行出现差池，他们决定的万全之策是进港储备香料。

舰队起锚，但圣加布里埃尔号无法掉头，漂上了一片浅滩。 205
第二条船直接撞上了它，三条船全都再次抛锚，各自平静下来。

那片浅滩是圣意显灵的另一个实例。船上还有几个非洲人和阿拉伯人，他们以为基督徒绝不会靠近海岸了，就彼此示意，冲向船尾，跳进一条拴在船侧的单桅帆船。数秒过后，两个领航员也跳船下水，游向那条帆船。

瓦斯科·达伽马开始怀疑有诈。那一夜，他审问了那两个未能逃脱的莫桑比克人。当时人们普遍认为需动用酷刑才会得到可靠的答案，他令人把油烧至沸腾，滴在他们的皮肤上。

在痛苦呼号的间隙，他们喘着粗气吐露了大致的阴谋。基督徒即将到来并攻击莫桑比克的消息在他们到来之前便传到了海岸以北，人们计划一旦他们进入港口便俘虏他们。

达伽马下令在他们冒烟的皮肤上继续浇滚油。一个受审者蠕动着挣脱了打手，自行跳入海中，全然不顾双手还被绑着。几个小时后，另一个人也以同样的方式跳海自杀了。葡萄牙人感谢上帝再次从异教徒的魔爪中拯救了他们。

午夜前后，两条独木舟悄然划向舰队，在目力未及之处停了下来。几十个人无声地潜入水中游向大船。几个人在贝里奥号船侧现出水面，手持利刃切断了锚索。他们的皮肤和武器在月光下隐约闪现，但夜班人员以为那是一群金枪鱼。轻快帆船开始漂移，水手们才终于恍然大悟，拉响了警报。更多的水鬼爬上了圣拉斐尔号的甲板，攀到后桅的索具旁，正准备割断绳索。被人发现后，他们无声地潜入水中游走了。

206 “这些小人向我们使了很多这类邪恶的伎俩，”记录者写道，“但我们的主不允许他们得逞，因为他们都是异教徒。”[20]

葡萄牙人仍然坚信蒙巴萨的半数人口都是基督徒，只不过那些基督徒是因为遇上了麻烦而全无前来救援的迹象。他们最终认定，基督徒和穆斯林之间正在开战，他们见到的那些奴隶显然就是被俘的基督徒士兵。葡萄牙人自说自话地坚信，不管怎么说，那两个基督徒商人都只是暂居于此，所以如果没有苏丹的许可，他们什么也做不了。

如今，船员们终于恢复了体力。也许是大量柑橘发挥了作用；当然葡萄牙人认为，这更有可能是另一个奇迹。总船长又等了两天，期望有基督徒前来提供给他一名接替的领航员。随后，在4月13日，他下令舰队起航，彼时仍然不知道该如何横渡印度洋。

第二天拂晓时分，岗哨在公海上看到两条小船，舰队立刻扬帆紧追不舍。达伽马认为，如果没有领航员可雇，就必须抓一个。

一条小船逃向了大陆，但在下午晚些时候，舰队抓住了另一条小船。船上有 17 个穆斯林，还有一些金银和大量玉米。有个老人看上去与众不同，他年轻的妻子紧紧地依偎在他身旁。舰队靠近后，水手和乘客们纷纷跳水，但葡萄牙人跳上他们的小船，把他们从海里捞了上来。

让达伽马不满的是，新俘虏中没有一个领航员，舰队被迫继续沿着海岸北上。

在蒙巴萨以北 30 里格的地方，葡萄牙人又接近了另一个具有相当规模的城镇。日落时分，他们抛锚过夜，同时密切关注着岸边有无任何邪恶活动的迹象。

第二天是 4 月 15 日复活节，但水手们只进行了通常的晨 207
祷。探险家们警惕地环视四周，等着看有谁会主动出击。

前方的海岸线在远处两个岩岬之间拐了个很大的弯，形成一个开阔的波浪形海湾。退潮时，海浪拍打在从沙滩延展出去很远的珊瑚礁上，显露出隐隐闪烁的水塘，倒映出低矮的岩石，其上散布着绿茸茸的一层海藻。镇子在广阔的棕榈树林中沿着海岸蔓延出去，两侧是农场和果园。以棕榈叶为顶的别墅保养得很好，在碧蓝的天幕下高高耸立，白色的外墙十分耀眼；与大多数黑墙的阿拉伯房屋不同，它们有很多窗子，屋顶平台可以远眺大海。这幅场景让葡萄牙人想起了坐落在里斯本以北塔霍河河口的阿尔科谢蒂①，那是葡萄牙王室的度假胜地，也是

① 阿尔科谢蒂（Alcochete），葡萄牙一城镇，位于该国中南部的塔霍河畔。

曼努埃尔一世的出生地。

从小船上抓来的人告诉他们的劫持者，眼前就是马林迪[1]城了。他们补充说，他们刚从那里来，在港口里见到了四条属于印度基督徒的船。如果外乡人能放了他们，他们就会带来基督徒领航员，此外还有水、木材和他们想要的任何其他补给。

达伽马迫切需要帮助，就听取了他们的建议。他将舰队移近城市，在半里格开外锚泊。居民和舰队保持着距离：也许他们已经得到了警告，这些外乡人四处掠夺船只，绑架乘客和海员。

第二天一早，达伽马命人划船把那位年长的穆斯林送到城下的一片沙洲上。他们把他留在那里，他静静地站着，直到一条独木舟从岸边靠近，接他上了船。外乡人还扣着他年轻的妻子作为人质，他径直走向王宫，传达了总船长的口信。他说，来访者是一个伟大而威严的国王的臣民，苏丹会乐于与其结盟
208 的；他们要去印度，非常需要领航员。这一回，外交辞令终于有了受众：苏丹正与邻近的蒙巴萨交战，迫切需要新的盟友；更何况这些好战的同盟还拥有看上去很吓人的舰船。

晚餐后，老人再次出现，带来了一名苏丹的战士、一名圣族后裔，还有三只绵羊。两人传达了统治者欲与外乡人建立友好关系的急切心情，说苏丹愿意提供领航员，并提供任何力所能及的帮助。达伽马送他们回去，送上一件男士紧身长袍、两条珊瑚串、三个洗手盆、一顶帽子、一些小铃铛和两条棉布头巾，还让他们带口信说他会在次日入港。

---

[1] 马林迪（Malindi），古称麻林地，是坐落于非洲东岸肯尼亚加拉纳河河口的一个港湾都市，濒临印度洋。

舰队缓缓靠近海岸，苏丹派一条小船又带来六只绵羊，还有丁香、莳萝、姜、肉豆蔻和胡椒作为礼物。空气中飘荡的昂贵香料的香气再次让水手们心跳加速。

随礼物而来的是一个新口信：如果外乡人的领袖希望与苏丹对话，他就会乘单桅帆船在半途与他们会面。达伽马同意了，第二天晚饭过后，王室的单桅帆船从岸边出发了。苏丹身旁是一班号手，其中两个人吹奏的是用象牙制作的巨大号角[21]，上面雕刻着繁复的花纹，号角有一人高，从侧面的开孔吹奏。低沉的声浪和甜美的号鸣混在一处，和谐的声音令人昏昏欲睡。

苏丹穿着一袭绿缎缀边的绯红缎子长袍，头戴一条奢华的头巾。他坐在一张铜制的双人椅上，其上堆满了丝绸垫子。他头顶上立着一把绯红色的用缎子做的阳伞，身旁还站着一个手持银鞘弯刀的老家臣。他的手下上身赤裸，但下身都裹着丝绸或上好的棉布。他们头上戴着丝线和金线刺绣的布，身上佩戴着精美的匕首和彩虹丝穗装饰的弯刀。欧洲人被壮丽的场景和王室的威仪深深地吸引住了。

达伽马穿着他最好的骑士装备，12 位高级军官相伴左右。209
他的小船用旗帜和横幅盛装打扮，苏丹接近时，他的水手们划船带着他出动了。两条小船并排停下。两人通过手势和翻译，相互致以热忱的问候，达伽马受宠若惊地发现自己受到了国王般的尊敬。

苏丹邀请总船长访问城市并住在王宫里，他会在那里为他接风，一洗长途旅行的疲劳。他建议说，随后他就会回访舰队。这样的邀请实在是充满柔情的慰藉，但达伽马踌躇了。他已有成见，认为无论人们看上去如何友善，踏上明显有重兵把守的穆斯林城市仍太过危险。他答复说，自己的国王严令他不可遵从他人的要求；如有违抗，就会有人把他的行为报告给国王。

苏丹答道，如果他自己在外乡人没有表示善意之前访问舰队，他的人民又会怎么说他？至少他希望知道他们国王的大名。

葡萄牙翻译写下曼努埃尔这个名字。

苏丹宣称，如果外乡人从印度返航途中来拜访他，他会给这位曼努埃尔写信，甚至派一位使节亲自前往。

达伽马感谢了他的礼遇，承诺会再次拜访，并回答了有关此次使命的一系列问题。苏丹详细讲述了探险家们特别感兴趣的有关香料、红海等问题，并答应给他们提供一个领航员。

鉴于会谈进行得非常顺利，达伽马派人把他俘虏的囚徒带来，把他们都移交了出去。苏丹发誓说，就算有人送给他一座城池，他也不会比现在更快乐了。他心情极其舒畅，绕着舰队环行了一圈，依次称赞了每一条船，无疑也估计了一下舰队可能对他的邻邦造成了怎样的破坏。总船长乘着自己的小船随行
210 其后，命令射石炮的炮手鸣放礼炮。惊恐的穆斯林急忙划桨奔逃，达伽马赶紧示意停放礼炮。苏丹重新镇定下来后，宣称从未有人令他如此欢喜，他非常愿意请船上的一些人帮他作战。达伽马说这不算什么；如果上帝允许他们发现印度并返回家乡，他的国王一定会派一整支舰队来帮助新的盟友。

三个小时的访问过后，苏丹打道回府，把他的儿子和一个圣族后裔留在舰队的船上作为担保。他还是很想炫耀他的王宫，于是便带了两个水手随行。他说，既然总船长不愿上岸，他第二天还会重返海滨。

第二天上午，瓦斯科·达伽马和尼古劳·科埃略带领两条武装小船划向镇前。海岸上人头攒动，两个骑兵正在表演一场

决斗。他们身后是漂亮的街道和水花四溅的喷泉。探险家们得知，城里只有阿拉伯人——大约有4000人，而非洲人多是在农场里劳动的奴隶，住在城外篱笆泥墙的茅舍里。在整个沿海地带，经过数个世纪的异族通婚，从外表上很难区分这两个族群，但无论是何种族，穆斯林精英都自称阿拉伯人，而把非穆斯林叫作卡菲勒（Kaffirs），即阿拉伯语中的异教徒。

苏丹从他位于海滨的王宫里现身。他爬上自己的轿子——装在长竿上的一乘带顶篷的轿子——被人抬下一段石阶来到水边。达伽马的小船在岸边上下摆动，使他很难得体地交谈，因而苏丹再次请求总船长上岸。苏丹补充道，他此番请求完全是以私人名义：他年老体弱的父亲渴望与远道而来、为自己的国王历尽艰险的客人见面。如有必要，他和他的儿子们会留在船上作为人质。即便如此也不足以令达伽马放松警惕，他坚定地坐在自己的小船上，观看主人为他准备的娱乐活动。

在阿拉伯人统治的所有印度洋城市里，葡萄牙人碰巧遇到 211
了一个最有可能帮助他们的。有四条船来自印度的消息也千真万确，一群印度人很快就划船来到圣拉斐尔号旁，请求登船。达伽马当时正在那里和他哥哥说话，他让船员们向印度人展示一幅圣坛装饰画，画的是“圣母玛利亚在十字架下怀抱着耶稣基督，身边围绕着使徒们”[22]。由于这些人是他们平生所见的第一批印度人，水手们带着毫不掩饰的好奇心仔细检查了他们，认为他们看起来与自己知道的基督徒都不一样。他们穿着白色的棉袍，留着大胡子，头发很长，被编成辫子藏在头巾下；最重要的是，他们解释说自己吃素，这让以鲜肉为生的人觉得非常可疑。但他们一看到圣坛就拜倒在甲板上，舰队在海港停留期间，他们每天都来到神龛前做祈祷，还带来了丁香或胡椒作为小祭品。

这当然让他们最终确认了印度遍地都是基督徒的事实。总船长划船经过印度人的船只，当后者礼炮齐鸣向其致敬时，葡萄牙人更加激动了。

“基督！基督！”印度人双手举过头顶，喜悦地喊道；至少在欧洲人听来如此。

那一晚，印度人请求苏丹准许他们举办一个聚会向外乡人致敬。天黑后，焰火照亮了夜空。印度人用他们的小火炮发射了一轮又一轮礼炮，还声嘶力竭地唱着古怪的赞美诗。

一个星期的聚会、对战表演和中场音乐之后，达伽马的耐心渐渐耗尽。4 月 22 日，王室单桅帆船带着苏丹的一位顾问前来，这是两天来的第一位访客。达伽马命人把他扣住，并派人去王宫传口信，要求派来承诺过的领航员。苏丹原本希望葡萄牙人尽情消遣，忘记自己的使命，加入他的战争，不过他还是立即派来了一个人，达伽马随即释放了人质。

212 让欧洲人非常高兴的是，领航员看来也是一个来自印度的基督徒。[23]他展开一幅详尽的印度海岸地图，向军官们尽述其特色，并说明了大洋的风向和洋流。他显然是个航海老手，对航海的学问也同样懂行。舰队的仪器丝毫不能打动他，他评价说，长期以来，红海的领航员们一直使用类似的装置来测量太阳和星辰的高度，但他和自己的印度同行们更喜欢另一种设备[24]。他向他们做了演示，达伽马的领航员们决定让他来负责。

4 月 24 日星期二，号角吹响，风帆升起，舰队旗帜高扬地离开了马林迪。根据一份报告称，看到自己的新朋友离开，苏丹伤心欲绝，并向他们保证说，他将把葡萄牙人的名字“永存心间，莫敢相忘，直到他生命的最后一刻”。[25]

天气晴朗，舰队进展顺利。领航员告诉他们一路向北，那里有一个巨大的海湾，尽头是一条海峡——亚丁湾和曼德海峡[1]，通向红海和麦加的克尔白天房。他还说，附近有很多大城，既有基督徒的，也有穆斯林的，此外，光是已知的岛屿就有 600 个。欧洲人不知道的东西实在太多了。

两天后，非洲海岸在视野中消失了。三晚过后，北极星再次出现在海面上。探险家们再次跨越了赤道，但他们这一次是航行在欧洲所有的船所从未到过的海洋上。他们保持着东北的航向，直指印度。

他们身后的敌人多于朋友。他们对非洲的印象充其量不过是一团混乱，对自己要去的地方也不清不楚。

---

① 曼德海峡（Bab el Mandeb），连接红海和亚丁湾的海峡，位于红海南端，在也门和吉布提之间。

10. 乘季风而行

213 逾2000年来，横跨印度洋的航道取决于这样一个简单的事实：陆地温度升降的速度远快于海水。

每年9月，地球倾角趋向北半球，远离太阳，而广阔的青藏高原迅速失温。大陆上的空气依次降温下沉，形成一个巨大的高压冷池。而印度洋保持热量的时间要长得多，而且因为暖空气上升留下空间，冷空气在北印度平原和整个水域上方倾泻而下。到年底时，驶离印度的船只都会被定期而来的可靠的东北季风吹往西南的阿拉伯地区和非洲。

夏季来临，太阳爬上天空，北印和中印的沙漠、平原和高原迅速达到灼热的高温[1]。热量形成低压地区，把凉爽湿润的海洋空气吸收进来。5月西南风起，6月到达次大陆，拉来成堆的风暴云，低低地挂在阴沉的天空中。气团咆哮着撞上南印西高止山脉①的高山阻挡，接着冲向东北方向高耸入云的喜马拉雅山脉，云团因而被迫抬升，水汽凝结，降雨把干燥的沙土变成咖啡色的浮岩沃土。三个月后，风向反转，同一模式再度上演。

214 冬天的季风——这个词来自阿拉伯语的mawsim，意即“季节”——支配着世上大部分的交易日程，从亚历山大港的集市到欧洲北部一年一度的交易会，莫不如此。然而首先，抵达印

---

① 西高止山脉（Western Ghats），印度南部的一座山脉，位于德干高原的西部，呈南北走向，长度约1600公里，平均海拔900米。西高止山脉东坡平缓，西坡陡峭。

度就需要更为精细的计算。有些埃及或阿拉伯商人想把手中的货物在最短时间投入市场，就会抓住西南季风的尾巴，并在三四个月后返航。然而夏末的季风可能是个致命的同伙。在15世纪40年代，一个名叫阿布德·拉扎克的波斯特使被堵在霍尔木兹海峡，直到季风盛行过半，想到暴风雨会撕碎阿拉伯船，把他们都变成海盗的囊中之物，他竟吓得魂飞魄散：

> 我一闻到船的味道，所有关于大海的恐惧就重现眼前。我曾昏迷三天，唯有呼吸还表明我仍在人世。待我恢复了一点儿知觉后，我的商人密友们异口同声地说，航海的时机已经过去，在这个季节出海的人全都要置生死于度外，因为这样以身赴险，简直等同于送死。……天气无情，命运多舛，让我的心也像玻璃一样破碎，而灵魂也厌倦了人世。[2]

与其到时候昏厥，还不如省点儿麻烦，及早出航，哪怕那意味着要一直等到让印度西南部各港口封港的夏季暴雨停歇为止。瓦斯科·达伽马离开非洲的时间正好，这纯属运气——或者按照葡萄牙人后来的说法，是有神相助。

船员在23天里除了快速穿过的天蓝色的海水之外什么也没看到，5月18日，瞭望者看到了陆地。

瓦斯科·达伽马站在艉楼甲板上，凝视着印度。

领航员引导舰队径直驶向以利山（Mount Eli）[3]，那是印度 215
洋上的航海家们传统上用来作为地标的一处显眼的大山。十年前，佩罗·达·科维良曾到过同一个地点，和那位神通广大的间谍一样，达伽马也去往卡利卡特这个香料集散地。

晚上，舰队再次出海，转舵驶向西南偏南，沿着海岸线航行。第二天，他们重返陆地，但一场巨大的雷暴雨让他们看不清自己身处何方。翌日，一条巍峨的山脉从周围一片漆黑的背景中显现出来，领航员宣布，葡萄牙人距离其探险的目的地只有五里格之远了。

达伽马当场向他支付了报酬，并召唤同仁一起祷告，“大感宽慰，衷心感谢上帝，祂安全地引导着他们来到长期祈盼之地”[4]。祷告很快就变成了庆祝。如果要打开朗姆酒，那么现在正是时候。

那天傍晚，就在日落之前，小舰队远离看上去很可怕的岩石堆，在岸边1.5里格的地方锚泊。船员站在舷墙前，或是爬上索具，仔细观看岸上的景色。眼前，在最后一束阳光下闪闪发光的是金色细沙的半英里长的新月形沙滩，其后是椰树和冷杉。海湾的两头都有岩岬保护，北面峭壁上有一座古老的庙宇。这是一个天堂海滩，在将近一年的海上生活后，这里看上去完全就是很多旅行者的故事里所想象出来的“应许之地”[5]。

很快，四条小船靠近，船上的水手皮肤呈深栗色，除了腰间的一小块布料之外全身赤裸，他们跟这些陌生来客打招呼，问他们来自何方。其中一些水手是渔夫，他们爬上船来，拿出了自己的渔获。达伽马让手下以他们出的价格买下所有东西，渔夫们怀疑地咬了咬银币，看是不是真的银子。作为回报，总船长得知，舰队锚泊之处附近的镇子叫卡帕德，领航员误将其当成了卡利卡特。

216 第二天，印度人又来了，达伽马派那位能说阿拉伯语的流放犯随他们去卡利卡特。

当罪犯被引到两个突尼斯商人跟前彼此介绍时，舰队也来到这座城市跟前，突尼斯商人目瞪口呆，无疑是听说他们也来自那么遥远的西方而觉得难以置信。达伽马敏锐地观察了周围的情况。一片开阔的海滩后面是高大的椰树，被季风刮得像芦苇一样弯向内陆。其后是一排高山，卡利卡特在茂密的棕榈林中绵延数英里。

被派出的罪犯不久就回来了，还带回一位突尼斯商人。探险家们很快就开始叫他蒙萨德，这是他阿拉伯语名字的葡萄牙语误读。

蒙萨德还在对欧洲人出现在印度震惊不已——而且在他看来，他们远非最有可能成此大事的欧洲人。

蒙萨德和他的同伴对这些意外的客人提问道：“卡斯蒂利亚国王、法兰西国王或威尼斯的领主没有派人到这里来么？”[6]

达伽马尽职地答道：“葡萄牙国王不会允许他们这么做。”

“他做得对”，两人惊叹着答道。

商人们此前先把罪犯带到他们的下榻之处，招待他吃了一点儿面包和蜂蜜，其后蒙萨德才出发来亲眼看看这支舰队。

“一次幸运的冒险，”他一上船便用西班牙语大声说道，“一次幸运的冒险！大量的红宝石，大量的绿宝石！你们该衷心感谢上帝，因为祂把你们带到这个如此富有的国家！”

全体船员站在那里，瞠目结舌。

“我们听到这话后大吃一惊，”记录者写道，“因为没想到在离葡萄牙如此遥远的地方还能听见有人说我们的语言。”几个水手喜极而泣。“他们随后都谦卑地衷心感谢万能的主，为能得到这样巨大的幸福和好运而感谢祂的恩典和帮助。”[7]

达伽马拥抱了来自突尼斯的人，让他坐在自己身旁。达伽 217
马满怀希望地问他是不是个基督徒。

答案瞬间让一切都黯然失色。蒙萨德坦白地解释说自己来自柏柏里海岸，是经由开罗和红海来到卡利卡特的。他曾在老家见过葡萄牙商人和水手，一直都很喜欢他们。他会尽全力帮忙的。

由于过于兴奋，总船长倒也没有因此而太过失望，他谢过蒙萨德，并承诺给予他丰厚的回报。他还说非常高兴能在这里见到蒙萨德，一定是上帝派他来推进这次伟大的使命的。

话题转到了卡利卡特及其统治者萨穆提里（Samutiri）身上，葡萄牙人很快就开始称这位统治者为扎莫林①。突尼斯人说，他是个可敬的好人，乐于接待外国国王派来的大使，特别是在他有贵重物品出售的情况下。他补充说，扎莫林非常富有，所有的岁入都来自贸易征收的关税。

蒙萨德并没有夸大其词。卡利卡特是印度最繁忙的港口，逾两个世纪以来，这里一直是国际香料贸易的重镇。大型商业街向内陆延伸了一英里，葡萄牙人不久就发现，前开式的店铺要一直忙到深夜，店里堆满了“各种香料、药品、肉豆蔻，还有人们想要的其他东西；各种宝石、珍珠和小粒珍珠，麝香、檀香、雕、精美陶器、漆器、镀金保险箱，以及全部产自中国的精美物品；黄金、琥珀、树蜡、象牙、白色及被染成很多颜色的粗细棉织品、大量生丝和绞丝、金银器皿、金色面料、薄纱布料、粒面布料、绯红布料、丝质绒毯、紫铜、水银、朱砂、明矾、珊瑚、玫瑰香水，以及各式蜜饯”。[8] 胡椒、姜和肉桂生

① 扎莫林（Zamorin），一个由印度教徒奈尔群体建立的世袭王室，该王国中世纪时统治着马拉巴尔海岸（今印度喀拉拉邦）。卡利卡特扎莫林从 12 世纪至 18 世纪统治了近 600 年，首都设在印度南部重要的贸易城市卡利卡特。

长于内陆地区，可供大量出售；其他香料和充满异域风情的商品都是从东南部的商栈运送过来的。成群的脚夫艰难地往返于货物盈溢的仓库之间，背上的麻袋把他们的腰压得更弯，他们 218
还不时地停下来，把货物挂在带钩的长竿上。

这一季节，码头近乎全空，但很快就会挤满来自亚丁湾、霍尔木兹海峡和吉达港的舰队，它们满载着印度的产品前往阿拉伯地区和伊朗、埃及和欧洲。中国人也曾定期来访，直到“中央王国”衰落，与世隔绝。来访的商人不是被卡利卡特的港口设施吸引来的——葡萄牙人已然发现，多石的海床吃不住他们的船锚，这里也没有防范季风的措施，而且离陆地较近，吃水过浅，只有最小的船才能靠岸——而是因为这里一直精心维护着自己诚实正直的名声。伊朗特使阿布德·拉扎克最终抵达印度时，说那些来自遥远港口的商人们对卡利卡特的安全和公正充满信心，以至于他们把贵重货物运来销售时，甚至都懒得记账。他解释说，“海关官员自行承担起看管货物的责任，不分日夜尽职尽责。成交后，他们对货物征收相当于其价值的四十分之一的关税；如果没卖出去，无论什么货物都不收分文税金”[9]。

当地人讲过一个阿拉伯富商的故事。此人路过之时，因为在麦加购买的黄金太重，船开始下沉。于是他把船停在码头，在扎莫林的地下室里建了一个花岗岩地窖，在里面装满他的财宝。后来他又回到这个城市时，打开地窖，发现一切都原封未动。他将一半的财宝献给统治者，但后者拒绝任何酬答。从那时起，这个商人便拒绝在其他任何地方做贸易，这便是巴扎商业街的由来。另一个传奇故事是，某天，一个阿拉伯商人来到此地，想拿泡菜盒做个诚信实验，把它托付给统治者为其保管。他此前以这种方式测试的其他每一位国王都打开了盒子，

219 偷走了盒内的黄金，但扎莫林追了上来。“你搞错了，”他指出，“这不是泡菜，而是黄金。”[10]据说，那个商人也定居在卡利卡特。

达伽马派费尔南·马丁斯和另一个报信人去觐见品德高尚的扎莫林，乐于相助的蒙萨德自告奋勇地担当向导。与此同时，葡萄牙人也正好借机了解更多有关其臣民的情况。

他们的第一个发现看来证实了他们数十年来所梦想的一切。“卡利卡特城的居民都是基督徒”，记录者写道。[11]

没错，他们是非正统的基督徒。“他们的皮肤是黄褐色的，”他评论道，“有些人留着大胡子和长发，也有人剪短发或剃光头，只在头顶留一小撮头发表明他们是基督徒。他们还会留髭须。他们穿耳洞，戴很重的金耳环。他们腰部以上全部赤裸，下肢穿着非常精细的棉织品。但只有最体面的人才会这般打扮，其他人就尽其所能了。”

“这个国家的女人，”他一点儿也不殷勤地补充说，“一般来说都又丑又矮。她们脖子上戴着很多黄金首饰，胳膊上戴着许多手镯，脚趾上戴着宝石趾环。所有的人都心地善良，显然也脾气温和。不过乍看之下，他们显得贪婪而无知。”

然而让新来的人气馁的是，卡利卡特也有很多穆斯林。他们穿着上好的长外套，戴着绣金线的丝质头巾，还佩戴着银柄银鞘的小刀，在优雅的宝塔形清真寺[12]里礼拜。曾有一位旅行者评论说，与“毛发通常相当茂盛、密布在胸膛上部和身体上”[13]的印度主流人群不同，卡利卡特的穆斯林“头发和皮肤都非常光滑，他们常常在其上涂油，令其现出光泽”。他补充说，他们还“非常傲慢自大”。

没过多久，马丁斯和同伴们就发现，扎莫林住在离海岸有

些距离的一座王宫里。三人穿过广阔的落叶林和针叶林，对从 220
未见过的鸟儿和果实赞叹不已，还要留心注意避免遭到老虎、豹子和蟒蛇的袭击。到达王室宅邸之后，他们按照达伽马事先的吩咐，宣称一位大使携伟大的葡萄牙国王的信件来到此地。他们补充说，如果扎莫林愿意，大使会亲自前来觐见。

贵为国王的扎莫林不愿表现出太过惊奇的样子，但他无疑对葡萄牙是何方神圣一无所知。马丁斯解答了他的问题，说他们是基督徒，来自遥远的地方，历尽千难万险才到达他的城市。答案看来很让他满意，三人带着大量的上好棉布和丝绸，以及给大使的口信，回到了卡利卡特。扎莫林说，大使是最受欢迎的客人，无须劳烦他亲自长途奔波，因为王室成员正准备动身去卡利卡特。

达伽马被这个口信的友好语气打动了，当一名领航员奉扎莫林之命前来引导舰队去一个更安全的停泊场所时，他愈发高兴。领航员谦恭地解释说，班达里（Pantalayini，即Pandarani）避风港在卡利卡特以北四里格处，但通常是供大船停泊的；那里的水更深，还有一个泥滩可以在季风肆虐的海洋上为船提供些许庇护。

葡萄牙人一直都在惊恐地观察着逐渐恶化的天气。每天傍晚，海洋都会在堆积的暴风云下显出狂暴的灰绿色。大风突然肆虐海岸，雨水飞溅在陆地上，男男女女会毫无预兆地在露天海滩被击倒、被吹走。舰队勉强留在原地，总船长立即下令起航——尽管所有的迹象都有利，他还是要小心谨慎。记录者写道："我们没有像国王的领航员希望的那样靠近海岸停船。"[14]

舰队到达新的锚位后不久，一个报信人就前来通报，扎莫
林已经回到城中。一群高官立刻现身，要陪同葡萄牙来客们去 221

王宫。这群人的首领是卡利卡特的总督[①]，同时也是治安首脑，有200名卫兵陪同。高大瘦削的士兵引起了欧洲人的注意。他们打赤脚，腰部以上赤裸；腰部以下缠着腰布，那是一块白布，穿过两腿间，系在后面。他们的长发在头上打成一个结，无时无刻不携带着自己选择的武器：长剑和小圆盾、弓和箭，或是长矛。

尽管阵仗很大，达伽马还是认为天色太晚，不宜动身。他还有一个推迟的理由。那天晚上，他要召集主要军官开会，讨论是否应该打破规矩亲自上岸。

他小心谨慎的哥哥强烈反对。保罗说，虽说当地人是基督徒，但他们中间还是有很多穆斯林，而那些人是达伽马不共戴天的仇敌。他们会利用各种手段来消灭他，而不管扎莫林看上去有多友好，他都不可能有起死回生之力。此外，穆斯林是本地的居民；他的弟弟却是个彻底的外乡人。扎莫林甚至有可能与他们勾结一处，杀死或虏获他，如此一来，这次远航就将宣告失败，他们所有的辛苦也都成枉然，他们也可能就全完了。

所有的军官都同意保罗的意见，而达伽马心意已决。他坚称，与扎莫林签订协议是他的职责，获取香料可以证明他们发现了真正的三印。如果让人替他前往，扎莫林或许会视之为对王室的羞辱。关于在可能发生的任何情况下当如何说话行事，他不可能向任何人事无巨细地解释清楚。他要去的是一个基督徒的城池，也无意离开太久。他发誓说自己宁死也不愿玩忽职守——或被他人居功。

年轻的指挥官毕竟有过往的荣耀历史，他的哥哥不再

① 原文为拉丁化的阿拉伯语 wali。

反对了。

第二天，5 月 28 日，达伽马在腰间系上镀金腰带，长剑入鞘。他把镀金马刺拴紧在长筒靴上，头上戴着像神父的法冠那 222
样笔挺方正的帽子。礼服装束完毕后，他从舱室中走出来，准备代表他的国王前往王室。保罗留下来指挥舰队；尼古劳·科埃略守在一条全副武装的小船里待命，小船在安全的情况下离岸边越近越好，直到代表团归来为止。

达伽马挑选了 13 个人随行，其中有圣加布里埃尔号和圣拉斐尔号上的文书迪奥戈·迪亚士和若昂·德萨，以及翻译费尔南·马丁斯。记录者也是随行的一员。他们都穿上自己最好的衣服，小船用旗帜盛装打扮，水手划向岸边时，号手吹响了号角。

总督上前向总船长致意。一群围观的人早已聚拢，此刻挤上前来想看一眼外乡人。“接待气氛友好，”记录者写道，“这里的人似乎很高兴看到我们，虽然他们的样子起先看上去有点吓人，因为他们都手持白刃。”[15]

接待队伍提供了一架轿子给达伽马使用，他坐上软垫的椅子。六个强壮的印度人把竹竿举到肩上，总督爬进自己的轿子，护送队伍沿着通往卡利卡特的土路出发了。

他们抵达舰队曾经锚泊的卡帕德小镇后，脚夫在一幢漂亮的房子前放下椅子。一个当地的要人正等着他们，并示意他们进去用餐。达伽马执意拒绝享用他们提供的美食；他那些随从就没那么谨慎了，享用了一餐涂满黄油的清煮鱼和奇怪的水果。葡萄牙人无疑对遍布地板的牛粪充满好奇，它的部分作用是阻挡四下游走的成群的蚂蚁。“他们的一切东西都难逃这些小动物的破坏，为了阻挡它们，他们把橱柜高高地摞起来，放进盛满水的容器中，蚂蚁想靠叠罗汉爬上去，最后都淹死了”，一个欧洲旅行者曾如此评论道。[16]

223 早餐过后，他们再次踏上旅途。离城一段路程后，来到一条宽阔的河旁，这条河先是与海岸平行，随后转头入海。印度人扶着来访者走进了两条连体独木舟，然后爬上周围上下浮动的几十条船。更多的当地人好奇地从树木茂密的两岸观察着他们。小船推进河心，葡萄牙人看到逆流的河水泛着银光远远地延伸到内陆，大船搁浅在岸边。

一行人在上游一里格处上岸，达伽马坐回他的轿子里。各处土地都被分成了封闭的大花园，大房子在高大的树林中堪堪可见。怀抱着孩子的女人也出来看热闹，加入不断壮大的游行队伍。

几个小时后，来访者终于到达卡利卡特郊外。他们深感满意的是，他们见到的第一个建筑就是教堂。

当然，那是个古怪的教堂。

那座建筑物古老而巨大，规模堪比修道院。教堂是一座锈红色石砌建筑，斜顶上铺着瓦，还有宝塔风格的门廊。教堂前是跟桅杆一样高的一根细长青铜柱，上有一只鸟的雕像，显然是一只公鸡，第二根柱子粗壮一些，有一人高。大门旁的墙上挂着七只小铃铛。

达伽马与手下人走了进去。走廊通向一个大厅，里面点着数百盏灯，烟雾缭绕，香气袭人。大厅正中间是一个石制的方形礼拜堂，石阶向上，通往一扇青铜门。

一队神父接待了这一行人，他们上身赤裸，只有三束丝线挂在胸前，像是助祭穿的圣带。四个人走进圣堂，指着藏在幽暗壁龛里的一个雕像。

“玛利亚，玛利亚”，在葡萄牙人听来，他们如此吟诵道。

印度人拜倒在地，来访者也跪了下来，崇拜圣母玛利亚。

神父们把圣水洒在客人身上，还给了他们一种白色的土样 224
物质。关于此物，记录者写道：“这个国家的基督徒有把它涂在前额、胸膛、脖颈周围以及前臂上的习俗。”[17]达伽马接受了圣水，却把他那份白土递给了一个手下，并示意自己过会儿再涂，那东西的成分中有献祭品的灰烬。

念完祷告后，探险家们四下环顾。墙壁上是看似圣人的彩色人物像——不过他们“嘴里突出一英寸的长牙，人人都长着四五条手臂”[18]，丑陋得像魔鬼一样，显然是舶来的圣人。

仪式举行完毕后，一行人又走到阳光刺眼的室外。那里有一个巨大的砖池沉入地下，里面盛着齐沿的水，与访客一路看到的很多其他水池一样，水面上漂浮着莲花。他们停下来猜测它的用途，然后就随着主人们穿过一个城门，进入城市中心。

行程中，他们又去参观了另一个古老的教堂[19]，那里也有一个长方形的蓄水池。等到达伽马和手下出来时，人群拥挤在像箭杆般笔直的街道上，长长的队伍一眼望不到头，被包围的外乡人硬挤进一处房子，等待总督弟弟的救援。他终于来了，带着鸣放火枪的士兵和演奏着军鼓、号角和风笛的军乐队。记录者写道，此刻探险家们的随从还包括2000名武装人员；有一份记载称，有5000人试图伴随他们穿过街巷。[20]出乎意料的是，印度居然是个疯狂的地方。

队伍再次出发，更多的当地人加入进来，其他人则站在房顶上或是从窗户里往外看。他们最终走近了扎莫林的王宫，人头攒动，人海如潮，根本无法猜测到底有多少人。虽然如此拥挤，葡萄牙人却被他们对总船长表现出来的极度体贴和尊敬深 225
深打动了——“比西班牙人对待国王的礼遇更甚”，记录者写道。[21]

时间已是日落前一个小时。在这个很大的建筑物入口外的广场上，王室的仆人们递上椰子，用树荫下桌上的镀金水壶为他们倒上干净的水。一群外表尊贵的新面孔出来迎接访客，加入了总船长周围的贵人行列。十个扛着银头棍棒的门卫把守着大门，人们争先恐后地往里挤。

“身在葡萄牙的人根本想不到我们在这里享受的接待有多隆重”[22]，达伽马对手下人说，他一贯沉着镇定，见怪不怪，此刻却悄然露出了一点惊奇。

里面是一个绿荫如盖的巨大庭院，花床、果园、鱼塘和喷泉中间零星分布着办公处和寓所。[23]四道大门通向谒见庭，这里人群太挤，只能需求第一，礼貌第二。葡萄牙人被迫挤开一条路，“乱棍击打人群”[24]，而更多的脚夫则用棍棒让他们平静下来。

一个消瘦的小个子从最后一道门里走出来，他是扎莫林的首席神父。他拥抱了总船长，引他觐见王室。宫廷里能容纳两三千人，但人群过于兴奋，弄得葡萄牙人不得不更用力地推搡，印度人还挥舞着弯刀砍了几个人。待大部分人群进来之后，脚夫们用肩膀挤上门，再用一根铁棒拴紧，并设置了守卫。

暮光中，瓦斯科·达伽马终于来到这个人的面前——他穿越了 12000 英里，就是为了见到他。

“山峦与海浪之王”（Samutiri Tirumulpad）[25]像罗马帝国的皇帝一样被安排坐在洁白无瑕的一堆棉垫上。棉垫下是一张上好的白棉布，棉布垂到舒适的褥垫上，褥垫下面是铺着绿天鹅
226 绒的长椅。地板上铺着同样的天鹅绒，墙上挂着更多的各色珍贵壁毯，长椅上方是一个天篷，“非常洁白、优雅、华丽”[26]。

扎莫林身穿棉质的长款舍瓦尼（Sherwani），这是一种前开襟的外衣类服装，胸膛裸露，腰间系着莎笼式的伦吉（lunghi）。一切显得低调而奢华，但他本人的装扮又珠光宝气，耳朵和腰带、手镯和指环上都有大量珠宝。[27]他的右边是一个金台，上面放着一只跟大锅一样大的金盆，里面堆放着王室的首选药品——帕安（paan），这是用切片槟榔混合香料和牡蛎壳磨成石灰、再用苦蒟酱叶包裹起来制成的。[28]一个专门的帕安侍者站在一旁，现场制作这种刺激性的混合物，而扎莫林则一刻不停地咀嚼着这种东西。他的左边是一个巨大的金痰盂，供他吐残渣，另一个侍者站在那里，随时准备用摆在那儿的银罐子里的提神饮料来为他湿润上颚。当时访客们或许思忖了一番：原来欧洲的大部分金银最后都流到这里，被当作财宝积存起来，还被打造成精美的装饰品。在这一刻到来之前，还没有哪个欧洲人见到过这么多金银。

达伽马上前觐见扎莫林。他低下头，双手高举合掌，随后在空中握紧双拳。他一直在练习当地的礼节。他又重复致敬了两次，尽量模仿他看到的印度人的样子。

他的手下也纷纷效仿。

扎莫林示意总船长再靠近一些。然而达伽马曾被人告知，只有帕安侍者才能接近王室成员。他决定还是不要冒犯为好，因此留在原地没动。

扎莫林改而扫视葡萄牙小分队的其他成员，并命令他们都坐在他看得到的地方。13 个人坐在一条凸起的石铺路上，这种石块路面在宫廷里到处都是。仆人们拿来水让他们洗手，还给他们剥开小香蕉和菠萝蜜。访客们此前从来没见过这两种东西，像困惑的孩童一样盯着水果看。扎莫林带着慵懒的兴味看着他 227

们，不时对他的帕安侍者做些揶揄的评论，露出他因咀嚼太多而染成深橘红色的牙齿和牙龈。接下来是外乡人的第二轮尝试，仆人们把金色的大口水罐递给他们，示意他们喝水，但嘴唇不要碰到容器。一些人把水直接倒进喉咙，呛着了，还有些人倒得满脸满身都是水。扎莫林笑得更厉害了。

瓦斯科·达伽马的座位被安排在王座对面，扎莫林转脸看他，并邀请他对宫廷上聚集的人群发表讲话，说朝臣们稍后会把外乡人讲话的内容告诉他的。

达伽马面露难色。他用手捂住嘴巴——这是他得知的正确的讲话方式，免得他的呼吸玷污了王室的空气——宣称自己是伟大的葡萄牙国王派来的大使，他的口信只能入扎莫林一人之耳。

扎莫林似乎赞成这种做法。一个侍从引着达伽马和说阿拉伯语的翻译费尔南·马丁斯走进一间密室。扎莫林和他的首席代理商、主教，以及帕安侍者一起跟着进来了，并解释说这几位都是他的心腹。那位代理商是扎莫林的商业代理，从着装上就能一眼看出是个穆斯林，但无论访客们如何担忧，他的在场都至关重要：国王和大使——一个说当地的马拉雅拉姆语，另一个说葡萄牙语——的讲话必须通过阿拉伯语翻译过来。

葡萄牙代表团的其他成员都留在外面，他们看着一个老翁费力地搬走王座，还企图看一眼在楼上走廊里向下偷窥的公主们。

密室中，扎莫林坐在另一把盖着绣金布料的长椅上，问总船长想要什么。

瓦斯科·达伽马发表了长篇大论，记录者后来誊录在案。

228 达伽马解释说，他是葡萄牙国王派来的大使，而葡萄牙国王是很多国家的君主，远比任何印度统治者都富有。60年来，国王的祖先们一直在派船寻找通往印度的海路，他们知道，在那里会找到跟自己一样的基督教国王，而扎莫林就是其中的佼佼者。这是他们命人找到印度的唯一原因，而不是为了寻找金银，因为他们已然有了大量金银，无需更多。众多船长出海航行一年，甚至两年，最终都耗尽补给，一无所得而被迫返航。如今，一个名叫曼努埃尔的国王登基了，他命令船长瓦斯科·达伽马本人带领三条船去见印度基督徒的统治者，否则不许返航，违者处死。国王还委托他带给扎莫林两封信，但现在天色已晚，他将在次日呈上信函。作为礼尚往来，国王曼努埃尔请求扎莫林派大使前往葡萄牙；达伽马补充说，这是基督教国王之间的习惯，除非他从卡利卡特带人回去，否则他绝不敢在自己的君王和主人面前现身。最后，他的结束语是，他受命告知扎莫林本人，葡萄牙国王渴望成为他的朋友和兄弟。

卡利卡特欢迎总船长，扎莫林更加简洁地答道。他本人把总船长看作朋友和兄弟，也乐意派遣特使去见后者的国王。

时间已晚，扎莫林询问——反正葡萄牙人是这样理解的——访客们是希望与基督徒还是穆斯林一起过夜。

如果说扎莫林对于外乡人来自何方仍感困惑，达伽马也仍对他在非洲九死一生的经历心有余悸。“两者都不是”，他谨慎地答道，并乞求获准自行宿夜。这显然是个非同寻常的要求，但扎莫林命令他的代理商为外乡人提供他们需要的一切东西。
达伽马随后告辞，对于其事业的启动感到非常满意。 229

此时已是晚上十点。会谈过程中，季风已全力袭击了整座城市，大雨倾盆。达伽马发现他的人都在一个露台上避雨，露台顶上有一盏巨大的铁制油灯，灯光摇曳。没时间等待暴风雨停歇了，在代理商的引导下，他们出发去找宿营之地。

空中充满了震颤的轰鸣和霹雳般的雷声，低垂的闪电撕裂天际，倾盆大雨突然把街巷变成了泥泞的河道。即便如此，还是有大群人流连在王宫大门之外，葡萄牙人再一次加入了游行队伍。

总船长被引向他的轿子，六名脚夫把他抬到肩上。其他来访者在泥泞中缓慢前进。随着暴风雨越来越大，人群也挤了过来，葡萄牙人发觉自己在陌生国度的夜晚迷失了方向，尚无片瓦可供栖身。

城市大而分散，达伽马请求的夜宿之所还在很远的地方。一天的兴奋过后，他筋疲力尽，路途漫无尽头，他生气地问那位代理商，他们是否要走上一整夜。

代理商体贴地下令改变方向，把来访者带去他自己的家里。

葡萄牙人被带进一个大院子，四周有宽阔的游廊围绕，上覆悬垂的瓦顶。到处都是地毯，更多巨大的油灯照耀着每一个角落。对于习惯了船上生活的水手们来说，这是个奢华的住所，让他们多少感到有些窘迫。

风暴渐息后，代理商找来一匹马送总船长走完余下的路程回到营地。印度人骑马不用鞍子。大使的尊严不允许他滑进泥潭中去，因此达伽马拒绝上马。一整天的庆典立即变成了整夜的闹剧。

230 最终，葡萄牙人抵达了宿营地，发现他们的一些人已经在那里了，还从船上搬来了很多东西，其中就有总船长非常需要的床。

水手们还搬来了指定送给卡利卡特统治者的礼物。第二天一早，达伽马把它们摆开，记录者做了清点：

条纹布料，12 匹

绯红头巾，4 顶

帽子，6 顶

珊瑚，4 串

黄铜洗手盆，1 箱 6 只

糖，1 箱

油，2 桶

蜂蜜，2 桶

任何东西在呈送给扎莫林之前都必须先经过总督和代理商的审查，因此达伽马派了一个报信人，把自己的意图转告给他们。两人前来检查货物，爆发出一阵不可置信的大笑。

他们责备板着脸的总船长说，这些东西不配献给一个伟大而富有的国王。来自麦加或印度任何地方的最穷的商人也会拿出比这更体面的礼物。只有黄金还行；国王是绝对不会收下这些小玩意儿的。

两人的嘲弄没完没了，达伽马沉下脸来。他慌忙解释以掩饰自己的尴尬。他没带黄金来，他说；他是位大使，不是商人。他的国王不知道他是否能抵达印度，因此没有给他与帝王相称的礼物。他献上的是他自己的礼物，他只拿得出这么多了。如果国王曼努埃尔命令他将来返回印度，一定会委托他带来璀璨的金银财宝作为礼物。在此期间，如果扎莫林不接受他的礼物，他就会把东西送回船上去。

两位高官不为所动。他们坚持说，这是此地的习俗，每一 231
个受到王室接见的外乡人都要呈上相称的礼物。

达伽马又尝试了一次。他承认，自然应当入乡随俗，他也正是因此才希望送上这些礼物，出于上述原因，礼物虽轻，但价值丝毫不少。两人再次坦率地拒绝把这些无礼的东西进献给国王。

既然这样，总船长答道，他自己会去跟扎莫林说，然后返回自己的船。他冷淡地补充说，他会把情况如实相告。

总督和代理商至少勉强同意了这个要求。他们说，如果达伽马稍等片刻，他们会亲自带他去王宫。因为他是个外乡人，如果他独自觐见，扎莫林会很生气；此外，城里还有大量的穆斯林，他需要有人护送。说完他们就走了，留他一个人在那里坐冷板凳。

这是耻辱的一刻，它暴露了葡萄牙渗透东方的整个计划中有一个缺陷——这个缺陷如此明显，居然没有一个人预见到，实在令人难以置信。

11. 绑架

探险家们到来之时，印度文明已经延续了 4000 年。时代赋 232
予了这块次大陆三个主要的宗教、一个复杂的种姓制度、无数建筑奇迹，还有一个曾经改变了世界的智识文化。就算舟车劳顿之后最疲惫的旅行者，也会滔滔不绝地对它赞美不已。

15 世纪 40 年代，波斯大使阿布德·拉扎克离开卡利卡特，前往毗奢耶那伽罗城（Vijayanagar）[1]，南印雄霸一方的帝国就是以此城命名的。在路上，他看到一个全以青铜浇筑而成的惊人庙宇，唯有入口上方蹲坐的巨型类人动物塑像不是青铜的，它是黄金打造而成的，以两颗巨大的红宝石为眼。那不过预示了他即将见到的富贵奢华景象。毗奢耶那伽罗城坐落在一个陡峭山脉的山脚下，有三重城墙，周长 60 英里。宏伟的城门之内，大道两旁林立着装饰华丽的府邸，一路延伸到气势庄严的背景之中；阿布德·拉扎克被特地带到一个很长的妓女集市上去，那里装饰着特大的动物雕像，还有看似无穷无尽的迷人女郎走出自己的房间，在座位上扭捏作态。最纯朴的工匠身上也佩戴着闪闪发光的珍珠和宝石，当年的中国大太监在这里四处游逛时，伴其左右的是打遮阳伞的人、号角手还有以将巧妙谀词填满雇主耳朵为业的赞颂者。大约在同一时期到达毗奢耶那伽罗城的威尼斯旅行家尼科洛·达·康提写道，国王“显然与众不同：他娶了多达 12000 个妻子，其中有 4000 人无论他走到 233
哪里都步行跟从，只负责厨房的工作。还有大约相同数量的妻子打扮得更漂亮一些，骑马随行。其余的妻子乘坐轿子，其中有两三千人入选宫中的条件是她们自愿投身火海为他陪葬”[2]。

毗奢耶那伽罗王朝建立于一个世纪之前，一名印度教僧侣启发了南印倔强的统治者们，让他们团结起来抵抗自北而来不断蚕食其领土的伊斯兰势力。葡萄牙人到来之时仍是毗奢耶那伽罗王朝的鼎盛时期。然而尽管它如此辉煌，也不过是个内陆帝国，对沿海的影响充其量也只是若有若无。300 个港口中有很多都是独立的城邦，只在名义上属于王朝，而穆斯林商人对这些城邦聚集财富至关重要。

712 年，穆斯林来到印度，但大规模入侵则始于 10 世纪末。和他们之前的波斯人和希腊人一样，狂暴的土耳其和阿富汗军队也被传说中遍布次大陆的财富所吸引，他们粉碎了印度教的武装，逐渐将其文化渗透到印度已有的丰富文化中。只有南印位于伊斯兰各帝国[3]遥不可及之处，但即使在那里，从伊斯兰教勃兴初期开始，便活跃着穆斯林的商人们。来自麦加、开罗、霍尔木兹和亚丁的商人在马拉巴尔海岸①定居，并与当地女人通婚；他们的后代被称为马皮拉人，在阿拉伯人的舰队中做事。长期以来，卡利卡特尤其是富有强大的穆斯林社群的大本营，以致它的起源早已被传得面目全非。有个阿拉伯故事说，最初有个名叫切鲁玛·佩鲁马尔——也有人叫他舍曼努·佩尔马鲁——的印度教统治者皈依了伊斯兰教，动身去麦加朝圣。出发前，他把自己的国土分给亲属，但把一小块土地赏给

---

① 马拉巴尔海岸（Malabar Coast），位于印度次大陆西南海岸线上的狭长地带。在地理学上，由于西高止山脉的西向斜坡阻止了季雨的迁移，组成马拉巴尔海岸的地区是南印度最湿润的地区。中国宋元时期称这里为“马八儿国”。

了一个朴实的牧牛人。那块土地发展成卡利卡特，牧牛人变成了第一个沿海的国王扎莫林。其实更有可能的是，该城市的开放市场传统使它广受阿拉伯商人欢迎，但无论如何，他们控制了这个王国的对外贸易，由自己的埃米尔和法官统辖，并与扎 234
莫林结成了紧密的联盟。

扎莫林因此而富足起来。据统计，他们率有十万大军，形成了一个贵族武士种姓，即奈尔[①]；他们的生活充斥着没完没了的庆典、宴会和节日，从封地仪式开始，一直延续到他们的尸体在檀香木和沉香木的柴堆上焚化以后很久。每遇有扎莫林过世，出于尊重，王国内的每一个人都要从头到脚剃去毛发，仅留眉毛和睫毛；一切公共事务都要停止两周，任何咀嚼帕安的人都要冒被人切掉嘴唇的风险。因为扎莫林这个种姓的女人享有非同寻常的性自由——并且因为根据习俗，扎莫林会聘请一位婆罗门，也就是最高种姓的神职人员或学者，来取其妻子的童贞——因而他们通过其姐妹的血统来继承王位，新的扎莫林通常是上任扎莫林的外甥。在就职仪式上，先是把牛奶和水洒在他的身上，然后是一个沐浴仪式。祖传的脚镯——一个镶嵌着珠宝的沉甸甸的黄金圆筒——被扣紧在他的脚踝上，他被蒙上双眼，用青草按摩全身。随从们用树液和清水灌满九只银香炉（分别代表着决定人类命运的九颗行星），在他们不断往里扔酥油和大米的火上加热，再把加热后的溶液从头顶浇在他的身上，直到倒空为止。随着曼怛罗[②]轻声传进他的耳朵，他

① 奈尔（Nairs），印度南方喀拉拉邦马拉巴尔海岸的印度教徒种姓。传统上，喀拉拉邦的王室、民兵和土地管理人也与奈尔有关。

② 曼怛罗（mantra），指据称能够“创造变化”的音、音节、词、词组、句子、段落。曼怛罗起源于印度吠陀传统，后来逐渐成为印度教传统的重要组成部分，在佛教、锡克教和耆那教中也常被用来祈福、消灾、驱魔等。

走进自己的家庙去朝拜守护神和王朝的金刀。随后他走进私人训练场，在那里分别向27位守护神祇鞠躬，并从世袭的武器指导者那里接过自己的国之重剑。在拜倒在主教面前接受三次王室祝福——“保卫牛群和婆罗门，做山峦和海浪之王”——之后，他回到自己的更衣室，戴上其余的国宝级饰物。最后，他端坐于铺在黑地毯上的一张小白毯上，在数百盏金灯的闪烁灯
235 光下，婆罗门把大米和鲜花洒在他头上。在长达一年的时间里，他必须要悼念前任，不剪指甲，任由乱发丛生，不更换衣物，每天只吃一顿饭，一直到最后自己继位为止。

他在位期间，每天早上的第一件事，都是向太阳祷告，然后再做一个小时的芳香油按摩。他在王宫的水池中沐浴，贵族们在旁为他脱去衣服，他沐浴完出池，随从们会为他擦干身体，并用更多的昂贵芳香油为其按摩。仆役把檀香木、沉香木与藏红花和玫瑰水一起捣烂做成糊剂涂抹在他身上，然后用树叶和鲜花蘸水洒遍他的全身，再把他祖先的润湿骨灰涂在他的前额和胸膛。这些穿戴仪式进行的同时，王国中的十几位标致少女把新鲜牛粪和水在大金盆里混合，递给一队清洁女工，后者用双手把稀释的牛粪涂到王宫的每一处地方来消毒。去过自己的寺庙后，扎莫林回到用餐凉亭待上三个小时，简短处理国事之后，就在接见室里安坐下来。如果无人觐见，他就和贵族、小丑以及江湖郎中们一起消磨时光，用骰子玩一种博弈游戏，观赏士兵斗拳，或者只是嚼帕安。

他偶尔会坐着丝绸衬里、竹竿上嵌着珠宝的轿子出宫；每逢他不得不走路时，必先有人在他的脚下铺上厚羊毛毡。铜管乐队在前面开路，其后是弓箭手、长矛手和炫耀剑术的佩剑武士。四位侍从走在王轿前面，手持由上好棉布和绣花丝绸制成

的阳伞，成对的仆人在王室成员的两侧散开，帕安侍者随时准备好金杯和金痰盂。更多的小厮拿着黄金打造的国之重剑及各种金银水罐和成摞的手巾随后而行。“国王想用手摸鼻子、眼睛或嘴巴的时候，”一个目瞪口呆的葡萄牙旁观者写道，“他们就会从水罐里把水倒在他手指上，其他的人递上自己携带的手巾，供其擦拭。”[4] 后面跟着的还有王室的外甥、总督和官员们，236
四周的杂耍演员翻着跟斗，小丑们讲着笑话。如果队伍是夜间出行，他们还会用巨大的铁灯和木头火炬照亮道路。

葡萄牙人懵懂闯入的，正是这种古老、复杂和丰富的文明。他们从来没听说过印度教，也没留意过佛教或耆那教。在蒙巴萨，达伽马的间谍误将印度教的鸽神当作了圣灵。在马林迪，他的船员误将“奎师那！”① 听成了“基督！”在卡利卡特，登陆小队以为印度教庙宇是基督教的教堂，把婆罗门对某个当地神祇的祈祷曲解为对圣母玛利亚的崇拜，还以为庙宇墙上的印度教人像是异域的基督教圣人。除此之外，各个庙宇里满是动物神和神圣的阳物像，而且印度人对牛的热爱也令其深感困惑，但葡萄牙人对未能符合其预想的一切皆不以为然。因为众所周知，穆斯林痛恨崇拜人形偶像，葡萄牙人认定他们遇到的大多数印度人显然不是穆斯林；并且因为欧洲非黑即白的世界观只考虑到两种宗教，所以那些人无疑就是基督徒了。就印度人而言，邀请来访者去他们的庙宇是一种尊敬的表示，如果来访者对他们的宗教有亲切感，他们也不会对此提出异议。被人叫作基督徒的确很奇怪，但这也许是语言障碍惹的祸。无论如何，

---

① 奎师那（Krishna），又译为黑天、克里希那。最早出现于史诗《摩诃婆罗多》中，是婆罗门教－印度教最重要的神祇之一，被很多印度教派别认为是至高无上的神，也是最具吸引力者。

这都没什么可说的，因为在卡利卡特，自上到下都不赞成讨论宗教。一个欧洲来访者说道："就该主题展开任何讨论、质疑或争吵都是严令禁止的；因此那里从来不会发生有关这方面的任何争论，在国王恩泽和权威的庇护下，每个人都活在巨大的信仰自由中，国王把这当作统治的核心信条，并着眼于让他的王国变得富有，大力促进通商。"[5]

无知加上一厢情愿，驱使着欧洲人绕地球航行了半圈，葡
237 萄牙人整个计划的成功有赖于两个根深蒂固的西方中心论假设。一是印度人都是基督徒，他们与西方兄弟重聚后必将喜出望外，继而赶走其穆斯林同盟。二是不管他们拥有多么无法估量的财富，印度人一定都很朴实，只需对着他们唱一支歌，他们就会把贵重的财宝拱手交出。

此前，只有几个欧洲人到过马拉巴尔海岸，而对卡利卡特的人来说，皮肤苍白衣物累赘的外乡人是新奇事物，他们纷纷赶来一睹为快。尽管他们外表粗俗肮脏，印度人还是以适当的礼节欢迎了他们，而作为回报，他们呈上的礼物则只有普通的杂货商才拿得出手。总之，他们的举动显得荒谬可笑，更糟的是，跟这座城市的穆斯林富商相比，他们看上去实在穷酸落魄。

瓦斯科·达伽马力不从心，全然不知该何去何从。

礼物受到冷落之后，达伽马整日等待着两位高官再次现身。他们没来，但他出丑的消息显然传播得很快。一拨又一拨穆斯林商人出现在他的宿营地，大肆嘲笑那些被人拒收的货物。

这时，总船长对所发生的一切已经怒不可遏。他抱怨说，印度人原来如此冷漠无情、不可信赖。他准备去王宫，却在最后一刻决定再等一等。和往常一样，他的手下就要轻松许多，

因为不必顾忌尊严问题。“对于我们其他人来说，”记录者写道，“我们自己消遣，和着号角唱歌跳舞，玩得很开心。”[6]

第二天早晨，两位高官终于现身了，引着葡萄牙人去了王宫。

庭院里林立着武装卫兵，达伽马等了四个小时。正午时分，骄阳似火，温度还在不断上升，礼宾官出现了，告诉总船长只 238
能带两个人进去。

“我昨天就在等你了，”[7] 来访者刚一走进听力所及范围，扎莫林便如此斥责他。

达伽马不愿丢脸，他温和地回答说，长途旅行令他疲惫不堪。

扎莫林激烈反驳道，总船长曾经说过他是从一个非常富有的国王那里领命来建立友谊的。而他却没有携带任何证据。那么他心目中的友谊是一种什么概念？他还承诺要递交一封信件，却连这个也没拿出来。

“我什么也没带来，”达伽马回道，坚决不去理会这种冷遇，“因为这次航行的目的只是发现。”他还补充说，没有人知道他此次能否以前所未有的方式抵达卡利卡特。如果其他船只步其后尘，扎莫林就会看到他的国家有多富裕了。至于信件，他当然带了一封，并会立刻呈上。

扎莫林拒绝受人摆布。他问总船长想发现的是什么？是宝石，还是人？如果他们是来找人的话，为何不带礼物？也许他带了，只是不愿呈送罢了。他得知，他们的一条船上有一座圣母玛利亚的金像。

达伽马愤怒地答道，那座雕像不是金的，而是木像镀金的。就算它是纯金的，他也不会把它送出去。圣母玛利亚引导着他安全渡过大洋，还会引导他回到自己的国度。

扎莫林让步了，转而要看那封信。

达伽马请求道，首先，他应该召来一个会说阿拉伯语的基督徒，因为穆斯林想害他，他们无疑会误传信件内容。

扎莫林表示同意，所有的人都等着，直到一位年轻的翻译出现。

他们恢复交流后，达伽马解释说，他有两封信：一封是以
239 他自己的语言写就的，另一封是阿拉伯语的。他能看得懂第一封信，知道其中没有任何冒犯的内容；至于另一封信，他不懂阿拉伯语，它也许尽善尽美，但也可能含有招致误会的差错。他大概是希望“基督徒”能与费尔南·马丁斯用阿拉伯语协商一下，他已把后者带进了宫廷，为的是在翻译成马拉雅拉姆语之前，仔细检查一下信件的内容。然而事实上那位年轻翻译只会说阿拉伯语，却根本不会读，达伽马的缜密计划破产了，最后被迫把信交给四个穆斯林。[8] 他们读了一遍，大声翻译成国王的语言。

信件充满了葡萄牙王室的恭维之辞。信中说，国王曼努埃尔得知，扎莫林不仅是全印度最强大的国王之一，而且还是位基督徒。他立即派人与其建立友谊和贸易往来。如果扎莫林能许可他们购买香料，他就会送来很多印度没有的东西，如果他的总船长携带的样品不能令人满意，他很愿意送来黄金白银。

一想到新的可征税货物将会源源而来，大幅提升其收入，扎莫林的态度缓和了一些。

他问达伽马：“贵国的商品都有些什么？”

“很多玉米，”总船长答道，“布料、铁、青铜，还有很多其他东西。”

“这些商品都带来了吗?”扎莫林问道。

“作为样品，每种都带了一点”，达伽马答道。他又补充说，如果允许他回到船上去，他就会命人卸货，可以有四五个人留在宿营地作为人质。

让达伽马愤怒的是，扎莫林拒绝了这个提议。他说，总船长现在就可以把人都带走；他可以像普通商人一样，把船妥当 240
地停到港口里去，卸下货物，尽其所能以最好价格出售商品。

达伽马无意做这类事情。他清楚地知道，自己的货物几乎一钱不值；他此行的目的是为了直接与扎莫林缔结条约，而不是来和穆斯林商人交换小玩意儿的。他退出宫廷，叫上手下人，一起返回了营地。天色已晚，因此他也没打算当即离去。

第二天上午，扎莫林的代表们带着一匹供他使用的马来了。不管这是不是恶作剧，达伽马拒绝再度被羞辱，要求抬轿来接。一行人绕路去一个富商那里借了一顶轿子后，踏上了返回舰队的艰苦旅途，陪同他们的还有另一大队士兵和更多好奇的群众。

其余的葡萄牙人均徒步前进，很快就落到了后面。总督坐着自己的轿子赶上来时，他们正尽其所能地在泥泞中艰难跋涉，但不久后，总督和大队人马就无影无踪了。船员们迷了路，在内陆游荡到了很远的地方，如果不是总督派一名向导前来相救，他们或许还会走得更远。最终在长日将尽之时，他们找到了路，抵达班达里。

他们在港口路旁的一个供旅行者遮风挡雨的栖身之处找到达伽马时，太阳已经落下去了。达伽马怒视着手下，不留情面地说，要是他们跟上队伍，他如今已经上船了。

总督带着一大群手下和他在一起，达伽马立即要求他们提供一条小船。印度人建议他等到翌日早上，并解释说，现在时间已晚，他有可能在黑暗中迷失方向。

达伽马不听劝阻。他坚持说，除非总督立即给他一条小船，
241 否则他就回城告知扎莫林，他的官员拒绝护送访客回船。他还说，他们显然企图扣押他，这种对待基督教同胞的做法实在糟糕。

“他们看到船长面色阴沉，”记录者写道，“就说他当然可以立即启程，如果需要的话，他们可以给他 30 条小船。”[9]

一片黑暗中，印度人把葡萄牙人引到海滩上。往常停靠在那里的小船似乎都随着主人们消失了，总督命人去找。达伽马疑心越来越重，他确信总督在虚张声势。为小心起见，他悄悄地让手下的三个人沿着海滩去找尼古劳·科埃略的船；如果找到了，就告诉他回避一下。侦查小队一无所获，但当他们回来后，却发现其他人都消失了。

总督一发现三个水手失踪了，就护送余下的外乡人去了一个穆斯林商人的宅邸，并把他们留在那里，他解释说，他和士兵们要回去寻找走散的人。时间已晚，达伽马让费尔南·马丁斯从宅邸主人那里买了一些食物。在精疲力竭的跋涉之后，大家饥肠辘辘，极不雅观地倒在地板上，开始享用鸡肉和米饭。

搜寻队伍直到早上才回来，那时，达伽马的情绪已有所缓和。他心情愉快地对手下人说，看起来印度人终究还是友好的；他们警告不要连夜赶路无疑也是对的。手下人第一次没有像指挥官那样乐观，他们疑心重重地环顾着周围的一切。

时间是 6 月 1 日。还没找到那三个侦查员，达伽马猜测他们跟科埃略一起走了。他再次要求派船，但总督的人没有同意，开始窃窃私语起来。最后他们说，如果总船长命令自己的舰队停到离岸更近的地方，就给他们提供小船。

此中有诈，因为扎莫林也提出了相同的请求，但达伽马坚 242
决不肯让舰队和船员们身处险境。他答道，如果他下了这样的命令，他的哥哥就会以为他被俘了，并会立即启程回国。

印度人反驳说，除非他按他们所说下达命令做，否则他和他的人就不得离开。

双方看来陷入了僵局，达伽马愤怒地涨红了脸。他简单扼要地说，那样的话，他最好还是回卡利卡特去。他还说，如果扎莫林希望他留在这里，拒绝让他离开，那另当别论，他会欣然听命。如果不是那样的话，扎莫林无疑会很想知道是谁在公然违抗他的命令。

印度人看来缓和了一些，但还没等任何人有机会采取行动，一支更大的武装军队就出现在房前，砰地一声关上了门。除非有撤岗命令，否则任何人都不得出门，就算是解手也不行。

官员们很快就带着新命令回来了。他们说，如果舰队不靠岸，葡萄牙人就必须交出船帆和船舵。

达伽马反驳说他们绝不会照做。印度人怎样处置他都可以，但他绝不屈服。不过他又说，他的人正在挨饿；如果要扣押他，能否先释放了他们？

守卫拒绝撤离。他们回答说，葡萄牙人必须待在原地。就算饿死了也不管；他们根本无所谓。

总船长和他的人开始担心发生了最坏的情况，但还是竭力扮出一副勇敢的面孔。正当他们等待逮捕者的下一步举动时，一名失踪的水手出现了。他说，前一天晚上，三个侦查员的确找到了尼古劳·科埃略，但科埃略没有像达伽马敦促的那样远远避开，而是继续驻扎在海滩附近等着他们。

达伽马悄悄地告诉一个手下人溜出去传话给科埃略，严令 243

他速回舰队，把船开到更安全的地方去。水手偷偷溜出去跑下了海滩，跳上一条小船，立即向舰队划去。然而守卫发现了他，高声叫喊起来。突然，消失的印度小船出现了，守卫们把一支颇具规模的小型舰队拉进水中。他们狂怒地追赶撤退的葡萄牙人，但很快就发觉根本赶不上他。他们转而回到岸上，让总船长写信给他的哥哥，命令他把舰队带回港口。

达伽马回答说，他个人非常乐意服从，但就像他解释过的那样，他的哥哥绝不会听命。就算他服从了命令，水手们也不愿送死，他们绝不会让步的。

印度人不相信他的话。他们反驳说，他是指挥官，下达的命令难道还有人会不服从吗？

葡萄牙人挤在一处商量对策。达伽马此刻已下定决心要不惜一切代价让船队远离港口；他解释说，一旦进港，远程火炮就会毫无用武之地，他们也会轻易被俘。他还说，印度人俘获舰队后，无疑会先杀了他，然后杀死其余的人。他的手下表示同意，大家英雄所见略同。

一天下来，局势越来越紧张。那一夜，100 名卫兵聚集在囚犯们的房前轮班把守。他们带着刀剑、双刃战斧和弓箭，越来越焦躁不安。葡萄牙人得知，他们会被一个一个地带到远处，至少会挨一顿痛打，不过他们仍然用丰富的当地食材给自己好好准备了一顿晚餐。

第二天一早，总督回来提出了一个折中方案。因为总船长曾告诉扎莫林说他准备卸下货物，他就应该下令完成此事。按照卡利卡特的习俗，所有的船都要立即卸货，船员和商人也要
244 留在岸上，直到生意成交。这一次，他们可以高抬贵手，货物一上岸，达伽马和他的人就可以回到船上去。

达伽马并未做出过这样的承诺，但看到自己毫无争论的余地，就坐下来给哥哥写了一封信。他解释说自己被捕了，不过他很小心地说自己得到了优待，还告诉保罗把一部分——并非全部——货物送过来。他补充说，如果自己未能尽快返回，保罗应该认为他仍然在押，且印度人企图劫持船只。那样的话，保罗应该起航回葡萄牙，向国王解释一切。他还说他相信曼努埃尔一世会派遣一支强大的舰队，而他也必定会恢复自由。

保罗立即把部分货物装上一条小船，不过在与报信人激烈讨论之后，他差人带话回来说，如果不能和弟弟一起回国，他就没脸活下去了。他还说，他相信在上帝的帮助下，他们这一小队人就足以让达伽马重获自由。

小船到岸，货物被转移到一个空仓库。总督信守诺言，放了达伽马和他的人。他们回到舰队，把文书迪奥戈·迪亚士和一个助手留在岸上照看货物。

“我们对此欣喜若狂，”记录者写道，“感谢上帝，我们终于逃出了那些人的魔掌，他们简直与禽兽相差无几。”[10]

12. 危险与欢愉

245 马拉巴尔海岸的落日像一个巨大的火球，壮丽地沉入印度洋。天空中满是橘色和柠檬色、奶油色和蓝色的条纹。海上，一团团积云闪闪发光，下部被余晖照耀着，恰似天堂波浪起伏的底面。地面上空，一缕缕翻卷的云团变成了美妙而强烈的紫罗兰色，看上去像是刷到了棕榈林的梢头。轻柔的海浪把古铜色的涟漪送到岸上；漂浮的水藻团，海上最后几条小船，以及在岸边树枝间翻飞的乌鸦，都在将熄之火的背景下现出剪影。白日在绿松石色、蔚蓝色、果汁黄、鲑鱼粉、焦茶色和沙色织就的五彩缤纷中逐渐消退，云色渐暗，随后又变成蓝色、灰色和白色的一片水彩污渍，夜幕降临卡利卡特。

就连最强悍的水手也很难对印度之美无动于衷。然而那些诉说着天堂里潜伏着危险的古老传说此刻都变成了现实。对于葡萄牙人来说，这里毕竟是毒蛇守护着胡椒种植园的东方。

达伽马回船后的几天里，葡萄牙人的仓库接待了络绎不绝的访客，但没有买家。穆斯林商人似乎只是为嘲笑他们而来，几天过后，达伽马派一个报信人带着一封正式的投诉信去了王宫，抱怨自己和手下及他们的货物所遭受的待遇。他补充强调说他等待着扎莫林的命令，一旦扎莫林决定了采取何种行动，他和他的舰队愿意随时效劳。

246 报信人很快就带着一个奈尔贵族回来了，奈尔贵族是来守卫仓库的，随行的还有七八位来验货的商人，如果看到有什么合适的货物，这些商人就顺手买下。他报告说，扎莫林听说他的手下人扣押总船长非常生气，准备惩罚那些坏基督徒。至于穆斯林，他授权葡萄牙人杀死任何擅闯其仓库的人，不必担心报复。这位统治者不知道葡萄牙国王到底有多强大，因此决定避免正面冲突。

商人们待了八天，但对欧洲人的货物也不看好，什么也没买。穆斯林现在倒是不来了，但气氛变得紧张起来。水手们每次登陆，他们的敌手都会往地上吐痰。“葡萄牙，葡萄牙”，他们嘶声说道，把这个国名变成了一种嘲讽。达伽马命令手下一笑置之，但他们的心情日趋紧张。

残酷的事实显而易见：在班达里，无人会购买哪怕一包布料，因此达伽马又派了一个报信人去找扎莫林，请他准许把货物转到卡利卡特城里去。统治者再次施恩，让总督组织了一队脚夫，把整批货物扛了过去。扎莫林向总船长保证，这笔费用由他本人支付；葡萄牙国王的一切财物都不会因费用问题对其国家造成负担。

时间已是 6 月 24 日。海面上的巨大起伏令船只颠簸不已，巨大的雨滴像石弹一样砸在甲板上。卖不出去的货物正靠肩扛船运送往卡利卡特，但几乎无人对它们抱有什么希望。达伽马推断哥哥一直都是对的，便发誓再也不踏足任何外国海岸。既然如此，他便决定，只有让手下人把自己仅有的几样东西拿去交易香料才算公平，也算是聊胜于无。他跟手下的船员说，最安全的做法是每船一次只派一人上岸，这样每个人都有机会交易，而无需把大批人质置于险地，成诱敌之饵。

手下照办，三三两两地上岸，经过停在海滩上的小船、渔夫的棚屋和小寺庙，经过在雨中玩耍和舞蹈的孩童，沿着漫长 247

的小路走到卡利卡特。他们一路瞥见了坐落在茂盛的花园和果园之中、被刷成鲜绿和明蓝色的有拱廊的凉亭，兴奋地看到无处不在的灰猴子用后腿站立，磨着牙行动鬼祟。每一所房子无论大小，其入口处都有一个大门廊，木地板闪闪发光，跟桌子一样干净，随时为外乡人提供食物、饮用水和休息的地方。根据近来的经验，葡萄牙人欣慰地发现，至少当地人对自己教会的兄弟还是很热忱好客的。记录者写道，水手们“沿路受到基督徒的欢迎，有一个水手走进一幢房子吃饭或睡觉时，他们表现得非常高兴，还任其取用想要的所有东西”[1]。

挤在全是男人的狭小空间长达一年后，探险家们厚着脸皮盯着印度女人看。她们自腰部以上全裸，在脖颈、胳膊、大腿和手脚上戴了很多珠宝。她们的耳朵眼里填上了黄金和宝石，当地的时尚显然是把耳垂扯得越长越好；一位旅行者报告，扎莫林王后的耳朵一直拉到跟乳头齐平。让他们发自内心的喜悦的是，水手们很快便发现，在上中层种姓中，婚姻并非神圣的结合。女人可以同时接待几个“来访丈夫”；最受欢迎的女人会有十个以上丈夫。男人们集中资源，让妻子住进她自己的房子里，每个丈夫来过夜时，都把武器支在门外作为信号，让其他人远离。

女人们也盯着葡萄牙人：他们也一样充满了神秘感，穿着乱作一团的笨重衣物，在炎热天气中汗流浃背，身上像海绵一样往外渗水。有些人或许并未止步于相互了解；即便不是这样，“公共女人”也随手可得，其中有些人也是兼职的妻子。在社
248 会化的妓女体系、有高超性技巧的妓女和东方香水药膏的香味之间，欧洲男人们觉得自己来到了性欲的天堂，这一发现引发了很多出于道德的抱怨和纵欲过度。然而，满足自有其代价。

尼科洛·达·康提就曾见到过很多女人经营的商店，里面出售奇怪的东西——一种金、银或铜制的小坚果大小的东西，像铃铛一样叮当作响。他解释说：“男人在娶妻前就到这些女人这里来（否则婚姻会破裂），她们在男人阴茎的皮肤上切开多个小口，在皮肉之间放置多达12枚这种‘铃铛’（多少随他们的意愿而定）。阴茎缝合后，会在数日内痊愈。这么做是为了满足女人的淫荡欲望：因为阴茎上的这些隆起或肿块会让女人在性交时获得巨大的快感。某些男人的阴茎向下延伸到两腿之间，行走时可以听到叮当的铃声。”[2] 康提可不愿意这么干，这个意大利人宁愿“被女人嘲笑阴茎短小，还纷纷邀请他去做矫正”，也不愿为取悦女人这般苦了自己。

更加好奇的水手们还报告了更奇怪的习俗。牛四处游荡，甚至还会走进王宫，并得到隆重的优待，连扎莫林也会起身给它们腾地方。而人们会避开很多男男女女，就像他们是麻风病人一样。婆罗门和奈尔沿街行走时会喊：“走！走！”这是在警告低种姓的人让开道路。如果哪个下等人未能退到一旁低下头，无论他多有钱、多有势力，上等人都可以“随意刺死他，没有人会过问他这么做的理由”。[3] 一旦被人触碰——就算是被葡萄牙人碰一下——出身高贵的人必须进行沐浴仪式来清洁身心；他们解释说，如果没有采取防备，他们就会沐浴一整天。

最低种姓的人不能接近城市；他们住在乡野，靠田鼠干和鱼干维生，如果触碰到较高种姓的人，他们自己及其亲属都会成为被攻击的对象。如此说来，很多人皈依伊斯兰教也就不足为奇了。然而，所有种姓中最不洁的——方士和驱魔师——却 249
会在扎莫林生病后受到追捧。他们在扎莫林的门前支起帐篷，把自己的身体涂成彩虹色，戴上由花草制作的花冠，点起一堆篝火。在号角、铜鼓和铙钹的嘈杂声中，他们呐喊着跳出帐篷来做鬼脸、吐火，在明火中跳上跳下。两三天后，他们在地上画圆圈并在圈里吐口水，直到魔鬼上身，告知该如何治愈王室之疾。扎莫林必定会照做。

更奇怪的是印度人的宗教仪式，即使是从小听着圣人自虐的故事长大的欧洲人也咋舌不已。他们发现，有些狂热的教徒在祭司面前已经做好了自我献祭的准备：

> 这些人脖子上戴着一个宽大的铁圈，前面部分是圆形的，后面极其锋利。连在前部的一条链子垂在胸前。牺牲者把双脚插进铁圈，两腿抬起、脖颈弯曲地坐好。然后，当演讲者讲完某些话后，他们会突然伸直双腿，同时伸直脖子，切下自己的头颅，将生命奉献给他们的神。这些人被看作圣人。[4]

节日是这种自杀式奉献行为特别频繁的时段。在一年当中的某一天，一队大象拉着一辆车，车里装着一座神像，由浑身佩戴珠宝、吟唱着圣歌的女郎们陪伴着穿街走巷。一个来自欧洲的旁观者报告说，很多印度人“被狂热的信仰冲昏了头脑，自愿躺在车轮前的地上希望被车碾死，他们说，神灵们乐见这种死法。还有人在身两侧分别切开一个切口，在身体里穿进绳
250 子，把自己挂在车上作为装饰，半死不活地挂在那里与偶像相伴。他们认为这是最好的牺牲，也最令神灵满意”。

而在外乡人看来——不管是穆斯林和基督徒——殉夫仪式是最让他们无法接受的习俗。据一个旅行者报告，印度法律规定，丈夫去世，原配妻子必须被烧死，其他各位妻子结婚时就“已明确约定她们要以死为葬礼添加光彩，这被认为

是她们的无上荣光……。火堆点燃后，盛装打扮的妻子在一大群人的陪同之下，在号角、长笛和歌声中欢快地绕着火堆边走边唱……继而跃入火中。如果有人表现出恐惧（此事经常发生，看到其他人在火中遭受折磨的恐怖场景，她们惊呆了），无论是否愿意，她们都会被旁观者扔进火中”[5]。西方人对这种场面产生了病态的着迷。“真是太神奇了，”另一个旁观者说，“女人的身体居然有这么多油，一个女人的身体便可作为油脂烧光五六个男人的身体”[6]。

在完成了有关印度文化的速成培训后，水手们出发去海港后面人群拥挤的广场和集市。他们试图在那里出售自己的少量财产——一只黄铜或红铜手镯，一件新衬衫，甚或他们身上脱下来的旧亚麻衬衫。他们也觉得自己对于葡萄牙货物在东方的价值过于乐观了：在葡萄牙被认为是非常精美的服装，在这里只值原价的十分之一。在这里，那些东西根本不值钱，买家随便给点什么都卖——一把丁香，一束肉桂，一两块石榴石、蓝宝石或极小粒的红宝石——只要能带回一点儿纪念品。晚上，商人们用门闩和大铁锁锁上店铺，扎莫林的官员们在商业区周围降下栅栏，水手们也回到船上。

船员在城里自由活动时，市民们则纷纷划船出海，爬上葡
萄牙人舰船的甲板，用椰子、鸡肉和鱼来交易面包、饼干或硬 251
币。很多人带着孩子来看外国气派的船。有些人显然饥肠辘辘，
达伽马命令手下人给他们食物，不过这倒并非出自慷慨，而是
“为了建立和平亲善的关系，让他们说我们的好话，而不是惹
人讨厌”[7]。公关工作做得非常好，城里来的访客们直到深夜才
离船回城，总船长对此振奋不已。他决定在卡利卡特留一个代
理商、一个文书和一个小职员，好越过商人直接出售货物给市

民。在友好的本地基督徒的帮助下，他希望葡萄牙人最终能在印度扎根。

每个人都轮流上岸之后，时间已到 8 月，达伽马为回国做好了充分的准备。在下令返航之前，他派文书迪奥戈·迪亚士去通知扎莫林舰队已准备起航，并请求派送承诺过的大使。迪亚士还将向统治者献上最后一份礼物——一口装满了琥珀、珊瑚、头巾、丝绸和其他漂亮东西的箱子，并请求扎莫林以大量肉桂和丁香，以及其他货物的样品作为交换。如果有必要的话，他会说，留在这里的代理商将在资金到位后支付这些香料的费用。达伽马这么做几乎没抱什么希望，但他非常清楚克里斯托弗·哥伦布回国时并没有明确的证据表明后者曾抵达三印，他可不愿犯同样的错误。

迪亚士等了四天。当他最终获准去觐见厅时，扎莫林向他投来了令他不安的一瞥，但还是很不耐烦地听完了他的陈述。他对礼物不屑一顾，待迪亚士说完后，扎莫林警告他说，葡萄牙人必须支付完海关离境税后才能离开。

迪亚士告退，说他会转达这个口信，但他再也没能回到舰队去。他刚一离开王宫就被人尾随，当他在葡萄牙人的仓库停
252 留时，一伙武装人员冲了进来，堵住了门。与此同时，一个公告传遍全城，禁止任何船只靠近外乡人的舰队，违者处死。

迪亚士、代理商、文书以及他们的助手们都被关在仓库里。跟他们一起来的有个当仆人的非洲男孩，他们让他设法去舰队那里通报他们身处困境。男孩溜到渔夫的营地，雇了一个船长让他用船送自己出海。在夜色的掩护下，渔夫划到舰队那里，看着他的乘客登船，然后划回了岸边。

葡萄牙人听说此事后，比以前更加沮丧和困惑了。

"这个消息让我们很难过，"记录者写道，"不仅因为我们看到一些自己人落入敌手，还因为这妨碍了我们出发的计划。另外让我们感到难过的是，我们全身心托付的一个基督教国王，竟然对我们做出这样敌对的举动。与此同时，我们倒不觉得他是真正的罪魁祸首，因为我们非常清楚，那些来自麦加等地的摩尔商人对我们有所了解，可能对我们充满恶意。"[8] 他们还是不明白扎莫林为何没有跟他们一样对这个历史性时刻激动不已——多么令人振奋啊，他的基督教兄弟终于不远万里，航海抵达了东方。

另一个访客的到来很快使他们有所启发。突尼斯商人蒙萨德之所以会经常造访舰队，主要原因是达伽马曾雇他上岸收集情报。在他的帮助下，葡萄牙人总算拼凑出一个可信的版本，了解了事情何以出现差池。

作为远道而来的外国人，他们没有给扎莫林带来合适的贡品，蒙萨德解释道，这对城里的穆斯林来说是个大礼。马皮拉人起初担心葡萄牙人或许会毁掉他们的生意，因而曾密谋俘虏达伽马，夺取其船只，并杀死他所有的手下。他们暗示扎莫林的顾问，说总船长并非大使，不过是个惯于抢劫掠夺的海盗，还向总督提出了诉讼。总督及时向扎莫林报告说，外面盛传这些葡萄牙人是被其自己的国家流放的私掠船。他还说，那封据 253
称来自葡萄牙国王的信件无疑是伪造的，哪一个头脑正常的国王会只为了建立友谊而派大使去那么远的地方？即便这是真的，友谊也意味着交流和帮助，但对印度来说，葡萄牙在地理上和文化上都远在天边。此外，这位据说强大无比的国王送来的礼物可没能证明他的实力。他敦促扎莫林最好还是守着穆斯林奉上的利润，不必相信那些来自世界尽头之人的承诺。

据蒙萨德说，扎莫林对传言大感惊讶，因此对欧洲人的态度也随之强硬起来。与此同时，商人们贿赂总督扣押达伽马及其手下，以便派人暗中行刺。总督跟着告辞的探险家冲出城，除非扎莫林改变了主意，否则绝不会让俘虏离开。尽管阴谋失败了，但穆斯林还是继续活动，最终扎莫林也拿定主意站到后者一边。蒙萨德警告达伽马和他的手下，千万不要进城，那是拿性命开玩笑，两位印度访客也再三强调了同样的警示。“如果船长们上岸的话，”他们强调道，“他们的头就会被砍下，国王向来是这么对待那些来到他的国家却又不向他进贡黄金之人的。”[9]

“事态就是如此”，记录者无望地写道。

葡萄牙人信以为真。不过瓦斯科·达伽马之所以陷入麻烦，还有一个更简单的解释。按照这里的习俗，大使应当向扎莫林呈献贵重的礼物。同时，按照这里的法律，来访的商人应当对自己接受的款待和保护报以什一税。达伽马以大使和商人的双重身份出现，却未能履行这两项义务。

真相处于两种说法之间，但无论如何，他们当前无能为力。
254 葡萄牙人既没有基督教的同盟，也没有舀起来如春花般烂漫的香料，只剩下一条路可以走：诉诸武力。

第二天无人来访，但第三天，有四个年轻人带着他们贩卖的珠宝靠近舰队。小心谨慎的总船长认为他们是穆斯林商人派来的间谍，但还是热情欢迎他们，希望随后会有要人出现。

四五天后，一行25人来到船旁，其中有六个奈尔贵族。达伽马请君入瓮，俘虏了这六个人，还另外抓了十几个人。其余的人被塞进小船送回岸上，身上携带着总船长请两个印度人用马拉雅拉姆语写的一封信，以呈交给扎莫林的代理商。这封信的主旨是葡萄牙人提出交换人质。

消息传得很快。人质的亲友聚在葡萄牙人的仓库门前，强迫守卫释放俘虏，并故意把他们送到代理商的房前。

时间是 8 月 23 日，达伽马决定假装出发。季风仍在猛烈地吹着，船队被吹向大海，距离比他预期的还要远。第二天，他们又被吹回了陆地。两天后仍然没有看到他们的人出现，在更加不间断的狂风之下，他们再次漂离了岸边，直到海岸在海平面上依稀可见。

第二天，一条小船带着口信靠近了。迪奥戈·迪亚士已被移交王宫。如果葡萄牙人释放人质，王宫就把他交还给他们。

达伽马确信他的人已经遇害，而敌人企图争取时间。他知道阿拉伯舰队数周之后便会到来，还坚信卡利卡特的穆斯林正在武装，准备夹击基督徒。他威胁要对小船开火，并警告报信人最好带着他的代理商一起回来，至少也要带来他的口信。他咆哮道，他们最好快点行动，否则他会砍下人质的头颅。

大风忽起，舰队沿着海岸前进。 255

在卡利卡特，达伽马的策略似乎起了作用。扎莫林派人召来迪亚士，这一次他对待迪亚士的态度明显友善多了。他问迪亚士，总船长为何要带着他的臣民起航？

迪亚士怒不可遏，刻薄地回答道，扎莫林应该很清楚个中缘由，他囚禁了迪亚士及其手下，至今仍然阻止他们回到船上去。

扎莫林装作大吃一惊。他说，总船长做得对，然后突然对他的代理商发难。

他以威胁的语气问道：“你不知道我最近刚刚处死了另一

个代理商，就因为他对来到我国的一些商人索要贿赂吗？”[10]

他又转向迪亚士。

他对迪亚士说：“带着你的人回船去吧。告诉船长把他抓的人送回来。告诉他，我记得他说过想在岸上立柱子的事，那些送你们回船的人会把柱子带回来立在那里的，当然你也可以留在这里看管你们的货物。”

临走前，扎莫林让迪亚士用铁笔在棕榈叶上写了一封信。信是写给葡萄牙国王的。

在通常的美言之后，信中这样写道：“贵国绅士瓦斯科·达伽马来到我国，我对此十分高兴。我的国家盛产肉桂、丁香、姜、胡椒和宝石。我愿意换取贵国的黄金、白银、珊瑚和绯红布料。”

扎莫林命文书把信交给总船长，请他转交他的国王。最终，他觉得不妨看看外乡人是否会带着更有价值的货物回来。

8 月 27 日上午，七条小船带着迪亚士和他的人驶向葡萄牙人的舰队。印度人不愿太靠近达伽马的船，在经过一番辩论后，
256 他们小心翼翼地靠近圣加布里埃尔号的船尾上拴着的一艘大艇。获得自由的船员爬上船去，小船后退了一些，等待着回应。

印度人没有带来葡萄牙人的货物，因为他们满以为代理商和他的人员能回到城里去。达伽马此时却另有打算。现在他的人都安全上船了，他可不想放这些人走。他命人把柱子搬到小船上，并释放了几名人质，包括那六个奈尔贵族。但他还留下了六个人，答应如果第二天把他的货物归还，便释放他们。

第二天，友善的突尼斯商人手忙脚乱地出现了。蒙萨德爬上船来，气喘吁吁地请求庇护。他所有的财产都被扣押了，而且他担心自己有性命之忧。印度人看见他与葡萄牙人关系友好，

便指控他是个隐蔽的基督徒，是被派来暗中监视这座城市的。他哀嚎道，他这人一贯运气不怎么好，如果留在城里，无疑会被谋杀。蒙萨德已经证明自己是个能干的报信人，达伽马同意带他去葡萄牙。

上午十点，七条小船靠近了舰队。摊开在横坐板上的是葡萄牙人的 12 包条纹布料。扎莫林的人坚称他们在仓库里找到的东西就这么多了。

达伽马毫不客气地让他们滚开。他的翻译大声喊道，他根本没把那些货物放在心上，并准备把囚犯带回葡萄牙去。的确，很多货物仍然下落不明，但更重要的是，达伽马需要一些印度人来证明他的发现，而扎莫林食言而肥，没有派来大使。作为临别赠言，他警告小船上的人当心。他发誓如果走运，他很快就会回来，那时他们就会发现自己听穆斯林的话，称他和其船员们为盗贼，是有多不明智了。他一声令下，炮手用一轮火炮齐射响应了他的话，印度人慌忙划船逃走。

时间已近 8 月底。达伽马与船长们商量了一下，他们很快 257
便做出了决定。记录者如实记录了下来：

> 鉴于我们发现了自己前来寻找的国家以及香料和宝石，并且看来不可能与这里的人民建立友好关系，我们最好还是离开。我们决定带上我们扣押的人，因为一旦重返卡利卡特，他们可以帮助我们建立友好关系。因此，我们扬帆返回葡萄牙，并为我们如此幸运，能有如此重大的发现而大声欢呼。

谁也不能假装此番一切顺利。年轻的指挥官谈吐得体，但未能与扎莫林达成协议。他待的时间越长，情况就越令人难堪。

三个月后，船上的储备几乎消耗殆尽。最糟的是，葡萄牙人原以为那些人是基督教兄弟，但他们表现出来的敌意让葡萄牙人深感震惊。

探险家们的失误很快就对他们带来了挥之不去的困扰，但即便如此，瓦斯科·达伽马实现了惊人之举，这一点是毋庸置疑的。他开辟的路线日后会有成千上万人追随，数百万人的生活会随之发生永久的变化，即便不一定变得更好。

现在他要做的事便是回国。事实证明，那成为整个旅程中最艰难的部分。

返程路上的第一天，麻烦就开始了。

舰队驶离卡利卡特仅有一里格之远，便因为无风而被迫停航了。船员们正等待风起时，突然发现有 70 条长划艇正从岸边向他们蜂拥而来。船上满是穿着加厚的胸铠和红布背甲的全副武装的马皮拉人。像达伽马此前猜想的一样，穆斯林商人一直蠢蠢欲动，他们准备了一支作战舰队，只不过他们扣押闯入者的时间不够长，所以没能等到阿拉伯的大船到来。

258 炮手们急忙各就各位，等待总船长发出信号。敌人刚一进入射程，他就下令开火。火光闪过便是一声轰鸣，炮弹呼啸着穿越海面，在小船附近溅出大量的水沫。桨手们仍然保持着自己的节奏，此时海风终起，外乡人张满了风帆，桨手们划得更加卖力了。他们跟着逃离的船只追了一个半小时，最终老天保佑，一场暴风雨把葡萄牙人扫到了外海。

短暂的恐慌过去之后，船队保持着向北的航线。为了回国，达伽马认识到他需要沿着海岸航行，直到赶上冬天雨季凉爽的东北风。一段时间后，东北风会把他平稳地吹回非洲。不过那仍然是至少三个月以后了：季风要到 11 月才开始改向。

让领航员的工作更加复杂的是，舰队如今驶进了赤道无风带。微风一会儿从陆上、一会儿从海上飘荡过来，随后又消失了。暴风毫无征兆地突然出现，而后又归于一片死寂。船队费力地沿着海岸线前进，离开卡利卡特 12 天后，他们只前进了 20 里格。

达伽马一直在反复考虑着此前发生的一切，他选了一个人质——一个瞎了一只眼的人——带着一封致扎莫林的信上岸了。在蒙萨德用阿拉伯语写的那封信里，达伽马为带走扎莫林的六个人作为人质而道歉，并解释说他的目的只是让他们为他自己的发现作证。他补充说，他原本可以把代理商留在岸上的，只是因为怕穆斯林杀了他才没这么做；他本人决定不过于频繁地上岸，也是出于这个原因。最后，他希望两个国家能够为了共同的优势和利益而建立友好关系。由于他不能指望一封信就能改变状况，他一定很精明地提到了俘虏们提供给他的情报，这个沿海地区的国王，坎纳诺尔[①]的科拉蒂里正与卡利卡特的扎莫林打仗呢。

到 9 月 15 日，船队前进了 60 里格，他们在一群小岛附近 259
锚泊。其中最大的岛屿形状狭长，南端岩石嶙峋，上有小丘，边缘有海滩延伸到北侧，岛中央被一片状如高伞的棕榈树覆盖着。此岛两里格之外是一处开阔的沙湾，其后是茂密的森林。从海湾驶来的渔船在那里出售渔获；总船长分发了几件衬衫给渔夫们，他们高兴得眉开眼笑。

达伽马终于在友善的气氛中放松下来，他问当地人是否同

① 坎纳诺尔（Cannanore），印度西南部一港口，12 世纪时是与波斯和阿拉伯有密切商业联系的重要贸易中心。其君主被称作科拉蒂里（Kolattiri）。

意他在岛上立一根柱子。“他们说，”记录者写道，“实际上他们非常乐意，因为立起柱子就证明我们是和他们一样的基督徒。”[11]至少葡萄牙人是这样理解的。

柱子被抬到目标位置，葡萄牙人以这根柱子的圣人名字——圣玛利亚——为这个岛屿命名。这几乎不能算是什么重大战利品，但人人都盼着回国，也就没那么在乎沿途的收获了。

那一夜，船队赶上一阵从陆地吹来的微风，继续向北行进。五天后，他们经过一连串美丽青翠的丘陵，看到前方离海岸不远处还有五个岛屿。[12]他们在大陆附近的锚地停泊，达伽马派遣一条小船去寻找足够他们用到非洲的淡水和木材。

刚一登岸，水手们就遇到一个年轻人，这个人把他们引到两山之间从河岸上冒出来的一条裂缝前。他们在那里找到了冒着气泡的清澈泉水，作为报答，达伽马给了向导一顶红睡帽。和往常一样，他问年轻人是基督徒还是穆斯林。那个人回答说自己是个基督徒；至少不是穆斯林，所以就只剩下另外一个选择了。达伽马告诉他说，葡萄牙人也是基督徒，年轻人似乎很高兴听到这个消息。

不久又有更友善的印度人出现了，并提出要带来访者去一个肉桂树林。水手们回来时，怀里抱着闻起来多少有些像肉桂的树枝[13]，还带着 20 个当地人，他们扛着鸡、成罐的牛奶和葫芦。在经历了那么多麻烦之后，情况似乎终于有了转机。

260 第二天一大早，他们还在等待潮汐转向，以便驶进河口好将水桶灌满时，岗哨看到几里格之外有几条船正沿着海岸行驶。达伽马起初不以为意，船员们也忙着劈木材。然而过了一会儿，他开始怀疑是不是因为离得远，那些船看起来比实际的要小。一吃过早饭，他就命令一些人划着小船去核实那些船上的人是穆斯林还是基督徒。小心起见，他还找了一个水手爬上桅楼瞭望台，后者大声喊道，六里格外的公海上有八条静止不动的大船。

达伽马决定慎重行事。甲板被清理一空，他命令炮手等那些船一驶进射程便击沉他们。

起风时，印度人的船队开始移动，他们迅速驶到距离葡萄牙人两里格的地方。在达伽马的指挥下，舰队一下窜出去，随时准备开火。

印度人看到三条怪船径直开向他们，便转舵向海岸驶去。仓促之间，印度人的一条船的船舵折断了，其船员把一条小船抬下船尾，跳进去划向陆地。尼古劳·科埃略的轻快帆船距离那条弃船最近，他的人急忙登上那条船，希望在船舱里找到丰富的战利品。但他们只找到了一些椰子、四罐棕榈糖，以及一大堆弓箭、盾牌、刀剑和长矛；船舱里除了沙子什么也没有。

其他印度船只都已靠岸。葡萄牙人没有逼近，因为这会让他们丧失炮弹的优势，所以他们选择在船上向对方开火，那些船员仓皇地逃进内陆。过了一会儿，达伽马的手下放弃了射击，拖着俘虏的船只退回到安全距离。他们还是不知道那些船来自何方，但第二天上午，七个当地人划着船靠近了。这些当地人
透露，逃走的人说他们是扎莫林派来追捕葡萄牙人的。为首的 261
是一个名叫蒂莫亚的声名狼藉的海盗[14]，如果他能做得到的话，定会杀死所有的人。

显然不能再回大陆了。第二天上午，舰队离开此地，在一个岛屿附近锚泊，葡萄牙人随当地人称之为安吉迪乌岛。印度人曾说过可以在那里找到另一处淡水源，他们让俘获的船搁浅之后，尼古劳·科埃略就出发去侦查全岛了。

科埃略在一处原始荒凉的海滩登陆，一头钻进一处茂密的

椰子树和热带长青林。突然，他看到一座山丘上有个看上去像石造大教堂的废墟。

只有礼拜堂仍然孤独地矗立着，上面重新覆盖了干草。科埃略向内窥探。

三块黑石头立在中央，一些印度人正朝着石头祈祷。面对葡萄牙人的询问，他们解释说阿拉伯水手们用这个岛来补充淡水和木材，还把居民都赶走了，他们是回来崇拜圣石的。

搜索队在教堂附近发现了一个用同样的毛石建造的大水池。水很干净，他们灌满了一些水桶。他们继续往前走，又在岛屿的最高点看到了一个大得多的水池，把剩下的水桶也都灌满了。

到这时，三条船的状况都很糟糕，极不适合航海。船员们开始了漫长的修理过程，他们把贝里奥号拖到教堂废墟前的海滩上，腾空船舱，倾翻船身。

就在他们努力修船时，两条大艇从大陆方向靠近了。它们让葡萄牙人想起了轻快的浅水单桅货船——那些小型桨帆船吃水很浅，只有一根桅杆——柏柏里海岸的海盗们就是乘着这种船突袭过往船只的。随着听起来像风笛的神秘乐声，桨手和着鼓点划桨。桅杆上飘荡着旗帜和横幅。葡萄牙人可以看见远处海岸边还潜伏着另外五条船，看样子是等着看情势的发展再决定是否出动。

262 来自卡利卡特的印度人激动地警告劫持他们的人不要让这些访客登船。他们说，这些人是纵横此间的海盗。他们会假装友善，但时机一到，他们就会拿出武器，抢走所有的东西，还把船上的人掳走为奴。

达伽马命令圣拉斐尔号和圣加布里埃尔号开火。

小船上的人赶紧躲避，还朝外乡人喊叫着。“塔姆巴拉姆！

/ 1375 年加泰罗尼亚地图集（Catalan Atlas）的细节显示了西方人想象中的非洲。左下，一名阿拉伯商人骑着骆驼走近马里帝国的皇帝曼萨·穆萨，后者手持一块出自其黄金富矿的天然金块。右下为红海。爪状的赭色线代表阿特拉斯山脉（Atlas Mountains）。/ /

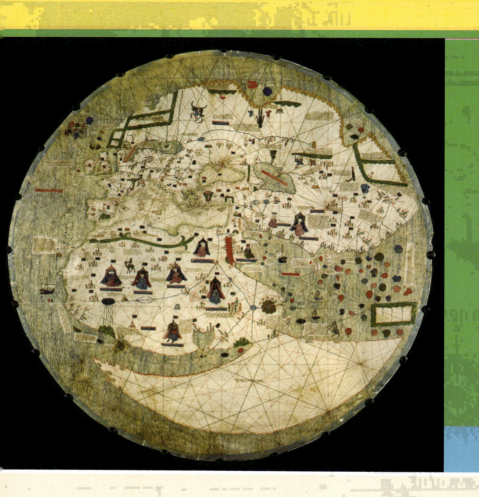

/ 在这幅 1450 年前后的加泰罗尼亚世界地图上，一个巨大的海湾切进了非洲。此幅地图描绘了欧洲人抵达传说中伟大的基督徒皇帝祭司王约翰的故乡埃塞俄比亚的希望。图中右侧的彩点代表香料群岛（Spice Islands）。/ /

/ 来自《马可·波罗游记》的这张插图显示了据信生活在亚洲的三个奇妙的种族：无头人、独脚人和独眼巨人。/ /

OCEANVS
MARE
MEDITERRANEVS
SINVS PERSICVS
OCEANVS
INDICVS
MERIDIONAL

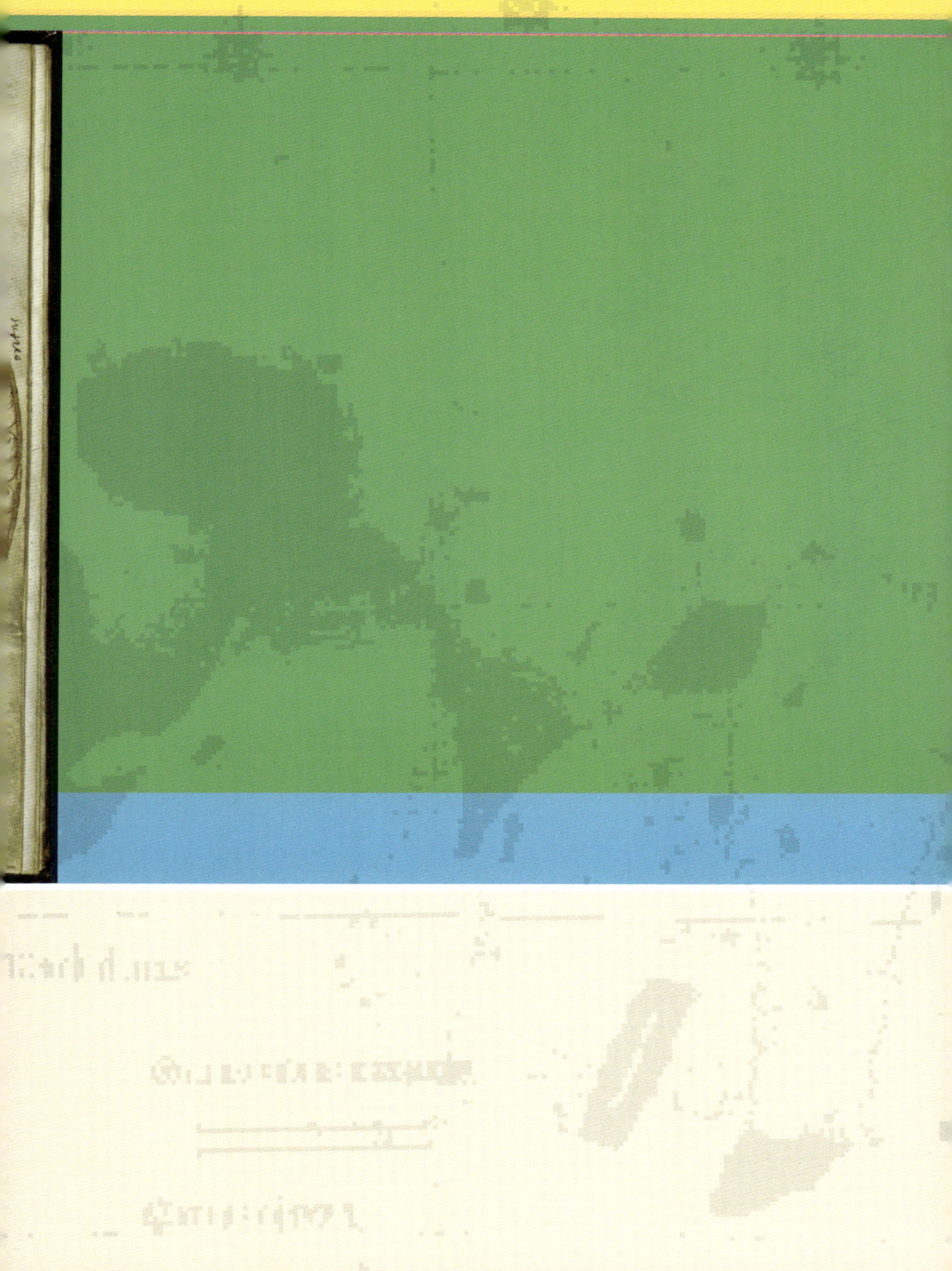

/ 亨里克斯 · 马提勒斯（Henricus Martellus）对巴尔托洛梅乌 · 迪亚士发现了非洲南端做出回应，在其 1489 年绘制的世界地图的原边界上草草画上了好望角。自 1 世纪的托勒密地图以来，人们对亚洲的描绘几乎没有变化。//

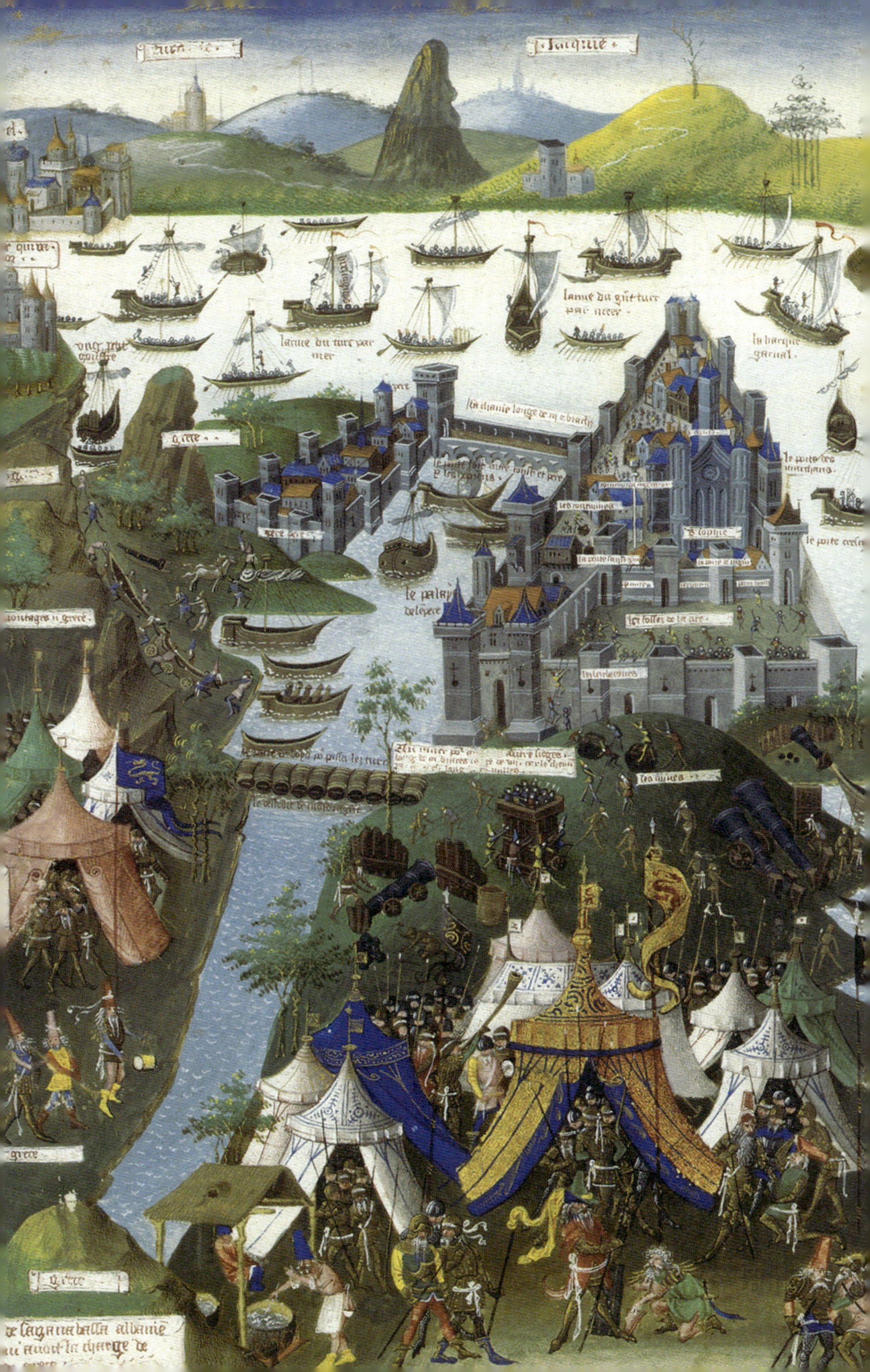

larme du turc par mer
la barque garnal

/1453 年对君士坦丁堡的最后围攻。底部是土耳其人的兵营；左侧，金角湾的对岸是加拉达石塔（Galata），热那亚人的营房。远处，拥挤的博斯普鲁斯海峡对岸就是亚洲。（左图）//
/ 航海家恩里克，选自圣文森特角（St. Vincent）15 世纪的三联画屏。（右图）//

/ 葡萄牙的“幸运儿”曼努埃尔一世，选自同时代的手抄本插图。/ /

/ 曼努埃尔一世的岳父母和敌手——阿拉贡的斐迪南二世和卡斯蒂利亚的伊莎贝拉一世，这是为其婚礼所绘的肖像。/ /

/ 特别像海盗的瓦斯科 · 达伽马，无名艺术家所绘的肖像，归达伽马的后人所有。/ /

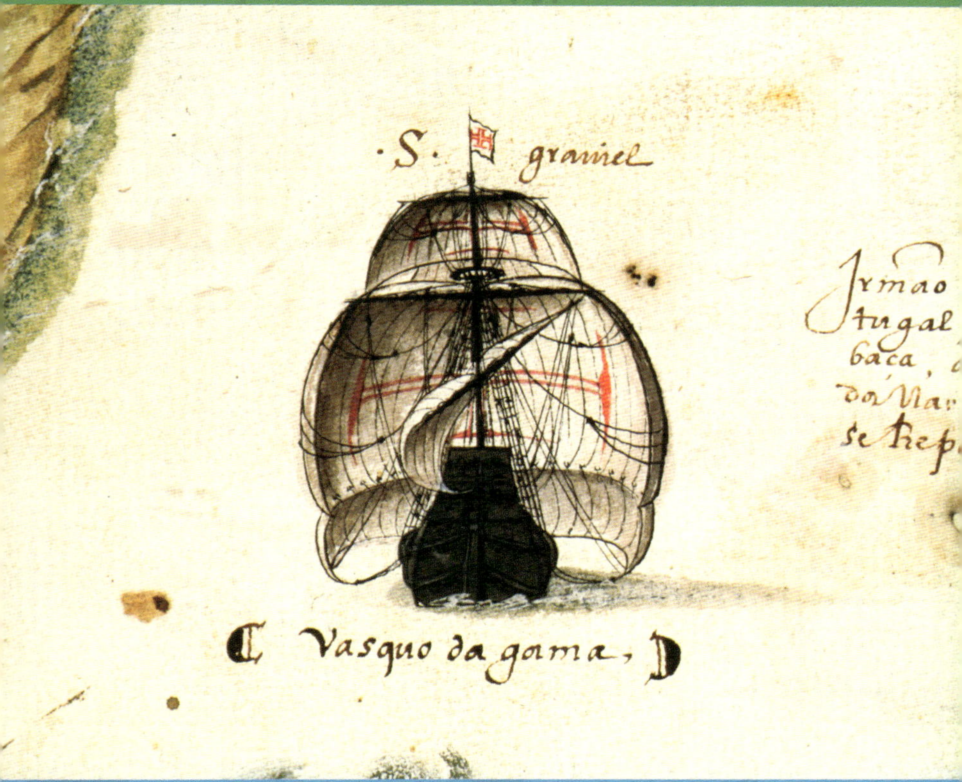

/ 圣加布里埃尔号，瓦斯科·达伽马第一次航行的旗舰，选自 1568 年的《舰队备忘录》（*Memórias das Armadas*）。/ /

/ 印度安得拉邦（Andhra Pradesh）力帕西镇（Lepakshi）维拉巴德纳庙（Veerabhadra Temple）中的 16 世纪壁画。安得拉邦曾是毗奢耶那伽罗王朝的一部分。此幅壁画大致是达伽马及其手下在卡利卡特看到的庙画类型。/ /

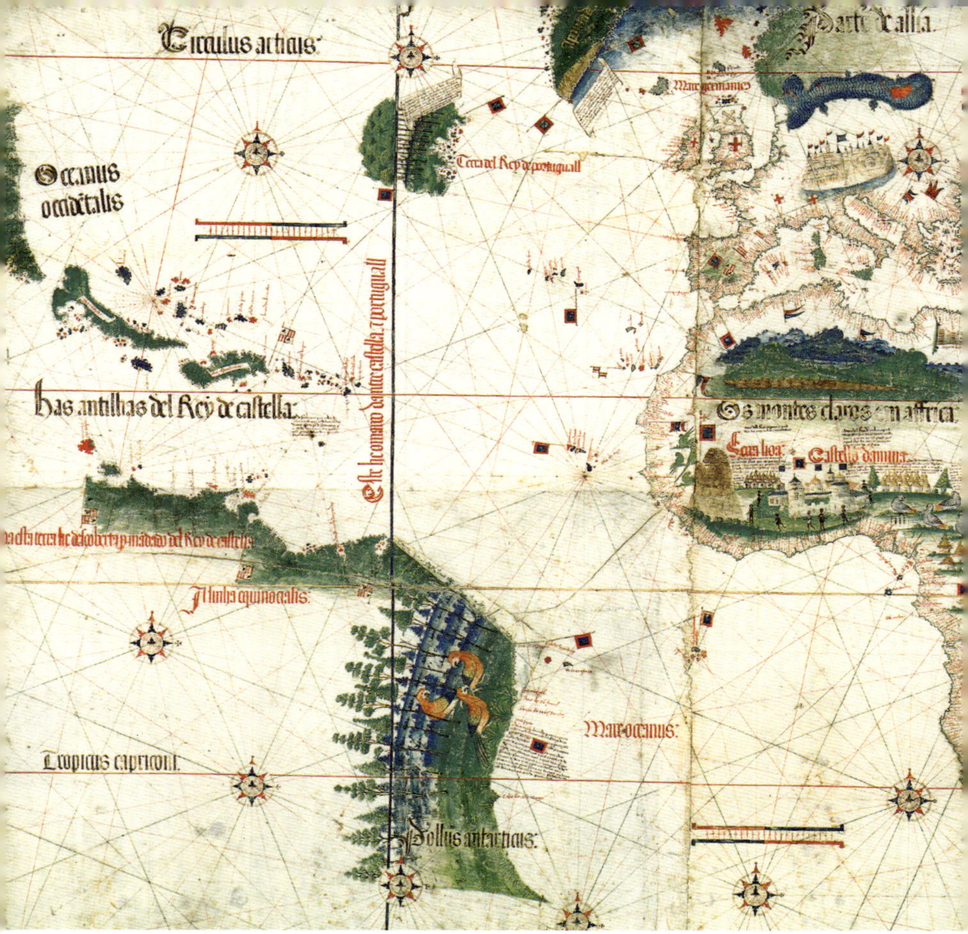
Terra del Rey de portugall
Has antilhas del Rey de castella
Mar oceanus

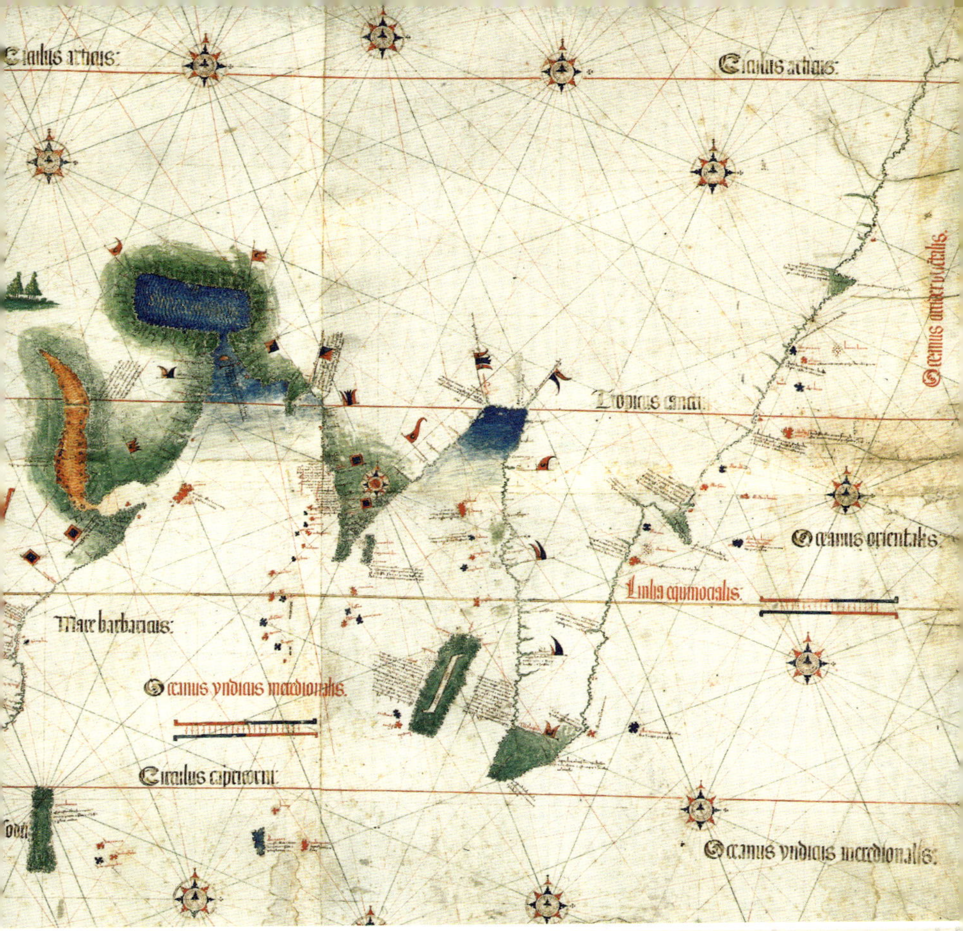

/1502 年，费拉拉公爵的间谍阿尔贝托·坎迪诺将坎迪诺平面球形图偷运出里斯本。虽然红海仍是红色的，东南亚的位置也仍多属猜测，但世界的形状开始依稀可辨了。瓦斯科·达伽马的船员谨慎绘制的路线在图中的非洲东岸和印度西岸非常明显。巴西进入了视野，其上画有“教皇子午线”（Tordesillas line），西班牙和葡萄牙据此经线分割世界。//

/ 西奈山的圣卡塔琳娜号，1524 年瓦斯科 · 达伽马最后一次航海至印度时所乘的旗舰。（左图）/ /
/ 瓦斯科 · 达伽马的肖像，绘于 1524 年前后，即他最后一次航海前夕。（右图）/ /

L

/1572 年的里斯本，选自布劳恩与霍根博格（Braun & Hogenberg）所绘之《世界城镇图集》（*Civitates Orbis Terrarum*）。古老的摩尔人城堡在右上方；全新的皇家城堡就在中央靠左的水边，这是密切注意船只装卸的最佳位置。据传，里斯本是“在整个东方最著名的贸易中心”。/ /

Gestus et habitus tam civium quc militum Lusitanorum in oriente agentium, cum publicum prodeunt.

Contenancijen ẽn habyten der Portugeesers so burge Soldaten in oost Indien als se op die straten comen.

/ 葡萄牙无赖在果阿像贵族一样虚张声势，选自让·哈伊根·范林斯霍滕的《东印度游记》（*Itinerario*）。/ /

塔姆巴拉姆！”他们喊道，意思是“主啊！主啊！”

葡萄牙人已经知道这是印度语中的上帝之意，他们推断这些人试图表明自己是基督徒。即便如此，他们猜这一定又是一个诡计，于是继续开火。桨手们急忙掉头回岸，科埃略乘着自己的小船追赶，直到最后，达伽马担心再生枝节，举起信号旗召回了他。

第二天，船员们仍在忙着修理贝里奥号时，十几个人乘着两条小船出现了。他们穿着体面的衣服，还带了一捆甘蔗作为给总船长的礼物。他们把船拖上岸，走上沙滩，请求获许看看外乡人的船。

达伽马可没有接待来客的好心情。现在看来整个沿海地区的人都知道葡萄牙人来了，而葡萄牙人对这个海岸却近乎一无所知。每天都会有新的威胁迫在眉睫，他确信这些新来的人是被派来打探情况的。他对他们吼叫着，他们后退了，并对乘着另外两条船前来的 12 个人发出了警告。

贝里奥号再次漂浮起来，船员们转战圣加布里埃尔号进行修理工作。

虽然受到了不友好的接待，但本地人还是陆续前来，有些人还设法把鱼、南瓜、黄瓜和闻起来有点像肉桂的整船绿枝卖给葡萄牙人。最后达伽马看到一个引人注目的人手里挥舞着木制十字架走上海滩时，才算疑心渐消。

这位新的来客 40 岁左右，说一口流利的威尼斯语，还会说
阿拉伯语、希伯来语、叙利亚语和日耳曼语。他身穿一件亚麻 263
长袍，头戴一顶利落的穆斯林小帽，腰带上插着一把短小的弯刀。他径直走到总船长面前，伸出双臂抱住了他。在拥抱过其他船长后，他说自己是个来自西方的基督徒，年轻时便来到世

界的这个角落，为一个强大的穆斯林君王服务。他承认自己不得不皈依伊斯兰教，但直到今天，他内心里还是个基督徒。那天他正在君王的房间里，突然从卡利卡特传来消息，说不知从哪儿冒出来一群人，说着奇怪的语言，从头到脚穿着衣服。他立即意识到他们一定是欧洲人，就跟自己的主人说，如果不能获准去拜访他们，他会痛不欲生的。

他又说，他的君王就是宽大仁慈的化身。君王让他邀请外乡人到自己的国家来，在这里，他们可以自行取用所需要的一切——香料、补给，甚至是船只——而且还允许他们永远居住在此地，只要他们愿意。

达伽马对这位彬彬有礼的来客颇有好感。他以自己生硬的热情感谢来客的提议，并询问了来客君王的国度，得知那是个名叫果阿的地方。而那位唠叨的客人却只问他要了一块奶酪，并解释说要把奶酪送给留在大陆上的一个同伴，作为他们见面如此顺利的纪念品。奶酪拿了出来，一并奉上的还有两条新近烘焙的面包，但他并不急着离去。记录者写道，他拉拉杂杂地说了很多话，有时甚至会自相矛盾。

保罗·达伽马疑心顿起，决定跟那些把他送来的水手们聊聊。他们是印度教徒，与这位穆斯林顾客没有太深的交情。他们平静地说，他是个海盗，他的船就在海岸附近呢，只等他一声令下就会出击。

保罗上报了这个消息，葡萄牙人擒下了他们的访客。士兵
264 们把他推到搁浅的船体上，一边痛打一边审问。但他仍然坚称自己是个诚实的基督徒，达伽马命人把他捆起来吊在桅横杆上，拽着他的胳膊腿上下拉。被放下来后，他气喘吁吁地吐露了一些实情。他告诉他们，关于葡萄牙人到来的消息已经传遍了四

面八方；整个国家都出动了，想要加害于他们。整个沿岸地区的大型武装力量都聚焦在船上，就藏在附近的溪流上；只等 40 艘武装船前来打头阵。

几轮酷刑也未能让他改变其他说法。他的声音越来越小，似乎试图解释他此行的目的是查明外乡人的身份，以及他们携带的武器如何，但葡萄牙人很难听清他的低语。达伽马叫停了酷刑，命人把他关在一条船上，并给他包扎伤口；他决定带这个人回葡萄牙去，作为另一个线人呈献给国王。

圣拉斐尔号还没有被倾翻修理，但他们不能再浪费时间了。这时，来自吉达、亚丁和霍尔木兹的阿拉伯舰队已经抵达印度，如果新的情报可靠的话，马上就会有大规模的袭击。最后要做的便是拆散所俘虏的船作为备件。那条船的船长一直站在岸上看着，希望能在外乡人走后收回他的船。当他看到船一片一片地被损毁，按捺不住地直冲过来，提议用一大笔钱来换回船只。这是非卖品，达伽马蛮横地答道；既然它是敌人的，那么他情愿烧了它，于是他便这样做了。

10 月 5 日星期五，舰队起航。在船只驶离岸边足够远，看到他们不可能再返回陆地后，囚徒也终于招供了。或许他受够了被拴在艏楼里：俘虏的牢房极不舒服，盐水不断灌进来，浇得他浑身湿透，身边的船锚不断起落，人们还会去那里解手。他宣称此时无须再掩饰什么了。他的确受雇于果阿的统治者，他在宫廷时，有消息传来说外乡人在海滨迷路了，不知该如何 265
回国。他的君王知道有很多船被派来抓捕他们，不愿见到战利品落入敌人的手中。君王于是派自己的仆人来引诱外乡人到他的国家去，如此一来，他们就完全在他的掌控之下了。他听说基督徒英勇好战，而他正需要这样的人参加他与邻国君王们无休止的战争。

达伽马未能在选定的时间离开印度，他的手下将为此付出沉重的代价。

冬季季风的持续微风还未到达探险家们逗留的这个纬度。船队一再被气旋横扫上来，随后又陷入死寂。从 10 月到 11 月，再从 11 月到 12 月，他们依然看不到陆地的影子。酷热难忍，食物即将耗尽，淡水逐渐变质，而且也开始要用光了。可怕的坏血病很快卷土重来，蹂躏着水手们消瘦的身躯。后来有一艘葡萄牙船上的乘客曾生动地描述了这种病的急速发作及其引起的恐慌。他写道，他的膝盖缩得很小，甚至都无法弯曲，双腿双股都黑得像坏疽一样，还必须反复刺穿皮肤，放掉糖蜜似的腐败血液。他每天都在舷外的索具上摇摆，对着一面小镜子，用刀切开腐烂的牙龈，因为牙龈已经肿得盖过牙齿，让他无法进食了。切掉牙肉后，他用尿清洗嘴巴，但第二天牙龈还是一样肿得老高。同行的几十个人都有同样的症状，他觉得自己正乘着死亡之船随波逐流：

> 此后每天都有很多人死去，每天一睁眼，除了只能看到甲板上横七竖八被遗弃的尸体外什么也看不到，大多数人无助地死去，有人死在箱子后面，眼睛和脚底都被老鼠
> 266 吃掉了。还有人被发现死在床上，他们被放血、移动胳膊后，血管开裂，血流光了。他们时常在得到自己的定量（大概是一品脱的淡水）后，把它放在身边以备饮用，而当同伴们口渴时，会趁这些可怜的生病倒霉蛋睡着或转向另一侧时，偷走他们的这点儿水。他们有时在甲板下的黑暗地方，看不见彼此，如果他们抓住有人偷他们的水，就

> 会打作一团，彼此攻击。因此，他们的水时常会被剥夺，而且就是因为缺少一点点水而悲惨死去，无人愿意帮他们这点儿忙，哪怕是父子、兄弟之间也是如此，难耐的口渴往往会迫使人去劫掠自己的同伴。[15]

远离家乡，又备受病痛折磨，有几十个淳朴热情的人在症状出现的短短数天之内便在恐惧和孤独中死去了。死亡不啻一种解脱。就像十字军是为了基督教而战一样，他们也被告知，他们的逝去也会洗清一切罪孽。在炫目的阳光下，他们闭上眼睛，一个绝无苦难的舒适来生在召唤着他们。同伴们把他们的尸体扔进大海，仪式越来越少，死亡愈演愈烈。

在炎炎热带，又有新的疾病袭击了衰弱的幸存者。热病让他们颤抖谵妄。感染的皮肤上长出脓疮和瘤子。一种有毒的菌类污染了面包，引起呕吐和腹泻，随后又是痛苦的痉挛、幻觉和狂躁，直至出现干性坏疽、积水和死亡。[16]一个水手说，在最可怕的折磨之中，“有一种像溃疡的病在臀部暴发，里面满是虫子，一直啮咬到肚子，然后人就在巨大的痛苦和折磨中死去：治疗这种病还没有比用柠檬汁清洗臀部更好的疗法”，他补充道，“因为那样可以阻止虫子在那里繁殖”。[17]船上本无隐私；现 267
在更是没有了尊严。

圣诞节临近，每条船上只剩下七八名水手。几乎无人相信自己还能活下去，瓦斯科·达伽马严格执行的铁一般的纪律彻底崩溃了。这些人朝着圣人大声呼喊，发誓说如果得救，就给他们重塑金身，还乞求圣人们饶了他们的小命。他们要求总船长服从上帝的旨意，返回卡利卡特，而不要让他们在公海上死去和腐烂。达伽马和他的船长们完全不知道自己身在何处，他们在绝望中最终同意，只要风向有利，就返航。

在最后一刻，天气变了，这次航海任务的命运也随之改变。“我们感动了慈悲的上帝，”记录者写道，“祂给我们送来一阵风，在六天里把我们送到看得见陆地的地方，我们为此欢呼雀跃，仿佛我们所看到的那片陆地就是葡萄牙。”[18]

时间是1499年1月2日。再过几天，顶多再过几个星期，三条船就会变成幽灵船，在冷酷无情的蔚蓝海洋上随波逐流了。

当破烂不堪的舰队靠近非洲海岸时，时间已是深夜。他们停泊下来，第二天早晨侦查了海岸，“为的是弄清楚上帝把我们带到了哪里，因为船上没有领航员，也没有人能在航海图上标明我们身处何方”[19]。目力所及之处，一条植被的绿色细带在广袤的海天之间一路延伸出去。

接着便是一场辩论。一些人确信他们距离大陆还有300里格，此刻是在莫桑比克附近的一些岛屿之间[20]；他们在那里抓住的一个囚犯告诉他们，这些岛屿很不利于健康，坏血病流行，这些对他们太有意义了。

268 激烈争论间，岗哨看到了一座城市。原来，那里是索马里古老的港口摩加迪沙①，曾经是东非海岸上最重要的伊斯兰转口港。高大的房屋围绕着一座壮丽的王宫，四座城堡守卫着外围的城墙。在他们的危险处境下，探险家们不敢撞大运，用一轮轮炮轰传达了自己的感情之后，他们沿着海岸继续向南航行。

两天后，舰队在一片死寂中漂流时，暴风雨突如其来，扯断了圣拉斐尔号的绳索。更多的麻烦还在后面：几个身体还算

① 摩加迪沙（Mogadishu），位于东部非洲偏北的印度洋岸海港城市，也是索马里第一大城市。中国古称木骨都束。

健康的人在修理船只时，一个海盗发现了这支受创的舰队，从附近的一个岛屿[21]发起突袭。八条挤满人的小船冲向葡萄牙人，但炮手们跃向自己的位置，一片弹幕炸得海盗们飞奔回自己的城镇。当日无风，他们没有受命追击，这或许颇让船员们感到宽慰。

1月7日，岗哨终于看到了熟悉的马林迪海湾。即使面临如此困境——应该说尤其是在如此困境下——达伽马也不愿冒险入港停泊，船队在城外锚泊。苏丹立即派出一大队人迎接他们，送来绵羊以及和平友善的口信。非洲人友好地说，过去的很长一段时间，他们一直期待着总船长的到来。

达伽马派一贯稳妥可靠的费尔南·马丁斯搭苏丹的小船上岸，他此行的迫切任务是采购尽可能多的橘子。他们第二天回来了，带着各种水果和大量淡水。苏丹命令穆斯林商人去拜访外乡人，并向他们提供鸡肉和鸡蛋。对于那些病得最重的人来说，这些来得太晚了：很多病人死在马林迪，被葬在了那里。

旅途的恐怖让达伽马变得软弱，在如此绝望地渴求帮助的时候，他被苏丹对他及其手下们表达的善意打动了。他派人送给苏丹一件礼物，并通过阿拉伯语翻译请求苏丹给他一根象牙，让他呈献给葡萄牙国王。作为两国友谊的标志——也是为了让 269
敌人清晰地看见——他还请求获准在海滨立起一根柱子和十字架[22]。苏丹答复说，出于对国王曼努埃尔的爱，他有求必应。他已经为石柱准备了一个上好的位置，就在镇子前面、他的王宫旁边，达伽马要的象牙也会奉上，他还派来一个穆斯林男孩，男孩恭顺地宣称自己平生最大的愿望便是前往葡萄牙。

葡萄牙人在马林迪待了五天，尽情享受了苏丹准备的各种款待，记录者写道："我们曾与死亡面对面，在航程中受尽苦难，现在总算休息过来了。”[23]他们在 1 月 11 日上午出发，第二天经过蒙巴萨时，未敢停留，尽快航行。

他们安全驶离那座城市的视野之后，便锚泊在一个海湾，卸下圣拉斐尔号上的货物，将这条船付之一炬。剩下的人已经不足以驾驶三条船，而且无论如何，连续航行很多个月没有修理的圣拉斐尔号也不堪重负了。整个过程用了 15 天，其间有很多非洲人来访，用鸡肉来交易水手们所剩的最后几件衬衫和手镯。

又过了两天，他们再度起航，剩下的两条船经过了距离大陆六里格的一个大岛[24]，他们在离家的行程中曾与那个岛擦肩而过。来自马林迪的男孩说，这是桑给巴尔岛，是斯瓦希里海岸最重要的贸易中心之一。探险家们从来没有听说过此地：看来还有很多地方有待探索。

2 月 1 日，船队在倾盆大雨中到达莫桑比克。他们避开城镇，锚泊在将近一年前举行过弥撒的那个小岛。他们这次也举行了弥撒，达伽马决定再立起一根石柱。雨下得太大，登陆小队无法点火融化用来固定顶部十字架的铅，因此石柱上没有安装十字架。

270 几天后，幸存者们离开东非，航行绕过好望角。虽然有传言说那里有很大的基督徒社群，他们却遍寻不见，实在令人沮丧。和往常一样，祭司王约翰也神龙见首不见尾。斯瓦希里海岸仍然在守卫着它的秘密；还需另一次航行才会让它献出最丰富的宝藏。

一个月后，葡萄牙人到达了曾让总船长腿部中箭的那个海湾。他们停留了一个多星期，捕捞、腌制凤尾鱼、海豹和企鹅，并为进入大西洋航行补充淡水。3 月 12 日，他们起航回国，但只驶出十几里格，便被强烈的西风送回了海湾。风一停，他们就再次出发，3 月 20 日，他们再次驶过好望角。记录者写道，至此，“千辛万苦来到这里的人都身体健康，体格强壮，不过我们又经历了寒风，数次濒临死亡”[25]。在经过了赤道的炎热之后，航行在南大西洋的感觉就像发热病人感受到阵阵寒意。

连续 27 天的顺风把两条船吹到距离佛得角群岛不到 100 里格的地方。他们又回到了家乡的水域，但历经沧海，眼前熟悉的景色却带上了一种不现实的怪异氛围。

航程轻松得令人难以置信，但最后一个苦难即将到来。

船队到达这些岛屿之前又陷入了死寂。微风迎面而来，他们尽其所能地迎风向前。非洲沿岸全是暴风雨，这有助于领航员们确定自己的位置，但天空很快就暗了下来，海上掀起一阵猛烈的旋风。尽管有闪电在他们周围撕开黑暗，两条船还是失去了联系。

尼古劳·科埃略还在掌舵贝里奥号。这一次没有指定的集合地点，因此他径直驶向了家乡。1499 年 7 月 10 日，他那条破烂不堪、漏水严重的轻快帆船摇摇晃晃地驶进卡斯凯什的渔港，
那里就在里斯本南面，位于大西洋的滩嘴上。葡萄牙人很早以 271
前就认为这支舰队失踪了，人群冲上海滩，欢迎英雄归来。

科埃略来到国王面前，报告了印度海路的发现。这个重大的使命持续了 732 天。船队至少航行了 24000 英里。从某种意义上来说，无论以时间还是以航行的距离来衡量，这都是史上已知的最远的航行。

瓦斯科·达伽马的船几周后也到了，它的船缝裂开，抽水泵呻吟着维持船体的漂浮。出发时大约有 170 个人；此刻只有大约 55 个人活着回来了。

总船长不在船上。返程中，他的哥哥染上了肺结核，船离散后，保罗的状况明显恶化。达伽马等了一天也没看到轻快帆船，便出发前往圣地亚哥，在离开故乡的航行中，舰队曾在那个港口集合。他一到达圣地亚哥，便让圣拉斐尔号的前文书若昂·德萨负责修理他的旗舰，并在船修好后驾驶着它回国。

达伽马租了一条快速的小型轻快帆船，载着他垂死的哥哥飞速前往里斯本。他们离开后不久，保罗的状况便极度危重，达伽马改变航向，去了亚速尔群岛中的特塞拉岛。

他们到达那个岛屿一天后，保罗就去世了。瓦斯科·达伽马把他挚爱的哥哥葬在一个方济各会的修道院里，印度海路的发现者步履沉重、满怀悲伤地踏上了回家的路。

13. 里斯本的威尼斯人

1501 年 8 月 20 日，新任命的威尼斯共和国特别大使[1]来到 272
葡萄牙宫廷，对国王曼努埃尔一世发表了一通冗长而华丽的颂词。

直到最近，La Serenissima——这个名字的意思是“宁静之城”，威尼斯人如此称呼自己的共和国——才刚刚注意到葡萄牙的存在。然而两年前曾有一封信抵达威尼斯，让它的公民们放下了一贯的骄傲。威尼斯的日记作者吉罗拉莫·普留利（Girolamo Priuli）记录了信件的内容：

> 6 月来自亚历山大港的信件里说，从印度人写于开罗的信件中得知，印度的主要城市卡利卡特和亚丁接待了葡萄牙国王的三条船，它们是被派去打探“香料岛”的，舰队的指挥官是哥伦布。[2]

如果说这封信的细节不着边际，它的主旨却非常清楚。威尼斯在东方贸易领域有了一个新的竞争对手。

普留利和他的很多威尼斯同胞一样，对这个消息持怀疑态度。他承认，如果这是真的，无疑是个爆炸性新闻，但他连一个字也不相信。落后的小小葡萄牙总是忙着寻找祭司王约翰，算计着非洲黄金的那点儿蝇头小利，根本无暇挑战西方最大的
贸易共和国。然而没过多久，一大批长篇大论的疯狂信件便从 273

里斯本的意大利人那里寄到了国内的商人家中。一个名叫圭多·德蒂的商人给佛罗伦萨的家人写信，说葡萄牙人“发现了世上所有的珠宝以及所有的香料和宝石贸易”。他预言——虽然竞争对手遭受的痛苦让他非常满意——这个消息“对（埃及）苏丹非常糟糕，对威尼斯人也一样，一旦他们失去与东方的贸易，就不得不回去钓鱼，因为经这条路线运来的香料的价格是他们无法匹敌的”。他还说，这是个出色的发现，“葡萄牙国王应当受到所有基督教国家的祝贺。当然，每一个国王和大君主，特别是那些临海的国家，都必须探索未知的事物，扩展我们的知识，因为那才是赢得名誉和荣耀、声望和财富的正道”[3]。

执政团——威尼斯的最高政务会——仔细考虑了一段时间，最后派其西班牙大使前去调查。他很快发回报告说，葡萄牙国王已经另派了13条船去卡利卡特购买香料，而且另一支舰队已在港口准备就绪，不日即可出发。跟他的信一同到达威尼斯的还有另外一封信，是某位“蒙上帝恩赐的葡萄牙暨阿尔加维此侧及海那边的非洲部分的国王、几内亚的君主，埃塞俄比亚、阿拉伯、波斯和印度之航海与贸易征服地之主，曼努埃尔阁下”写来的。别看他的新头衔这么夸张，曼努埃尔一世究竟发现了什么还远未明朗，但显而易见，他的来信旨在颠覆威尼斯的整个生活方式，是可忍孰不可忍。国王挑衅地提议，威尼斯人今后应该从葡萄牙而不是从埃及购买香料。由于威尼斯的财富就来自它近乎垄断了与伊斯兰世界的贸易，所以分享利润的建议很难有诱惑力，但曼努埃尔一世决定让威尼斯给葡萄牙应有的尊重，两国平起平坐。

收到信三天后，威尼斯参议院任命了它的第一个驻葡萄牙大使。参议院选择了 29 岁的贵族后裔彼得罗·帕斯夸利戈（Pietro Pasqualigo）。帕斯夸利戈在享有盛誉的巴黎大学获得博 274
士学位，他在葡萄牙宫廷上以一口完美的拉丁文发表演说，意在造成轰动。

奉承是必需的，而他却谀辞如潮。他宣称，每一个时代都会颂扬曼努埃尔一世的丰功伟业，在往后的日子里，欧洲人都会承认自己对他的感激远大于古今所有的国王：

> 此前未知的种族、岛屿和海岸，要么屈服于您的军事力量，要么在您的威慑之下自愿请求与您缔结友谊。古代最伟大的国王和从未被征服的国家曾经无可非议地夸耀自己把国土延伸到了海洋，但您，我无敌的国王，完全可以为自己把势力发展到南半球和对跖点而感到自豪。最伟大和最令人难忘的是，在您的指挥之下，天性迥异的种族会集一处，你用贸易把两个不同的世界合二为一。[4]

他一本正经地惊叹道，曼努埃尔一世已经超越了埃及人、亚述人、迦太基人、希腊人、罗马人，甚至亚历山大大帝本人。他的高尚品格举世皆知，全欧洲的人民和国家都感谢上帝派给他们这样一个国王，他的“美德、智慧和幸运不仅保护了在萎靡中踉跄的基督教世界，还将其拓展到四面八方”。

阿谀奉承过后，帕斯夸利戈提出了此次使命的真正主题。他承认航海是好事，但“保卫世上最高贵的地区免受异教徒狂暴的蹂躏，是更加合宜的事情，远比威名不朽要光彩和美好”。他说的自然不是天堂或耶路撒冷，而是威尼斯。这个共和国受到“最残忍的恶人”——凶猛强大的土耳其苏丹[5]——的威胁，
即便在当时，苏丹也无疑正在制造凶暴的新式武器来打击基督 275

教世界。“我觉得您所做的事中，没有什么比这更加优秀、勇敢或高尚了，”大使甜言蜜语地说道，“简而言之，只有这一件事才与您天神一样的品性和非凡卓越的能力更加相称。”

威尼斯的确处在致命的危险之中。1499 年，在法兰西入侵意大利，奥斯曼帝国以将近 300 艘船的舰队发起了一场凶猛攻击之后，这个共和国的海军还处在从重创中慢慢恢复的过程中。执政团前所未有地承认国力虚弱，开始征召自己的公民入伍——彼得罗·帕斯夸利戈的三个兄弟那时正在海上抗击土耳其人呢——并且眼看着战争就要从灾祸变成败北，执政团已奏请罗马宣布一次新的十字军东征。威尼斯前不久才以基督教斗士的身份自居——1483 年，教宗曾因威尼斯拒绝停止对一个意大利公爵开战而将整个城市逐出教会（那场战争是罗马自己密谋策划出来的）——但欧洲受到的威胁无可否认，因此召集了十字军。年轻的特使回想起曼努埃尔一世祖辈们的战斗热情，将他的要求重新设计为代表基督教信仰对抗苏丹、那个“险恶地伺机毁灭基督教人民的……沾满了基督徒鲜血的野蛮人”的一场圣战。

曼努埃尔一世已经派了 35 艘全副武装的战舰和一支相当规模的步兵武装去救助威尼斯。和他的叔叔阿方索五世一样，他甚至谋取到了亲自率领新的十字军的邀约，只不过事实上舰队抵达时，国王并没有跟来，而且舰队来得太晚，派不上什么用场了。表面上，帕斯夸利戈是前来传达共和国的感激之情，并敦促曼努埃尔一世做出更大的牺牲的。实质上，他私下的目的是密切注意国王寻找印度的事业，一队老练的间谍假扮成外交代表团随行，协助他进行工作。

年轻的大使发回的第一封官方公报就转达了令人深感不安

的消息。在他到达之前两个月，第二支抵达印度的葡萄牙舰队已经返航了。

审慎的普留利在日记中写道：

> 对威尼斯人的国家来说，这比土耳其战争或任何其他可能发生的战争更加要紧。葡萄牙既然已经发现了这条新路线，其国王会把所有的香料带回里斯本，且毫无疑问，匈牙利人、日耳曼人、佛兰芒人和法兰西人，以及以前翻山越岭来威尼斯购买香料的所有人都会转向里斯本，因为那里离他们的国家更近，也更容易到达；他们还能以更低廉的价格购买，这一点才是最重要的。这是因为香料来到威尼斯须经过叙利亚全境，并穿过苏丹的整个国家，而且一路上要缴纳最繁重的关税。同样，在威尼斯国，他们也支付了繁多而苛重的关税、进口税以及货物税。如此说来，由于有苏丹国和威尼斯城之间的所有关税、进口税和货物税，可以说一件价值 1 达克特①的物品价格会增至 60 倍甚至 100 倍……
>
> 因此我推断，如果从里斯本到卡利卡特的航行继续下去，就会造成威尼斯桨帆船上的香料变少，威尼斯商人们也会像失去了牛奶和营养物的婴儿一般无助。于是我可以清楚地预见到威尼斯城的毁灭，因为商业凋零会造成资金短缺，从而让威尼斯彻底丧失昔日的荣耀和声名。[6]

276

威尼斯人给里斯本施加了压力。一些印度特使跟着最近一

① 达克特（ducat）是欧洲从中世纪后期至 20 世纪期间作为流通货币使用的一类金币或银币。

支舰队来与葡萄牙建立外交关系，帕斯夸利戈的随员私下接触了他们，解释说葡萄牙国王身无分文，他们就是从威尼斯赶来帮助他摆脱困境的。威尼斯是基督教世界最卓越的国家，一切都要经过它的准许。此外，威尼斯只对贸易感兴趣，葡萄牙人却是些战争贩子，不顾一切地想要攻击印度的穆斯林。印度人
277 开始相信自己掉进了一个可怕的陷阱，幸好瓦斯科·达伽马带他们去参观了葡萄牙的国库，让他们好好看了看国库越堆越高的黄金，他们的担心这才有所缓解。

早在瓦斯科·达伽马回到葡萄牙之前，曼努埃尔一世就已经命令全国举行了庆祝游行，“向我们的主回表谢意”[7]。他以同样的愉快心情，给卡斯蒂利亚的斐迪南二世和伊莎贝拉一世匆匆写了一封信，要说明此次地理发现的宗教和贸易意义如何紧密地交织在一起，这封信写得再好不过了。

“至高至善的君王和女王，至强的君主和郡主！”这封信如此开头：

> 两位陛下已经知道，我们命令家族里的一位贵族瓦斯科·达伽马和他的哥哥保罗·达伽马，率领四条船出海探险，如今距他们出发之日已有两年。跟我们的先辈一样，此项事业的主要目的也是侍奉上帝我们的主……蒙主恩眷，他们一路顺遂。现在，一位船长带回口信，我们得知他们的确到达并发现了印度及其临近的王国和贵族领地；他们进入并航行于那里的海洋，找到了大城市、宏伟的建筑和宽阔的河流，以及大量居民，那里的人经营着所有香料和宝石贸易，用船（同一批探险家们见到和偶遇了很多体量巨大的船只）将货物运到麦加，从那里转往开罗，再从开

罗运往全世界。我的船队带回来了一些香料，包括肉桂、丁香、姜、肉豆蔻和胡椒，以及其他各类香料，连带其树枝和树叶；此外还有很多各种精美的石头，诸如红宝石等。他们还曾到过一个国家，那里有金矿，与香料和宝石一样，他们并没有尽其所能地带回金子，因为他们此行没有带去 278
商品。

我们深知，两位陛下听到这些也会感到非常快乐和满意，所以我们认为必须尽快通报这个好消息。并且两位陛下会相信，据我们所知，这些探险家们遇到的基督徒虽然在信仰上并不是很坚定，也不曾拥有全面的基督教知识，但一旦让他们皈依上帝并在这方面得到全面强化，他们是能够更加尽心尽力地侍奉上帝并更加尊崇这一神圣信仰的。同时，在他们的信仰得到加强之后，我们就有机会消灭那些地方的摩尔人了。此外，我们希望在上帝的佑助下，如今让那些地区的摩尔人富裕、经由他们之手而全无他人干预的大型贸易，能在我们的管制之下转移到我们王国的国民和舰船手中，以便今后欧洲这一部分的所有基督教国家都能在很大程度上实现这些香料和宝石的自给自足。这是上帝因慈爱所发出的指令，在祂的帮助下，这会使我们以更大的热情推动自己的设想和意图（特别是关于）对这些我们已征服之区域的摩尔人开战，两位陛下对此非常坚决，我们对此也怀着同样的热情。

恳请两位陛下看在上帝赐予我们的这个巨大恩惠——我们也对此深表感激——的份上赞美祂，而那些赞美也是祂应得的。[8]

曼努埃尔一世很清楚，克里斯托弗·哥伦布在西班牙的风头渐退。这位热那亚探险家还没有找到香料、宝石、基督徒，也没有找到中国的大汗。1498 年，就在瓦斯科·达伽马驶入印度洋之时，哥伦布终于到达了他长期以来一直都在寻找的大陆，
279 但这次经历尤其令人沮丧。他沿着海岸行驶时，船队跌跌撞撞地驶入奥里诺科河①宽阔的河口，迷失方向的领航员认为这样的湍流一定是从大斜坡倾泻而下的。因而推断自己正沿着天堂圣山（Holy Mountain of Paradise）——一个他想象中从地表直插苍穹的巨大隆起，像乳房上的乳头——的山麓小丘逆流而上。因为知道人类无法进入伊甸园并在那里生活，他居然在恐惧中逃走了。哥伦布往往带着方济各会修士的朴素习惯，总觉得自己是被选定来拯救众生灵魂的；最近他开始听到上帝的声音，认为他命中注定要在地球上发现新的天堂，以此来实现古老的预言[9]。然而他的信心受到巨大的打击，还绞死了一些反抗的船员。当他回到伊斯帕尼奥拉岛后，水手们以及被他许以无限财富的殖民者们[10]指控他滥用酷刑、管理不善，这位 53 岁、饱受关节炎和眼部发炎之苦的探险家锒铛入狱，带着镣铐被送回西班牙。

在大多数旁观者看来，瓦斯科·达伽马显然战胜了劲敌。哥伦布所承诺的事情，达伽马实现了。哥伦布乘风西行 36 天到达陆地时，达伽马却穿越大西洋，沿着非洲东岸到达印度，并历尽艰险返航归国。哥伦布不过会晤了几个部落成员，而达伽马却从敌对的苏丹手中逃生，并与强大的国王谈判，还带回了

---

① 奥里诺科河（Orinoco River），南美洲第三大河，发源于委内瑞拉南部靠近巴西的帕里马山脉，最终注入加勒比海帕里亚湾。全河呈半圆形绕过圭亚那高原。

香料、信件以及可以做证的人质。不管哥伦布发现了什么——目前还完全不清楚——达伽马已经开启了通往东方的海上路线，并揭示了如何绕道伊斯兰世界的方法。整个欧洲都为之震惊，葡萄牙国王总算有机会揭他姻亲的老底，真是高兴得无以言表。[11]

完成了这个愉快的差事之后，曼努埃尔一世写信给教宗、枢机团和葡萄牙驻罗马的代言枢机，重申自己的立场。他指示他们要为上帝对葡萄牙国的偏爱而举行公开的感恩仪式，还提 280
醒他们，依照 1497 年的一份教宗诏书——那是教宗最后一次尝试在两个敌对的势力间进行裁决——他和他的后嗣们“对我们业已发现的一切都（享有）完全的君权和统治权”。[12]他周密谨慎地补充说自己别无他求，但他亲切地请求“对于如此新奇、伟大的近世功绩再一次表示满意，以便获得教宗陛下的再度批准和声明”。

千纪近半，曼努埃尔一世决定继续为自己争取基督教世界首席君主的名号。他宣称，他的发现不只是为了葡萄牙，还会让每一个基督教国家获益，因为“对异教徒造成的损失指日可待”。[13]穆斯林很快就会消失，圣地将被收复，东方的基督徒将会回到真正的天主教正路上来。尽管如此，他也不介意与敌国共享这种荣耀。要从葡萄牙人那里拿到航海图几乎是不可能的，驻西班牙的威尼斯大使的文书写道：“因为国王颁布了命令，胆敢把航海图送到国外的任何人都将获判死刑。”[14]

在国内，这位弥赛亚－国王开始大兴土木，把里斯本夷平重建，做派之奢华，足以配得上他膨胀的野心。除了宏伟的新王宫以及为容纳即将从印度运来的大批货物而建的宽敞仓库外，他还下令在贝伦建造一座巨大的教堂和修道院，位置就选在航海家恩里克小教堂的原址，人们将在那里为征服者曼努埃尔和他伟大祖先的灵魂祈祷。为了向他的上一任国王致敬，他决定以至高无上的仪式把国王若昂二世的遗体移往他处。曼努埃尔一世带着棺材在全国游行一番，陪同他的队伍包括一众贵族、主教和教士们，一个唱诗班，手持火炬的人，以及“由小号、芦笛、萨克布号和鼓组成的喧闹乐队”[15]。仪式结束后，他命人在深更半夜打开棺材。据说，“他看到尸体上覆盖着一层石灰
281 粉，就命令教士们用竹管吹干净，他本人也帮了把手，然后一遍又一遍地亲吻死者的双手和双脚。这是生死两位国王的一次颇具戏剧性的会面，颇值得一看”。

欧洲长期以来一直流传着一个预言，说有一位“最后的皇帝”将一统基督教世界、征服异教徒，并率领最后的十字军夺回圣地。彼时，全世界各民族将会步入正轨，新的耶路撒冷会从天而降，基督也会重返人间，统治世界。曼努埃尔一世在还没有征服哪怕一小块土地之前，就开始表现得像个皇帝，但他心中的帝国并不只是一个领土概念。和哥伦布一样，他也确信自己就是“人间的上帝之手”；和旧时的十字军战士一样，他也坚信是上帝的意志让他消灭穆斯林，并引导他的人民光荣地走向耶路撒冷。

国王坚定的信念在很大程度上要归功于印度有基督徒的这一消息。祭司王约翰本人仍然杳无踪迹，但尼古劳·科埃略和他的船员们一回国便解释说，卡利卡特“比里斯本大，那里的人都是印度基督徒”。[16]的确，那里的教堂没有固定的神职人员，也无人每日念诵祷文，但教堂里有钟也有洗礼盘。“这些基督徒，”一位名叫吉罗拉莫·塞尔尼吉的佛罗伦萨商人向他的同

胞们报告说，“相信耶稣基督是圣母玛利亚所生，没有罪恶，被犹太人钉死在十字架上，葬在了耶路撒冷。他们还听说过罗马的教宗，但除此之外，他们对我们的信仰一无所知。”

几个星期后，圣加布里埃尔号在里斯本靠岸，那位来自果阿、会说威尼斯语的人也在船上。

塞尔尼吉设法抓住机会询问了他，并立即给佛罗伦萨去信，订正他此前的信件。一个新的信息提供者告诉佛罗伦萨人，印度有很多人崇拜牛，只有少数几个基督徒。他还说，传闻中的 282
教堂“实际上是偶像崇拜者的庙宇，里面画上的都是那些偶像，而不是圣人”[17]。

“在我看来，”塞尔尼吉在家书中写道，“比起什么那里有基督徒，却没有教区、神父和献祭弥撒，这种说法的可信度更高。我觉得除了祭司王约翰的基督徒之外，那里应该没有什么正经的基督徒。”

然而这位信息提供者很快就改口了。他被引荐给国王，即刻便意识到说些别人爱听的才是成功之道，而不要说那些令人不快的事实。他的第一个举动——与突尼斯商人蒙萨德一起——是请求受洗。他取名为加斯帕尔，这是追随星星去伯利恒的三个东方国王之一的名字，还以曾逮捕和折磨他、如今又是他教父的达伽马的姓氏为姓。事实上，加斯帕尔在成为穆斯林之前是个犹太人[18]，但他既然已经是个基督徒了，就开始为印度的宗教信仰描绘出一幅捕风捉影的画面。[19]他说，基督徒住在印度的14个国家里，其中有12个国家的全部或大多数人口都是基督徒；至少有10个国家的国王是基督徒，这些国家有223000名步兵和逾15000名骑兵，还有12400头战象，每头大象背上的木楼能负载十几个武士，冲锋时，象牙上还能伸出五把刀。

曼努埃尔一世欣喜若狂。他确信，游历甚广的加斯帕尔是上帝派来推动他的伟大计划的。如果他想在竞争对手抢先之前与印度的基督教统治者结盟，那么时机就非常重要，因此，他让四条船和两条全副武装的轻快帆船随时待命，准备在耐人寻味的1500年1月起航前往印度。这次任务的目的很快就从建立贸易基地扩展到打击非洲和印度沿海地区，舰队规模也膨胀到13条船。指挥官是佩德罗·阿尔瓦雷斯·卡布拉尔[①]，他也是位小贵族，还是名基督骑士团的骑士；他手下有一千多人，包括五位神父。卡布拉尔受命将赤裸裸的十字军讨伐消息传给印度洋的穆斯林和异教徒——要么皈依，要么灭亡：

283 在以武力和世俗的刀剑攻击那些地区的摩尔人和偶像崇拜者之前，他要先让神父和修士运用其精神之剑，向他们宣告福音，以及罗马教会的训诫和要求，让他们放弃偶像崇拜、邪恶仪式和习俗，自行皈依基督的信仰，为的是使所有的人都加入到宗教与友爱的团体中来，因为我们都是由同一个造物主创造的，也被同一个救世主所拯救，那就是被众位先知应许、祖先在其来到人世间的数千年前便盼望着的耶稣基督。为了这个目的，他们把正义的宗教所确定的自然和法律主张带给当地人。如果当地人抗拒从命，不接受这种信仰的律法；或是拒绝为了保护人类之目的，遵守本应在人间维持的和平的规则；如果当地人禁止商业和贸易这种在所有种族间调和与获得和平和友爱的手

① 佩德罗·阿尔瓦雷斯·卡布拉尔（Pedro Álvares Cabral，约1467—约1520），葡萄牙航海家、探险家，被普遍认为是最早到达巴西的欧洲人。

段……在那种情况下，就应该让火与剑发挥威力，向那些人发动激烈的战争。[20]

曼努埃尔对基督徒的要求完全不同。他给了卡布拉尔一封致卡利卡特的扎莫林的信，在信中他解释说，葡萄牙是凭借“上帝之手”的指引才到达印度的，这是祂赋予的任务：

因为人应该坚信上帝我们的主，祂并不准许我们这一航海壮举仅仅是为了在贵国和我国之间建立贸易，获取短暂的世俗利益，而同样是为了灵魂的精神利益和救赎，我们应该给予后者更高的重视。只有神圣的基督教信仰在贵国与我国之间得到交流与结合这一事实才能够让祂认为得到了更好的服从，正如耶稣基督降临人间的前600年一直如此，直到由于人类的罪孽，如预言那样出现了一些教派和对立的异端……而这些教派占据了贵国与我国之间的大 284
部分土地。[21]

在公开发表这番告诫后，卡布拉尔还要私下传达另一个口信。他将要求扎莫林将所有的穆斯林赶出自己的海港；葡萄牙人今后会提供阿拉伯人带来的商品，只会更好、更便宜。曼努埃尔一世向他的指挥官发布了最后一个绝密命令：如果扎莫林不肯乖乖地同意只与葡萄牙人做贸易，卡布拉尔“应当以他对瓦斯科·达伽马的伤害行为为由，对他发动残酷的战争”。扎莫林或许是个基督徒兄弟，但他显然被人误导了，曼努埃尔要抓紧时间了。

卡布拉尔得到的命令还要求他与印度的其他基督徒国家建交，并竭尽所能地阻止穆斯林的海运，这些命令都是在达伽马的建议下制定的。他的船长中有好望角的发现者巴尔托洛梅乌·迪亚士，还有达伽马的亲密同伴尼古劳·科埃略。贝里奥号的领航员佩罗·埃斯科巴尔再次作为领航员出发，若昂·德萨和达伽马任务中的其他老手也与其同行。加斯帕尔·达伽马作为翻译前往，同样在船上的还有作为俘虏从卡利卡特带回来的五个人以及马林迪苏丹派来的那位年轻特使。

即便这么多老手凑在一起，此次任务也运气不佳，灾难频发。在舰队延期于1500年3月9日出发后不久，一条船就在佛得角群岛附近的海域失踪了。卡布拉尔试图复制达伽马的环大西洋路线，但他的航线在西南方向上走得太远，到达了陆地。他以为自己发现了一个新岛，在举行过弥撒、竖起一个十字架之后，他派一位船长把这个意外的消息带回国去。一场可怕的暴风雨在好望角海域袭击了余下的11条船，有4条船和船上所有的人一起沉没了，其中包括巴尔托洛梅乌·迪亚士掌舵的那条船，他再也见不到自己发现的那个风暴肆虐的海角了。在前往印度途中，另一条船也消失在恶劣天气中，舰队的船只数量减少到6条。

285 时值夏末，按照他得到的命令，卡布拉尔在马拉巴尔海岸附近驻扎下来，准备袭击可能来自北方的阿拉伯船队。船员们向神父忏悔并接受了圣事，而他们等待的猎物却没有现身。卡布拉尔转而驶向卡利卡特，9月中旬，他旗帜飘扬大炮闪耀地抵达了那里。

老扎莫林在达伽马离开后不久便去世了，他野心勃勃的年轻继任者更热衷于和欧洲人开启贸易。几个当地要人径直来到船队，其后是欢迎的队伍、一支乐队，以及扎莫林本人。这一次，葡萄牙人有备而来，他们带来了金银的盆罐、水壶、酒壶等财宝，还有大量金色的柔软服饰，包括软垫、帐篷和地毯等。卡布拉尔呈送了曼努埃尔一世那封了不起的信，葡萄牙国王在信中表示很高兴终于与基督徒兄弟重聚了，虽然扎莫林对此的反应没有被记录下来，但他给了卡布拉尔一个雕刻在镀金牌子上的王室许可令，以保证葡萄牙人的贸易安全。这次会面在一片惊慌失措的人质交换中结束了，但不到两个月后，葡萄牙的代理店就在一幢面朝大海的大房子里建立起来，印有王室盾形纹章的旗帜在屋顶上飘荡。

然而，葡萄牙人很快便发现，当他们抵达之时，阿拉伯舰队已经停在港口了。之前大胜瓦斯科·达伽马的商人们愕然地看到一支比自己大得多的葡萄牙舰队驶进视野，12 月，事态终于发展到紧要关头。葡萄牙人扣押了一条出发前往吉达的穆斯林船，声称其离港违反了他们与扎莫林的协议，即他们有权率先装载香料。作为报复，一大群穆斯林商人袭击了葡萄牙人的新代理店。70 个人被困在那座大房子中，包括舰队的神父。在三个小时的战斗后，他们试图杀出一条血路上船，却几乎全军覆没。

等了一整天也没见扎莫林传来口信，卡布拉尔认为后者批 286
准了这次袭击，便一路杀向海港里的阿拉伯船只。

这是一次不公平的竞争：六条葡萄牙船的火力远远超过了整支穆斯林舰队。

多个世纪以来，印度洋上的贸易鲜受战争的干扰，那里没有海战的传统。接缝工艺的舰船不够结实，导致不能安装重型火炮，而且其设计也几乎不可能让它们适应新的威胁。无论如何，火炮虽起源于中国，且一直都在穆斯林军队中使用，但它们只流传到过印度偏僻的小块地区，从留存下来的少量样品来看，它们既短小又粗糙。而葡萄牙和欧洲所有的滨海国家一样，世代在海上作战，尽管它的船载火炮远非完美，其在紧急情况下造成恐怖的能力却是无可否认的。火药的出现或许让战争中不再有骑士精神，但它是葡萄牙建立东方帝国不可或缺的媒介。

卡布拉尔俘获了十几条大船，杀死、淹死和关押了数百人。他运走了他们的香料货物和三头大象，将其屠宰腌制作为食物，还把船都烧了。晚上，他命令船长们放下小船，让大船尽可能安全地靠近岸边。他们在城下排兵布阵，破晓时分便朝岸上开火了。炮弹扎进面海的人群，摧毁了房屋和庙宇，又杀死了数百人。“人们惊恐万分，”记载中写道，“连扎莫林都从王宫里逃了出来，他的一位奈尔要人也被落在身边的一颗炮弹炸死了。就连一部分宫殿也被炮弹摧毁。”[22]

扎莫林立刻改变了对新盟友的看法。卡布拉尔正准备离开时，一支大舰队出现在海平面上。双方还未交火，一场突如其来的风暴迫使他们当晚锚泊。第二天早上，卡布拉尔改主意了，认为最好不要重启战端，便匆匆赶往外海，而来自卡利卡特的
287 小船却一直紧追不放，直到跟到夜幕降临。葡萄牙指挥官遵从瓦斯科·达伽马的建议，在一年中这个最适当的时段前往非洲，但在靠近马林迪时，一条船在暴风雨中被刮到了岸上。那条船着火了，不得不被废弃，13 条船中只有 5 条回到了里斯本。

这次航行并非一无所获。根据达伽马的情报，卡布拉尔发现了他的前辈错过的两个重要的非洲港口——西非大部分黄金的交易渠道索法拉①，以及曾长期统治斯瓦希里海岸的一个苏丹王朝的岛国首都基尔瓦。他受到已经学乖了的莫桑比克统治

① 索法拉（Sofala），非洲南部印度洋一港口城市，位于如今的莫桑比克沿岸。

者明显友善的欢迎，马林迪苏丹则像往常一样周到好客。他与坎纳诺尔和科钦[1]这两个繁忙的印度港口取得了联系，这两城都与扎莫林不和。他在这两个城市里装载了满船的香料，并在科钦留下一队人马来建造代理店。曾经消失在印度洋上的船只最终又重新现身，有消息说它误闯了马达加斯加。重要的是，卡布拉尔在出航途中以为自己首次发现的岛屿其实是巴西，而且这段海岸正好在《托尔德西里亚斯条约》确定的教皇子午线以东。卡布拉尔误打误撞地完成了一个史上第一的壮举：他的船队到达了四个大洲。

欧洲的视野正以莫名其妙的高速度不断扩展，但卡布拉尔未能收获荣耀。他没有发现基督教同盟，也没有让哪怕一个人皈依。他失去了数百位老水手和半个舰队。他任凭卡利卡特的商人毁掉了葡萄牙人的代理店，尽管他发动了血腥的复仇，但仍然未能平息叛乱。综上所述，他没有像国王期望的那样大胆开拓或马到成功。对于一个被指派去完成一项不可能之任务的人来说，如此评价过于严苛，但卡布拉尔的余生都在耻辱中度过。

曼努埃尔一世尽量把事情往好处想。王宫举行了一场盛宴欢迎舰队归来，钟声响彻里斯本，全国各地掀起了游行，更多 288
的报捷信件被寄往西班牙。但国王夸下的海口眼看要变成一纸空文，很多顾问再次敦促他见好就收，放弃这个危险的事业。此外，曼努埃尔一世已经派了很多船去与土耳其人战斗，还派了更多的船去攻击摩洛哥人——全都未能取得成功——更不用

---

① 科钦（Cochin），印度喀拉拉邦最大的城市和主要的港口。1996 年，该城市改回古名柯枝（Kochi）。

提即便在那时，还有很多舰队直奔北大西洋[23]，去寻找教皇子午线葡萄牙人一侧的更多陆地。国家过分扩张，也牺牲了太多的生命；人们私下里窃窃私语，为了曼努埃尔一世对统治世界的疯狂追求，天知道还要牺牲多少生命。

然而，国王毫不妥协。甚至在卡布拉尔回国之前，曼努埃尔一世就已派出由若昂·达诺瓦①指挥的另外四条船，达诺瓦是个中级军官，在宫廷中势力很大。曼努埃尔一世确信，那时，卡布拉尔那支令人生畏的舰队要么已让大批当地人皈依了基督教，要么已让印度俯首称臣，因此，达诺瓦接受的命令只是去弥补卡布拉尔的遗漏之处。

根据一份报告的记载，新的舰队绕过好望角，在一根树枝上挂着的旧鞋里发现了卡布拉尔留下的一张纸条。达诺瓦起航穿过印度洋，在扎莫林的海港里还烧毁和击沉了几条船。他参观了科钦城的代理店，又在坎纳诺尔新建了一家，但就在他等待季风送他回家时，载满了穆斯林士兵的几十条船从卡利卡特向他冲来。葡萄牙人用大炮击退了那些小船，天暗风息之时，穆斯林挂起了谈判的旗子。达诺瓦怀疑有诈，继续开火，但他的火炮最后将近烧坏，便也用自己的旗子做出了回应。直到第二天时双方都同意停火，然而敌人就在近处锚泊，神经过敏的葡萄牙人盲目地朝着暗处开火，又度过了紧张的一夜。和卡布
289 拉尔一样，达诺瓦也认为最好改日再战，舰队于1502年9月带着大批香料和大量战利品返回了里斯本。

这当然不足以令迫不及待的国王满意。为了让萎靡不振的十字军重回正轨，显然得炫耀自己势不可挡的武力才行，而这

① 若昂·达诺瓦（João da Nova，1460—1509），为葡萄牙服务的加利西亚探险家，航行过大西洋和印度洋，是阿森松岛和圣赫勒拿岛的发现者。

需要葡萄牙最英勇的骑士来主持。

只有一人能够胜任。[24]

瓦斯科·达伽马最终在1499年夏末返回了里斯本。[25]他还在为哥哥的死难过，但他没有太多的时间沉浸在悲痛中。

在感谢上帝让他免遭不测之后，他告知国王自己已经回来了。曼努埃尔一世派遣一队贵族护送他到了宫廷。庞大的人群涌了进来，渴望一睹新晋民族英雄的风采，曾有很长一段时间，人们认为他已经离世了。当他来到王室成员面前，史家记述道："国王授予他荣誉，称他发现三印为上帝的荣耀、为葡萄牙国王的荣耀和利益，也为葡萄牙人的名字在世上永垂不朽，贡献良多。"[26]

当国王问达伽马想要什么奖赏时，他选择了锡尼什的世袭贵族身份，他父亲曾在那里担任总督。12月，国王授予他这一头衔，但圣地亚哥骑士团拒绝放弃其在封地上的权利，哪怕是对它自己的回头浪子。探险家亲自施压，但随着事情的延宕，他的仆人与总督的手下爆发了冲突。将近两年后，他仍在等待，而为了弥补他无法收缴的土地税捐，王室草草拼凑了一大笔津贴。

与此同时，国王命令文书们起草了一份内容详尽的拨款函[27]，以正式庆祝达伽马的壮举。这封长信追溯了从航海家恩里克到瓦斯科·达伽马本人的发现史。信中颂扬达伽马战胜了与他的前辈们所面对的都不一样的致命危险——那些危险夺去 290
了他的哥哥和手下很多人的生命；还赞扬他为基督而完成了"最出色的服务"，即发现了"印度，那是世界之风土人情的记述者们认为的世上最富有的国度，是世上历代的皇帝和国王无不觊觎的国度，是葡萄牙为了寻找而不惜花费重金、让众多船长以及很多人为之丧生的国度”。信中预言道，此番发现会带来巨大的利益，“这不仅属于我们的王国，而且属于整个基督教世界：迄今为止异教徒一直享受着印度提供的利益，我们将对其发难；更让我们充满希望的是所有印度人都将团结在我们的主周围，他们将会看到自己能够顺利地获得指引去了解祂的神圣信仰，他们中的一些人已经徜徉其中了”。

曼努埃尔一世还说，君主应该毫不吝惜地对此给予奖赏，并在随后做出了详细说明。达伽马及其家族和后代都获准在名字前面加上“堂”这一前缀，此尊称等同于英格兰的“爵士”。探险家被任命为王室议会成员，还获得了其后代可以继续享有的另一笔可观的年金，以及每年寄钱去印度购买香料且无须缴纳王室关税便可自由进口的权利。最后，他被任命为印度海军上将，“那里全部的荣誉、特权、自由、职权、司法、税收、免役税以及关税，均属该海军上将所有”[28]。西班牙有大洋海军上将克里斯托弗·哥伦布；葡萄牙如今也有了印度海军上将瓦斯科·达伽马。这个称号肆无忌惮地无视印度人会对此事有何看法，但对近在家国的既定受众来说，这个信息明白无误：哥伦布还在忙着穿行于大西洋之时，达伽马却已实现了两人共同的目标。

这是个慷慨的决定；而同为宫廷贵胄的尼古劳·科埃略得到的金额只有大约十分之一。此外，有大量文字记录说达
291 伽马从印度带回了利润可观的大量胡椒、姜、肉桂、丁香、
肉豆蔻、虫漆和宝石，他把用这些换取的银器收藏了起来。

然而，和同时代每一个有雄心壮志的人一样，他知道真正的权力来自土地和荣衔。他一直在施压，希望得到应许给

他的领地，同时也开始向交游广泛的卡塔里娜·德·阿泰德女士献殷勤。他们成婚后，达伽马的门第又升了一级。卡塔里娜与同时代的大多数女性一样，在历史上全然不见记述，不过日后她给达伽马诞下大群子嗣，表明这场婚姻并不完全出于政治目的。

达伽马是个野心勃勃的人。当机会来临，有望统领一支强大的新舰队时，他无法抗拒这个能让自己声名赫奕的机遇。

在抢占先机的赌徒看来，这是个值得冒险一试的危险之举。如果他成功征服了印度，就会得到国王的青睐，从而获得更大的权力。如果失败，他也许会像倒霉的卡布拉尔一样，蒙受王室怠慢之耻。他衡量了风险，下了赌注。

1502 年 1 月 30 日，瓦斯科·达伽马在里斯本大教堂正式被任命为印度海军上将。在聚集的高官中，有一位费拉拉公爵的特使阿尔贝托·坎迪诺（Albert Cantino），他向其雇主详细汇报了这一重大事件：

> 首先，每个人都参加了一场盛大的弥撒，仪式结束后，
> 上面提到的堂·瓦斯科身穿内衬白貂皮的法兰西式绯红缎
> 子斗篷，穿戴着与斗篷配套的帽子和紧身上衣，斗篷上装
> 饰着一条金链，走到由全体廷臣陪同的国王跟前，然后有
> 一人上前当众致辞，赞美了国王的卓越与美德，甚至称他
> 在所有方面的优秀表现都超越了亚历山大大帝。随后，他
> 转向海军上将，长篇累牍地赞美他，并赞美他过世的先辈
> 们，重述了他如何通过勤奋和活力而发现了印度的这一地 292
> 区，（而）致辞结束后，一个传令官手持书册走过来，让
> 堂·瓦斯科向国王及其后裔发誓将永远效忠，（当）宣誓
> 结束后，他跪在国王面前，国王从手中拿出一枚戒指交给

了他。[29]

王室的旗帜被交给了主持的主教，他庄严地为之祈福，然后将其还给国王。曼努埃尔一世拔剑出鞘，将剑放在海军上将的右手中。国王把旗帜交到他的左手，达伽马站起身来，亲吻了国王的手指。其余的骑士和贵族列队走过，如法炮制。“在最辉煌的乐声中，仪式就此结束。”

印度海军上将堂·瓦斯科·达伽马在号角齐鸣中走出教堂，与不到五年前出海的那个年轻探险家相比，他的身影变得伟岸了许多。

来自威尼斯的那位年轻的大使也在当日列队向他致意的显贵之中。

不管是不是间谍，彼得罗·帕斯夸利戈都与葡萄牙国王建立了友好的关系。曼努埃尔一世封他为爵士，甚至还请他做王子的教父。然而，两人之间充满温情的私交并未能掩盖这样一个事实，即葡萄牙对东方如此痴迷，令威尼斯越来越恐惧，即便威尼斯在达伽马起航当月还送给曼努埃尔一世一条闪闪发光的黑色刚朵拉船[30]，船舱里装饰着金色的布料。“最尊贵的共和国”① 仍然企图说服国王曼努埃尔去攻击地中海的穆斯林，而不是航行半个世界，去打击流淌着它生命之血的贸易命脉。

两个月后，威尼斯改变策略，召回了大使。1502 年 12 月，执政团改而成立了一个由 15 位要人组成的特别政务会②，专门应对葡萄牙危机。

---

① 指威尼斯。

② 原文为意大利语 giunta。

由于劝说失败，合作也就无从谈起，剩下的唯一选择就只 293
有阴谋破坏了。

同一个月，政务会派遣一个名叫贝内代托·萨努多的神秘特工前往开罗。萨努多的任务是让埃及的苏丹相信，葡萄牙人对穆斯林的威胁与其对威尼斯的威胁一样大。他受命提出两个策略以消除这种威胁。其一是苏丹取消关税，以便威尼斯人与葡萄牙人竞争。可就连威尼斯也知道此事要从长计议。其二是“找到迅速而隐秘的方法”[31]来制止葡萄牙人航行抵达印度。威尼斯人不太愿意请求穆斯林盟友对基督徒竞争者使用武力，但他们同情哪一方无可置辩。萨努多预言，如果葡萄牙人在印度遭到一致反抗，他们很快就会重新考虑此事。苏丹或许可以和卡利卡特的扎莫林谈一谈，敦促他“做出与其智慧和力量相匹配的事来”。言下之意昭然若揭。

第三部分

十字军东征

14. 印度海军上将

硬面包被烘焙出来，一桶桶葡萄酒滚上跳板，横幅、旗帜 297
和十字架也在冬季的微风中飘荡。惯例的祈祷过后，告别的礼炮齐鸣，瓦斯科·达伽马在1502年2月10日驶出里斯本。[1]

舰队总共有20条船，不过及时准备就绪的只有15条。达伽马选择坚固的圣哲罗姆号（São Jerónimo）作为旗舰。他的舅舅、基督骑士团的骑士文森特·索德雷在埃斯梅拉达号（Esmerelda）上指挥着由五条船组成的一支小舰队。众位船长中还有达伽马的另一个舅舅布拉斯·索德雷，以及达伽马的内兄阿尔瓦·德·阿泰德。海军上将那位靠不住的教子加斯帕尔·达伽马再次惹眼地出现在船员中。余下的五条船将于4月初启航，由他的堂弟埃斯特旺·达伽马在巨大的新旗舰海洋之花号（Flor de la Mar）上指挥。他会十分怀念保罗·达伽马坚定的支持和平静的声音，但比起第一次，这次新的出海任务更像是家族生意了。

这也是全欧洲的生意。里斯本城里到处是外国金融家、商人和水手，人人都在谈论着印度和香料。英格兰人、法兰西人、日耳曼人、热那亚人、西班牙人、佛兰芒人、佛罗伦萨人，甚至还有少数叛变的威尼斯人每天都来碰运气，想看看能不能找点儿跟东方事务有关的差事。新的舰队过于庞大，葡萄牙人难以独力支撑，因而有很多外国人登记加入。

达伽马领到的航行命令所彰显的野心令人震惊，不过它们 298

至少比国王给卡布拉尔设定的末日预言般的行程要具体得多。联合舰队要去支持那些不堪一击的葡萄牙代理店，并武力胁迫更多的非洲和印度城市答应有利的贸易条款，还要对付卡利卡特那位野蛮的扎莫林。当舰队在印度洋上志得意满后，将会兵分两路。瓦斯科·达伽马会将率领舰队的主体，载着宝贵的香料返回葡萄牙。与此同时，文森特·索德雷船坚炮利的小舰队将会留下来逐步升级对穆斯林的战争。除了保护葡萄牙的利益之外，他还要永久封锁阿拉伯人的船运，制止香料流入红海，并扼住埃及的经济命脉。如果一切按计划实施，葡萄牙人不久便会航行到红海，与从摩洛哥向东穿过非洲艰苦跋涉而来的军队会合一处，进军耶路撒冷。

第一批 15 条船像往常一样将佛得角群岛作为停留的第一站，神父们在那里举行了弥撒。船员中有不少新手，达伽马主舰队中的新小猪号（Leitoa Nova）上有一个佛兰芒水手目不转睛地看着岛上的居民。“那里的人完全赤裸，”他在日记中不经意地写道，“男女都一样，他们都是黑人，丝毫不以没穿衣服为耻，女人们像猴子一样和男人说话，而且他们不分是非善恶。”[2]

穿行大西洋是对勇气的考验，这次比往日更甚。3 月 6 日，舰队顺风离开佛得角，但很快就因为无风而停航了。一连多日，人们除了钓大鱼之外无事可做，一个水手记录说这里的鱼外表古怪可怕，跟弗里斯兰奶牛一样重。随后海风渐起，随之而来的是连着六个星期的多变天气：波涛汹涌的大海、猛烈的狂风，以及从各个方向横扫船队的雹暴。3 月底，大熊星座和北极星都从夜空中消失了，4 月 2 日，烈日当头，在无影的强光之下什么都看不到。就连晚上也闷热难忍，所有的人都在热浪中病倒了。

船队很快驶过赤道，正午的太阳被他们甩到背后，夜空中 299
出现了南十字星座，在缥缈的云间清晰地闪耀着。人们看到陪伴着他们的成群飞鱼一同跃出水面，灰色的白头军舰鸟与它们齐头并进，不时垂下巨大的双翼，用长喙捕捉猎物。遇到有大型捕食者追踪时，鱼群就跃得更高，以至于有时会有一二十条鱼同时摔落在船里。不过有时一连多日，连鱼和鸟也消失了，目力所及，不见活物。只有稀疏平常的小事故频频打破这可怕的静寂：桅杆折断，或是一条船狠狠地撞上另一条，以致要花上好几个小时才能把两船分开。

4 月 23 日圣乔治节，舰队终于等到了顺风，得以重回正轨。达伽马跟船长们商量，询问他们认为此地离好望角还有多远，然后向东南偏东方向航进。随后风向又转为逆风，他们被吹向西方，直奔巴西而去。5 月底，他们再次回到了预定的航线，因位置足够靠南，初冬的日子只延续了不到八个小时，在一场“雨、雹、雪、雷和闪电”[3] 轮番轰炸的暴风雨中，西风带将他们吹过了好望角。

一个日耳曼水手记录道，现在，令人窒息的炎热让位于“日耳曼从未有过的寒冷。我们都手脚冰凉，因为太阳停在北边，很多人都冻死了。海上风暴交加，实属奇观”[4]。他把湿透了的外衣紧紧裹在身上，但当他得知不到两年前有四条船（包括巴尔托洛梅乌·迪亚士指挥的那条）正是在此处失事的消息后，浑身颤抖得更厉害了。多日里，舰队卷起船帆费力穿过大雨瓢泼的怒海，当海军上将指出有一群鸟儿白日捕鱼夜晚栖息于陆地时，每个人都已经筋疲力尽了；他说这是个明显的标志，证明海岸就在附近。船长们以收帆后能达到的最高航行速度前

300 进，5 月 30 日，他们终于看到了陆地，抛锚停泊。松了一口气的水手们庆祝时，领航员观察了海岸线，将其与手中的航海图比较，得知他们已经过了好望角 100 里格。

大自然没打算放过他们。“我们拉起船锚，继续前进，”日耳曼水手继续写道，“可当我们到了海上时，一场大风暴突然降临，我们平生从未见过这样肆虐的海上风暴。”船首斜桁和桅杆像细枝一样纷纷折断，三条船从视野中消失了。海浪撞击船舷、洗刷甲板，他们与浪头、湍流和海风搏斗了三天三夜，就连老水手也确信他们大限已到。在最糟的时刻，一头巨大的海豚跃出水面，几乎跃过了桅杆，让迷信的水手们惊慌失措。不久，一只鱼鳍像船帆一样高的座头鲸在周围游了很长时间，闹出好大的动静，人人都被这个凶兆吓得战栗不已。让他们大感宽慰的是，这些来访者原来都是好兆头：暴风雨变成了顺风，人们在微弱的阳光下摊开湿透了的衣服，把它们晒干。

舰队不久便驶入印度洋，海军上将召开了所有 15 条船的船长会议。他们决定兵分两路：文森特·索德雷的五条船径直驶向莫桑比克，其他船只将停靠在著名的黄金贸易城市索法拉[5]。准备在索法拉出售的货物被转到达伽马的船上，一个星期后，主舰队到达那里，在远离海岸上移动不定的低洼沙地抛锚停泊下来。

在西方传说中，索法拉据信是《圣经》中富可敌国的港口俄斐，所罗门王宝藏的所在地，示巴女王的都城，抑或三者皆是。“船长告诉我们，那位前往伯利恒、向我们的主耶稣基督奉献黄金的国王就曾住在这里；但现在的国王是个异教徒”，日耳曼水手记录道，他说的异教徒当然是指穆斯林。城市的位

置随沙移动，葡萄牙人到来之时，这座城坐落在河口小岛上的
棕榈林和农园之中。大陆环抱着这座小岛，形成了一个马蹄形 301
的海湾，顺水驶出河流的船把腹地的金矿运到此处。

达伽马又召开了一次船长会议。他指出，当前的问题是如何既对敌对行动有所防备，又不致显得过于好斗，以免引来对方先发制人的袭击。他们达成一项决定：每一位船长都全副武装好自己的船只和手下，但要把武器藏起来。

破晓时分，小船划向陆地。海滩上已经挤满了人，随着欧洲人靠近，15～20 个人把一条独木舟拖进水里。五六个阿拉伯人爬了进去，用桨推岸撑船来迎接外乡人。独木舟划进招呼得到的地方后，达伽马的代言人威严地宣布他有葡萄牙海军上将的口信。阿拉伯人报告给苏丹，随后带着香蕉、椰子和甘蔗等礼物回来。他们说苏丹欢迎外乡人，正等着他们的口信呢。

达伽马不愿冒险，便请求在手下登陆前先扣押一些人质。很快就上来了两个看上去很有地位的阿拉伯人，两个葡萄牙人也随即出发前往王宫。他们返回时带来了更多的欢迎之词和更多的香蕉、椰子，还有一头牛。一条小船测量了处处是浅滩但仍可航行的海港后，旗舰和另外三条船驶进了海湾。10～12 天的贸易开始了，其间欧洲人用普通的玻璃珠、铜戒指、羊毛制品和小镜子换得了很多黄金。交易过程很友好，不过据一份报告记载，达伽马花时间秘密调查了周边地区，以寻找修建城堡的最佳地点。

这次任务在收获金钱上来了个开门红，但一条载满黄金的船在离开海港时撞上暗礁，船员们在沉没之前堪堪撤离了船舱，又导致财富骤减。舰队其余的船只驶向莫桑比克，一个星期后与索德雷的分遣舰队会合。

302 这一次，莫桑比克苏丹满脸堆笑，甚是合作。在暴风雨中失去方向的三条船中有两条也在港口里避难，而索德雷的手下正忙着用从葡萄牙带来的备件打造一条武装轻快帆船，这条船将会留下来用于在非洲海岸巡逻。舰队装载了淡水和木材，并用更多的珠子交易了黄金，待一切准备就绪后，海军上将口述了一封信，列出了他打算行驶的航线。在他把信送进城，吩咐人把它交给第二波到来的船队后，13 条船便出发驶向下一个停靠港。

达伽马在第一次航行时就听过不少有关基尔瓦岛的情况，多个世纪以来，此地一直是东非最强大的苏丹的大本营[6]，那些阿拉伯最高君主控制着整个海岸线，从南部的索法拉和莫桑比克到北部的蒙巴萨和马林迪。王朝已经衰退一段时间了——有宽敞壮观的庭院、泳池和王宫的巨大宫殿在俯瞰印度洋的海角上朽坏——三年前，最后一位苏丹被其埃米尔谋杀后，这里便被永久地废弃了。然而，这个岛屿仍然非常富裕。那里的重量级穆斯林商人是索法拉和莫桑比克黄金和象牙贸易的中间人，这两个地方太靠南了，季风又不断转向，印度和阿拉伯的船队很难安全地往返；他们还用船运来内陆津巴布韦的巨大花岗岩高地出产的黄金矿藏，一同被运来的还有白银、琥珀、麝香和珍珠。城里的高大房子都是用涂以灰泥的石头垒成的，十分气派，坐落在精致的花园和果园中间，还装饰着观赏性的壁龛。大清真寺有坚实穹顶的蛋盒式屋顶和林立的珊瑚柱，看起来像是科尔多瓦的大清真寺（Mezquita）的缩微版本。基尔瓦的辉煌岁月或许已经逝去，但它仍然是个闪耀夺目的目标。

两年前，卡布拉尔按照达伽马的建议，航行来到此岛，提出签订贸易和友好条约。起初，篡权的埃米尔易卜拉欣连声赞同，但他很快便认为葡萄牙人看起来过于好战，他们无法给他带来舒适的生活，因而退回到自己的王宫，锁上宫殿大门，还设置武装 303
护卫重兵防守。葡萄牙人和往常一样，确信穆斯林决定不与基督徒做贸易，达伽马此次便受命要让基尔瓦吃点儿苦头。

7月12日下午，舰队在岛外锚泊，达伽马观察了地形。海港里樯桅如林，还有更多的船被拖到海滩上。男男女女涉水穿过沙滩和红树根，去海里泡澡，这是他们日常的消遣。黑奴和穷人几乎都光着身子；阿拉伯人穿着丝质和棉布的长袍。“他们身材匀称，”一个欧洲人记录道，“不过留着大胡子，看上去很吓人。”[7]

达伽马觉得自己会遭到冷遇，就以一阵喧噪的炮火宣布自己的到来。一条小船很快靠近，但那只是卡布拉尔留下来的一个流放者。这位罪犯上交了一封信，是若昂·达诺瓦在返程途中交给他的。除了给后来的人补充些有关卡利卡特的骚乱信息和坎纳诺尔那边的进展之外，达诺瓦还警告说，他们就算跟基尔瓦的统治者搞好了关系，也不会有什么结果。

达伽马派此人带口信回去见埃米尔。他宣布，葡萄牙的海军上将是国王派来与基尔瓦讲和的，还有很多货物可供交易。

埃米尔听到这个口信后立即病倒了。

达伽马把所有的船长召集到他的船上来开会。埃米尔易卜拉欣显然企图避而不见，对此他询问了大家的意见。他们商定了策略，然后在第二天上午，船长们用全副武装的小船载满了人出发上岸。他们划到王宫前，在自己的小船上指挥行动的达伽马向埃米尔传达了一个新的信息。特使宣称，如果埃米尔不听从告诫接见海军上将，舰队就对王宫开火。

反复折腾一番后，埃米尔的身体状况大见好转，可以在一

群人的陪同下来到岸边了，那个日耳曼水手估计陪同人员有逾
304 2000 人。4 个人抬着面如死灰的易卜拉欣来到海军上将的小船前。他在地毯上坐好后，达伽马告诉埃米尔，自己带来了国王的一封信，但由于时间有限，他会把大意告诉埃米尔。如果埃米尔想要得到葡萄牙的保护，就要支付一大笔黄金，还要以当地的价格提供给葡萄牙人需要的所有商品。作为在本地封臣的一个象征，他应向葡萄牙王后敬献十颗珍珠的岁贡，并在王宫挂上葡萄牙的旗帜。如果他抗命，达伽马就会把他扔进船舱，钉上板条封闭舱口。

颤抖的埃米尔不习惯被人用这样的语气呵斥，他问海军上将，此行是想讲和还是开战。和平还是战争，都悉听尊便，达伽马答道，这取决于埃米尔的态度。达伽马还说，如果自己处在他的位置上，毫无疑问会做出对自己有利的选择。

埃米尔选择了和平，但他还想要个滑头。他十分遗憾地说自己没有足够的钱来支付贡品，不过他一定会尽力。达伽马坚称争辩无益，但易卜拉欣把协商过程扯得很长，最终同意支付一笔在数额上少得多的金钱。毕竟，原则最重要。

埃米尔移交了三名高官作为人质，然后随即被人抬回岸上。[8] 人群爆发出一阵阵掌声和欢乐的呼喊声，为庆祝避免了战争，他们争相在杀人篡位者的脚前抛撒细枝。欧洲人划船回到大船上后，很快就有一些小船带着整个农场的山羊、鸡和牛等祭品靠近了他们。

三天后，保护费就在一群吟唱着“葡萄牙！葡萄牙！”的妇女的陪伴下送来了，她们看上去像是发自内心的快乐。作为回报，埃米尔也收到了他的人质、一些绯红色的斗篷、14 段深红色天鹅绒和由国王曼努埃尔一世签署的一沓信件。信中国王

彬彬有礼地接受埃米尔成为封臣，并承诺保护他的国度，还有一面用金线绣着王室盾徽的丝旗。旗帜被系在一支长矛上，在仪仗队、礼炮齐鸣，以及演奏着小号、响板和军鼓的乐队的陪 305
同下送上岸去。务实的易卜拉欣敬礼接受了这个宝贵的纪念物。他决定全力以赴，旗帜在全城游行一遍，引来更多人叫喊着"葡萄牙！葡萄牙！"，并且在随后举行了盛大的仪式，把旗帜升到最高的塔上。

当佛兰芒水手目不转睛地盯着半裸的当地女人，惊叹于岛上的大尾绵羊和巨大的洋葱时，达伽马命文书为随后到来的舰队起草了一份教诲备忘录。他宣称，埃米尔曾对他非常无礼，"为此，我让所有的人全副武装，决定消灭他，我乘船来到他的宫门前，将船首停在陆地上，随后派人以无礼得多的态度把他叫来，比此前他对待我的表现更甚，于是他同意照办并前来相见，我与他讲和并建立了友谊，条件是他向我的国王纳贡"。[9]由于埃米尔现在是葡萄牙的封臣，达伽马命令其后继者，只要埃米尔信守诺言便将继续维持和平。他补充上自己计划的航行路线的详细概况，并吩咐后来者日夜兼程地赶上来，信尾的署名是"海军上将堂·瓦斯科"。

在船只都已倾侧检修完毕、擦洗一新，并重新填塞了船缝后，他们整装待发。他们花了两天时间到达外海；像达伽马在信中警告[10]的那样，海潮翻涌，使得船出港变得非常困难。当他们还在试图摆脱困境时，埃斯特旺·达伽马驾驶着海洋之花号驶进了视野，这时所有人的恼怒顿时一扫而光，快乐的气氛笼罩着舰队。埃斯特旺是在5月离开里斯本的，然而他的舰队中有两条船在好望角频发的暴风雨中失踪了，于是他留下口信，希望他们能赶上来。

16 条船组成的联合舰队向北航行到了马林迪。如果他们盼望的是盛传已久的苏丹的款待的话，未免要失望了。季风开始咆哮，大雨倾盆，船队被吹离城市五里格之远。他们在一处小
306 海湾锚泊，动身去寻找水源。与此同时，达伽马命令船长们列出他们希望装载哪些香料，以及他们带来的钱数和货物清单。他解释说，当他们穿越海洋时，他希望为印度的业务日程列出周密的计划。他有一份秘密的待办事项：私商资助了几条船，他决定不让他们为了宝贵的香料而彼此竞争——或是与国王的代理商竞争。“我们都认为明智的做法是把我们的货物和资金，以及我们要买什么报告给他，我们能买多少香料取决于我们找到的香料质量和价格”，一个意大利商人的代理商马泰奥·达·贝尔加莫如此写道。[11]

马林迪的苏丹看到船队经过，便派人给海军上将送去一封信。信使避开夜间在岸边游荡的野兽，涉水走过齐腰深的海水找到了他，达伽马也回以友好的问候和更多指示，吩咐余下的船只不要耽搁。他此次航行的任务中，非洲部分或多或少已经按计划完成了，所以达伽马决定直奔印度而去。仅仅停留了两天后，舰队在 7 月 29 日星期五起航。

季风并未帮忙。一场风暴把舰队吹向阿拉伯半岛附近，当舰队最终抵达印度时，却发现自己位于卡利卡特以北很远的地方，身处穆斯林控制的区域。那个佛兰芒水手记录说，船队沿着海岸向南航行经过一座城市，那里的苏丹拥有至少 8000 匹马和 700 头战象。他还说，欧洲人俘获了 400 条船，“我们杀了那些人，放火烧掉了船”[12]。

无论这场可怕的屠杀是否发生过——如果确实发生过的话，规模也几乎一定小得多——印度海军上将决定将阿拉伯人一举

逐出阿拉伯海。这是国王下达的命令。卡利卡特的大屠杀和其对葡萄牙舰队的袭击都使得这项任务刻不容缓。达伽马随时准备完成其身为基督徒的职责，毫无疑问，想到要为自己早先受到的对待而报私仇，他的决心就更加坚定了。

几天过后，舰队到达安吉迪乌岛，在第一次航行中，加斯帕尔·达伽马就是在那里被俘的。如今，数百名水手患上了坏 307
血病，被抬到岸上，住在临时的避难所里。神秘的疾病让新手们吓得魂飞魄散，那位佛兰芒水手猎杀了一条五英尺长的蜥蜴来转移自己的注意力，然而这也无济于事。友善的当地人带来大量食物——鲜鱼和熟鱼、黄瓜，以及香蕉，葡萄牙人对后者非常着迷，称其为“印度无花果”——但还是有六七十人死了。

一天上午，海平面上出现了一片风帆，海军上将派出三条大船和两条轻快帆船上前拦截此船。他们驶近时，那条船挂出旗帜，爆发出奔放的欢呼声。那条船正是 5 月出发、在好望角被延误了的两条船之一。它属于一个名叫鲁伊·门德斯·德·布里托[13]的“新基督徒”富商所有，船长是佛罗伦萨人乔瓦尼·博纳格拉齐亚（Giovanni Buonagrazia）；船上还有一个名叫托梅·洛佩斯（Tomé Lopes）的文书，他主动承担起完整记录航行过程的责任。它跟舰队的其他船只会合后，水手们涌上船来打听葡萄牙的消息，并询问是否带来了信件。新来的这些人拜访过马林迪，把苏丹给他们的鸡肉和橘子转送给还在恢复中的病人们。

5 月出发的舰队中第二条走失的船很快也现身了，庞大的舰队出发前往马拉巴尔海岸三个大港中最北边的坎纳诺尔。欧洲人沿途俘获几条小船，夺走了他们的大米、蜂蜜和黄油等货物。友好统治者的臣民都被释放了；其余的人留作奴隶，他们的船也被烧了。

海军上将命令船长们等在海上，不要进入坎纳诺尔的港口开始贸易。他们停在以利山的对面，那里是阿拉伯领航员驾船时依仗的地标，也是达伽马本人第一次到达印度的地方。

如今，全体人员都了解这个计划。那位佛兰芒水手尽量删
308 繁就简地记录。他们准备埋伏下来等待从阿拉伯前往卡利卡特的商船队伍，“那些船载着运到我们国家去的香料，我们希望消灭他们，那样一来，只有葡萄牙国王能从那里将香料收入囊中”[14]。

每隔几个小时就会有一条船出动巡视海上的航道，待这条船值班结束后，另一条船就会来接班。这种接力持续了数天，所获无多。一个名叫费尔南·洛伦索的船长企图登上一条有大量船员的巨型四桅帆船，但在发射了六七炮以后，弹药耗尽了，而且随着夜幕降临，猎物逃跑了。属于鲁伊·门德斯·德·布里托的那条船总算俘获了一条波斯湾采珠船[15]——一种双头的小型独桅帆船，但那条船上只载着填絮和番薯之类的东西，而且还是开往友善的坎纳诺尔的。接连几天，达伽马一边密切监视着船上的 24 名穆斯林水手，一边决定自己的行事方案；最后，对于同盟的需要战胜了信仰的冲动，他把这些人交给了随舰队返回印度的坎纳诺尔大使。

没过多久，这 24 个人发现，他们简直是九死一生。

舰队随时待命，枪炮上膛，军官穿上盔甲准备行动，并鞭策着手下的船员——这些人因为补给日渐缩减而越来越焦躁不安。9 月的最后两天，来自吉达和亚丁的贸易船队终于乘着季

风的尾巴来了，一个合适的目标驶入了视野。

鲁伊·门德斯·德·布里托船上的文书托梅·洛佩斯后来完整地记述了接下来那几天发生的惨事。[16]

庞大的阿拉伯船出现在海平面上时，圣加布里埃尔号正在值班侦查。岗哨高喊出现来敌，炮手们迅速就位，从船头开火警告。

欧洲人明明看到那条船上有武装，但奇怪的是，它却停下 309
来降了旗。圣加布里埃尔号靠近查看，士兵们没有遭遇任何抵抗就登上了那条船。

这条阿拉伯船被称作米里号（Mîrî）。让葡萄牙人深感满意的是，此船正是开往卡利卡特的。船上挤了 240 个男人，还有逾 50 名妇孺。[17]大多数人都是去麦加朝觐后回家的朝圣者，但卡利卡特最有钱的十几个商人也在船上。他们惯于应付马拉巴尔海岸的沿岸海盗，认为逞勇与海盗搏斗倒不如用船上的一部分财富来换取自由。

名头最大的商人名叫乔哈尔·法基[18]，欧洲人得知，他正是麦加苏丹在卡利卡特的代理商。米里号是他个人舰队中的一条，他来负责谈判事宜。

应法基的要求，印度海军上将亲自接见了他。这位穆斯林显贵开出一个高价，同时为了保全面子，他以常见的阿拉伯人的做派拿出一笔明目张胆的贿赂，作为常规的生意往来。达伽马解释说自己的桅杆断了，阿拉伯人说他可以支付一大笔黄金为他换一根新的；此外，阿拉伯人以自己的名义保证葡萄牙舰队的每一条船的船舱里都会装满香料。

达伽马拒绝了。五年前，卡利卡特的穆斯林说他是海盗时，他曾大发雷霆。他现在有充分的理由认为自己又被当作海盗了。

然而这五年间局势发生了很大的变化。达伽马的第一次远征是三条小船进行的探索性航行，而这第二次却是有刀枪林立的舰队支持的征服之行。彼时，他是个探路者。现在，他是个十字军战士，他要做的可不是敲诈勒索那么简单，而是比那要血腥黑暗得多。

法基抬高了出价。他保证，如果他自己、他的侄子以及他的一个妻子能获得自由，他就自费运来四条大船满载的香料。他本人会留在旗舰上作为人质；海军上将只需允许他的侄子上
310 岸去筹措此事即可。如果货物没有在 15 ~ 20 天内到达，他就任凭他们处置，米里号上的贵重货物也是如此。此外，他还会和扎莫林斡旋一番，确保将返还葡萄牙仓库里的货物，并化解过去不幸的敌对行为，重修旧好。

海军上将粗暴地命令商人回到自己船上去，并转告他的穆斯林同胞交出船上一切有价值的东西。

与粗俗的欧洲人显然无法谈判，法基的骄傲大大受挫。

“我指挥这条船时，”法基回答道，“他们照我说的做；现在你指挥这条船了，你去告诉他们吧！”[19]

不过，他还是回到了米里号上，在一场激烈的辩论之后，商人们把少量黄金送交葡萄牙舰队。达伽马收下黄金，随后派小船去搜查阿拉伯船只，期望寻找更多的战利品。他自己船上的一个船员在转移缴获的货物时，失足掉下船舷。两船在水流的作用下相撞，把水手的身体碾得粉碎。海军上将的盛怒更无法平息了。

伏击海上的舰船是兵家大事。欧洲商人的代表们不能确定发生了什么事，只是在旁观，而达伽马则与船长们闭门磋商。马泰奥·达·贝尔加莫听说士兵们在米里号上缴获了大量金银

币，还有土耳其天鹅绒、水银、铜以及鸦片。“我们甚至都不能谈及这次的战利品，”他写道，“尤其是因为没有我们的份。我们被告知，这不关我们的事儿。”[20]

僵局已经持续了五天。“时间是 1502 年 10 月 3 日星期一，”托梅·洛佩斯写道，“我余生的每一天都会记得这个日子。”[21]

现在，达伽马的士兵们从阿拉伯的船上拿走了他们能找到的所有武器。阿拉伯船已经是个死靶子，海军上将命令手下回到自己的小船。他们的任务很简单，就是把米里号拖到海上去，使其距离葡萄牙舰队足够远，然后再放火烧了它，同时烧死船上所有的人。 311

士兵们走上米里号，在整个甲板上纵火，待火焰燃起、浓烟滚滚时，他们便跳回小船。一些穆斯林赶紧闷熄火苗，逐个踩灭它们。其他人拉出几门小炮，迅速架设起来，这是他们刻意藏起来没让搜查队伍发现的。朝圣者和商人们到处找来可以用作弹药的东西，包括船舱里成堆的压舱石中那些拳头大小的石块。显然没有任何投降的可能，他们决定战斗到死，而不是被火烧死。

小船里的士兵发现火灭了，便划船回去重新点火。他们一靠近，男男女女就都朝他们开炮和投掷石块。面对冰雹般落下的投掷物，欧洲人畏缩不前并迅速撤退。离开一段距离后，他们企图用自己的火炮击沉米里号，但小船装载的炮太小，无法对其造成真正的伤害。

穆斯林女人扯下她们的珠宝，把金银宝石紧紧攥在拳头里，一边朝着小船摇动双拳，一边冲着袭击者尖声叫喊，让他们全都拿走。她们把婴儿和小孩子抱起来，绝望地恳求基督徒可怜可怜这些无辜的孩子们。商人们最后一次喊叫着表示如果能饶他们一命，他们愿意付一大笔赎金。

达伽马躲在视线之外，通过一个小舷窗观察着情况。托梅·洛佩斯目瞪口呆：既震惊于海军上将拒绝发慈悲，又诧异他何以甘愿拒绝这样一笔巨大的财富。在他看来，这笔赎金无疑足够换取摩洛哥所有的基督徒囚犯的自由，还能给国王剩下一大笔财富。贝尔加莫和他的代理商同伴们无疑在想他们的利
312 润会有多少化为乌有。而船员中还有许多狂热的基督徒，跟他们的十字军前辈一样，杀死和平的商人与朝圣者一点儿也不会让他们良心不安。他们的信仰之敌从某种意义上来说并不是真正的人，这种观念虽泯灭人性，却是根深蒂固、无法被动摇。与前世后代的神圣斗士一样，他们避免直视受害人的眼睛，继续着自己虔诚的事业。

米里号还漂浮在水面上。绝望的穆斯林把盖在货物上的床垫和脚垫都铺在甲板中央，同时躲在临时的避难所后面以密集的炮火进攻葡萄牙人。托梅·洛佩斯的船距离他们最近，他和船员们可以看见小船里的同伴们摇着旗子，呼叫他们前去救援。他们开船过去把士兵救上船来，半数人上了这条船，另外半数人上了他们先前俘获并一直拖着的那条小采珠船。炮手们对着米里号狂轰滥炸，炮弹砸进了米里号桅杆的基座，把木头劈成碎片。他们觉得自己已经控制了局面，就径直驶向敌船。

米里号比他们的船要高大得多，所以基督徒转过船尾，以便船楼顶部可与阿拉伯船的船腰齐平。穆斯林立即开始行动。他们把绳索扔到洛佩斯的船上，不待水手们反应过来，便迅速跃过间隙。他们紧紧抓住旨在挡住寄生生物的网子，沿着索具爬上来，又把绳索扔了回去。米里号上的人抓住绳头，把两条船紧紧地拉在一起。

基督徒突然陷入了大麻烦。在如此近的距离内，他们的火炮毫无用处。40 名水手寡不敌众，每次露头就引来像冰雹一样击打过来的石块。几个士兵爬进瞭望台，用他们数量严重不足的长枪和箭矢予以还击，但穆斯林捡起它们，又重重地回击到甲板上。洛佩斯和同伴们被迫退缩，躲到阿拉伯人的视线之外：只有一个装备了弩箭的士兵阻止了米里号上的人一拥而上。

洛佩斯后来记录道，这是一年中最长的一天——他们的感 313
觉也确实如此——然而当光线终于开始微弱下去时，战斗却毫无罢手的迹象。穆斯林还在继续战斗，“他们的精神非常了不起，虽然我们打伤打死了他们很多人，但看起来无人垂死，也没有人觉得自己负伤了”[22]。他们把箭从身上拔下来，向攻击者猛掷回去，一秒钟都不耽搁地重新回到战斗中。十四五个穆斯林跳上葡萄牙人的船，以屈辱者的超人之力朝艉楼猛攻过去。受害者现在成了复仇者，推开刺穿胸膛的长矛冲向大门。在艉楼里防御的葡萄牙军官和士兵们匆忙杀出一条血路撤退，沿着梯子下到主甲板。只有托梅·洛佩斯和船长乔瓦尼·博纳格拉齐亚留下来继续战斗。船长绑在身上的胸甲在石雨的打击下已是凹痕累累，虽然他还站在那儿，但他的皮带松脱，胸甲最后也落到了地上。他转向身旁那位忠实的朋友。

“哦，托梅·洛佩斯，船上的文书啊，”他说，“所有的人都走了，我们还在这里做什么呢？”

身负重伤的他俩也离开了艉楼。穆斯林冲进来，发出一声胜利的呼喊。米里号上的人精神振奋，冲上了葡萄牙船的甲板。此时大多数欧洲人都已负伤，有几个已经死了。其余的人畏缩在船帆后面，那是他们剩下的唯一掩护了。

逆风之下，葡萄牙舰队的其他船无法行动，但最终还是有一些船可以围住敌人以采取行动。他们不能开火，唯恐误杀自己人，正当他们观望时，有几个同伴放弃希望投海自杀了。一些米里号上筋疲力尽的伤员在试图回到自己船上时也失足落水，但还是有一波波新的攻击者攻上船来。

314 最后，一条大些的葡萄牙船乘着微风直奔米里号而去。穆斯林爬回自己的甲板，切断绳索起航了。胡利奥号（Julioa）虽比它受到攻击的姊妹船要大，但船上的人打量了一眼怒火万丈的敌人，便决定放他们走。米里号眼看着就要远去了。

直到那时，瓦斯科·达伽马才乘着利奥纳达号（Lionarda）赶到了现场。主力战舰就在其身后不远处，他们赶紧出发追赶逃走的猎物。这时狂风突起，海上掀起巨浪，他们在水面上跌宕起伏，先是被海浪推到米里号前面很远处，后又被吹到它身后很远的地方。他们摇晃着追到射程之内放了几炮，但没有命中目标，随后又偏离了航线。恐怖的追赶持续了四个昼夜，米里号上的男女伤员趴在甲板上，呼唤先知救他们逃离基督徒的魔掌。

结局像整个交战过程一样卑鄙龌龊。一个年轻的穆斯林跳下米里号的船舷，游过波涛汹涌的大海，来到最接近的葡萄牙船之处。他对船长说，如果他们答应救他一命，他就告诉他们击沉阿拉伯船的秘密。他会在那条船的船舵上系一根绳子，鉴于米里号已经大伤元气，他们就不必一路追赶下去了。

这个叛徒执行了他的任务，大炮也开火了。“如此一来，”托梅·洛佩斯记录道，“经过整场战斗，海军上将非常残酷地下令连船带人一起烧掉，没有丝毫的怜悯。”[23]尖叫声响彻云霄。一些穆斯林手持小斧跳入海中游向葡萄牙船，但在试图砍船底或爬上甲板时被击毙。余下的几乎所有人——将近 300 名男男女女——都溺死了。[24]

那位年轻的叛徒品尝了短暂的复仇快乐后，在眼前的惨象前受尽煎熬。他告诉基督徒，米里号上曾藏有大量的财宝，他们此前都没有找到。金银珠宝都被藏在油桶和蜂蜜桶里，商人 315
们意识到自己命不久长后，就把它们都扔进海里了。

葡萄牙人显示了一点儿仁慈，这也是出于实用目的：在击沉米里号之前领走了 17 个小孩[25]。他们相信，强迫这些小孩受洗后，就能拯救这些孩子的灵魂。他们还抓了船上的领航员，那是个驼子，有在印度洋上航行的实用经验，他们立即给他找了个差事。

达伽马带着残忍的满足，口述了一封致卡利卡特的扎莫林的信，把它交给那个领航员去传达。信中解释了海军上将在米里号上的所有灵魂中只饶过了一些孩子和如今正充当信使的这个男人。达伽马宣布，为了报复在卡利卡特被杀的葡萄牙人，其余的人都已被杀，孩子们都已受洗，这一切都是为了报复有个葡萄牙男孩被摩尔人带去麦加变成了穆斯林。他补充说，“这是葡萄牙人弥补其所受损害的示范之举，余下的事情将在卡利卡特本城完成，他希望这一天很快到来”[26]。

瓦斯科·达伽马重返印度，效忠的是一位梦想着迎来遍地都是基督徒时代的国王。随着他的视野不断扩大，空想家的分寸感也日渐减少，而统治世界和公平竞争绝无交界。即便海军上将曾有过任何自然正义的观念，也都作为牺牲品献祭给圣战的召唤了。

15. 震撼与惊惧

316 十字军的旗帜在欧洲舰队的桅杆和瞭望台上放肆地飘扬着。从极远处都可以看到展开的风帆上绯红色的十字架。它们可不是用作装饰，也不是作为虔诚或恳求保护的标记。不是每一个参与此次航行的人都知道曼努埃尔一世粉碎伊斯兰世界的疯狂野心，并自命为“寰宇之帝”的，但认为自己此次参与的是一次和平贸易之旅的人，即使有也是极少数。

瓦斯科·达伽马的绝大多数手下完全清楚他们的同情心应该放于何处。对水手和士兵们来说，海军上将是值得他们不假思索地为之效忠的公认领袖。对船长们而言，他是个精明的指挥官，会经常咨询他们的意见，同时也绝不推卸责任。对神父们来说，他是个致力于上帝之事业的十字军骑士。平民永远是被卷入战争的，敌方的人民也永远被夸张成非人的异类，而当人们认为自己是为信仰而战时，战争的残酷往往会步步升级。在征服者屠城乃家常便饭的时代，达伽马的拥趸和死敌都不会把他袭击米里号看作不合情理的做法。只有像文书托梅·洛佩斯这样耽于沉思之人，才会震惊于圣战的人道悲剧。

商人的代表们之所以宁愿选择谨慎行事有他们各自不同的理由。他们的雇主为舰队提供了一大笔资金，而马泰奥·达·贝尔加莫私下里注意到，海军上将似乎决心把十字军事业置于贸易之
317 上。堂·瓦斯科已明确表示，他只会允许少数人离船，并直截了当地指出他们应该在他安排的地点、以他确定的价格购买香料。

他们别无选择，就像贝尔加莫说的那样，“我们知道他的决心，不想反对他，所以都欣然同意了”。[1] 然而，如果再发生像对米里号那样的野蛮袭击的话，他们怀疑自己是否还能买到任何东西带回国去。

十字军东征或许对商业不利，但达伽马考虑的是更为长远的前景。这位倔强的船长变成了铁腕的海军上将。他毫不担心别人对他的恐惧多于热爱，也无意减弱对那些阻碍葡萄牙前进之人的攻击。然而，他很快认识到，大自然跟海军上将及其国王们的抱负可没有任何瓜葛。

几天之内，又有四条独桅大帆船出现在海平面上，圣保罗号（São Paulo）开船去追赶它们。阿拉伯船逃往陆地方向，其中有三条船在一条河流的沿岸消失了。第四条船慌忙之中撞上了浅滩，圣保罗号赶上了来，抛下锚钩，避开了浅滩。登船小队蜂拥而上，很多穆斯林跳海逃生。然而，基督徒刚一登船，被俘之船便发出令人惊恐的吱嘎声，然后倒向一侧。圣保罗号也随着它一起倾斜了，船员们被迫赶紧分开这两条船。受损的船只缓缓没入海浪，孤立无援的人们抓住任何够得到的东西以等待援兵。欧洲人放下小船，但船桨在巨浪中毫无用处。巨浪开始肢解轻体的独桅帆船，登船小队还未获救，船身就因灌满了海水而开始下沉。包括满仓盾牌刀剑在内的货物全都被冲上岸去，那里出现了一群当地人，准备把遇难船只洗劫一空。

10 月 13 日，达伽马在好望角失踪的三条船中的最后一条也驶进了视线之内。它消失了太久，人人都以为它已经沉没了，在海上，情绪从沮丧立即转为庆祝的情况时有发生。

舰队追踪阿拉伯船已有一个月，再也没有掉进罗网的新船了。在此期间，达伽马一直都收到来自坎纳诺尔的科拉蒂里 318

（Kolattiri）的信件，后者反复向他保证随时为他效劳，可以把自己境内所有的香料都给他，任他定价。装船的时间即将耗尽，达伽马不情不愿地下令起航。10 月 18 日，19 条船绕过一个岩岬，途经一处突出的海角，在看得见坎纳诺尔僻静海港的地方停泊下来。

在葡萄牙人最近两次突围时，科拉蒂里对他们显然非常友好。在他派往葡萄牙的大使带着俘获的采珠船上的 24 个人一起到来后，这种倾向就愈发明显了。这 24 个人听到了那场与米里号短兵相接的战斗——他们当时被锁在船舱里，而那条船就系在托梅·洛佩斯的船后——而此时终于到家了，他们吹响了号角，以示宽慰。

带着礼物的特使们很快便靠近了基督徒的舰队。他们发誓要为葡萄牙国王效劳，并补充说科拉蒂里非常渴望与海军上将会面。达伽马也同样想与印度国王会面，但他拒绝上岸。他决定不再相信任何人；或许他也意识到，自己最近的所作所为大概也让他们不再信任自己了。

如果达伽马不准备离开漂浮区域，那么科拉蒂里也不准备踏出自己的王国。为了解决这个困境，他们制订了一个详尽的折中方案。岸上的大象拉来几十根树干，一队木匠动工打造了一座坚固的栈桥。栈桥马上便深入海中。

第二天，海军上将接管了一条轻快帆船。在艉楼甲板绯红色和绿色交织的天鹅绒遮阳篷下，他在一把华丽雕椅的精美座垫上坐定。他穿着一件丝质长袍，戴着两条沉甸甸的金链，一条绕于脖间，另一条斜挂于胸前。26 条小船同他一道前来，每
319 条船上都装饰着基督骑士团的旗帜和整套武器。侍从们用号角、军鼓和响板奏出威严的曲调，水手们跳起了快步舞，小舰队驶

向栈桥。

科拉蒂里在400名奈尔士兵——曾有一位葡萄牙史家声称有10000人，不过这很可能是夸大其词——的陪同下出现在陆地上，随之而来的还有一大群异域动物，天真的佛兰芒水手叫不出它们的名字。新来到印度的人也同样惊奇地看到，包括国王在内的所有显贵都上身赤裸。

工匠在栈桥的两端各建了一个凉亭，亭里悬挂着色彩艳丽的织物。士兵们在岸边的凉亭前停下，科拉蒂里和30名侍从走入亭子。他们过了一会儿才出来：骄阳灼人，科拉蒂里年过70，而一行人也跑得力不从心了。

当海军上将的轻快帆船靠近海边的凉亭时，科拉蒂里也走下了栈桥。两个人舞动着有牛头装饰的重杖走到他前面，另有二人手持画有白色鹞鹰的棍棒在周围跳舞；托梅·洛佩斯嘲弄地记录说他们看起来像一对葡萄牙女郎。

科拉蒂里下了轿，坐在一张用帷幔装饰的豪华躺椅上。达伽马仍然拒绝登陆，不知所措的国王被迫屈尊，隔水与他握手。观众跟着译员一起上前，在栈桥和艉楼甲板间来来回回地喊着外交辞令。

由于科拉蒂里如此通融，达伽马也亲手——这是惹人议论纷纷的一个外交违例行为——递给他一套装满藏红花和玫瑰水的奢华的镀银餐具。科拉蒂里通过仆人卑微的手递给海军上将一堆巨大的宝石藏品，还把一些小号的宝石分发给了船长和军官们，说是他的一点儿心意。

达伽马迅即把话题转到了生意上，但他想要定下香料关税 320
的企图遭到了国王的断然拒绝。国王答复道，访客们来访的时间太早了，香料还没运来呢。总之，他不关心这些问题。他会命令商人们来拜访欧洲人，那样他们就可以谈生意了。

两小时后，科拉蒂里声称自己累了，随即离去。葡萄牙人在他沿着栈桥远去时放了一轮礼炮，达伽马回到舰队后通知商人们采取一致行动。马泰奥·达·贝尔加莫记录说，对于葡萄牙国王和海军上将的要求，科拉蒂里一切照办，包括对卡利卡特的扎莫林宣战，以及强迫国内的商人们以海军上将制定的价格出售香料。达伽马决定自己做主，为葡萄牙国王达成最划算的交易，但科拉蒂里实际上根本没有答应任何这类的要求。

第二天，商人们来了，可让达伽马沮丧的是，他们全都是穆斯林。他们和往常一样，对欧洲人的货物嗤之以鼻——葡萄牙人确信这不过是个议价的策略——但更糟的是，他们的要价远高于往年。一番讨价还价后，谈判破裂了，达伽马开始嗅到一丝险恶阴谋的味道。[2]

海军上将有丢脸的严重危险，外国人拒绝照他的规则行事，这逐渐引发了他职业性的愤怒。他打发走那些商人，并立即向科拉蒂里发出了警告。他抱怨说，国王显然不是葡萄牙人真正的朋友。国王派穆斯林商人前来之事，没有什么其他的解释，“因为他非常清楚他们对基督徒自古便充满仇恨，是我们最大的敌人”[3]。他语带威胁地补充道，他可以在嘹亮的军号声和火炮的隆重致敬之下，归还已经装船的少量香料。

随着紧张局势不断升级，在上一次舰队到来时留下的葡萄牙代理商手忙脚乱地赶来了。帕约·罗德里格斯（Paio
321 Rodrigues）和手下人在坎纳诺尔待了将近一年，他向海军上将保证，他们认为这里的国王和人民都极其亲切。达伽马让帕约留在船上；他怒气冲冲地表示自己与科拉蒂里恩断义绝。帕约并不受达伽马的指挥，他断然拒绝执行命令，并坚持说，无论海军上将愿意与否，他都要回去。

达伽马先是怒发冲冠，随后略作让步。他让帕约给科拉蒂里带去一个新的口信。他宣布，舰队将要去更友好的港口购买香料，但这个国家的穆斯林最好不要再认为自己很安全了。此外，如果留守的基督徒受到伤害或遭到任何形式的侮辱，科拉蒂里的人民就要为此付出代价。

10 月 22 日黎明，船队在到达区区四天后就起锚出发了。他们沿着海岸航行，中途停下来拦截了一条采珠小船，俘虏了 20 个人并缴获一货舱椰子绒。他们很快便看见一个小港口，那儿有三条大船被拖到岸上，达伽马亲自率领着挤满了士兵的两条轻快帆船和八条小船向着它们进发。看到大炮开火，欧洲人越来越近，一些人跳下船向陆地逃去。一个男人跑下海滩，坐进一条船出发了，他飞快地划船以躲避炮弹，还对海军上将喊道，他是科拉蒂里的一个封臣，这里周边所有的土地都属于坎纳诺尔。因此，他愿意与葡萄牙人和平相处——并愿意为此付出代价。他拒绝把这几条船出租给卡利卡特的扎莫林用来跟葡萄牙人开战，为此，他本人就已经与卡利卡特处于交战状态了。他还说，如果海军上将怀疑他话中有诈，他可以把其手下人留作人质，并证明他所说的一切。

达伽马勉强打消了顾虑。

那天深夜，帕约·罗德里格斯的一个手下带来了科拉蒂里的一封信。国王带着些许忍耐和尊严说，这封信是对他收到的口信的回应。如果海军上将想要杀死或绑架他的人民，那么悉听尊便，因为他不会派一兵一卒对抗自己的葡萄牙盟友。即便 322
在那种情况下，他也会维持自己与葡萄牙国王缔结的和平，他对此非常珍视。然而，他一定会向国王曼努埃尔一世告知这里发生的一切。至于城中的基督徒，海军上将可以尽情地攻击他们，而他却不会伤害或羞辱那些基督徒。

帕约的附信也是类似的内容。

达伽马愠然作色。葡萄牙代理商显然教会了科拉蒂里把海军上将看成变节者，并威胁要越过他上诉。

以葡萄牙的抱负之远大，它一直都要求印度的统治者把他们全部的贸易都转向西方，并赶走领土上的全部穆斯林。眼见着没多大希望让他们自愿做到这些了，而且达伽马也比以往更加确定的是，必须施以颜色，他们才会服从命令。他复仇之心已决，兵进卡利卡特。

舰队途经达伽马初次登陆印度的班达里时，俘获了另一条采珠小船。和往常一样，水手们被俘，其中有两名水手吸引了从米里号上掠来的孩子们的注意。孩子们吓坏了，极想为新主人立功，他们指控这些囚犯们曾经参与过对卡利卡特代理店的袭击。一个男孩说，他还在家里的时候，曾经听到其中有个人吹嘘自己杀了两个基督徒，而另一男孩说第二个人曾经砍下过一只基督徒的手臂。达伽马令人宣布将为了正义而处死这些水手，然后把他们绞死在桅杆上。他们并非孩子们的恐惧心理的第一批受害者：几天前，孩子们曾指控另一个穆斯林从葡萄牙人的仓库偷东西，达伽马令人用长枪刺死了他。

他们刚刚抵达印度，扎莫林便听说一支强大的欧洲舰队正向他驶来。

他决定，与其等待被人袭击，不如先发制人。舰队还在坎
323 纳诺尔时，达伽马就听说扎莫林给马拉巴尔海岸三个最富足的港口中最南端的科钦城国王写了一封信。扎莫林预言，葡萄牙

人将会对全印度造成巨大的损害，统治者们的唯一对策便是紧密团结，一致拒绝向外乡人出售后者垂涎的香料。他说，如果他们联合起来，基督徒就会放弃一切回家去；如果做不到，他们最终都会沦为葡萄牙国王的臣民。

科钦城的国王拒绝了。他跟趾高气扬的扎莫林不比跟坎纳诺尔的科拉蒂里亲密到哪里去，他回信说自己已经跟葡萄牙人签订了一个非常满意的条约。他把扎莫林的信和自己的回信都给葡萄牙代理商看了，后者复制了这两封信，呈交海军上将。

扎莫林的计划破产，就派了一名大使去见达伽马本人。这位大使宣称，他的国王别无他求，但求和平与友谊，尽管一切的麻烦都是葡萄牙代理商的错，他们完全是自己找死，而他自然会把基督徒留在他城里的货物物归原主。其中的一些货物的确已经上交，用来抵付他们欠下的税，还有一些货物，他给了卡布拉尔烧毁之船的船主；但可以指定法官来决定谁欠谁什么东西。他补充说，至于那些死者，尽管人死不能复生，但综合考虑之下，基督徒也算是为自己所受的损失报仇雪恨了。

舰队接近卡利卡特，海军上将和扎莫林之间的口信往来也开始不同寻常起来。

达伽马在抵达班达里之前没做任何回复。他最后通过一个来自坎纳诺尔的奈尔士兵做出了回应，如果扎莫林希望与他修好，首先必须返还偷走的所有货物，扎莫林有一天的时间处理此事。

最后期限过去了，没有任何回答。

10 月 29 日，舰队来到卡利卡特，不祥地排列在海平面上。 324
一名新特使很快便乘着小船，摇着停战旗赶来了。他穿着方济各会修道士的传统服装，口中喊着“感谢上帝!”① 爬上船来。他很快便被人揭穿是个穆斯林，他为此辩解说，伪装是为了确保自己能够登船。他向海军上将致敬，并适当地说了些欢迎驾临之类的客套话，随后又复述了扎莫林第一个口信中的内容。他还说，葡萄牙人不但击沉了米里号，淹死了数百名男男女女，而且即使到了现在，还在绞死扎莫林的臣民。这样看来，是否可以算是大仇已报了?

无论他们怎么看，达伽马对赔偿都不再有兴趣了。他一心要斩断多个世纪以来将各个民族和国家联系在一起的纽带。他答复说，在最后一个阿拉伯人——无论是访客还是居民——被驱逐出卡利卡特之前，他不会签订任何条约，“因为自创世之初，摩尔人便是基督徒的敌人，反之亦然；他们总是彼此对抗，也因此，我们制订的协议从来不会持久”[4]。他最后说道，如果扎莫林希望和平，从此应不得让任何一条阿拉伯船进入他的港口。

扎莫林听到达伽马的无礼要求后，派人送来了一个慎重的答复。他指出，他的领土上有逾4000户阿拉伯人，其中很多是让他的王国富强的大富商。他的历代祖先都欢迎他们，他们也一直是诚实的人。和列祖列宗一样，他也多次接受他们效劳，仅举一例，他们经常会借钱给他保卫边境。如果他回报他们的是迫使他们流亡，那会是一种丑陋而不当的行为。他绝不会做出这种背信弃义之事，海军上将也不该怂恿他如此行事。然而，他随时准备以任何体面的方式为葡萄牙人效劳，还派遣了自己的大使来表达自己对和平的强烈愿望。

---

① 原文为拉丁文 Deo gratias!

达伽马把信扔到一旁。“简直就是侮辱！”他咆哮道，令人 325
把大使扣押起来。

在外交角力进行期间，葡萄牙人忙着在回水区俘虏渔夫、劫掠小船。尊贵的扎莫林受够了外乡人将他看作下属，而自己却表现得像嗜血的海盗一般，便派另一名特使带来了直白得多的口信。他宣称，如果葡萄牙人希望和平，那就应该不附加任何条件，而他们若是还想要回自己的货物，应赔偿对他的城市造成的损失和破坏。但首先他们必须归还从米里号上拿走的所有东西，那些属于他的人民。他提醒葡萄牙人，卡利卡特是一个自由港：他既不能阻止任何人来这里经商，也不能撵走任何一个穆斯林。如果海军上将同意这一点，他们便可达成协议，但他不能为此做担保。他作为国王，金口一开便已足够，如果外乡人对此仍有怀疑，他们应该立即离开他的港口，永远不要在印度露面。

达伽马放弃了所有的克制，派信使带着宣战的口信回去了。他威胁说，如果没有让他百分之百满意，第二天正午便会向城市开火。除非准备好付清他们提出的赎金，否则扎莫林就不必费心再派人来传信了。他这个强大的葡萄牙国王麾下的区区骑士便足以胜过印度的统治者。他大发雷霆地说：“棕榈树当国王都比他强。”[5] 另外，他还对国王咀嚼帕安的习惯大肆嘲讽了一番。

那个星期天的晚上，欧洲人降下前桅帆，将 15 艘船一字排开，船头都朝着岸边；只有 4 艘最大的船留在后面不远处。他们可以看见，扎莫林正候着他们呢。他在水边移栽了一排排的棕榈树，以临时围成一道栅栏，这样既可以阻挡欧洲人登陆，还可以改变他们的炮火走向。

326 炮手们把大炮移到前甲板，他们看到岸上闪烁着数百个灯笼，像是坠落的星辰。在灯笼的光线下，人们开始在海滩上四下蠕动着挖坑。随后，他们拉来铁炮，炮筒向上安置在沙滩上。

黎明来临时，达伽马下令前线船只尽可能靠近海岸线锚泊。随着岸上的人们到达主阵地，守军队伍也从棕榈叶的遮蔽中走出来。人数远比任何人在前一天夜间想象的要多得多。

11 月 1 日中午是达伽马指定的截止时间，他没有收到任何回复。

海军上将开始行动。在他的命令之下，小船在舰队周围游走，把前些日子里抓获的穆斯林俘虏分配到各条船上。[6] 每条船上都被送过去两三个俘虏，此外还有口信，提醒他们注意新小猪号桅上的信号旗。

正午一个小时后，信号旗升起来了。每条船的囚犯脖子上都套上了绞索，绳头被扔上桅桁。不断挣扎的人被吊到桅顶，在全城人众目睽睽之下吊在那里。托梅·洛佩斯看到索具之间摇晃着 34 具尸体；马泰奥·达·贝尔加莫数到有 38 具。

岸上如潮的人群惊恐不安地看着。达伽马的旗舰和一条轻快帆船分别都朝人群中开了一炮，把他们赶向陆上。其余的船也开火了，印度人四下奔逃，石弹在身边砰砰落下的时候，他们纷纷跳进沙坑，然后再爬出海滩。他们逃跑时，欧洲人大声地嘲讽奚落。沙坑里的人开始反击，但他们只有一些老式的火炮，准星不着边际，装填弹药也耗时过长。船只纷纷把炮火转向他们，他们一个个露出头来，逃向城里。他们四肢并用地缓缓向前移动，一个小时后，海滩上空无一人。

327 对城市的轰炸郑重其事地开始了。炮弹在头顶隆隆飞过，狠狠地撞进土墙和岸边的茅草屋里。被削掉树冠的棕榈树裂成碎片，吱嘎作响地倒了下去。很多男女和儿童遇害，成千上万的人四下奔逃。

暮色渐浓，达伽马造成的恐怖逐渐提升。随着他的命令在各条船之间大声传递，水手们从索具上切下尸体，在砍掉头、手和脚后，把躯干部分送上旗舰。达伽马命人把这些尸块堆放在一条俘获的小船上。这条小船被系在一条单人小艇后面，一名水手独自拖着它出去，任它随波逐流，漂向岸边。

血腥的尸堆里伸出一支箭，箭杆上拴着海军上将的一封信。[7] 达伽马用马拉雅拉姆语建议扎莫林好好看看他给予这些人的惩罚，而这些人甚至都没有参与过对葡萄牙代理店的袭击——他们甚至都不是这座城的居民，不过只是其伙伴而已。他宣称，等待凶手们的死亡远比这更加残酷。他还说，基督徒友谊的价码提高了：现在，扎莫林不但要归还他侵吞的货物，还要补偿为了让他醒悟而轰炸他所耗费的火药和弹药。

葡萄牙人把绞死之人的肢解尸块抛下船去，让潮水把它们冲上海岸。

小船接近海岸时，几个市民走上前来，被这可怕的景象吓得目瞪口呆。在皎洁的月光下，欧洲人可以清楚地看到这个场景，达伽马命令手下不许开枪。夜虽然已经深了，但很快就有大群的人来到岸边。他们厌恶地扭过头去，非常惶惑惊恐，然后步履艰难地走回家中，其中有一些人怀里抱着亲人的头颅。死者的亲友举行了守夜，他们在悲痛之中没有点燃蜡烛或灯笼，以防葡萄牙人企图放火烧了他们的房子。微风把挽歌与哀悼的声音传到葡萄牙舰队，直至凌晨时分，水手们噩梦不断，难以 328
安眠。

瓦斯科·达伽马给了扎莫林一个晚上的时间考虑，第二天，他很早便醒来发动致命的一击。天刚刚破晓，他便命令炮手们准备好最大的火炮。岸边的简陋房屋已被炸成齑粉，现在，炮弹撞进了后面高地上的宏伟建筑。随后，无疑是一个特别的乐趣，他让手下瞄准了扎莫林的宫殿。随着时间的流逝，托梅·洛佩斯数出 18 条船的火炮共发射了超过 400 发炮弹。

中午，达伽马下令停火，等待扎莫林投降。前线的船只退了下来，但岸上音讯皆无。

海军上将倒空了一条俘获的采珠船上的蜂蜜桶和干果桶，把这些美食分发给各船。然后，他把那条船停在岸边，纵火焚烧。欧洲人开始吃晚餐时，采珠船还在继续燃烧，就像警报信号塔一样，有十几条船从海滩出发，前来割断采珠船的绳索，把它拖走。达伽马的手下把餐盘推到一旁，爬进船里后，高速划船追逐掉头回岸的印度人。当他们靠近时，水边聚集了一群来势汹汹的人。他们觉得与其继续靠近，不如回舰队去比较好。

此时夜幕降临。采珠船仍然浓烟滚滚，达伽马认为自己功德圆满了。实际上，他也没别的什么可做了。只要他留在水上，就有火力上的巨大优势，而且敌人也毫无经验。基于宗教的原因，以凶狠闻名的奈尔士兵严禁在海上进食，也很少登上船只。他们的穆斯林同伴倒是不受这种禁令的束缚，但他们是商人和水手，而不是武士。然而，在陆上的白刃战中，奈尔人会大大
329 胜过达伽马的手下。印度海军上将把他与卡利卡特的扎莫林之间的对峙升级为全面战争，但与所有拒绝踏上陆地的进攻方一样，他只能寄望于自己施加了足够大的压力，让敌人从内部崩溃。

11 月 3 日，达伽马下令离开这座已经半是废墟的城市。他

留下文森特·索德雷指挥着六条大船和一艘轻快帆船以封锁海港，自己则沿海岸向南前往科钦城。

科钦城是马拉巴尔海岸众多港口城市中的新贵，只有150年的历史，是由季风而非人力造就的。当地人还在谈论着1341年那场狂暴的季风，当时的古老港口穆奇里（Muchiri）——罗马人所熟知的繁华之地，也是罗马人毁灭耶路撒冷时，犹太人的逃难之所——附近的回水区彻底移位，重新形成了一片由岛屿和湖泊组成的水上迷宫。老港口已经淤塞，附近的一个国君就利用新地形，将贸易引到自己的首都。

科钦城建造在蜿蜒的沿海半岛尽头那片拇指形的陆地上。拇指地带与北面三根手指的密林地带相对，第四根手指向大陆方向蜷曲。维宾岛是最西边的那根手指，几乎挨到了城市的边缘，只留下一个狭窄的开口，可通向一连串平静的泻湖以及由七条大河形成的水路。这个海港是马拉巴尔海岸最好的港口，很快就繁荣起来。科钦城的标志性风景——蜘蛛网一般的巨大渔网，从岸上用巨大的木制枢轴升降——是数十年的中国来客留下的遗产，还有一个偏居一隅的巨大的犹太商人社区，他们拥有自己的国君。

王室野心勃勃，誓要胜过更加富有和古老的邻国，尤其渴望能胜过卡利卡特那位目空一切的扎莫林。作为海岸地区的至高统治者，扎莫林长期保留着出入科钦城的权利，并妄自褒贬那里的国王是否称职。葡萄牙人的突然到来是个不容错过的绝 330
佳机会，科钦城的邦主乌尼·戈达·瓦尔马（Unni Goda Varma）张开双臂欢迎外乡人。如果有什么地方会欢迎印度海军上将的话，那个地方就是科钦城。

11 月 7 日，舰队驶入视野，包括卡布拉尔留下的两名代理商在内的欢迎人群立即朝海军上将欢呼。这座城市的穆斯林商人们也知道欧洲人早晚要来。他们已经收到了来自卡利卡特的亲友们的信件，详细描述了他们遭遇的死亡与毁灭，并请求协助他们以解除封锁。他们愤恨地抱怨说，基督徒甚至不让他们捕鱼，他们因此挣扎在饥饿的边缘。这两名代理商告诉达伽马，这里不乏对他怀有敌意之人，不可掉以轻心。

消息还有不少，好坏参半。代理商们还听到风声，说有一支巨大的舰队正在集结，准备与基督徒开战。据称扎莫林租借和征用了逾 200 条船，已经出发来找葡萄牙人了。其中一条大船撞进了科钦城的海岸，船员们说这支庞大舰队的其他船只都在一场可怕的暴风雨中失踪了。代理商心满意足地报告说，科钦城的国王抓住了所有的人，还对扎莫林不理不睬。和往常一样，如果天气对他们有利而对敌人不利，葡萄牙人就推断是上帝之手创造了另一个奇迹，并为他们的获救而感谢上帝。

当天，国王的一个儿子来向海军上将致敬。他解释道，此行是特别感谢海军上将在沿海岸一路焚烧掠夺的过程中，没有伤害科钦城的船只。他转达了其父王的谢意，感谢海军上将出于对后者的尊重而向其臣民所表现出的好意，他承诺说，作为回报，父王会亲自进行最有利的安排，给葡萄牙人的船全都装满香料。

达伽马逐渐放松下来。他的手下开始修理船只，并为期待
331 中的满载而归清理空间。到达三天后，国王捎来口信，说今天是开始装船的良辰吉日，码头上开始堆积起像小山一样的胡椒堆。然而，价格还未确定，商人们很快便举行了罢工。四天后，达伽马被迫请求与国王会晤。他的船舱还空空如也，也没有谈

判的余地了。

会晤时间定在舰队到达一个星期后的 11 月 14 日。在常规的号角礼炮声和飘扬的旗帜下，海军上将乘着一条轻快帆船出发了，他率领船长们航行驶入海港的入口。国王坐着轿子来到岸边，陪同他来的有六头战象，以及——一位葡萄牙水手声称——一万名随从人员。仆从们给他打扇，礼宾官们手持权杖为他挡住人群。轿子停下了。王室的号手举起乐器吹奏出曲调，几门火炮也鸣放了礼炮。葡萄牙人以自己的号角声和火炮轰鸣作为回应。特使往返其间传达着外交辞令，但就在会晤正要开始时，狂风骤起，隆隆的雷声响彻云霄，漆黑的天空撕开了一个口子。国王捎来口信说此系凶兆，会晤重新安排在两天之后。

当达伽马再次前来时，邦主已经到海港了，他坐在由四条采珠船连在一起而做成的一条大筏子上，筏子上铺了厚木板。托梅·洛佩斯记录说或许是人群已经失去了兴趣，或者是未被召集，国王身边只有四五个卫兵相随。

海军上将的轻快帆船甫一接近，国王便笑容满面地上了船。如同坎纳诺尔的场景重演一般，达伽马给了他——又是亲手递交的——更多的银盆银罐，以及看起来像是用纯金打造的镀金盐瓶，此外还有一把镶银王座、100 枚“十字军”金币、一匹天鹅绒以及两只锦绣软垫。邦主送给海军上将及其军官更多的宝石。一番冗长而兴高采烈的谈话之后，他同意了达伽马的条 332
件，签订了价格表，海军上将护送他的浮台回到王宫的码头。

商人们对价格抱怨不已，但卖家已经在海滨聚集了。葡萄牙人开始昼夜不停地把东方的珍品装船：胡椒、姜、小豆蔻、余甘子、阿勃勒、良姜、蓬莪术、野月桂、丁香、安息香，以及明矾。

不久，文森特·索德雷率领着留守卡利卡特的三条船驶入视野。他们死里逃生。扎莫林暗自筹备了由20条采珠大船组成的另一支舰队，准备袭击他们。一切就绪后，由一支渔船组成的小舰队把基督徒诱到河口，达伽马第一次来访时曾意气风发地驶过那里。舰队埋伏在棕榈树林中，印度人迅速包围了欧洲人，一时间箭如雨下。遭遇埋伏并因而负伤的葡萄牙人大为恐慌，一个炮手企图射击一条渔船，但由于瞄准过高，炮弹击沉了载着印度舰队指挥官的采珠船，他们这才得救。那条采珠船倾覆之后，印度人前去救援，葡萄牙人这才有足够的时间逃出生天。

跟索德雷一同前来的有一名来自坎纳诺尔的特使，他来到卡利卡特，请人带他去见海军上将。他告诉达伽马，国王派他来说，愿意以欧洲人在其他任何地方能拿到的最低价出售香料，如有必要，国王会自掏腰包补上差价，此外，国王还愿意以葡萄牙人的报价购买其出售的所有商品。

达伽马派索德雷去了解情况并装满国王的船只，这场豪赌在关键时刻终见成效：与欧洲商人竞价购买香料相比，他让马拉巴尔海岸的国王们变成了生意上的竞争对手。然而，马泰奥·达·贝尔加莫和他的商人同行们还是在抱怨科钦城的条件。
333 一批批的胡椒即将见底，而欧洲的商品却像往常一样难以脱手。城里的商人们总是索要高价，或是另找理由停止装船，他们不止一次违抗国王的命令，完全拒绝交易。达伽马好几次被迫绕开代理商向邦主痛骂这些穆斯林的卑鄙行径：一天，他悄悄迫近邦主的宫殿，以庆祝为幌子对其炮击，而国王也顺势假装在阳台上享受地观看。马泰奥·达·贝尔加莫和他的同行们没有得到什么足够的回报。“我们不断自问，”意大利人写道，“这次航行是否能装满哪怕一半船舱。”[8] 他们对坎纳诺尔的报价已经不再感兴趣了。“海军上将派了三条王室船，”他补充道，“因为我们中间没有人想去那里，据我们所知，他们没多少胡椒，肉桂也品质不佳。”

国王坚定地站在葡萄牙人一边，穆斯林商人则策划了一个阴谋。三个农夫接近正在海港装载香料的胡利奥号，把一头牛卖给了水手们。信仰印度教的国王自然听闻了此事，便向海军上将提出强烈控诉；和扎莫林一样，他在即位时也曾发誓首先保护圣牛，其次保护婆罗门。达伽马立即派人前去声明，说他的手下已被严禁买牛，违者将处以鞭刑，而且他们将立即抓捕企图出售任何与牛有关之物的人并将其带到国王面前。三个人带着另一头牛来了，他们被拉到海军上将面前，达伽马把牛和俘虏都交给了国王。托梅·洛佩斯说，他们未经审问，立即被判以刺刑，“也就是说，每个人的双肾和胸膛都被一根尖桩刺穿，用桩子支撑着他们的脸，然后他们被放在地面上架起在一支长矛的高度，四肢展开拴在四根柱子上，无法从柱子上降下来，因为柱子上有一根横木把他们固定住了。印度人就这样对这三个人执行了判决，就因为他们出售了上面提到的牛”[9]。

正是在这跨文化协作最令人满意的一刻，一大批印度人出 334
现了，宣称自己是基督徒。

新来之人告诉堂·瓦斯科，他们是代表住在沿海南面很远的30000名基督徒而来的。他们解释说自己的祖先是使徒多马①的追随者，后者就埋葬在他们的城里。据托梅·洛佩斯报告，

① 使徒多马（Apostle Thomas），耶稣十二门徒之一。据教会的传统说法，多马后来去印度传播福音并殉道。

他们“从外表上看非常高贵”，还带来了绵羊、鸡和水果作为贡品。

达伽马的航行让欧洲的地图彻底改变了，但西方对世界的看法在很大程度上仍然受到《圣经》地理学家的主观臆测的影响。因此，耶稣的门徒之一曾经到过印度这种说法也就丝毫不足为奇了。新来的人解释说，在更遥远的南方有一个名为奎隆（Quilon）的通商大城，其附近的陆地凸入大海，那位使徒在临死前奇迹般地建造了一座大教堂。[10]传说这位圣多马衣衫褴褛地来到这里，目的是让印度最低种姓的人皈依新教。[11]一天，一根巨大的浮木漂进海港，搁浅在海滩。国王派了很多人和大象，想把它拽进内陆，但它纹丝不动。这位衣着不整的使徒保证，如果国王能赏赐他一块土地来为他的主建造一座教堂，他就能移走这根浮木。他召来能找得到的所有木匠，日夜不停地锯那块浮木，最终建造了教堂的框架和外墙。中午时分，多马拿铲子铲了一堆沙子，沙子变成了大米，工人们饱餐一顿。工作完成后，他又把木片变成金钱付给他们。不久，这位使徒变成了孔雀的外形，被猎人射中了。他飞向天空时是一只鸟，但被射落地面时又变回了人。他被人下葬，但右臂拒绝留在地下。每当有人把它推回土里，第二天它就再次冒出来。掘墓人最终让步了，就随它伸出地面，很多地方的朝圣者纷纷赶来围观这一
335 奇迹。一些中国访客企图砍下其手臂带回国，但当他们举剑去砍手臂时，它却终于缩回到了墓中。

访客们更加平淡无奇地解释说，圣人的追随者曾经派遣五个人去和世上的基督教教友们取得联系。他们最终到达波斯[12]，那里有一群说古叙利亚语（这种语言跟耶稣所说的阿拉姆语很相似）的基督徒，他们独立于基督教世界而繁衍了数百年。从

那时起，波斯教会就一直派主教来照料印度的教徒。

在搜寻祭司王约翰长期无果之后，在以为找到了无数印度基督徒时最初感到欣喜，但依稀察觉到他们属于一种完全不同的宗教之后，这里终于出现了真正的印度基督徒。诚然，他们像自己的波斯导师一样，都是聂斯脱利教派的教徒，相信耶稣的人性与神性截然分立，因此从严格意义上来说当属异端。诚然，根据那位日耳曼水手的记录，他们的神父赤足、戴头巾，跟其他印度人一样肤色黝黑。但他们有六个主教，在十字架前的圣坛上举行弥撒，还有圣餐仪式，尽管用的是酒渍葡萄干而非葡萄酒。不过，这总算是个好的开端。

达伽马怀着巨大的喜悦欢迎了这些来访者，并将绸布作为礼物送给他们。他们询问了欧洲的教堂和神父，以及水手们来自何方、有何习惯，当听到这些人居然是从那么远的地方跨越万水千山才来到这里时，他们感到非常震惊。他们希望成为葡萄牙国王的封臣，作为忠诚的象征，他们带给海军上将一支顶部镶银、装饰着小铃铛的绯红色曲柄杖，还有一份来自他们首领的信。虽然他们人数不多，却显然准备好了支持自己的基督教教友，反抗在自己的城市里占据支配地位的印度教统治者和穆斯林。他们勇敢地建议，如果葡萄牙国王在他们居住的地方建一座城堡，他就可以统治整个印度。

消息传回基督徒的居住区，12 月中旬，第二个代表团也从奎隆赶来。他们告诉海军上将，他们城里有大量香料，达伽马则派三条船沿海南下。佛兰芒水手就在这三条船的队伍中，他 336
报告说奎隆有“将近 25000 名基督徒”，在“将近 300 个基督教教堂”里做礼拜，“还以使徒和其他圣人的名字为教堂命名”。[13]他在参观圣多马教堂时发现，这座教堂被海水隔绝，附近的那座镇子也大半被毁，基督徒必须进贡才能在那里居住。然而，欧洲人还是装载了大量胡椒，以及一些肉桂和丁香，并以现金、铜和从米里号虏获的鸦片作为货款。

新收获的胡椒终于抵达科钦城。马泰奥·达·贝尔加莫还在抱怨他的货物卖蚀本了，抱怨科钦城的药品和宝石供应严重不足，还抱怨那里的商人缺斤短两，但船舱还是很快就被装满了。与此同时，从坎纳诺尔回来的一条轻快帆船带来了文森特·索德雷的消息，说他不仅满载了香料，还在海上俘获并劫掠了三条大船。其中一条船上有逾 100 人，大多数都已被俘或被杀。如果诚实通商不能奏效，海上劫掠总是另一条维持收支平衡的解决之道。

16. 海上的僵持

科钦城和奎隆城里的欧洲人欢天喜地地度过了圣诞节。节 337
日的气氛只是在12月29日受到了轻微的影响。当时圣安东尼奥号（Santo António）上酣然入睡的水手们在一阵颠簸中醒来，发现锚索突然断了，他们撞上了海岸，海水正以惊人的速度涌进来。他们开了两枪，小船赶忙来救援，但大船整晚都搁浅在那里，直到上午才被拖走进行紧急修理。

1503年开始了，就连达伽马对卡利卡特展示的极度野蛮行为也产生了得偿所愿的效果。扎莫林曾派遣两条采珠船来侦查舰队；葡萄牙人俘虏了船只，就地处死了船员。但如今扎莫林派代表团带来一封新的信件，再次保证他将对葡萄牙人友好相待。如果海军上将愿意回来，扎莫林承诺将赔偿被押的货物；为了自己的安全起见，海军上将若提出将任何人作为人质，他都会满足其要求，直到海军上将完全满意为止。

一位婆罗门在儿子和两个奈尔人的陪同之下送来了信件。“这位婆罗门，”洛佩斯写道，“像是个主教和修道士，还是个拥有大笔财产的人。”[1] 洛佩斯还说，跟他种姓里的其他人一样，就算在国家处于战争期间，婆罗门也能十分安全地旅行，因为任何伤害他的人都会被立即革除教门，绝无赦免的可能。当婆罗门宣称他希望和他们一起回葡萄牙时，葡萄牙人更感受宠若惊。他解释说，他带了足够的珠宝来支付路费，如果他们允许 338
的话，他会买一些肉桂来做点儿小生意。他甚至还问他的子侄是否可以跟他一起去学拉丁文，并接受基督教信仰的教导。

这在达伽马听来不啻天籁之音，他被哄得连素来职业性的疑心也没了。他认为自己显然用轰炸让扎莫林有了一些觉悟，便决定亲自带大使回去。船长们纷纷提出抗议，但他直言不讳地回答说，如果扎莫林背信，他就把这位婆罗门及其同来的信使一并绞死。这风险值得一冒：如果能让卡利卡特俯首称臣并将其交给葡萄牙人控制，他就可以班师凯旋了。

海军上将把尊贵访客的珠宝和香料安置在旗舰上。他登上堂弟埃斯特旺的海洋之花号，在一条轻快帆船的陪同下驶向卡利卡特。

科钦城的商人们目睹海军上将离去后，立即开始缺斤短两。他们抱怨说，原来国王说了那么多甜言蜜语都没用：薄情的基督徒又回卡利卡特去买香料了。达伽马把科钦城舰队的指挥权交给了堂·路易斯·科蒂尼奥，他是位富有的贵族，也是利奥纳达号的船长，科蒂尼奥去跟商人们理论。到深夜两点他还未能达成协议，于是便写信派乔瓦尼·博纳格拉齐亚去追海军上将请他下令。船上还有博纳格拉齐亚的兄弟和托梅·洛佩斯，洛佩斯再次详细叙述了整个经过。

海风软弱无力，这位意大利船长花了三天才到达卡利卡特。他到达后，在距离岸边半里格之处缓缓前行，但海洋之花号踪影全无。他认为海军上将已经缔结了和平条约并离开此处与其舅舅会合了，便径直驶向坎纳诺尔，但强劲的东北风让他无法接近海港，只好又回到卡利卡特，此时他仍然坚信一切顺利。
339 幸运的是，风向再次拒绝合作，他便又回到坎纳诺尔，终于在那里看到了一直不见踪影的船只，它全副武装，“仿佛随时要迎战 1000 条敌船”[2]。船长们升起旗帜和横幅，船员们也分享了彼此的经历。

洛佩斯得知，达伽马一到卡利卡特城外，就派轻快帆船前往坎纳诺尔去接他的舅舅，只有十几个水手留下来保护自己，达伽马亲切地与那位婆罗门交谈，并请他向扎莫林复述内容。达伽马说，两个敌人变成极好的朋友，这种事时有发生，因此基督徒也会成为扎莫林的朋友。从此时起，他们会像兄弟一样做生意。

婆罗门承诺在夜幕降临前回来，但代替他前来的是另一个信使。这位信使宣称，金钱和香料都已为海军上将准备好了，请他派一位可靠的人进城结账。

达伽马开始怀疑自己被愚弄了。他大发雷霆，回答说他连年纪最小的童仆都不会派去。他跟扎莫林说过无数次了，把欠他的东西都送回来，否则一切免谈。

信使建议他至少再待一天，还说他了解扎莫林及其人民的意愿，一切都会水落石出的。他也承诺会带着答复回来。

那天晚上，在黎明前的最后一刻，岗哨看到一条采珠船从岸边出发了。再看时，发现那看上去像是一条小船，实际上是系在一处的两条船，正径直朝他们驶来。

军官们叫醒了海军上将。他匆忙穿好衣服走上甲板，很有把握地认为扎莫林终于送来了自己等待已久的货物。但事与愿违，他看到有七八十条采珠船悄悄从岸边划来，认定它们必是准备清晨捕鱼的渔船队。

两条领头的船毫无预警地开火了。铁炮弹掠过海面，撞进了海洋之花号。舰队中的其余船只从后面赶上来全力开火。只要有基督徒现身，箭镞就像黑雨一般从月光照耀的天空中密集 340
落下。敌人已然距离过近，火炮毫无用武之地，欧洲人只得爬上桅杆用石头还击。

达伽马在此期间俘获了一条采珠船，把这条船拴在海洋之花号的船尾。但由于印度人在船上装满了木头和火药，然后纵火焚烧这条船。火焰跃上艉柱，水手们慌忙切断绳索。水流及时带走了燃烧着的船。

天将破晓之时，更多的船从岸边出发了。孤单的葡萄牙船周围很快就群集了200条船[3]，它们一进入射程便开始射击。他们的火炮很小，但图谋报复的扎莫林显然是倾巢而出，带上了他能找到的所有武器。

海洋之花号陷入绝境。拉进船锚的缓慢过程会让水手们暴露于致命的炮火之下，他们只好冲过去砍断绳索。

船帆张起，但船一动不动。前一天晚上，达伽马秘密下令放下一个特别的船锚，以防扎莫林的人砍断其他的锚索。它连着几条铁链。达伽马的人蜷缩在无情的箭雨之下，他们别无选择，只能轮番用斧头砍断铁索。

船最后动起来时，天时已晚，敌人的舰队全力追赶。海风几乎立刻停了下来，船帆垂落，追击的小船再次聚集在达伽马舰队周围。

文森特·索德雷的船和两条轻快帆船及时漂进视野。他们看到眼前的场景，便拿出船桨，费力地划向印度舰队。离得够近后，他们的大炮开火了，印度人四下逃散，退回城里。

印度海军上将颜面尽失。他被婆罗门的奉承所蒙骗，落入了敌人的圈套。他受了伤——一个葡萄牙水手说他身中11
341 箭。他误判了对手的勇气，差点儿为自己的错误付出了生命的代价。

达伽马命人把留下的特使——包括那位婆罗门的儿子——

都吊在轻快帆船的桅杆上，并下令船只尽可能地靠近城市并来回巡游。一群人出来观看并詈骂不已，葡萄牙人对他们开了火。印度人有足够的时间观看这场可怕的演出，海军上将令人从桅杆上取下尸体，将尸体扔进一条俘获的小船。他附上最后一封致扎莫林的信，然后把船送到岸边。

“你这个贱人！”信中写道，“你派人叫我，我应召前来。你已丧尽天良，如果力之能及，你还会继续作恶多端。你将受到应得的惩罚：待我再次前来之时，定会要你偿还旧债，到时金钱可毫无用处。”[4]

威胁的效果逐渐消失，达伽马没有足够的武力来兑现诺言。他撤回坎纳诺尔，在那里遇到托梅·洛佩斯的船。他们停留了几日装载香料，随后便驶回科钦城，与卡利卡特保持安全距离。

与卡利卡特之间的持久战有毁掉整个任务之虞，但瓦斯科·达伽马再次回到了科钦城这个安全港。舰队重新编制，水手们讲述了彼此的遭遇，海军上将又跟科钦的国王有过两次会晤。他们最终达成一致意见，即在城里建立了一个永久的葡萄牙代理店，编制是 30 人，但达成的事项远不止于此。总代理商自此管辖科钦城里所有的葡萄牙人——以及印度所有的基督徒。代理商得到国王明确的授权，可以其认为合适的办法来处理任何改信伊斯兰教的基督徒，这表明国王站在了欧洲人一边，当然也表明达伽马对自己的信仰之无法抗拒的魅力多有信心。这绝非简单的贸易条约：它使欧洲在印度的第一个殖民地得以建立，至少在理论上把印度的基督徒变成了葡萄牙国王的臣民。邦主以为，这寥寥数语显然没付出什么代价，却让加强其统治成为欧洲人的利益所在。事实上他很快就会看到他付出的代价

342 远比表面上看起来的高得多：这个协议危险地侵犯了邻国统治者的权利。

2月10日，随着前去参见曼努埃尔一世的特使携带着给国王的信件登船之后，达伽马在科钦城的任务也就大功告成了。他计划最后一次回到坎纳诺尔，随即扬帆回国；他思忖着如果与科拉蒂里缔结了相似的协定，就可以对顽固的扎莫林形成夹击之势——而且如有必要的话，还可以挑拨新的盟友彼此为敌。然而，他还没有出发，便有更多令人不安的消息沿着海岸传了过来。扎莫林重新编制集结了一支可怕的新舰队，这一次，他决心亲征，一劳永逸地除掉野蛮的葡萄牙人。

达伽马带着一股冷冷的怒意，准备与其决一死战。他的计划是诱敌出洞，在敌人充分准备好之前便激怒他们发动攻击。海军上将和他的舅舅文森特扯起所有的风帆全速前进，而堂·路易斯·科蒂尼奥则乘着小船巡行舰队的其余船只，通知船长们压住阵脚并保持一定距离。

两天后，科蒂尼奥的护卫舰队缓缓前进到距离卡利卡特四五里格的地方，岗哨看到由阿拉伯单桅帆船组成的一支大型舰队正从北方向他们驶来。洛佩斯数出有32条，那位佛兰芒水手数出有35条，而一个葡萄牙水手数出了36条，不过马泰奥·达·贝尔加莫说有38条。每条船上有多达500名士兵，而且这些船比此前袭击欧洲人的小船也要大得多——还远远大于最大的葡萄牙船。达伽马把它们引了出来，但它们毫无措手不及的迹象。

基督徒的舰队迎风航行，进展很慢，而穆斯林的舰队顺风满帆前进，迅速逼近。当欧洲人还在奔向自己的战斗岗位时，阿拉伯大响板发出的不祥节奏便随着微风传到他们耳边。

葡萄牙船队中又发出一阵新的喊叫声。一大群采珠船和长划艇从城里向他们冲来，所有的船都全副武装，枪炮轰鸣。达伽马的手下赶忙还击，但小船越逼越近。印度人学乖了，他们一直逼近到欧洲人的炮火无法施展的范围之内，如此一来，就 343
可以利用数量上的优势来肉搏了。轻快的小船旋即靠近舰队，在大船间进进出出，箭如雨下。

葡萄牙船不仅满载货物，而且船况也不佳。舵手们用力转动舵柄时，船只反应缓慢，此时舰队也分崩离析，分别漂向大海和陆地。让情况更加复杂的是，两条来自科钦城的商船跟着他们。它们船速更慢，被扎莫林的船瞄准了。两条船的船主虽都是穆斯林，但达伽马经过慎重考虑，认为不能牺牲掉他们，因为那会有损刚刚与其国王签订的协议。在他的紧急信号下，舰队慢慢地在两条船的周围重新集结。

情况危急，但欧洲人有显著的优势：他们的大炮仍然远胜敌人的所有武器。现在，阿拉伯舰队驶入射程，而且有一条葡萄牙船驶入大海的距离远大于舰队的其他船只，它对着敌人开火了。炮手们命中了几炮，单桅帆船撤回了卡利卡特。海风几乎立即停了下来，此时欧洲人也几乎无力追赶了。

达伽马高声发出了新的命令。在印度人还在向他们开火时，船员们放下小船，把它们拴在大船的船头，然后奋力划桨，把整个舰队沿着海岸向前拖进。长时间的辛劳之后，他们来到卡利卡特的海边，距离敌人越来越近。一阵枪林弹雨在阿拉伯船的船舷上留下了大量弹眼，阿拉伯船溃逃入城。

两条轻快帆船放出长桨，出发追击阿拉伯人的旗舰。一阵突如其来的狂风把其中一条新近涂过柏油的轻巧单桅帆船吹向岸边，而负载很重的另一条轻快帆船则在其后缓慢行进，射击

344 不停。旗舰拒绝投降，轻快帆船被迫保持距离。追击一方只有几十个人，寡不敌众。

最后，一条葡萄牙大船终于动作迟缓地驶进了海港。它在与一条阿拉伯船搏斗时，另一条船撞上了后者的船舷。穆斯林水手们纷纷跳海游向岸边。基督徒划着小船追赶他们，向他们投掷长矛，将他们刺死在海中；根据托梅·洛佩斯所言，数百人中只有一人悄悄溜走，侥幸逃生。

欧洲人登上那两条单桅帆船，发现有个男孩躲在角落里。达伽马立即命人把他绞死，但随后又改了主意，派人审问他。男孩告诉捉住他的人，说扎莫林蒙受了巨大损失，命令穆斯林商人们自行出战；并威胁说如果不遵从就会“砍下他们的头，连他们的女人也难逃同样的命运”[5]。他们的船上装满了扎莫林购买、讨要或借来的所有武器，而且他每天都会朝他们大发雷霆，说自己是为了他们才与基督徒开战的。7000 人加入了舰队，誓要击败葡萄牙人，至死方休，但到最后，扎莫林不得不派人用棍棒抽打，才迫使他们上了船。他们的毫无准备导致了战斗的失败：战争刚一开始，从岸上放了几炮，极度紧张的船长们便认为那是撤退的信号了。

俘获的船上有少量战利品[6]：一些干果、大米和水，七八门保养不良的短粗火炮，一些盾牌和刀剑，以及大量的弓箭。搜查期间，葡萄牙人又找到两个躲藏起来的穆斯林，没等他们开口求饶便杀了他们。一切完毕后，葡萄牙人纵火烧了这些船。

欧洲人怒火中烧。舰队的其余船只全力追赶，直到船头冲上了岸边，但其余阿拉伯船的船员们已经逃向了陆地。就连托梅·洛佩斯也奇怪海军上将为何不下令烧了这座城市。他辛辣
345 地写道，唯一还算对扎莫林有所受照顾的，便是“从海上吹来

的风带着盛怒呼啸了整晚，把所有的死人吹上岸去，以供他们在闲暇时统计人数”。[7]

随着船上已载满香料以及归期将近，炮声停息了下来。达伽马制定了前往坎纳诺尔的航线，希望这下总算镇压了令人恼怒的扎莫林——不过他对此并不是很有把握。

2 月 15 日中午，19 条船到达目的地，成船的穆斯林商人立即赶来会晤。商人们已经得知卡利卡特的消息了，他们还带来了一些让人吃惊的情报。他们说，扎莫林那支舰队总共有 16000 人，葡萄牙人杀死了 1000 人，单是被俘的两条船上就死了将近 700 人。在旗舰上的 500 人里，半数死于炮击，另一半人被炸掉了手臂、腿或脚。那条船本身伤痕累累，在回岸途中几乎沉没。

让达伽马万分满意的是，商人们还说扎莫林在一座小山上的塔楼里目睹了整场战斗。更妙的是，报信人中有好几个对扎莫林和他的战斗丧失了信心，把自己的妻子儿女都带到坎纳诺尔来了。他们说自己在卡利卡特快要饿死了，食物的价格达到平常时候的两倍，那座城凭借自己的食物来源只能再维持几个月的时间。他们还说，因为海路上没有来货，很多大商人也放弃了那座城市。扎莫林愤怒地发狂，发誓要把落在他手中的第一批基督徒活活烤死。

这些人并没有责备葡萄牙人，而且与此相反，总的来看，他们对其胜利相当满意。科拉蒂里非常高兴。他欢迎来自卡利卡特的“难民”，还付钱帮他们招募船员，而且正准备派船援助欧洲人。瓦斯科·达伽马对他的老对手的无情攻击最终说服 346
了他站在基督徒这一边。

达伽马认为他终究可以信任坎纳诺尔的统治者。他安排在一幢宽敞的房子里成立了一个拥有20名雇员的永久代理店，并承诺他的同胞每年都会回来。科拉蒂里发誓保护他们并向他们供应香料，海军上将则允诺保护科拉蒂里的王国免受攻击。离开前，达伽马献给国王一些亮闪闪的黄金和绯红长袍——那正是他在四个多月前从米里号上偷来的用土耳其天鹅绒做成的。

船舱如今装满了香料，储藏室里也贮满了淡水、鱼和大米。2月22日，在最后的准备工作完成之后，瓦斯科·达伽马第二次离开了印度。他的两个舅舅文森特·索德雷和布拉斯·索德雷带着他们的三条大船和两条轻快帆船留下来以维持印度洋的治安——这是东方水域上的第一支常驻欧洲海军。

海军上将决定走一条新路穿越印度洋，便直奔莫桑比克岛而去。这条路线避开了马林迪及其忠诚的苏丹，如果没有他的帮助，达伽马或许根本不会到达印度，但走这条路线回国可以节省一些宝贵的时间。

对欧洲人来说，这片辽阔的大洋仍是一片陌生的水域。穿越其间，他们经过了未知岛群[8]，还沿着浅滩想要上去一探究竟。一个岛上的居民点燃一大堆篝火以吸引他们，但考虑到他宝贵的货物，达伽马决定加紧赶路。

连着七个星期，船队迎风航行，还经历了暴风雨，最后挂着满帆在风平浪静中漂流。船只在水上变得行动迟缓，而且漏水严重，水手们开始祷告上帝，希望能在沉船之前到达陆地。两条小船走在前面，最后在4月10日破晓之前，他们测到了海
347 床，开炮庆祝。第二天上午，水手们发现了熟悉的非洲海岸绿色带，4月12日晚上，他们在莫桑比克锚泊。

漫长的旅途、沉重的载荷，以及反复的战斗都在考验着欧

洲海上科技的极限。现在，14 条船中有很多都已经完全不适合航行了，他们再一次卸货并把船倒向一侧。船体上布满虫孔，看上去就像是用木栓板做成的，此时除了仔细检查木头，用小木棍填进孔洞之外别无他法——据洛佩斯估计，大概有五六千个洞。随后，这些船要重新捻缝，重新在水面上浮起，重新装货，并装满淡水和木头。

达伽马选择让船况优于其他船的圣加布里埃尔号和圣安东尼奥号扬帆前进，好把消息传给国王曼努埃尔一世。每条船上还带有一份马泰奥·达·贝尔加莫写给他雇主的信件副本。这个固执的意大利人几天来一直忙着给他的信件做最后的润色，而且他一定希望没有人会想偷看。他写道，印度人和阿拉伯人远比葡萄牙人此前以为的更加可怕，是他们不共戴天的仇敌：

> 在我看来，在里斯本时关于我们的船比他们的好的观点是错误的；凭借我们的经验，无疑会得出相反的结论。在我看来，只要我们不与卡利卡特缔结和平，他们永远有可能拿起武器，因此，如果我们想保护自己而不是逃走，就需要武装精良的大型船只。因为如果不是他们今年遭受了重大损失——横扫卡利卡特、坎纳诺尔和科钦城的暴风雨毁坏了逾 160 条船，且无一人得救——我担心，甚至敢肯定地说，我们之中没有一个人能留在那里，或许也无法装载他们货物。但如果至少有 12～15 条 200 吨位装备精良的船来到这一地区，就可以相当安全地装载和找到货物了。这就是我的看法。[9]

他还说，瓦斯科·达伽马本人有好几次都坚称国王根本不 348

会让任何商人自行武装，但他建议雇主捍卫自己的利益，既不要让葡萄牙人侵蚀，也要留一手对付印度人。他抱怨道，达伽马拒绝让他和同行们自己商谈合同条款，命令他们把未售完的货物留给国王的代理商，回里斯本再付款给他们，否则就把他们扔到海里去，还把每条俘获船只上的战利品都留给王室。意大利人强烈要求商人们检查他们的协议条款，并应要求海军上将为其侵害行为给予赔偿。

4 月 19 日，两条船离开莫桑比克。[10]海军上将本人于十天后带着八条船起航，两天后，最后五条船也尾随而去。

在岗哨看到达伽马的舰队调转头向他们驶来时，最后的船队才刚刚离开海港。他的海洋之花号和利奥纳达号这两条船进水过多，几乎无法摆脱困境。海军上将命令所有的 13 条船返回莫桑比克继续整修。

5 月 4 日，达伽马又选了两条船先出发，以防之前最先出发的那两条船遭遇不测。幸好如此。5 月 20 日，在他们尽其所能修缮船体之后，11 条余下的船再次出海。不过，数天之后，他们又回去了。

托梅·洛佩斯的船也在其中，他记载了当时发生的情况。

他们出发的前八天一切顺利。随后，一场毫无预兆的暴风雨把大海搅动得就像沸腾的大锅一样。夜幕降临，就在利奥纳达号直接撞上洛佩斯的船时，人们正在进行热诚的祷告。碰撞导致后者的部分艏楼被切断，干舷部分也裂成碎片。横桅索缠绞在一起，由于浪头太大，试图解开绳索的人在索具间剧烈摇荡。洛佩斯的船终于挣脱了纠缠，而利奥纳达号却再次径直驶向它，撞进了靠近船头的船舷。撞破的开口很大，周围的横桅
349 索、木板、铁链和船帆纷纷破碎。水手们确信自己在劫难逃了，

每一条新的裂痕和巨响都让他们的心脏狂跳起来。大多数人放弃了补救，跪下来祷告上帝。

最终，一些更勇敢的人设法切断了索具，两条船分开了。水手们接力把舱内上涨的水舀了出去，一些人用泵，其他人则是徒手使用各种容器。另一队人带着灯笼涉水走进船舱，发现船体底部没有漏水。可即便如此，很多人还是坚信船就要沉了，13 个逃兵跳船游向利奥纳达号。

洛佩斯和其余留在船上的人确信是上帝相助才侥幸逃过一死。文书写道，从这场大自然发威的灾难中生还简直是不可能之事，每个人都发誓回家后要去朝圣。无论那是不是奇迹，他们仍然称不上安全。只要试图掉头朝海军上将制定的方向航行，海水就再次涌上来，船也会危险地歪向有洞的一侧。海浪依然汹涌，军官们决定在甲板上冒险点燃篝火，通知舰队中的其他船只。

达伽马的船第一个到达现场，他嘶吼着问他们是否想要弃船。他们大喊着回答说，如果上帝保佑，他们还能支撑到第二天上午。第二个出现的海洋之花号表示愿意派出它的小船。海洋之花号的船员试图说服同伴，在这样猛烈的大海上注定要沉没，但洛佩斯和他的手下坚信他们有超自然力量的庇护。

5 月 31 日，舰队再次返回陆地，领航员们发现他们才离开莫桑比克十里格的距离。他们尝试了三次才进入海港，第二天，洛佩斯的船跟着他们挣扎着驶入海港。船舱漏水、急需修理的利奥纳达号也回来了，倾侧船身的过程重新来过。

时间流逝，食物补给行将耗尽。人们的面包和葡萄酒定量配给已经减少了。四天后，他们第三次到达莫桑比克，他们买 350
的大米吃完了，转而吃非洲小米，不过最后也将其耗尽了。最终，他们只好吃加工桶底剩下的硬面包屑——好在老鼠还没有把它吃光。因为没有油或蜂蜜，所以只好用水煮这些面包屑吃。托梅·洛佩斯尖酸地写道，结果是“不需要任何调料，因为这东西闻起来像死狗一样，但我们还是得吃，因为大家都在挨饿”[11]。

到6月15日，情况糟糕透顶，以至于达伽马命令三条船立即离港回国。他们第二天一大早便出发，在暴风雨中走散并在船几乎要沉没后，终于看到了好望角。那儿仿佛是在显示自瓦斯科·达伽马首次航行到印度洋时至今的五年间发生了多大的变化，在那儿他们遇到了新近驶向印度的两条葡萄牙船。礼炮过后，小船出发了。那边传来国王新得了一位王子的消息，还送给他们数袋面包。回家的水手们在路上看到小群的鲸鱼在好望角附近游弋，开枪打死了脑满肠肥的大金枪鱼，还在一个岛上稍作停留，捕捉并烤制了大群的鸟儿，那些鸟根本不知道提防人类。据那位佛兰芒水手说，鸟儿并非唯一的牺牲品。7月中旬，补给再次耗尽，7月30日，他就事论事地写道：“我们找到一个岛屿，在那里杀死了至少300个人，也抓住了很多人，还在那里取了淡水。”[12]他无疑像往常一样极尽夸张之能事，不过托梅·洛佩斯（他的船等在近海处）倒是非同寻常地对此保持沉默。

小舰队驶向佛得角群岛。舰队驶入一场狂风暴雨时，距离那些岛屿尚有一段距离，被迫在漆黑一片的大海上锚泊。所有的人都病了，他们已经有20天没有面包可吃。日耳曼水手也在其中。他报告道，紧要关头，总算有另一条葡萄牙船驶过，“我们从那条船得到了面粉，用它来烘饼熬粥，美美饱餐了一
351 顿。每隔两三天就有人死去，而剩下的人病得越来越厉害，风

向的变化也令他们非常沮丧”[13]。三条船最终到达了亚速尔群岛，在那里获取了大量新鲜食物，然后顺着西风带的强风驶向里斯本。

在莫桑比克，余下的船只一旦得到补给后便三两成群地出发。印度海军上将等到最后，在6月22日出海了。船队中的两条船在一个暴风骤雨的黑夜与其他船走散了，据一个葡萄牙水手记录，他们在船舱漏水的情况下，艰难地航行回国。他们驶向亚速尔群岛时，全体人员都病了，以至于无人可以驾驶船只。吃的东西除了爬满蛆的发霉硬面包之外别无他物，病员们狼吞虎咽地吃掉了两条狗和带上船用来捕鼠的两只猫。

香料的气味在船队到达之前便传到了陆地上。1700吨胡椒、肉桂、丁香、姜、肉豆蔻、小豆蔻、巴西苏木、沉香木、余甘子、阿勃勒、良姜、蓬莪术、安息香、樟脑、罗望子、麝香以及明矾的香气充满了船舱，盖住了出海将近两年之人的臭气。

8月底，第一批船到达里斯本，他们带回的消息使瓦斯科·达伽马的声誉达到了顶峰。“在他到过的每一个地方，”马泰奥·达·贝尔加莫的老板詹弗兰科·阿法塔提向当时在西班牙的彼得罗·帕斯夸利戈报告说，“要么展示仁爱，要么施以武力，他无所不能。”[14]

10月10日，印度海军上将高奏凯歌地驶进里斯本。到10月底，至少有13条船回来了。有一条船在途中的索法拉搁浅了；舰队里另一条最老旧也最小的船在一场暴风雨中回到了家，锚泊在里斯本外五英里处。“风力太大，”一位目击者报告说，“所有的锚索都断了，海浪把船撞成碎片，海员们在这些碎片

352 上漂流上岸，淹死的人不超过四个。”[15]要不是有这些情况，达伽马一条船都不会损失。

他的成功与他的伟大对手所遭遇的灾难形成了鲜明对比。印度海军上将开始其第二次航行三个月后，大洋海军上将也从西班牙出发，开始了他第四次也是最后一次航行。克里斯托弗·哥伦布到达伊斯帕尼奥拉岛后，当地总督无视他说的海上正在酝酿着一场飓风的警告，拒绝了他进入港口的要求。两天后，第一支西班牙的载满宝物的舰队离开了这个殖民地，径直驶向了热带风暴。30 条船有 20 条沉入海底，它们带着大量黄金，载着包括总督本人在内的 500 个人。哥伦布的四条老爷船避进了一个河口，暴风雨过后，他动身前去探索他上次航行遇到的大陆。他在巴拿马得知从此地行进数日，就会到达一个全新的大洋，他确信自己很快就要找到一条可以通行的海峡，直抵印度了。

他始终未能去寻找这条海峡。舰队躲开飓风后，又遭到一场更猛烈的暴风雨的重创。一条受损的船陷入河中，还被附近的部落袭击，最终他被迫弃船。余下的三条船上布满了虫洞，漏水速度极快，在不得不放弃另一条船后，他们只能返航回国。最后两条船在驶向古巴时遭到另一场暴风雨的猛烈袭击，哥伦布被迫在这两条船沉没前在牙买加将它们拖上岸去。牙买加没有西班牙人，水手们孤立无援。一位船长从当地酋长那里买了一条独木舟，划船去了伊斯帕尼奥拉岛，那里的新总督立即把他投入牢房关了七个月。瓦斯科·达伽马到家时，哥伦布还被困在牙买加，他试着镇压了由半数船员发起的一次哗变，还预言了一次月食，吓得岛民赶紧给这些漂流者提供粮食。

宫廷的人来到海边欢迎堂·瓦斯科，并陪同他去了王宫。

游行队伍在军鼓和号角声中穿过街道，一个听差端着一个大银 353
盆在前面开道，盆里装满了基尔瓦进献的黄金。他到达王宫后，把这座金山献给了曼努埃尔一世。

第一次，宝贵的贡品从著名的东方城市被带回这里。第一次，一位穆斯林统治者成为葡萄牙国王的封臣。第一次，曼努埃尔一世在印度有了成千上万的臣民。卡布拉尔那次混乱的航行所埋下的疑虑终于烟消云散了。

曼努埃尔一世以华丽慷慨的词句赞扬了海军上将，这也有助于抬高他自己的声望。他赞不绝口地说，瓦斯科·达伽马超越了所有的前人。他攻击了“麦加的摩尔人，那是我们神圣的天主教信仰之敌”，与两位印度国王签订了庄严的条约，还把舰队安全地带回国，“装着巨大的财富满载而归”。[16]至于那些来自基尔瓦的黄金，曼努埃尔一世命人将其熔化，做成了一只闪闪发光的圣体匣，将其安放在贝伦的大修道院教堂里。圣体匣奢华的细节体现了非洲雕刻术和东方珍奇的美轮美奂，证明葡萄牙的新势力一飞冲天，以及香料带来的巨大利润。

17. 海洋帝国

354 仅仅数年前，里斯本还是个地处世界边缘的城市。现在，它变成了能与东方最富有的贸易中心相媲美的商业枢纽。来自三大洲的舰船云集在它的海港。那里的仓库里全是鼓囊囊的装满胡椒的袋子。堆满了棉布和锦缎、麝香和龙涎香、乳香和没药、丁香和肉豆蔻的小车在大街小巷中辘辘驶过。地板上铺着波斯地毯，墙上挂着东方的花毯。全欧洲的人都赶来观看、购买和品尝这些刺激的新鲜事物。

近来被扩展的世界带来了一股不受束缚的自由浪潮。对于欧洲的探险家而言，去目睹新的大陆，认识新的种族，并把作为见证人的所见所闻、惊人的纪念品，甚至充满异国情调的宠物带回国，都是令人不能自已之事，翻版马可·波罗们一个个抛家离子，踏上通向东方的漫漫征途。洛多维科·德·瓦尔泰马（Lodovico de Varthema）① 就是其中之一，1502 年，他怀着对探险、声望和异国艳遇的强烈渴望离开了博洛尼亚。根据瓦尔泰马引人入胜的《游记》所述，他在叙利亚把自己伪装成马穆鲁克士兵，在一次守卫一支骆驼商队时与 50000 名阿拉伯人展开战斗，偷偷溜进了麦加的克尔白天房围地[1] 和麦地那的穆罕默德坟墓，与亚丁苏丹的一个妻子发生了一段激情四溢的风流韵事，在搭乘

---

① 洛多维科·德·瓦尔泰马（约 1470—1517），意大利旅行家、日记作者和贵族，其意大利文原名写作 Ludovico di Varthema，以作为进入麦加朝圣的第一个非穆斯林的欧洲人而闻名。1510 年，其《游记》（*Travels*）在罗马出版。

一艘葡萄牙船返回欧洲前，还赢得了穆斯林圣人的声誉。

勇猛的葡萄牙人开启通向东方的道路当然不是为了取悦少数冒失鬼。这个小国家自行承担了大部分艰苦工作，而工作才 355
刚刚开始。

里斯本的一个意大利银行家宣称，瓦斯科·达伽马带着其君主所希望的“征服全印度”的明确目标向东方航行。[2] 达伽马本人钢铁般的意志为数十年争夺统治权的残忍战争设定了方向。而印度已不再是个概念，不再是欧洲人瑰丽的凭空想象。那是一片辽阔的次大陆，深受内部纷争的困扰，但也因自身的错综复杂而充满生气，且出乎意料地对外国人骚扰其海岸地区无知无觉。葡萄牙人才刚刚开始绘制海岸线的地图，而内陆地区还是个难解之谜：那正是海战的局限所在。

公平而论，银行家的论述比事件的发展超前了一步。对于瓦斯科·达伽马和他的手下而言，印度是达到其目的的一种手段。那个目的便是曼努埃尔一世成为耶路撒冷之王的狂妄野心，这种十字军东征的第一步并非征服印度，而是驱逐那里的穆斯林商人。达伽马在这个任务上倾尽所能，而他那位王室克星仍然安坐在卡利卡特的王宫里，且商人们也仍然从事着贸易。葡萄牙人在前方的道路上并没有发现等待着将自己的军队交由他们指挥的祭司王约翰，遇到的少数基督徒也无力集结部队，为葡萄牙人的宏伟事业添砖加瓦。他们尚未止住香料流向埃及，也远未走近红海——那条他们认为定会把他们带往圣地的水道。在绝大多数人看来，曼努埃尔一世的总体规划显然需要投入大量的时间、人力和财富，而这会让葡萄牙在东方越陷越深，只有最轻信的信仰狂热分子才不以为然。

国王没有被吓倒。信仰和火炮会征服一切。然而到达印度要绕世界的大半圈，如果没有合适的负责人，王国就无法控制以其名义进行的活动。

达伽马自己那些亲戚的情况越来越糟了。

文森特·索德雷和他的兄弟布拉斯留在印度，全面执行保
356 护葡萄牙代理店和掠夺穆斯林海运的任务。严厉的外甥刚一离开，他们便认为第二个任务要比第一个有赚头得多，于是就出发去劫掠那些载着香料和丝绸去红海的船队。他们的船员对此吵闹不休，倒不是出于道德义愤，而是因为这两兄弟拒绝与之分享赃物。一位愤怒的船长向国王曼努埃尔一世告发了兄弟俩；他写道，布拉斯偷走了所有货物，“没有为国王大人登记在册，还任意取用很多其他东西，没有人敢反对他，因为他哥哥准许他为所欲为”。[3] 一些贝都因牧人建议他们把船移出风暴路径，因为一场大风即将来临，可自大的兄弟俩对此一笑置之，他们为此得到了应有的惩罚。那位船长假装虔诚地将后果报告给国王：

“结果是，国王大人，第二天的风如此强势，海上波涛汹涌，文森特·索德雷的船撞向岸边，布拉斯·索德雷的船随即也撞了过去，桅杆断了，每艘船的船头都有六条锚索。”文森特当场死亡；凶狠的布拉斯爬上岸去，先是把剑刺入他从劫掠的船上抓来的一个领航员，随后又刺死了从米里号上抓来的那个驼背领航员。海军上将本人曾指示舅舅们好好利用驼子的专门技术；曼努埃尔一世的报信人也补充说，他是全印度最好的领航员，也是“国王大人必不可少的人才”。

在海员缺少的情况下，扎莫林把握住了机会。他把怒火发在造反的科钦城国王身上，后者仍固执地拒绝违背与基督徒签订的条约，扎莫林率大军跨过国境线。邦主与葡萄牙代理商、

文书和守卫被迫逃离这座被毁的城市，躲在附近的一个岛上。下一支葡萄牙舰队到来时，他们还在那里，葡萄牙人让邦主重登宝座后，印度的第一座欧洲城堡就在科钦城建造起来，那是一座仓促兴建的木结构建筑，名为曼努埃尔城堡。

局势很快明朗起来，只有永久性的武装占领才有望达到曼努埃尔一世的目标：一举清除穆斯林的海洋贸易。这就需要任命一名指挥官，好就地做出决策，1505 年，曼努埃尔一世任命 357
了第一位印度总督。就像国王为自己和海军上将编造的头衔一样，这个头衔也是在传递意图而不是表达实际情况，但它标志着葡萄牙人任务转型的开始，他们将以不可阻挡之势从大海转移到陆地。曼努埃尔一世选择了堂·弗朗西斯科·德·阿尔梅达（Dom Francisco de Almeida），他是个久经考验的老兵，曾在 1492 年围攻格拉纳达时参战，曼努埃尔一世不仅给予他签订条约、发动战争、伸张正义等所有权力外，还命令他在印度洋周边建造一系列城堡。

阿尔梅达将首站选在基尔瓦。他的士兵登陆后直奔篡位的埃米尔而去，仁慈地“一路饶过了不反抗的摩尔人”[4]。一位廷臣在窗户里拼命挥舞着达伽马留下的旗帜，高声吼着“葡萄牙！葡萄牙！”葡萄牙人对他不理不睬，直接砸破了王宫的大门，当一位神父和一队方济各会修士高举着十字架，吟唱着感恩赞美诗的时候，他们仍在四下乱砍，一路劫掠。埃米尔逃走了，阿尔梅达任命了一个傀儡取而代之。他征用了海边最坚固的房子，并把附近的建筑夷为平地，将那幢房子变成一座由重兵把守的城堡，一个队长率领 80 名士兵驻扎在那里。

欧洲人继续进入蒙巴萨。苏丹一直在等着他们，其炮弹从海港入口的城堡里朝他们呼啸而来。他们予以回击，直到城堡的火药仓库被引燃，整座建筑陷入一片火海后，他们才火力全开地驶入海港。士兵们武装登陆，冒着飞石和箭雨向前推进，把城里的木屋都付之一炬。城墙和茅草屋顶一片火海，周围的砖石建筑也受到了连累。一个名叫汉斯·迈尔的日耳曼水手参与了这次远征，他报告说“大火烧得连在一处，持续了将近整整一夜”[5]。幸存者逃进城外的棕榈林，第二天早餐过后，入侵
358 者彻底搜查了还在冒烟的废墟，用斧子和攻城锤破门而入，中途还用弓弩干掉了屋顶上最后的守军。他们抵达王宫后，在那些奢华的厅堂里横冲直撞，一个葡萄牙船长爬上屋顶，升起了王室的旗帜。他们用两轮马车拖走了大堆的财宝，其中包括后来进献给国王曼努埃尔一世的一张漂亮的地毯。据那位日耳曼水手说，当时有逾1500名穆斯林男女和儿童死亡，而只有5名基督徒被杀，他把这种差距归为神的恩典而非人祸。

舰队驶向印度，在坎纳诺尔建起一座城堡后，葡萄牙人前去与扎莫林进行一年一度的对峙。

1506年3月，卡利卡特总共用209条船——其中包括84条大船——袭击了只有11条船的葡萄牙舰队。博洛尼亚探险家洛多维科·德·瓦尔泰马当时碰巧路过，他也投入了战斗。

扎莫林最终总算配备了足够的火炮——让瓦尔泰马感到讽刺的是，这些大炮是意大利制造的——情况对欧洲人很不利。阿尔梅达的儿子洛伦索负责指挥，他把手下的人叫到一处，以一位真正的十字军战士的言辞鼓舞他们为了信仰而牺牲：

“哦，先生们，哦，兄弟们，今天是我们必须记起基督受难的日子，要感念祂忍受了多大的痛苦才赎回了我们这些罪人。今天就是我们抹掉所有罪孽的那个日子。为此，我恳求诸位，我们决心大力打击这些狗辈，因为我希望上帝会赐予我们一场

胜利，而不会选择辜负信仰祂的一方。”[6] 随后，一个神父手持十字架做了一次令人振奋的布道，全部免除了他们的罪孽。“他很会说话，”瓦尔泰马后来回忆道，“我们大部分人都热泪盈眶，祈祷上帝，恳请祂让我们战死沙场。”

鼓声隆隆，枪炮齐鸣，瓦尔泰马写道，“那是一场最残酷 359
的战斗，流血无数”。战斗延续到次日。“那情景真是感人，”意大利人回忆道，“我看到了一个船长的英勇行为，他驾着一条大帆船大肆屠杀摩尔人，简直无法用语言描述。”另一个船长跳上一条敌船。“耶稣基督啊，赐予我们胜利吧！助长汝之信仰吧”，他喊道，随即又砍掉几个敌人的头颅。印度人在无情的攻击面前四下逃散，欧洲人残忍地追杀他们。他们返回现场后，年轻的指挥官派人清点了尸体。瓦尔泰马记录了结果：“他们在岸上和海里，以及被俘获的船上找到了那些被杀的人，总共有 3600 具死尸。要知道还有很多人跳海逃跑了。”这些本已准备好殉道的人却迎来了一场胜利，因为根据瓦尔泰马所言，尽管敌方使用了意大利火炮，但基督徒无一人死亡。

洛伦索还在庆祝得胜之时，一位年纪几乎与他父亲相仿的葡萄牙船长却抢了他的风头。

阿方索·德·阿尔布开克①第一次到达印度洋时已年过 50。他中等个头，面色红润，长着一个大鼻子，还长着“使他看起来德高望重的一把大胡子，一直垂到腰带下，在腰带处打了个结”[7]。他是与王室有远亲的贵族，受过良好的教育，以措辞优雅而闻名。他还是个坚定的十字军战士，年轻时曾在摩洛哥战

---

① 阿方索·德·阿尔布开克（Afonso de Albuquerque，1453—1515），葡萄牙贵族，海军将领，其军事和政治活动创建了在印度洋的葡萄牙殖民帝国。人们普遍认为他是依靠成功的策略征服世界的军事天才。

争中服役十年。他是圣地亚哥骑士团（正是瓦斯科·达伽马在孩童时加入的屠杀摩尔人的组织）的一名指挥官，很早便认定未来在于东方。他坚定有力的目光跟达伽马颇有几分相似，但如果说年轻的达伽马的个人勇气和魄力与这位前辈旗鼓相当，老人不畏惧的残暴举动却远胜前面那位年轻人——而且他还喜欢把脾气发在自己人身上，这点也让他的后辈难以望其项背。

360 1506年，阿尔布开克带着六条船组成的分遣舰队出发，去切断通往埃及、阿拉伯和伊朗的供应链。他很快便夺取了红海入口附近的一个岩石岛，在那里建了一座城堡。他从自己的新基地派遣特攻队在“泪之门”扫荡那些开往亚丁和吉达的船只。第二年，他出发前往阿拉伯半岛的另一侧去封锁波斯湾[8]。他的进攻舰队在马斯喀特①马掌形的海港——波斯湾入口处的一个古老港口——锚泊并发起了首次奇袭。士兵们翻过这座名城高高的土墙，冲进了街道。他们杀出血路直取胜利，还切掉了活下来的男男女女的耳朵和鼻子。随后，他们带着一把斧子去了大清真寺——那是“一座美丽壮观的建筑，大部分以雕刻精美的木材建成，上部由灰泥所建”[9]——并将其付之一炬。阿尔布开克在附近的一连串港口和城镇实施恐怖统治，继而转向他的主要目标——霍尔木兹。他到达那里后，威胁要用当地居民的骨头来建造城堡，还要把他们的耳朵钉在门上，一番恐吓之后，他以技艺超群的航海技术和占优势的火力摧毁了那里的全部舰队。霍尔木兹的年轻国王成为曼努埃尔一世的封臣，一座名为“圣母得胜堡”的葡萄牙城堡——当然是用石头而非骨头建造的——在这座传说中的城市矗立起来。[10]

① 马斯喀特（Muscat），阿曼首都，濒临阿曼湾。

阿尔布开克有条不紊地关闭了伊斯兰东方贸易在海洋上的各个终点站。随着越来越多的香料运进葡萄牙船的船舱，亚历山大港的市场变得空无一物。埃及人不愿再袖手旁观，坐视自己的垄断地位成为绝响，他们的盟友威尼斯人也是如此。

1500年，开罗郊外的一个香脂树园[11]突然变得颓废了。

如果不是照管树林的科普特教派修道士声称幼年的耶稣曾在那里种下第一棵幼苗的话，这个消息也不会引人注意；据说，宝贵的香料是耶稣汗水中的精华，圣母玛利亚在耶稣让其喷涌的泉水里涤洗并拧干他的衬衫时，流出来的就是香料。[12]几百年 361
来，在苏丹治下人民关注的目光下，修道士们从这些树中提炼了一种树脂香胶。这种香胶泡在油中，其浸汁被认为是一种神奇的药物，可以治愈所有的病痛。浸汁的销售受到严格控制——威尼斯人自然是喜爱这种东西的客户之一——欧洲人要斥巨资才能购得小瓶装的这种圣油。然而古老的树林突然消失，就像它们从来不存在一样，无论哪一种信仰的埃及人都惋惜它们的消逝。

这是一个古怪的标志，它象征着瓦斯科·达伽马对香料之路造成的破坏。近1000年来，印度洋上的贸易都是由穆斯林主导的，旧秩序突然被葡萄牙人打破了。对伊斯兰世界的破坏带来了经济衰退，他们的骄傲旋即便遭到了重重一击。和枯萎的香脂树林一样，古老的定居生活方式突然遭遇“寒风”，他们束手无策了。

1504年夏，一个方济各会修道士带着埃及苏丹发出的最后通牒来到罗马教廷。[13]这个修道士是耶路撒冷锡安山修道院的管理人，那里仍在埃及人手中。他警告说，如果葡萄牙人不立即离开印度洋的话，苏丹便威胁要毁坏圣地的基督教朝圣地点。教宗和这件事撇清了关系，把修道士送到了国王曼努埃尔一世那里，并附上一封信，请他出策该如何回应。曼努埃尔一世回复说，如果圣地被人触犯，他会发起一次新的大规模十字军东征去保卫圣地。他用自己的家族对伊斯兰的屡屡胜利来提醒教宗，并发誓会坚持到底，直到所有的异教徒被彻底镇压。他还说，他已经克服了那么多艰难的障碍，这证明他的追求无疑是受到上帝保佑的。

在前往觐见教宗的路上，修道士中途在威尼斯停下来。执政团正式要求埃及人不要把他们的威胁付诸行动，随后立即派遣一个新的密使前往开罗。特使弗朗切斯科·泰尔迪伪装成珠
362 宝商，在私自谒见苏丹时才揭开了自己的身份。他向埃及统治者保证，欧洲军力分裂，远未达到进军圣地的地步。葡萄牙同时威胁着威尼斯和埃及的生计，苏丹必须及时打断他们。

威尼斯暗地里是埃及的同伴。1498 年，瓦斯科·达伽马第一次横穿印度洋时，大量香料抵达亚历山大港，就连威尼斯人都因没有足够的资金而无法全部买下。1502 年，达伽马第二次航行返航的那一年，他们的船半空着就离开了。四分之三的威尼斯商船都被封存起来，其余船的航行次数也只有以往的四分之三。

威尼斯人抛弃了所有与葡萄牙人友好的幌子，把自己的命运与埃及拴在了一起。执政团把更多间谍送往里斯本——有个间谍暴露了身份[14]，被投进曼努埃尔一世的地牢——甚至还一度重新恢复了古老的运河计划，即从苏伊士湾开始，连通红海与地中海。最后，这个想法在接洽苏丹之前便被束之高阁了，威尼斯转而着手为苏丹建立一支海军。

为了对葡萄牙长期酝酿的计划来个惊天大逆转，威尼斯准备把穆斯林的船舶带入红海，破坏基督徒的贸易。

在伊斯坦布尔，土耳其人也警惕地关注着自己的东方贸易逐渐流失之事。土耳其苏丹与埃及苏丹的关系甚至比跟威尼斯的还要糟糕，但受到威胁的三方力量此刻结成了一个不可思议的联盟。伊斯坦布尔向埃及提供打造海军舰队的材料，以及操作它们的军官和炮手，威尼斯富有经验的造船专家来监督建造过程。威尼斯人看着零件运到亚历山大港，又看着它们被驼队载着穿越沙漠，最终在红海海岸上组装起来。

12 条宏伟的威尼斯风格的大帆船——全都是用橡树和松树
木打造的——出现在苏伊士湾的脚手架上。大船的船头和船尾 363
都安装了土耳其的铜铸火炮，不过并没有安装船舷，因为船桨和桨手在那里占据了过多的空间。舰队出发，驶向印度。

拖延很久后，威尼斯舰队在 1508 年初到达，在第乌①的海港锚泊，那是位于印度西北部印度河三角洲河口的一个具有战略意义的古吉拉特港口。他们计划与卡利卡特的扎莫林派遣的一支舰队会合，后者在最近的失败后再次重建了海军，然后再一起航行向南，摧毁岸边所有的葡萄牙城堡和代理店。然而，埃及人迟到了，扎莫林的船已经离开。他们转而与第乌的穆斯林统治者提供的一支分遣舰队联手，在焦尔②附近重创了一支葡萄牙的小舰队。葡萄牙人的死亡名单中有卡利卡特战役的英雄、阿尔梅达之子洛伦索。

这是葡萄牙在印度洋上第一次遭遇海战失利，胜利的鼓声

---

① 第乌（Diu），印度最西部的古吉拉特邦（Gujarati）的一个沿海城镇，位于第乌岛的南端，紧邻阿拉伯海。

② 焦尔（Chaul），西印一沿海城镇，位于孟买以南 60 公里处，现已成废墟。

在开罗连响了三天。然而，埃及人没有乘胜追击。舰队返回第乌，在冬日的季风期留在原地不动，船体被搞得一团糟，船员也纷纷离开。翌年，阿尔梅达驾着老旧的海洋之花号[15]，率领18条葡萄牙战舰逼近这个港口。身经百战的欧洲人在几个小时内便赢了这场血战，复仇心切的总督沿岸航行，用火炮近距离射击囚犯，把他们的头颅和四肢投向路过的城镇。扎莫林终于求和，葡萄牙人在卡利卡特建造了一座城堡。

威尼斯人发动了新的外交攻势，旨在劝说伊斯坦布尔赞助另一支埃及舰队，但他们的请求被当作了耳边风。第乌战役七年后，土耳其火炮削减了埃及刀剑骑兵的精英，马穆鲁克统治了267年的动荡岁月很快便走向终结。土耳其人把注意力转回了欧洲，未来30年他们将不再派遣大舰队对抗葡萄牙人。与此同时，罗马教宗也与法兰西和西班牙结盟，挫伤了威尼斯的锐气。[16]“尊贵之城”被勒令整整一个世纪不得扩充领土，尽管它
364 后来重获这一权利，却再也无法恢复昔日霸主的地位。

和第一次十字军东征一样，葡萄牙人选择的时机非常幸运，如有神助。威尼斯锐气尽消，它的埃及盟友也一败涂地，葡萄牙在印度洋的海上霸权得到了保障。开辟通往亚洲其他地方的海路易如反掌。

总督阿尔梅达虽然冲冠一怒，誓为其子复仇，却对曼努埃尔一世的救世主计划没有那么热衷。他受到商人游说团体以及通过抢劫阿拉伯船只获利的贵族们的影响，开始坚信陆上战斗会逐渐耗尽葡萄牙在海上聚集的财富。他向国王建议，最好利用海军的力量来胁迫印度的统治者，并逐步扩大有组织的海盗这个利润颇丰的生意。当坎纳诺尔的科拉蒂里从宿敌卡利卡特的扎莫林那里得到帮助，袭击了城中的葡萄牙要塞时，他的立

场就更有说服力了。曾与达伽马谈判的那位科拉蒂里去世了，新的统治者发誓要让葡萄牙人为其击沉一艘印度船的可恶事件——葡萄牙人把那艘印度船的船员缝进一段段帆布中，把他们活活投进大海——付出鲜血的代价。一支大军把城堡围困了四个月之久，后来多亏海潮把龙虾冲到他们的门口，才使葡萄牙人免于饿死，此后不久，援军也到了。

就在阿尔梅达敦促曼努埃尔一世收起野心之时，宗教迫害开始在葡萄牙肆虐。1506 年，一个被人怀疑是新基督徒（marrano）[17]——受洗的犹太教徒，私下里仍保持着原先的信仰——的人指出，看似从十字架上散发出来的缥缈光晕或许有个不那么神奇的解释，这一说法让整个里斯本愤怒起来。一群妇女把这个怀疑论者拽出教堂活活打死，一个神父做了狂热的布道，敦促信众彻底根除内部的敌人。还有两个神父挥舞着十字架穿街过巷，一群当地人和海港船上的水手把骚乱继续了下去。在血腥的两天里，2000 个男女遭到屠杀，连看上去有点像 365
犹太教徒的一些天主教徒也被残忍杀害。圣战的狂热一旦释放出来，就难以控制了。

曼努埃尔一世处死了包括神父在内的元凶。然而，他比以往任何时候都更加坚信，把东方纳入基督徒世界是他的历史使命，他用阿方索·德·阿尔布开克取代了不情不愿的阿尔梅达。[18]

十字军东征向前跃进了一大步。和他的国王一样，阿尔布开克的梦想是建立一个庞大的亚洲帝国，普遍的基督教一统天下，伊斯兰教逐渐消弭。为了支付这一切产生的巨额费用，葡萄牙对香料贸易的掌控不得不变成一种钳制——还必须由王室垄断，愤愤不平的商人们对此抱怨不已。王室代理商们再也不会在印度的码头前为成袋的胡椒讨价还价了。他们必须要发现大多数宝贵香料的终极源头，必须要建造更多的城堡，让芳香的财宝落入葡萄牙人手中，还要打造一支舰队作为漂浮的仓库，在小队战舰的护送之下把香料运送回国。

阿尔布开克的热情有时会让他失去理智。有一次他曾考虑给尼罗河改道，从而让埃及陷入干旱；还有一次，他图谋盗走先知穆罕默德的尸体，[19]用它来勒索赎金，以交换耶稣撒冷的圣墓教堂。如果手下的人表现出哪怕最轻微威胁到他的宏伟计划的违抗，他就会毫不犹豫地把他们在桁端上绞死，或是砍下他们的鼻子、耳朵和双手。然而这个宗教狂还是个天资惊人的海军战略家。他很快便意识到，只建立在舰船之上的帝国不久就会垮掉，何况那些舰船还管理不善，船员训练还严重不足。如今，新兵如潮水般从葡萄牙涌来，但很多人不过是农场工人，必须从头开始训练。必须建立一支预备队作为替补。船只也需要修理、改装并切实地补充给养。阿尔布开克需要的是一个安全的海军基地，他很快就找到了理想的地点。

366 果阿岛由多条潮沟与大陆分隔，这让它易于防守，还形成了一个有屏障的良港。继卡利卡特之后，这里成为印度最繁忙的港口，还备有大量经验丰富的造船匠。在此从霍尔木兹运来阿拉伯马的生意十分兴隆，印度有权有势的人对此需求强烈，因为这些马在次大陆的闷热气候中无法繁殖。这座城古老、庞大而富有——洛多维科·德·瓦尔泰马饶有趣味地宣称，连国王仆役的鞋面上都装饰着红宝石和钻石——并且和印度北部的其他地区一样，它也在穆斯林的手中。在一个名叫蒂莫亚的野心勃勃的印度教私掠船长的帮助下——扎莫林曾派此人追捕瓦斯科·达伽马——阿尔布开克从富有显赫的果阿苏丹那里夺取了此城。几周内，他被迫在一支庞大的穆斯林军队面前撤退，但三个月后，他又率领着一支新的舰队回来了。他的人屠杀了岸上的守军，把他们赶入城中，杀气腾腾地闯进街巷。在血腥的劫掠期间，很多果阿人在试图游水过河争取自由时溺水而亡或命丧鳄鱼之口。阿尔布开克满意地写信回国向国王报告说，有6000名男女和儿童被杀，而只有50名葡萄牙人丧生。

果阿如今是扩张主义殖民势力的大本营，其基地遍布西印度洋，其附近国家的大使们纷纷前来向这位好战的新统治者表示祝贺。阿尔布开克用土地、房屋和职位来收买手下与当地的印度教女人结婚。异族通婚从一开始便问题重重，一位史家记述道：

> 一天晚上，一些婚礼在举办之时，新娘们乱作一团，以至于一些新郎和本属于他人的新娘上了床；第二天早上发现出了岔子，每个人又找回自己的妻子，既然大家都彼此彼此，也就不追求什么名誉贞洁了。某些绅士以此嘲笑阿尔布开克奉行的手段，但他固执己见，成功地把果阿变 367
> 成了葡萄牙人在印度的首府或中心。[20]

葡萄牙舰队从果阿出发探索东南亚。他们已经去过锡兰，那里是世上最好的肉桂产地，1511年，阿尔布开克向东航行，到达马来半岛。他的目的地是一个国际港口城市，它控制着马六甲海峡——印度洋和太平洋之间繁忙的船运航线——狭窄的咽喉地带。这座城也叫马六甲，其影响无远弗届。一个葡萄牙代理商曾夸张地宣称：“无论马六甲的君王是谁，他的手都扼住了威尼斯的喉咙。”[21]这倒也不是毫无道理的：马六甲是中国水手西行的终点站，成千上万的中国人住在他们自己的区域里——人称“中国山”（Chinese Hill），来自印度、波斯和阿拉伯半岛的商人航行去那里采购丝绸和瓷器。一个强大的穆斯林苏丹统治着这座城市和周边的各处土地，但对于基督徒来说，这更让它成为一个不可抗拒的目标。

阿尔布开克旗帜飘扬、炮火齐鸣地驶入海港，纵火烧毁了几十条船。他的军队步行上岸，在激烈的肉搏战之后——一阵投射精准的长矛雨让敌方的战象暴跳起来，把身上的兵士摔倒地上——最后一位苏丹逃跑了。另一座城堡拔地而起，葡萄牙人从马六甲出发前往北方和南方的据点。

在北方，暹罗——今泰国——的国王对富有的马六甲觊觎已久。阿尔布开克派大使前去洽谈结盟之事，在搭乘一条中国帆船出发探路后，他成为历史上第一个到达泰国的欧洲人。1513 年，一支探险队从马六甲出发向东航行，到达中国的广州，葡萄牙人将其命名为 Canton。最初的接触就是一场灾难：中国人击沉了两条葡萄牙船，葡萄牙特使们因其同胞——中国人认为他们是野蛮人——行为不端而被判以死刑。这群死刑犯
368 中有一个人名叫托梅·皮莱资，曾经是里斯本的药剂师，他动笔记述了这个过程，并自我辩解说，神圣的天主教信仰推进圣战，与可恶虚伪的穆罕默德那虚假奸邪的宗教[22]做斗争，就算付出再高昂的代价也是值得的。最终，葡萄牙人在附近的澳门建立了永久基地，开始涉足中国的海外贸易，而三个被吹离航线的商人偶然间发现了日本，并在长崎建立了另一个有利可图的商栈。[23]

葡萄牙人向南方和东方航行，到达印度尼西亚和香料群岛。分遣舰队以马来领航员作为向导，在苏门答腊岛和爪哇岛之间

迂回行进，穿过小巽他群岛①，到达摩鹿加群岛②。在这里的一些锥形的火山岛上，他们总算找到了世界上丁香、肉豆蔻和肉豆蔻衣的源头。随着印度教和佛教日渐式微，伊斯兰教甚至在这里站稳了脚跟，但基督徒还是找到了足够的同盟，建立了一个滩头堡。这些盟友中就包括特尔纳特岛③的苏丹，他与其死敌，附近的蒂多雷岛④苏丹，都是全世界最大的丁香生产商。

葡萄牙的各处领土在地图上都只是针尖大的地方，但联合起来就勾勒出一个辽阔的海洋帝国。殖民地、要塞和属地在非洲的东西两岸蔓延，穿过波斯湾，沿着印度西岸一路深入东南亚。令人吃惊的是，自瓦斯科·达伽马首次驶入东方后，时间只过去了区区 14 年。“在我看来，”洛多维科·德·瓦尔泰马在东南亚长期旅行后断定，“如果可以取悦上帝，如果葡萄牙国王一直像现在这样无往不胜的话，他将会是世上最富有的国王。他的确配得上所有的赞美之词，因为在印度，尤其是在科钦城，每个宗教节日都有 10～12 个异教徒受洗接受基督教的信仰，通过这位国王所做的一切，基督教每天都在发展壮大。为此，或许可以认为是上帝将胜利赐予了他，将来还会继续带给他成功和繁荣。”[24]

曼努埃尔一世从不羞于向全欧洲炫耀其刚刚拥有的豪华气派，这令后者震惊不已，1514 年，他派遣一支令人惊叹的代表 369

① 小巽他群岛（Lesser Sunda Islands），位于爪哇岛以东的印度洋和帝汶海之间，与爪哇岛、苏门答腊岛和加里曼丹岛等组成的大巽他群岛相对。

② 摩鹿加群岛（Moluccas），位置处于苏拉威西岛以东、新几内亚以西以及帝汶以北，是马来群岛的组成部分。中国和欧洲传统上称其为香料群岛。

③ 特尔纳特岛（Ternate），印尼东部摩鹿加群岛中的一个岛屿，在该群岛的主岛哈马黑拉岛的西面。

④ 蒂多雷岛（Tidore），印尼东部摩鹿加群岛中的一个岛屿，在特尔纳特岛的南面。

团去觐见罗马的教宗。最引人注目的是一头大象，陪它同行的有 140 个身穿印度服装的侍从和一群异国的野兽，其中包括一头来自霍尔木兹的猎豹。令人尴尬的是，曼努埃尔一世克扣了大使的花销，特使不得不借了一大笔钱，以继续沿途的表演。教宗来自见多识广的美第奇①家族，却为此签署了另一份诏书，并以私人的身份回赠了大量礼物。曼努埃尔一世决意压倒教宗，在第二年又派遣了一支满载着香料和一头犀牛的船队开往罗马作为回礼，不过那条载着有角兽的舰艇还未到达目的地便在热那亚沉没了。

葡萄牙国王一边享受着东方的富丽奢华，一边向耶路撒冷和永恒的荣耀发起最后一击。

圣战的狂热坚定了葡萄牙人的意志，加之贪求香料，他们以惊人的速度打破了穆斯林对世上最有利可图的贸易路线的垄断。然而，曼努埃尔一世根本没有制定过脚踏实地的战略，也没有伺机而动的手段来实现其横扫东西方并挺进圣地的宏大野心。他始终认为，上帝会为了祂的子民而插手干预，帮助他们完成祂至高无上的计划。

那个计划很快便开始动摇了，速度之快，令人眩惑。

1515 年，10000 名葡萄牙士兵登陆摩洛哥[25]，在穆斯林成排大炮的弹坑之间前进。他们此前建造的木头城堡和大多数舰船都被炸成了碎片，惊慌失措的十字军战士们逃回了家。曼努埃尔一世把 4000 人送进了鬼门关，而他向东行军穿过非洲的计划在地狱般的战火硝烟中就此告吹。

---

① 美第奇（Medici），佛罗伦萨 13 ~ 17 世纪在欧洲拥有强大势力的名门望族。该家族产生过四位教宗。

同一年，阿方索·德·阿尔布开克的很多敌人终于共谋剥夺了他的指挥权，因为阿尔布开克曾轻率地请求国王授予他果阿公爵的爵位，所以剥夺其指挥权反倒变得容易多了。这位63岁的帝国创建者再次征服霍尔木兹后，在返回都城的途中听说了这个消息，马上便陷入深深的沮丧。他给国王写了一封一本正经的信，报告自己的行动，由于他的手开始颤抖，所以这封 370
信不得不由文书代写，而在帆船穿过浅滩即将进入果阿时，他去世了。他下葬时身穿十字军战士的全副盔甲，对这位功绩仅次于瓦斯科·达伽马、带着血红的十字架挺进东方的人，这样隆重的葬礼恰如其分。

勇士已逝，软弱贪婪的人物纷纷登场。

1517年，一支庞大的葡萄牙舰队载着逾3000名士兵和水手从印度出发，去争夺红海的控制权。入侵计划已酝酿了数年，但时机从未如此适宜。奥斯曼的苏丹、冷酷的塞利姆一世①刚刚征服了埃及及其属地、叙利亚，以及阿拉伯半岛，但从前属于马穆鲁克的国土仍在一片混乱之中。一时间，曼努埃尔一世的终极目标看似唾手可得：从苏伊士湾出发，只需数天行军便可抵达耶路撒冷。

舰队到达亚丁，十字军战士们在那里遇到了意外的热烈欢迎。[26]亚丁正陷于大规模恐慌之中，奥斯曼帝国正大举入侵，后者素有残暴对待阿拉伯人的恶名。一个名叫拉扎勒斯·尼恩贝格尔（Lazarus Nürnberger）的日耳曼商人报告说，葡萄牙人只消说一声他们想要这座城，城市就会当即移交给他们。然而优柔寡断的指挥官们没有接受通往红海的钥匙，而是继续向吉达进军。他们

① 塞利姆一世（Selim the Grim，？—1520），奥斯曼帝国苏丹（1512～1520年在位），在位期间为奥斯曼帝国广开国土。

抛锚停泊，开会商议后，认定通往麦加之路被重兵把守，故不值得冒险进攻。他们掉头回到亚丁，但那里的总督此时已经对踌躇不定的基督徒失去了信心，舰队又慢慢腾腾地回到了印度。抵达印度之时，大多数人即便没有开小差，也在暴风雨中消失了。

随着贪污和投机盛行一时，羽翼初丰的帝国迷失了方向，葡萄牙与西班牙的宿怨再次抬头。1516 年，在他挚爱的伊莎贝拉一世长眠 12 年后，卡斯蒂利亚和阿拉贡的斐迪南二世也去世
371 了。王位传给了他们的女儿“疯女”胡安娜[1]——这绰号来自她总是疯狂地猜忌她的花花公子丈夫“美男子”费利佩[2]——和胡安娜的儿子查理[3]。随阿拉贡而来的还有西西里、撒丁和那不勒斯的王座。查理从他来自哈布斯堡王朝的父亲那里获得了家族在勃艮第和尼德兰的广袤土地。1519 年，他祖父死后，他继承了奥地利大公国，并当选为神圣罗马帝国皇帝。对葡萄牙的利益来说，几乎没有比这更大的威胁了。

西班牙国王卡洛斯一世——如今也是神圣罗马帝国皇帝查理五世——刚刚到达塞维利亚，一个葡萄牙水手便带着一个惊

① “疯女”胡安娜（Joanna the Mad，1479—1555），阿拉贡国王斐迪南二世和卡斯蒂利亚女王伊莎贝拉一世之次女。她是卡斯蒂利亚女王，神圣罗马帝国皇帝查理五世之母。

② “美男子”费利佩（Philip the Handsome，1478—1506），奥地利大公。他通过与卡斯蒂利亚王位继承人“疯女”胡安娜的婚姻成为该王国的共同统治者之一，是哈布斯堡王朝在西班牙的始祖。

③ 查理（Charles，1500—1558），即位前被通称为奥地利的查理。他是西班牙国王卡洛斯一世（1516～1556 年在位），神圣罗马帝国皇帝查理五世（1519～1556 年在位），罗马人民的国王卡尔五世（1519～1530 年在位），卡斯蒂利亚和莱昂国王卡洛斯一世（1516～1556 年在位），阿拉贡国王卡洛斯一世（1516～1556 年在位），西西里国王卡洛二世（1516～1556 年在位），那不勒斯国王卡洛四世（1516～1556 年在位），低地国家至高无上的君主。在欧洲人心目中，他是“哈布斯堡王朝争霸时代”的主角，开启了西班牙日不落帝国的时代。

人的计划来到他面前。

斐迪南·麦哲伦在印度洋上花了八年时间为他的国家探险和战斗。他曾参加过阿尔布开克征服果阿和马六甲的战斗，回国后又加入十字军，讨伐摩洛哥。他坚信自己应该得到晋升，然而他出任船长的请求在葡萄牙宫廷中无人理睬。沮丧之下，他和此前的哥伦布一样，把自己以及长期积累的知识都献给了西班牙。

麦哲伦向未来赞助人提出了一个惊人的观点。他说，假设你想把在托尔德西里亚斯小镇划的那条教皇子午线扩展到东半球去。根据他的计算，你会发现香料群岛在教皇子午线的西班牙一侧。当然，这条线并不存在——早在23年前，没有人想到欧洲人会在地球上最遥远的地方争夺所有权——但如果西班牙人在东南亚露面，那么他们的存在本身必然会推进这一目标。

只有一个问题：葡萄牙人垄断了通往东方的好望角路线。这不止是个实用性的问题。因为欧洲的海外扩张在很大程度上取决于航海家的技能，人们普遍接受这样一种观念，即他们发现的海上航线是一种归赞助国所有的知识产权。那么，西班牙 372
必须找到另一条航线——一条向西的航线。

1506年，在最后一次从牙买加回国后不到两年，克里斯托弗·哥伦布去世了，他至死都坚信自己到达了亚洲。当时，另一个为葡萄牙效力的意大利人亚美利哥·韦斯普奇①探索了巴西海岸，断定这片大陆向南延伸的地方比哥伦布想象的要远得

---

① 亚美利哥·韦斯普奇（Amerigo Vespucci，1454—1512），佛罗伦萨商人、航海家、探险家和旅行家，美洲（全称亚美利加洲）是以他的名字命名的。他经过对南美洲东海岸的考察，提出这是一块新大陆的观点，而当时所有的人包括哥伦布都认为这块大陆是亚洲东部。

多。翌年，世界地图上首次出现了一个名为亚美利加的新大陆，就是以韦斯普奇的名字命名的。

美洲仍被看作通往东方道路上的障碍[27]，它本身并未成为目的地，而且人们也不比以往更清楚，它可以像非洲那样被绕过去。然而，麦哲伦大胆承诺他可以成就哥伦布未能实现的目标——向西航行，到达东方。他放弃了葡萄牙国籍，与查理签订了合约，查理授予了他圣地亚哥骑士团指挥官的称号。1519年9月，他率领一支五条船的舰队出发了，去寻找绕过美洲的南方航线，而愤怒的国王曼努埃尔一世也派了一支分遣舰队紧随其后。

三年后，只有一条船艰难地驶回西班牙。逾200名水手死于暴风雨、海难、哗变和战争，其中包括麦哲伦本人——他在菲律宾插手当地酋长间的一场争吵时被人刺死。这个舰队只有18个幸存者，但他们是第一批完成环球航行的人。葡萄牙对到达东方的痴迷驱使它的老对手绕过美洲，横穿广袤无垠的太平洋——仅仅30年前，还根本无人设想过这个大陆和大洋的存在。西班牙大帆船很快便会横穿太平洋，把中国的丝绸和瓷器运到墨西哥和秘鲁，并载着堆成小山一样的新开采的白银回国。

如今，查理五世也认为自己获得了神的授权，要他毁灭伊斯兰，造就一个全新的基督教世界。皇帝派遣一支舰队追随麦
373 哲伦的航程，占领了香料群岛，并宣称这些岛屿归他所有。葡萄牙和西班牙的航海家们再次离家去国，专心致志地划分世界，这一次是在西班牙的边镇巴达霍斯。葡萄牙的天文学家夜以继日地确定香料群岛的位置，为安全起见，制图师也匆忙修改了他们的地图。西班牙在葡萄牙代表团中安插了一个身居高位的告密人，但场面火爆的谈判还是无果而终。多年来，伊比利亚

半岛上的这两个邻居在地球的另一边纷争不断，直到葡萄牙向西班牙支付了一笔天文数字的黄金作为西班牙对其权利的认可，两国的争执才偃旗息鼓。[28]很久以后，才有人证明麦哲伦是错误的：摩鹿加群岛终究还是在那条假想线的葡萄牙一侧。

那时，“幸运儿”曼努埃尔一世早已过世。这位有远见的国王一直坚信自己天降的使命，1521 年 12 月在里斯本蔓延的流行病击倒了他，在他去世前几个月，他的祈祷似乎终于得到了回应。那年春天，有人报告说一支葡萄牙远征军在埃塞俄比亚登陆，到达了那里的宫廷。一封名为“关于发现祭司王约翰之事致国王我主之信”被仓促写就，曼努埃尔一世最后一次做起了虚荣的白日梦。他致信告知教宗，他们已经在和祭司王约翰建立同盟关系了；很快，麦加、先知之墓，以及“穆罕默德的邪教”就都会被扫荡殆尽。[29]当结果证明埃塞俄比亚的君主远非对基督徒几百年祈祷的回应时，激动兴奋变成了失望沮丧。

曼努埃尔一世的船队从小小的葡萄牙出发，建立了第一个欧洲帝国。他们探索了从巴西到中国的海洋，改变了欧洲对世界的看法，还突破了自身能力的限制。然而，曼努埃尔还是未能实现自己庞大的野心。他原本计划行军穿越非洲、沿红海而上、消灭土耳其人和埃及人，夺回耶路撒冷，可最终这一切不
过是海市蜃楼。曼努埃尔一世关于最后一次率十字军东征发表 374
过不少长篇大论，但他从未离开过家园半步。

国王若昂三世是曼努埃尔一世生前疏远的 19 岁的儿子和继位者，他的加冕仪式盛况空前，而他所继承的帝国却像一条无舵之船一样漫无方向。他迫切需要一个与众不同的人物，在他遥远的国土为他树起威望。

瓦斯科·达伽马最后一次应急前来，为国效力。

18. 国王的副手

375 21 年来，堂·瓦斯科·达伽马一直忙着以他的名望大发其财。

海军上将从印度回国后就成了富翁。他带回成箱的奢侈品，有谣言说其中包括一批极其漂亮的珍珠。国王慷慨赐予他更丰厚的奖金，并准许达伽马自行派人去东方谋利，并免除了他整个家族的税赋。堂·瓦斯科甚至获准在王室森林狩猎，并可对偷猎者收取罚金。

然而，他并不满足。地位意味着一切，而他还只是个贵胄，一位宫廷绅士而已。他最渴盼的荣誉——他父亲的锡尼什镇的独有权——仍然求之而不得。不出所料，他把自己不断扩大的家族不管不顾地搬到那里，还给自己建造了一幢十分气派的新住宅。圣地亚哥骑士团的大团长向国王报告了这位骑士的放肆举动，国王别无选择，只得命令堂·瓦斯科、他的夫人及子女在 30 天内离开锡尼什，且永远不要再在那里露面，否则要受到“那些不听从国王和君主之人所应受”的处罚。[1] 达伽马再也没有回过那个他想要传给后代的镇子，他也从圣地亚哥骑士团转而向基督骑士团宣誓效忠。

很多贵族认为，探险家如此一意孤行太过出格。由于他比自己的出身已经提升了很多而仍不满足，贵族们责备他是个不
376 知节制、忘恩负义、不可理喻之人。达伽马不加理会，继续索取。1518 年——麦哲伦变节投向西班牙的第二年——他威胁说

他本人也要离开葡萄牙去为别国效劳，事态发展到了紧要关头。失去几个航海家去投靠对手是一回事；失去国家的海军上将就完全是另一回事了。国王拒绝让他离开，让他先冷静几个月，“在这段时间里，希望你能认清自己所犯的错误，然后决定再次为我们效劳，而不是采取你提出的极端做法”[2]。堂·瓦斯科留了下来，第二年，即他被粗暴地赶出锡尼什的第12个年头，也是他从印度回来的第16个年头，他被授予维迪盖拉①伯爵的头衔。传达这个消息的王室信件宣称，他被升为贵族是对他为国立功的回报，“特别是发现三印并在那里进行殖民，不但给我们以及我们王国的王权和贵族带来了巨大的利润，而且也为当地居民和所有基督教国家带来了普遍的福祉，因为我们神圣的天主教信仰得到了升华”。[3] 达伽马作为帝国事务的顾问一直活跃在政坛；现在，他是国家仅有的19位高等贵族之一，也在各种典礼仪式上光彩夺目地亮相。

当年轻的新国王恳求这位55岁的显赫老人重返当年获胜的战场时，他决定冒险一搏。帝国是他参与创下的基业，为了他的形象而再次为之努力的机会太过重要，难以拒绝。

1524年4月9日，瓦斯科·达伽马第三次也是最后一次出发前往印度。[4] 和他一同前往的还有他的两个儿子：年方19、即将出任印度海域总船长的埃斯特旺和更年轻的保罗（Paulo）。[5] 出发前，达伽马从国王那里得到了保证，一旦他有不测，他的头衔和财产将会直接传给他安全留在国内的长子弗朗西斯科。

瓦斯科·达伽马第一次航行到东方时只是个小小的总船长。这次出发时，挂在他身上的头衔如重重盔甲一般。除印度海军

---

① 维迪盖拉（Vidigueira），葡萄牙一城镇，位于该国南部。

377 上将和维迪盖拉伯爵之外，还有印度总督。新总督——阿尔梅达死后，他是获此荣衔的第二人——在出发前不久才接到这一委任，在国王面前三次庄严宣誓效忠。

这次的任务无论从哪方面来说都十分重要。葡萄牙人在佛兰德采购了最先进的大炮，还量身定造了几条大船；达伽马的旗舰西奈山的圣卡塔琳娜号（Santa Catarina do Monte Sinai）上的船首人像是个亚历山大的殉道者，她在罗马酷刑轮上被判以死刑，据传闻，她的尸体在500年后被掘出，其浓密的头发还在生长。舰队一共有14条大船和轻快帆船，载着3000个男人——还有几个女人。很多人是航行印度的老手，还有相当数量的骑士、绅士和贵族，他们或被吸引或被说服来为伟大的达伽马效力。女人是在最后一刻溜上船的。在艰苦的航海中带上妻子、情人或“慰安妇”是被严令禁止的，这更多是因为她们的在场会引发动摇士气的争执，倒不是为了她们的灵魂安宁。禁令时常会遭到无视；一位乘客记录道，在一次航行中，拉主帆的水手沦为阶下囚，因为他“养了一个从葡萄牙带上船的姘妇，而她上船时正怀着孕，然后在船上分娩了”。[6] 达伽马这个向来纪律严明之人曾发誓要制止这种船上的放荡行为；在离开里斯本之前，他命人在船上和岸上宣布，在海上如发现任何女人，她们都“会被当众鞭打，即便已婚的女人也一样，而她的丈夫会被戴上脚镣遣送回葡萄牙；她会沦为奴隶和俘虏，并被罚没俘虏的赎金：在自己船上发现女人却未将其送交的船长将会失去此行的佣金”[7]。警告还被写上标牌并被钉在桅杆上；没有人会对此毫不知情，或者怀疑伯爵履行诺言的决心。

舰队经过好望角时经历了熟悉的考验，于8月14日到达莫
378 桑比克。舰队刚一锚泊，就有三个女人被拖到旗舰上。在海上

航行的舰船是世上最没有私人空间的地方，想把她们长期稳妥地藏起来绝无可能。达伽马对于此次印度之行的船员的抗命之举面色铁青，下令把女人关押起来，留待日后处理。

补给品的情况更糟。准备离开非洲时，达伽马派一条轻快帆船去向一贯耐心的马林迪苏丹致歉并送去信件和礼物。这条轻快帆船的船员、船主和领航员对他们来自马略卡岛①的船长早已心怀不满。一旦远离舰队，他们便自行其是，谋杀了船长[8]，逃到红海去四处劫掠了。

大自然看来也在协力对付归来的海军上将。一条船撞上了非洲岸边的暗礁，尽管船员获救，他们也只得弃船。舰队越洋驶向印度时，遭到西南季风的重创，一条大船和一条轻快帆船消失在大洋中央，从此杳无踪影。剩下的十条船靠近海岸时，狂风变成死一般的寂静。岗哨在黎明时分突然发现，整个海洋开始像一锅烧滚的开水，仿佛要沸腾起来。海浪打得船体砰然作响，力量之大，水手们不禁以为他们撞上了一个巨大的沙洲，有一个人还跳海了。船开始颠簸摇晃，其余的人降下船帆，放落小船，高声警告。发现整个舰队都在用火炮发射求救的信号弹时，他们哭喊着乞求上帝的怜悯，显然，他们落入了邪恶力量之手。他们放下铅锤测量水深，长绳放尽也没有测探到海底，只能更加卖力地在胸前画十字。

海浪停止了，随后又卷土重来，像此前一样强烈。舰船再次严重倾斜，人们在甲板上翻来滚去，箱子从一头滑落，猛撞向另一头。剧烈的震动变化无定，“每一次的时间都不过一句

---

① 马略卡岛（Majorca），加泰罗尼亚地区的巴利阿里群岛中最大的岛屿，位于西地中海。

信条①的长度”[9]。

海军上将如一棵橡树一样挺立在甲板上。一个粗通占星术
379 的医生向他解释说，舰队驶入了海底地震的震中地带。

“拿出勇气，朋友们！”他对手下喊道，“大海是因为害怕你们才颤抖的！”[10]

达伽马回来了。

三天后，海震平息，一条船俘获了一艘从亚丁回国的单桅帆船，其上有六万枚金币和价值三倍于斯的货物。在没有扎莫林可供教训的情况下，达伽马取走了财宝，把船员放了。这一次，他决定首要任务是要给国人树立一个榜样，为了避免任何表面上的不当行为，他命令文书详细列明每一枚“十字军”金币的收支情况。

穆斯林无意之中复了仇，告诉俘虏他们的人说，海岸距此地只有三天的航程。六天后，还是没有陆地的踪影，疑窦渐生的船员们开始窃窃私语，认为那块陆地在海震中被吞没了。当他们想起欧洲几个主要的占星家曾预测，双鱼座的所有星球将会联合引发第二次大洪水[11]时，不由得恐慌起来。一些葡萄牙贵族曾给自己准备了建在山顶上的避难所，里面装满了一桶桶饼干，足以维持到洪水退去的那一天，然而事实是，那一年比往年更加干旱。

船队走错方向的消息很快流传开来。两天后，他们到达焦尔，洛伦索·德·阿尔梅达便是命丧于此的。三年前在那里建起了另一个葡萄牙要塞，周围的殖民地也发展了起来。

---

① 拉丁语的“信条”（Credo）即基督徒念诵的“我相信”（I elieve）。

达伽马公布了国王的委任，任命他为总督，就此走马上任。

瓦斯科·达伽马从来都不是个大梦想家。他是国王的忠诚仆人，毫不妥协地执行着国王的命令；他是个天生的领袖，确定方向后便矢志不渝地坚持到底；他充满厌恶地远远看着他的海洋变成一块自由放任之地——让王室付出惨重代价。他尽职 380
尽责地声明，他会尽可能“让国王富足起来，因为人民能够获得的最大福祉便是让国王丰衣足食”[12]。他决心驱走因十年行贿和惠赠所积聚起来的叫花子和累赘，用他自己亲手挑选的人来填补很多岗位。焦尔的军官被就地撤职，所有并非因公前往城市街巷的人都被命令立即上船，否则便要被罚没薪水。临走前，达伽马向城堡的新队长下达了第一个命令：如果达伽马取而代之的总督堂·杜阿尔特·德·梅内塞斯不出所料现身了，队长要拒绝让他上岸，无视他的命令，并且只给他提供可以维持四天的食物。

船上那些罹患幽闭恐惧症和被坏血病缠身的水手们请求上岸，但达伽马不予理睬，继续向果阿驶去。果阿人以公开致辞和奢华的庆祝活动迎接他，他被游行队伍抬着去了大教堂和城堡。第二天，他剥夺了城堡队长弗朗西斯科·佩雷拉的指挥权，并就市民对城堡队长的一长串指控展开调查。指控的内容包括他未经指控或审判便把他的对手投入监狱——其中有城市的律师和法官——并没收他们的财产，还把他们的妻儿从家里赶出去。前来指责佩雷拉犯下更多“滔天恶行”[13]的人群络绎不绝，达伽马不容分说，宣判狂怒的前队长赔偿所有人的损失。

佩雷拉至少把他没收的房产用在了正当的地方：一家富丽堂皇的医院[14]，用来接纳每年在东方生病的成百上千的欧洲人。然而，很多钱都被挥霍在这家医院和同样奢华的圣弗朗西斯修道院上，没有剩下分毫来购置火炮等必需品。达伽马视察了医院和病人，其中一些人看起来是把这里当作旅馆，他命令负责的医生，除非来人能够证明其病症，否则不得接收任何人住院。如果来人是因为打架受伤的，也应被禁止入院；总督不容分说
381 地指出，他们受伤的原因不外乎女人的麻烦，这种病无药可治。与此同时，船上的很多病人对其接受的治疗十分不满。达伽马反驳说他完全清楚该如何让他们好受些，同时他宣布，俘获之船的战利品人人有份，已经准备好发放了。医院里的大批病友们也被这个消息吸引来了；可当他们试图回船时，发现自己已被排除在外。

三位女性偷乘者的问题还在等待处理，市公告员宣布了判决：

“正义属于我们的国王！这些女人应当受到鞭刑，因为她们无惧于他的正义、不顾其下达禁令，越洋来到印度。”[15]那当然也是东方最高统治者达伽马的正义，他给予的惩罚必须得到实施。

在果阿，葡萄牙女人非常罕见，不管她们的灵魂高贵还是卑俗，她们的困境立即变成了广受关注的争议性问题。方济各会的修道士、仁爱兄弟会，甚至果阿主教都向总督的官员表示抗议，乡绅们拿出赎金要求释放她们。

达伽马对此置之不理，鞭刑定在了第二天。在指定的时间前不久，方济各会修道士和仁爱兄弟会在总督寓所前挥舞着十字架游行示威，宣称他们此行是为了最后一次提出赦免请求。达伽马命令他们把十字架放回圣坛，等他们回来后，他发布了一篇冗长的演讲。他以冰冷的语调说，举着十字标志在他的住处游行“是一个阴谋，此举是向人民显示他是个残忍无情之

人”，绝不能再发生这种事了。当兄弟会的人试图解释仁爱的价值时，他粗鲁地反驳说，仁爱是留给上帝而不是给人的，他发誓，如果有任何人胆敢在他任期内犯罪，他就会命人将其在城门之内就地正法。

女人们按期受到鞭刑，杀鸡儆猴起到了预期的效果。“人民对这些女人的遭遇大感震惊，”加斯帕尔·科雷亚①记载道，382
这位自封的史家当时正在印度，“并认为总督是个残忍的人；但看到他执行意志的态度如此坚决，他们又感到非常恐惧，行事也变得非常谨慎，还改善了印度存在的很多弊病，特别是从那些放浪形骸、无恶不作的绅士入手。”

不管他的做法多么独断专行，新总督无疑比他的上一任正直得多。果阿市议会的议员们向国王若昂三世写了一封长篇报告，颂扬达伽马为王室效忠、补偏救弊和赔偿受害者的决心。[16]他们尤其惊讶的是，他拒绝收礼——这是贿赂的一种礼貌说法——这些礼物是理所当然献给新总督的。然而，达伽马急于展开工作，让议会沮丧的是，他在上门请愿者依然门庭若市之时便离开了果阿。他留下命令——堂·杜阿尔特·德·梅内塞斯在此地既不受欢迎，也无人会听从他的命令——然后便登上一条平底快艇沿岸南下，他的舰队在后面紧紧跟随。

在自从达伽马上次到访至今这一段很长的时间里，通向科钦城的水路河口和海港有大批好战的穆斯林海盗出没，他们中的很多人是破产的商人，对葡萄牙人充满了深深的恨意。每年夏天，他们会用帕安和鸦片提升士气，出海与占领者交战；可

① 加斯帕尔·科雷亚（Gaspar Correia，约1496—约1563），葡萄牙历史学家，著有《印度传奇》（*Lendas da Índia*），此书是关于葡萄牙在亚洲的统治的最早也是最重要的著作之一。

能被迫在国王的大帆船上终生劳役的威胁不但没能制止他们，反而让他们更加不管不顾，他们俘虏的任何葡萄牙人如果不能尽快缴付赎金，就会被立刻杀死。达伽马听说了很多类似的恐吓，但仍坚持驶入这些河流，亲自一探究竟。海盗们在瞭望塔上看到了入侵者，让总督愤慨的是，这些留着夸张的大胡子的人竟乘着他们轻快的小船厚颜无耻地冲向迟缓的葡萄牙船队，哪怕他们已经看到了前来维持海岸治安的八条船的分遣舰队。
383 达伽马立即派他的儿子埃斯特旺率一支武装小舰队去教训他们，而他自己则率六条船驻守在河中的沙洲之间。他发誓说，一旦整顿好内务，他便要回来对付这些祸害。

前一任总督还在逍遥法外，但达伽马最终在海上遇到了他的兄弟。堂·路易斯·德·梅内塞斯正从科钦城向北航行去见堂·杜阿尔特，后者正要从霍尔木兹南归。旗帜升起，鼓号齐鸣，但达伽马坚持让路易斯掉头与他一起去科钦城。

舰队在坎纳诺尔短暂停留，达伽马在那里更换了另一位船长，并因为新的科拉蒂里允许穆斯林在他城里经商，以及未能根除海盗的巢穴而威胁要惩罚他。惊恐的国王交出了为首的穆斯林，这个牺牲品被投入监狱，不久被执行了绞刑。

达伽马避开了26年来一直是葡萄牙眼中钉的卡利卡特，在11月初到达科钦城。

舰队入夜后抛锚停泊，火炮发射致敬，却无意中炸死了一条轻快帆船上的两个人。炮火还点燃了一条前一晚走失又悄悄溜进海港的大船。这条船属于一个商人，因他不辞而别以抢在竞争对手的前面，达伽马给他戴上了镣铐。

第二天，堂·路易斯乘着一条由奴隶划桨的装饰豪华的大帆船来了，后甲板上站满了科钦城的绅士们，桌上摆着豪华的早餐，他还提议送达伽马登陆。达伽马拒绝了，乘着自己的船出发进城。

自达伽马上一次来科钦城至今，已经过去了21年，那里发生了很大的变化。岸边建起一个全新的葡萄牙镇子，镇子的首领以热情洋溢的演讲欢迎了新总督。手持十字架的教士护送他去了葡萄牙人主要的教堂，仪式过后，国王也乘着大象来了。达伽马在城堡里安顿下来，免除了队长的职务，坐镇指挥部，以军人的效率把腐败、臃肿的帝国变成了一台运转良好的机器。就连被委以最低阶职位的官员也受命向总督报告，由他亲自严格盘问。文书们被召来在他面前起草文件，他们中的一些人几乎不具备读写能力。他坚持亲自任命每一个船长，如果他们企 384
图避开他的检查，就会被处死。他还威胁说，如果商人们继续占王室磅房的便宜，他就要扣押他们的船只和财产，并把他们从东方驱逐出去。他取消了已婚男子的薪水和口粮，除非他们应召参战或在船上工作。他调查了官员从税收里中饱私囊的指控，逮捕了几个人。他禁止船长们在未经他明确许可的情况下把葡萄酒桶装上船，还禁止那些没有在战场上杀过敌立过功的男人打架。他有针对性地声明，只要是立过军功的士兵，他都会给予军人的荣誉，无论他们是不是绅士。

老探险家始终用钢铁般的纪律来约束他的船队，如今，他又采用严惩不贷的方法来治理自己的帝国。“他命人宣布，”加斯帕尔·科雷亚记载道，“除非是星期日或圣徒纪念日去教堂的时间，否则任何海上的人都不能穿斗篷，如果违反，治安官将收走斗篷，违者将会在泵房被关上一天；每一个拿火绳枪兵的兵饷的人都要把火绳系在胳膊上。他尤其谴责那些穿斗篷的士兵，因为那根本不成体统。他规定，士兵们的奴隶也应该是能够协助一切劳役之人，因为在国王的船上从事听差的工作时，不准他们穿得像个玩偶一样。”[17]总督宣称，如有任何人不喜欢新的财政紧缩政策，只要他既没有债务，也没有在接受调查，就可以随时回葡萄牙去。他宣布三个月的特赦期，赦免在他到
385 任前人们所犯的罪行，以免帝国的人口数量急剧减少。对于那些盗取火炮的人，赦免期则缩短为一个月；事实证明，一些队长和军官把自己的枪炮卖给商人，而商人又把它们转售给葡萄牙的敌人，如有人要求查看记录，他们就会把簿册付之一炬。

达伽马自行制定了一个惩罚计划，即便群情激奋，他仍拒绝放慢脚步。他每天早晚视察海滩和库房，催促卸船。他派两条船去锡兰采购肉桂，又派四条船去马尔代夫袭击一个穆斯林海盗的巢穴，这些海盗以掠夺往返于印度洋的补给船队为生。他准备好一支分遣舰队，在儿子埃斯特旺的率领下前往红海；还召来一个热那亚造船大师，设计出一支比马拉巴尔海岸的海盗船速度更快的新舰队。“先生，我会给您建造双桅帆船，快得能抓住蚊子”，船匠如此答道。[18]

更多的威胁即将来临。必须要对付西班牙人[19]——达伽马发誓，无论是否订立了条约，如果按他的方式行事，西班牙船只都会跟它们的船员一起神秘消失。土耳其人正在北方集结，年复一年，他们似乎越来越蠢蠢欲动，随时准备倾巢而出，挑战葡萄牙的海洋控制权。与此同时，一位主教写信给葡萄牙国王[20]，抱怨扎莫林及其穆斯林子民一直都在迫害印度的基督徒；他说，很多人被烧杀劫掠，他们的房屋和教堂也被烧成废墟。达伽马再次计划对宿敌发动大规模袭击，旧恨新仇一时间涌上心头。商业舰队刚一出发，他便宣布，“他要去毁灭卡利卡特

和印度的所有沿岸地区，无论陆上海上，要把摩尔人杀得一个不留。”[21]即便在一个内部斗争不断、又被伊比利亚半岛上的邻居威胁的帝国，圣战的火焰仍在真切地燃烧着。

在维迪盖拉伯爵出现之前，科钦城内的5000名葡萄牙人中有很多人都过着轻松自在的生活，达伽马严厉苛责的手段为他 386
树敌无数。公众集会都带着威胁的目的，基督徒和穆斯林开始离开科钦城，好使他们的生意远离总督的视线。大多数异议都有已经靠边站的堂·路易斯·德·梅内塞斯的支持；加斯帕尔·科雷亚记述道，半个科钦城的人看来都在他家一起进餐，晚餐过后就开始策划阴谋。路易斯的哥哥杜阿尔特在焦尔和果阿受到冷遇，他最终到达科钦城后，事态发展到了顶点。达伽马把一长串对他前任的投诉带到了印度，他开始秘密地传召证人。各路人等指控梅内塞斯把国王的钱都用在自己的生意上，打破了王室对香料的垄断。他还偷偷占用了死于印度的欧洲人的地产，还把奴隶当作工资分给士兵和水手。他和欧洲殖民者的妻子们偷情，更不用说那些印度教徒和穆斯林的女人了；他还收受穆斯林统治者的贿赂，对他们网开一面。前任总督刚一驶入港口，达伽马就派了一队代表去禁止他上岸，并安排将他转到另一条船上，准备把他作为囚犯带回国去。[22]

梅内塞斯是伯爵之子，他本人又是个颇有势力的贵族，不仅是圣地亚哥骑士团的主要人物，还是个著名的战争领袖。他对新的维迪盖拉伯爵根本不屑一顾，所以姗姗来迟。他沿路中途停下来为回国的行程装满箱子，还随身带来了一大批从霍尔木兹弄到的战利品、贡品和贿赂品。他拒绝交出这些东西，并居高临下地对待总督的特使。然而，梅内塞斯没有料到，达伽马已经鼓舞了手下人，很多人对他侍奉国王的忠诚决心敬佩不已。当梅内塞斯提醒代表团的一名成员，是其父亲亲自封他为骑士的，那位使者却反驳说，如果国王有令，他会二话不说，砍下自己亲生父亲的头颅。

387 被罢黜的总督还没有正式移交权力，他在海港等待着，希望事态的发展能帮他摆脱这个自以为是的新总督。他的支持者们总是及时向他通报岸上的情况，他们很快便给他带来了惊人的希望之光。

多日来，瓦斯科·达伽马一直忍受着莫名其妙的剧痛的折磨。他的脖子根上长了很多硬疖子，一转头就疼痛难忍。他在城堡里自己房间的床上发号施令。加斯帕尔·科雷亚说，被迫卧床让他“怒不可遏，再加上他对很多不得不做的事情费尽心力，这加重了他的病情”。[23]在痛苦的折磨下，他只能用嘶哑的声音低声下达命令。

晚上，达伽马秘密地把忏悔神父叫到床边。他被移到一个葡萄牙贵族的家里，还召来了官员。他让每个人签名宣誓将继续执行他的计划，直到另一个总督来接替他为止。然后，他向神父忏悔罪孽，领受了圣礼。

他的呼吸越来越急促，口中喃喃自语着最后的愿望，文书记下了他的遗嘱。他让儿子们率领香料舰队返回葡萄牙，如果仆人们想回去，也都带回去。他指示他们把他的衣服和最好的家具捐给教堂和医院；其余的东西带回国，什么也不要卖。他要求把自己的尸骨运回葡萄牙[24]，并命令一个在场的证人给国王写信，乞求国王照料他的妻儿，并雇用他的随从。最后，有传闻称，他命人给他在果阿鞭打的三个女人每人寄了一大笔钱，以便她们得遇佳偶，尽早成婚。

达伽马死于凌晨三点。那天是1524年的圣诞节前夜。

无人哭泣，无人落泪。屋里一片寂静。房门整日关闭。天黑之后，他的儿子和仆人宣布了他的死讯，很多亲友前来悼念。388
不久，全城的人都聚在葡萄牙教堂附近的庭院中。

气氛庄严肃穆，但某些人大松了一口气，宽慰远超悲痛。“船长、代理商、捐客和其他官员一定对总督的死非常开心，”达伽马去世四天后，他的一个仰慕者写信给国王说道，“因为他们可不希望在自己家里施行他带来的正义。”[25]

这位伟大探险家的遗体被穿上了丝绸衣服，腰间围上镀金的皮带，宝剑入鞘，高筒靴被装上马刺，头上戴着方帽。最后，这位十字军老骑士的背后披上了基督骑士团的斗篷。

敞开的棺材被抬进大厅。抬棺人个个都穿着军人的斗篷，把棺材扛在肩上。达伽马忠诚的手下手持点燃的蜡烛走在旁边，镇民们跟在后面。无论好坏，如果不是瓦斯科·达伽马，他们中无人会到印度来。

维迪盖拉伯爵、印度海军上将暨总督被葬在方济各会简朴的圣安东尼教堂。第二天，修道士们举行了庄严的葬礼弥撒，达伽马的两个儿子坐在人群中间。晚上，两个年轻人私下回到教堂哀悼。“这合情合理，”加斯帕尔·科雷亚说，“毕竟他们死去的父亲如此德高望重，又对葡萄牙王国立下了如此不朽的功勋。”[26]

“因为我们的主，”他继续说道，“乐于赐予此人如此强悍的精神，他毫无畏惧，在发现印度的过程中，经历了如此众多的生死难关……全是因为对主的爱，为了他天主教信仰的广泛传播，为了巨大的名誉和荣耀，以及葡萄牙的授爵，上帝对这个国家仁慈有加，才让葡萄牙变成如今这番模样。”

达伽马曾带着一封继任信函来到印度，信的封口处有国王

389 的徽章。它在教堂被人撕开并大声朗读。让杜阿尔特·德·梅内塞斯大感愤慨的是，他发现他们兄弟二人都失业了。

香料舰队载着达伽马的儿子们和梅内塞斯兄弟俩航行回国。不满的两兄弟弄得两个年轻的孝子苦不堪言，但最后他们总算遭到了报应。绕过好望角后，路易斯·德·梅内塞斯的船在一场暴风雨中失踪；后来，一个法兰西海盗[27]透露是他自己的兄弟俘虏了那条船，杀死了路易斯和船员，最后将船付之一炬。堂·杜阿尔特也险遭海难，但还是回到了葡萄牙。有传闻说他在驶向里斯本途中短暂停留，把他的财宝埋在岸边。船在入港前沉了，有人说这是暗中破坏，为的是掩盖他盗窃了原本属于国王的财宝。无论出自这个原因还是别的不法举动，国王把堂·杜阿尔特投入大牢七年之久。当然，地下的宝藏再也没有被找到。

19. 狂野不羁的大海

把瓦斯科·达伽马派去解决印度问题的年轻国王很快就被 390
宏伟王朝的幻想弄得神魂颠倒。和他的父王一样，他也开始幻想着一点一点地遏制印度洋，最终把它净化成基督教的湖泊。他对穆斯林发动了更加残酷的战役，建造了更多的城堡，而达伽马遏制帝国过于庞大的愿望很快就被人遗忘了。随着前哨基地在地图上越设越远，一年一度运到里斯本的香料仅够维持要塞驻军的费用，葡萄牙逐步变成一个领土众多的国家，收入主要仰仗向农民征税。

香料仍被王室垄断，由欧洲商人们资助的葡萄牙船只开始往返于印度洋，他们载着波斯马匹到印度，又把印度纺织品运到印度尼西亚和东非，还把中国的丝绸和瓷器运去日本。事实证明，所谓的跨国贸易比漫长的好望角航线更有利可图，葡萄牙人在亚洲的贸易中很快便超过了穆斯林商人；到 16 世纪中叶，洋泾浜葡语取代了阿拉伯语，成为东方各个港口的贸易语言。然而，随着与葡萄牙的定期通航日渐中断，帝国的广袤领土变得几乎无法控制了。

只有意志最坚定和生活最窘迫的人才会渴望去地球上最遥远的角落工作，和他们的十字军先辈们一样，很多前往东方的人在家时都孤陋寡闻。他们决心像贵族一样生活，对如何发财
致富却不太挑剔。退学的学生、囚犯、犯罪团伙、被绑架的青 391
年，以及身无分文的小伙子纷纷涌出葡萄牙，令人震惊的堕落

故事也开始传回欧洲。

各种传闻四起，法兰西旅行家让·莫凯记述的情景最为悲惨。[1] 作为法兰西国王的王室药剂师，莫凯负责利用来自全世界的树脂、矿物和芳香剂为国王调制药物。也许是因为整日接触东方的舶来品，他逐渐产生了漫游世界的强烈愿望。国王准许他去漫游全球，条件是他必须给王室的珍奇室带回古怪美妙的纪念品，莫凯就此开始了长达十年的冒险历程。在去过非洲、南美和摩洛哥之后，他在第四次出行时来到了果阿。和同时代的很多冒险家一样，他也巨细靡遗地记录了自己的旅行，还连篇累牍地攻击葡萄牙人。

16 世纪中叶，果阿已经发展成一个殖民地大都市，有“东方罗马”之称。[2] 那里的街道和广场旁排列着 50 座教堂和大量女修道院、济贫院，以及有数千名神职人员任职的教会学院。雄伟的白色大教堂是一位大主教的座堂，他的教区从好望角一直延伸到中国。矗立在繁茂的印度植物之间的总督宫殿、公共建筑和权贵府邸都是文艺复兴和早期巴洛克建筑的精彩范例，庆祝节日和胜利时，大街小巷一派壮观的场面。然而，华丽庄严只是表象，果阿仍是个酒吧妓院云集、打架斗殴不断的边陲小镇，士兵团伙在街上闲逛，一个自封的葡萄牙贵族以武力掌握了实权。

新来到这里的人顶着非常大的社会压力。他们穿着家常便服跌跌撞撞、半死不活地下船来，却遭到恶意的嘲笑——“满头虱子的家伙”是对这些人常用的侮辱词——他们只好躲在住处、船身下面或是教堂后面，直到搞清楚如何把斗篷或刀剑典当出去，穿得像个老油条，才敢出来。让·莫凯辛辣地写道，
392 他们数周之内便开始自称绅士，“但他们不过是些农民和小商

贩”。他说，一个名叫费尔南多的时髦青年引起了一个富婆的注意，在葡萄牙的老雇主之子认出他来的时候，他正戴着大金链子，在一群奴隶的簇拥下昂首阔步呢。费尔南多假装不认识雇主之子，当被问及尊姓大名时，“旁人替他做了回答：这小子难道不是从前给我父亲养猪的人吗？这位时髦青年听得此话，把那人拉到一旁，坦言自己就是那个养猪的，但他告诉那人自己在这里被人尊称为‘堂’，是个了不起的绅士，并乞求那人不要作声，还给了那人一些钱；然而，这并没有妨碍另外好几个人认出他并从中渔利”。其他新来的人就没这么好的运气了：如果他们吐露了实情，马上就会遭人殴打。就连低阶的士兵也人人自带一名男童，替他们拿着阳伞或斗篷，装出威严气派的样子，如果发生争执——这是常事儿——团伙中只要有人敢拒绝全力支持他们，就会被赶出团伙，还会成为众人嘲弄的对象。

果阿在鼎盛时期曾有逾 20 万居民——和巴黎当时的人口数量一样，多于伦敦或里斯本的人口。然而，其中只有几千葡萄牙人，而且大多数还是梅斯蒂索人①——殖民者和原住民女人的混血后代。其余的是印度教徒、印度基督徒和奴隶，每一个葡萄牙人家庭和每一个神学院、修道院和女修道院都有大量奴隶。奴隶都受到虐待。印度人如果没向新的统治者鞠躬或脱帽致敬，就会遭到刀砍、竹棍抽打或是被人用长长的沙袋敲打。一群船长在夜里去偷一座印度庙[3]里的金像，中途点燃了附近的民房以分散大家的注意力。他们在庙里发现有 500 个圣女在跳舞守夜。这些圣女看到入侵者后就互相挽臂扣腿，在把她们分开之前，葡萄牙人发现自己放的火烧到了庙墙外。他们从女

---

① 原文为葡萄牙语 mestiços。

393 人的耳朵上抢走首饰，为了得到戒指，还砍断了她们的手指，最后没能抢到金像便仓皇撤退。据说，这些女人“悲声震天，不忍卒听。葡萄牙人迅速逃离，而这些虔诚的年轻女子却葬身火海，无人能救。葡萄牙人就是如此对待他们最好的朋友和同盟的”。

毫无疑问，舞女们很担心自己的贞洁，因为在葡属印度，女人实难保全自己。与印度社区保持联系的梅斯蒂索人和略有财产的未婚女孩尤其容易受到凌辱。葡萄牙人会收买后者的奴隶，以便接近她们，然后她们飘飘然地随着葡萄牙人闪电般私奔，而当情人把她们的珠宝在赌桌上挥霍殆尽，她们往往就会被勒死埋掉，至少有一个女人被埋在了自己寓所的地板下面。与此同时，葡萄牙丈夫们一边在妻子愚钝的目光下跟情人放荡玩乐，一边又怀疑他们的梅斯蒂索妻子给他们下了药。莫凯说，他们疑心病非常重，以至于谁只要看他们的女人一眼都会惹上麻烦。

> （而如果他们看到妻子与另一个男人说话）马上就会掐死或毒死她们；他们掐死老婆后，会叫邻居来帮忙，说他们的妻子在椅子上昏过去了，但她们再也没醒过来。有时，他们会派人请来理发师给她们放血，说她们身体不适；理发师走后，他们会解开止血带，让鲜血继续流淌，直到这个可怜可悲的人儿死亡；然后，他们又会叫来邻居，把故事编得惟妙惟肖，让邻居看到他们的妻子在睡梦中发生了怎样悲惨的不幸。

还有人把妻子带到小河或池塘里去游泳，“在那里让她们喝上一肚子水；过一会儿，就派奴隶去找他们的女主人，而她们被发现淹死在水中，知情的丈夫却装出很吃惊的样子，还装作为此伤心不已”。那个法兰西人补充说，他就认识一些干掉了三四任妻子的人，不过传说女人也会干掉她们通奸的丈夫， 394
通常是借助毒药。很多人会怪罪气候：莫凯说，那里的天气“太热了，以至于任何男人只要有办法跟女人或少女说上话，就必然想从她们身上获得自己渴望的东西”。

殖民者对待奴隶的方式最为过分。每次都从亚洲和非洲抓来数百名奴隶，奴隶被剥去衣服，在果阿的拍卖场上展示，出售的价格不到一匹阿拉伯马的十分之一。当作处女卖的女孩会被人检查，确保她们的处女膜完整无缺；一些女孩会给人做妾，其他的则被泼洒上香水送去卖淫。莫凯说，无论奴隶做什么，只要没能让男女主人满意，都会被殴打致死。“他们把奴隶的双脚铐起来，用短粗的棍棒抽打，一次 500 下，还让后者趴在地上，然后两个人轮流击打这个可怜的人，仿佛那不是人的身体，而是一段圆木。”莫凯一针见血地指出，如果主人特别虔诚，就会用念珠来记录击打的次数。“如果在主人看来，打人的那些人碰巧没那么强壮，或是想要对同伴宽厚一些，他就会把他们变成挨打者，毫不留情地痛打他们。”

在莫凯冗长的谴责文字中，这种邪恶的虐待就算在那个野蛮的时代也令举世震惊。法兰西人举了一个个例子来说明他的观点。他写道，晚上，他在寓所里被打人的声音烦扰得不能入眠，“微弱的声音喘息着，因为他们用麻布堵住被打者的嘴，不让其喊出声来。在一顿痛打之后，他们用剃刀把奴隶的身体划破，然后用盐和醋揉搓，以防溃烂”。他说，主人有时会让奴隶趴在地上，用烧红的铁铲把猪油滴在他们赤裸的肉体上。

一个印度女孩曾跑到他的寓所，“大喊救命，并乞求我发发慈悲；但我也爱莫能助，这让我万分难过。她被人带走放在地上，
395 接受了无情的笞刑”。一个梅斯蒂索女人杀过五六个奴隶，把他们埋在自己的花园里；她在惩罚最后一个受害人时，负责施鞭刑的奴隶停下来告诉女主人挨打的人已经死了。“‘不，不，’她答道，‘她在骗人……继续打，继续打，她可是只老狐狸。’”一个奴隶因为未能及时响应主人的召唤，被人在背上钉了一只马掌，很快就死于坏疽；另一个奴隶的眼皮被缝在眉毛上。一个男性奴隶因为泼溅出一些牛奶而被人绑住双手吊起来两三天，随后又“挨了一顿痛打”。莫凯听说一个年轻女人在他的寓所被打，店主的兄弟解释说，跟其他人遭遇相比，这简直不算什么。

> 他还告诉我，他当店主的哥哥有一天买了个日本奴隶，那是个美丽的女孩，他跟妻子共进晚餐时无意间开了个玩笑，说这个奴隶的牙齿特别白，他的妻子当时没说什么，可当丈夫出国后她看到机会来了，就让人把这个可怜的奴隶抓起来，无情地拔下她所有的牙齿；她还臆断丈夫与另一个女奴隶有染，于是便命人烧红烙铁，烙在这个女奴的阴部，这个可怜的女人当场毙命。

莫凯总结说：“这就是葡萄牙人和其他人用在他们果阿奴隶身上的残忍野蛮的手段，那些人的处境连畜类都不如。”直到多年后，他所经历的一切仍然让他不寒而栗。

几乎没有正义可言。一群群葡萄牙人戴上面具，在晚餐时间闯入民宅，从桌子上把餐盘扫进他们的赃物袋；然后要求主

人付赎金换回盘子，还要另付赎金来换房主的性命。如果这些葡萄牙人被擒，他们早备好了火药袋，袋子上绑好火柴，威胁说如果有谁胆敢靠近便炸死谁。凶手逃到大陆等待大赦的宣布：军队里盛行开小差，士兵数量永远不足。与此同时，总督相继 396
中饱私囊，对穷人施行暴政。大量香料、黄金和象牙根本没在王室簿册上出现过便消失了。船长们把用于补给的半数金钱收入囊中，手下人只剩下一半的口粮，在败血症、霍乱、痢疾和疟疾等一长串致死原因的后面又加上了饥饿。国王无可奈何，只得缩减王室的商船队，把任期三年的城堡队长的职位卖给出价最高的人。这样做只能是鼓励债务缠身的官员在卸任前变本加厉地盘剥。索法拉的一个队长[4] 谋杀了他的大债主——一个穆斯林商人，并继续大开杀戒，以巩固与他勾结的另一个穆斯林商人的地位，而且当国王的代理商提出控诉时，还企图把代理商刺死。葡属东方变成了狂野西部的先驱，士兵们收到的薪水是以克拉计算的砂金，船长们也对着彼此的船队开炮。

以前每一次十字军东征所释放的无法无天的力量也被带到了东方。暴力滋生暴力。莫凯说，当暹罗国王抓住一些罪大恶极的西方人时，也没有显示出半点克制：

> 他下令把一些人一丝不挂地放在铜煎锅里，在火上一点一点地烤死；还有的人被固定在两堆篝火之间折磨而死；还有人被扔到他的象园中，被大象碾压而死：他在这些可怜的葡萄牙人身上施用了一千种野蛮的酷刑。

在葡萄牙人出现之前，东南亚还难说是个开化之地。上述这位暹罗的统治者听说他的指挥官们因为他们妻子无法忍受他

们不在身边而拒不出战时，“派人把这些女人带来，下令切掉
397 她们的私处，系在她们丈夫的前额上，并下令让这些指挥官游街示众，然后砍下他们的头颅”。根据传闻，巫师们激起了一个缅甸国王对人民的愤怒，他决定把所有的人全部杀光：连续三年，他禁止任何人犁地播种，违者处死，导致其治下的居民同类相食。而葡萄牙人则是外来的魔鬼，随着他们的侵略性愈演愈烈，以前的朋友也纷纷倒戈。“三印几乎所有的地方都非常厌恶葡萄牙人，”一个威尼斯驻西班牙大使兴味盎然地说道，“乡亲们看到他们四处搜刮，日渐中饱私囊，还想让自己成为那些地方的贵族。……我认为麻烦会越来越大。”[5]

重重困难之下，葡萄牙人探索的最初目的几乎已经被人遗忘了。葡萄牙志在讨伐异端的历任国王原本计划把大量财富从伊斯兰东方吸到基督教欧洲来，随后征服全世界的异教徒和野蛮人，并让他们皈依基督教。虽说大部分财富都落入他人的袋中，但计划的第一部分算是取得了部分成功。然而，如果最初是信仰引领着他们冲向东方，而对于后来的绝大多数帝国建设者来说，引导他们的远非信仰，而是肮脏的掠夺。

葡萄牙人喜欢声称，多亏他们抵达了东方，才阻止了整个印度都屈服于伊斯兰。他们当然痛击了马拉巴尔海岸的穆斯林，而后者对丧失权力的回应就是在圣战中寻求殉教[6]，这种做法断断续续地一直延续到 20 世纪。即使如此，他们制定政策的本意也很难说是为了赢得更多人皈依，更不要说能迎来葡萄牙历任国王所梦想的基督教世界大同了。最终，他们走上了强制皈依的老路，宗教裁判所的黑影蔓延到果阿的大街小巷。

早在 1515 年，曼努埃尔一世就曾向教宗请愿，希望在葡萄

牙建立宗教裁判所。

曼努埃尔一世的要求也是他与天主教双王之女结婚的另一 398
个结果。斐迪南二世和伊莎贝拉一世在其执政初期曾向罗马施加压力，要求恢复宗教法庭，折磨、审判和处死异教徒，但自 13 世纪初以来，这些做法便少有人用了。曼努埃尔一世请愿之时，宗教裁判所已经造成了严重破坏，以至于罗马教廷将其在葡萄牙的首次登场延迟了 21 年。4 年后的 1540 年，第一批马拉诺[1]在葡萄牙的第一次信仰审判[2]中被公开判决，火刑开始了。

此时，若昂三世变成了和他父亲一样的福音派信徒，本国殖民者的野蛮生活方式越来越让他难堪。当然，暴力绝非问题所在；真正让人担心的是有那么多殖民者沉迷于印度的世俗享乐，就快入乡随俗了。国王转向了新成立的耶稣会[3]，包括依纳爵·罗耀拉[4]本人在内的创始人中，除一人外都是西班牙人或葡萄牙人。1541 年，也就是若昂三世下令摧毁果阿所有印度教庙宇的一年后，耶稣会派纳瓦拉的巴斯克人方济各·沙勿略[5]前往东方。

沙勿略提高殖民地居民道德水准的努力在一片漠不关心的

---

① 马拉诺（marranos），指被迫改信基督教，暗中仍奉行犹太教仪式的犹太人。

② 原文为葡萄牙语 auto da fé。

③ 耶稣会（Society of Jesus），天主教会的主要男修会之一，可以说是维新派，专向年轻人传教，重视神学教育，奉行军事化管理，并要求会员对修会和教廷的命令绝对服从。

④ 依纳爵·罗耀拉（Ignatius Loyola，1491—1556），西班牙人，耶稣会创始人，罗马公教圣人之一。他在罗马公教会内进行改革，以对抗由马丁·路德等人所领导的宗教改革。

⑤ 方济各·沙勿略（Francois Xavier，1506—1552），西班牙籍天主教传教士，也是耶稣会创始人之一。他率先将天主教信仰传播到亚洲的马六甲和日本。天主教会称他为“历史上最伟大的传教士”，是“传教士的主保”。

沉闷薄雾中烟消云散。四年后，他放弃了努力，致信若昂三世，认为在果阿建立宗教裁判所是净化其殖民地的唯一方法。沙勿略动身前往印度尼西亚，那里的听众更容易接受他的福音传道，在宗教裁判所终于建立起来的前几年，他在努力到达中国的途中去世了。[7]

当时，葡萄牙将非洲和印度纳入天主教的怀抱已逾50载。罗马看到葡萄牙人情感冷漠，开始对其持悲观态度，同时教廷提醒国王，在其发现之地授其权柄的条件是传播信仰，如今国王似乎已经遗忘了这个交换条件，教会威胁要把亚洲开放给所有的人。威胁多少起了点儿作用。殖民地政府给贫穷的印度教徒提供大米，还给高种姓的人提供了工作，只要他们受洗。很
399 多“大米基督徒”在水中受了浸礼，领取奖赏后，一切照旧。

理论上宗教裁判所只对基督徒有管辖权，但它的第一个行动便是宣告印度教的公开活动为非法，违者将被处死。印度教徒近来刚被瓦斯科·达伽马及其同时代的人误认为基督徒，如今却被赶进教堂，去听人嘲笑自己的宗教，并受到一整套歧视制度的管制，从小小的禁令——禁止骑马或坐轿子——到毁灭性的大事，包括禁止基督徒雇用印度教徒，反之亦然。更多的印度人排队受洗，他们没有摆脱供奉小偶像或屏声息气地咏唱的老习惯，和大米基督徒一样，他们也要受到宗教裁判所的宗教监管，稍有不慎就要被施以宗教净化的火刑。

很多逃离了葡萄牙宗教裁判所的“新基督徒”在印度又成了它的受害者。成百上千的人被烧死在大教堂广场的火刑柱上，更有成千上万的人逃往穆斯林区域去避难。最后，宗教裁判官还突袭了曾经如此渴望与瓦斯科·达伽马及其国家结盟的圣多马基督徒。1599年，宗教裁判所声称圣多马基督徒奉行的是一

种异端形式的东正教，强迫他们全体皈依了天主教。宗教裁判官焚烧了他们的经书，废除了古老的礼拜用语，还把他们的神父投入大牢，并派刺客暗杀他们。地牢和酷刑室人满为患，宗教裁判官把受害者的财产纳入私囊，还与殖民地政府共谋，以把他们移交葡萄牙人控制来恐吓他们。

果阿宗教裁判所是所有声名狼藉的，最残酷、最邪恶的灵魂法庭之一，同时也极其失败。[8] 纠缠于教义的纯粹性无法让来自迥然不同的宗教传统的人皈依。而试图理解那些传统并将当地教堂融入其间的传教士们则要有效得多，然而他们中有些人正是因为成功而遭到宗教裁判所的迫害。整体而言， 400
受过良好教育的耶稣会教士仁慈地放弃了宗教裁判官的优越感，他们到达中国，学习了当地的语言，并以当地的风格来打理自己的头发和胡须；尽管当众布道意味着斩立决，但他们还是吸收了大量的皈依者，其中有地位颇高的满族人，甚至还有一些地方长官。然而，他们也遭到了葡萄牙主人的讨厌行为的牵制，而让·莫凯对于传教士在日本的艰苦经历有其自己颇为典型的刻薄解释。他说：

> 日本人是敏感而谨慎的民族，他们对葡萄牙人的计划心知肚明，那就是在让他们成为基督徒后，葡萄牙人就会不择手段地剥夺他们的土地和财产，因此，他们并不接受葡萄牙人示好，更不会渴望由葡萄牙人来统治了，这或许正是他们杀害如此众多的耶稣会教士的原因之一，而后者对此一无所知：因为这些日本人非常疼惜自己的妻子，而葡萄牙人除了将他们的妻子掠走之外别无他求，尤其是掠走那些身居高位的人的妻子，这样，若日本丈夫想要换回

自己的妻子，葡萄牙人就可以为所欲为地提条件了。

“我在三印时发现，”莫凯愤怒地补充道，“葡萄牙人的通奸、野心、贪财和贪吃是印度人未能轻易地变成基督徒的最主要的原因之一。”这个法兰西人当然有针对葡萄牙人的种种偏见，然而如果没有一个有效的帝国保护伞的庇护，传教士们确实无望取得重大的进展，而且还有很多人殉道。

奇怪的是，当印度教徒和基督教徒遭受到的迫害越来越多，而当年驱使瓦斯科·达伽马来到印度的对穆斯林的敌意却沉默了很长一段时间。

这不是因为穆斯林没有造成威胁。1524 年，一个名叫巴布尔的乌兹别克军阀经由阿富汗的山路闯进印度，他的血统可怕
401 至极，父系是帖木儿一族，母系是成吉思汗的后代。巴布尔决心夺回他应得的遗产，他建立了帖木儿家族的德里帝国，欧洲人称其为莫卧儿帝国。莫卧儿人横扫北印，但他们没有海军，无法在海上挑战葡萄牙的霸权地位，而葡萄牙人出于实际考虑，拒绝与他们交战。让西方人更加惊恐的是，日益强大的奥斯曼帝国终于将它的注意力重新放在东方的海路上。穆斯林与基督徒的海战从印度打到印度尼西亚，但奥斯曼帝国从来没有十足把握让自己的海军力量越过红海。1538 年，一支由 80 条战船组成的庞大舰队从埃及出发，发动了“圣战”，准备一劳永逸地“报复葡萄牙异教徒的邪恶行径”[9]，但第二次第乌战役以葡萄牙人的全面胜利而告终，1557 年，土耳其人的威胁永远地被解除了。

1565 年，在距离葡萄牙的活动中心更近的地方，曾一度不可一世的毗奢耶那伽罗王朝终于败在邻国穆斯林苏丹的手下。

苏丹的大军兵发海岸地区来驱逐葡萄牙人，殖民者在经历了一次严酷的十月围城后，只得盘踞在果阿。而在那之前很久，帝国的大多数随心所欲的垄断者早就开始认为，和根除穆斯林相比，与穆斯林商人结盟更有利可图。持同样态度的还有与日俱增的通缉犯和从舰队逃出来在亚非四处游荡、通过婚姻进入当地的贸易网络并接受了当地的生活方式和信仰的人。很多人以当帝国的掮客为生，久而久之，几乎都看不出那是个葡萄牙人的帝国了。在东非，一种金钱至上的共存局面建立起来并一直延续到16世纪70年代，彼时一位年轻的葡萄牙国王[10]染上了讨伐的狂热，派遣新的军队在印度洋沿岸屠杀穆斯林。

随着16世纪的临近，十字军舰队日渐衰落。原因很简单：愿意并能够随时航行去东方的葡萄牙人不多了。 402

死亡的阴影永远跟随着探险家们，但在轻视生命的时代，冒险的回报是值得以命相搏的。祈盼天堂而恐惧地狱的人渴望成为十字军战士；出身贫寒的人渴望一睹东方的富庶。而精英把持着财富不放手，信仰最终在疾病、饥荒和暴风雨面前不堪一击。就连虔诚的人也开始怀疑上帝是否真的选择了他们来实行祂的计划。不管是不是基督徒，葡萄牙最伟大的史家在16世纪中叶悲叹道："现在看来——由于我们的罪孽，或是某些不为我们所知的上帝之明——在我们的船队深入的埃塞俄比亚这块伟大土地的入口，祂以致死的热病的形式，放置了一个手持火剑的险恶天使，阻止我们深入内陆，找到灌溉这个尘世乐园，并从那里流向大海、流向我们征服的很多地方的泉水——金河。"[11]

在瓦斯科·达伽马首次航行之后的30年里，大约有80000

葡萄牙男人——还有一些女人——前往殖民地。大概只有8000人后来回国了。对于一个男女老少加起来不过100万人口的国家来说，这是个难以承受的损失。当可怕的瘟疫再次袭击葡萄牙、导致无数人丧生时，王国各处的市镇和村庄呈现出一片荒芜衰败的惨象。

多亏东方的魅力渐渐褪去，才避免了全面的崩溃。

绕过非洲的航行曾经是个致命的障碍，如今却也早已变成了乏味的家常便饭。没有新的海岸可供探索，没有新的种族可以遭遇，也没有新的星座可供制图，最终找到巨大财富的希望也十分渺茫。葡萄牙人仍然坚持着旧制度，即把水手和士兵分开，两者均由出身高贵的人而不是能力强的人来负责指挥，在
403 船上斗殴也令人沮丧地变成了海上日常生活的一部分。当收取佣金的商人们在2000吨吨位的船上堆满货物后，斗殴就愈发频繁，那种船在设计时只考虑了承载能力而没有考虑是否适航或舒适。自瓦斯科·达伽马的时代以来，舰船的设计几乎没有什么变化，都是船楼置后，船体呈球状，这种船体积越大就越是头重脚轻不稳定。它们负荷了过多的货物和乘客，船况不佳，船员也都是些生手和奴隶，每四条船就会有一条遭遇灾难。

在所有因船难、海盗和战争而葬身大海的葡萄牙船中，有一条船的命运在后来的每一次航行中都产生了反响。

1552年2月，圣若昂号（São João）离开科钦城[12]，它的船舱里塞满了有史以来最重的货物。航行季节已近尾声，船在好望角附近驶入暴风雨。主桅和船舵全断了，船也撞进了纳塔尔海岸。120个幸存者——其中包括船长、一个名叫曼努埃尔·德·索萨·德·塞普尔韦达的贵族和他的夫人莱昂诺尔女士——在自己的衣服里塞满了财宝爬上岸去。他们没有补给，

很快便口干舌燥、饥肠辘辘，遇上一群非洲人后，请后者带他们去见国王。

国王捎话给外乡人，不准他们进入自己的村庄，但如果他们在树丛中扎营，他就会给他们送去食物。因为不清楚自己身处何方，这些人就依令行事，享用了他们得到的食物，并决定等下一条船经过。他们用来防身的只有从沉船上抢救出来的五支滑膛枪。

曼努埃尔·德·索萨派一个手下去为他和妻子以及两个幼子要一幢房子。国王答复说可以借给他一幢，但他的人必须分别住在当地各个村落中，因为他养不起所有的人。他还说，酋长们会带他们去新家并照顾他们，但首先他们必须放下武器。德·索萨没理会一个酋长警告这些遭难者应该团结的建议——也无视自己更坚定刚强的妻子的抗议——命令手下交出滑膛枪。 404

“你们放下了武器，”莱昂诺尔女士悲伤地说，“如今我已全无希望，只有跟所有这些人一起消失了。”

船长再也不以领导自居，他让手下各显其能，自行回家。他说他要留在原地，只要能让上帝高兴，他愿意和全家人一起死在那里。非洲人带着成群的水手穿过灌木丛，到了他们各自的村子，在那里把他们剥光了一顿痛打，还把他们洗劫一空。在国王的村庄里，非洲人拿走了曼努埃尔·德索萨和他的家人、五个女奴以及留下来陪他的十几个手下的珠宝和钱币，让他们去找其他同伴。

四散的很多小队人马设法重新集合起来，但无人负责指挥。没有武器、衣物或金钱，他们艰难地穿过险峻的地带，一些人去了森林，另一些人走向群山。备受屈辱的半疯船长带着虚弱不堪的余部上路了，但他们刚一动身就遇到更多的非洲人，非洲人剥去他们的衣服，还伤了德·索萨的一条腿。莱昂诺尔女士企图用双拳挡开攻击她的人，但丈夫求她放弃抵抗，任人剥衣，还“提醒她每个人生来都是赤裸的，因为这是上帝的意志，她应该服从”。儿子们哭喊着要吃的，她只得躺在地上，用她的长发盖住羞处，在沙地里把自己埋到腰部。她拒绝移动，就算她的老保姆把撕破的斗篷递给她遮体，可为了保住了自己的尊严，她也再没有动过。

其他男人羞愧难当地避在一旁。“你们看到我们的境况了，我们走不了多远了，必须为了自己的罪孽而死在这里了，”莱昂诺尔女士对沉船的领航员说，“你们继续前进吧，自己逃命去，把我们托付给上帝吧。如果你们有生之年还能到达印度或葡萄牙，请告诉人们，你们把曼努埃尔·德·索萨和我还有孩子们留在了这里。”

405 大多数人蹒跚着走进灌木丛，而德·索萨的腿流着脓，他意识不清醒地爬出去寻找水果。他回来时，莱昂诺尔女士因为哭泣和饥饿而半昏了过去，他的一个儿子已经死了。他把儿子小小的尸体埋在沙里。第二天他回来时，发现女仆们正在他的妻子和另一个儿子的尸体旁哭泣。他送走那些女人，手撑着下巴，一动不动地坐在那里，死死地盯着妻子的尸体。半个小时后，他站起身来，把家人都埋葬了，然后他就消失在灌木丛中，再也没有人见过他。

三个女奴隶成功逃到果阿，在那里讲述了这个令人难过的故事。37 年后，另一条葡萄牙船在不远处出事[13]，一个当地的酋长来看这些海难幸存者，并提醒他们不要在陆上行动，因为窃贼们会来抢劫、杀人。“他还说，曼努埃尔·德·索萨·德·塞普尔韦达当年路过此处时，其父亲曾经警告过他，”一个史家记录道，

“但他没有听从建议，从此失踪了。”水手们改而涉水去了一个小岛，在一个废弃的葡萄牙定居点扎营，那个定居点是象牙商人建造的。在水手和士兵们开始吵嘴打架时，船长——另一位葡萄牙贵族——把自己关在一个半废弃的小屋里，乞求手下让他一个人待一会儿，“因为他又老又累，看到自己和妻子面临如此困境，便决定在那里当个隐士，以忏悔自己的罪孽来度过余生”。四年后，另一伙遭遇海难的人却表现出更好的纪律性，他们在陆上前进了三个多月，直到遇上舰队的其余船只。他们在路上遇到了一个向他们的领队鞠躬脱帽的非洲人。“我要亲吻阁下的双手”，他以葡萄牙人的方式说道，原来他是由圣若昂号上的葡萄牙幸存者们抚养大的。

圣若昂号、愚蠢的曼努埃尔·德·索萨和悲惨的莱昂诺尔女士的恐怖故事不断浮现在迷信的水手们眼前，像幽灵一样提醒着他们一切邪恶和罪孽的存在。总有笨重庞大的宝船在海上 406
消失，周期规律得可怕。无论它们的船长身份有多高贵，往往都是极其蹩脚的领袖。当地原住民往好了说不过是冷漠，往坏了说，他们对入侵者有极其强烈的嫌恶。气候严重破坏了欧洲人的身体，热带疾病夺去了他们的生命。伤亡数字非常惊人：单是在果阿医院里，整个17世纪便有25000个病人死亡。印度洋沿岸的墓碑标志着无数年轻人在生命盛放之前便丧命于此。还有无数人葬身大海或在那里失踪，他们的缺席所带来的伤痕是他们来过世间的唯一证据。

一个名叫安东尼奥·戈梅斯的耶稣会神父总结了很多不幸之人的感情。17世纪40年代，戈梅斯本人也曾在斯瓦希里海岸遭遇海难。他走去最近的村子，求见当地的酋长。一个皮肤粗糙、胡须灰白的老人出现了；戈梅斯大胆推测他一定是瓦斯科·达伽马那个时代的人。

“我开始抱怨大海对我们如此恶毒，”神父说，“然而酋长的答案在我看来非常睿智。”

“‘先生，如果你明知道大海狂野不羁没有理智，为什么还要冒险出海呢？’”[14]

尾　声

1516 年，列奥纳多·达芬奇在 64 岁高龄时搬到了法兰西。他随身带去了三件作品：两幅宗教画和一幅谜一般的肖像，后人称后者为《蒙娜丽莎》。

一条隧道把列奥纳多带塔楼的庄园和法兰西国王所偏爱的寓所昂布瓦斯城堡连在一起。弗朗索瓦一世①当时只有 22 岁，但两人几乎每天见面，还成为彼此忠实的朋友。列奥纳多赴法三年后去世时，弗朗索瓦一世双臂环抱着他的头。“世上再没有另一个人，”国王悲叹道，“能像列奥纳多这样博学了。”[1]

文艺复兴早已来到法兰西。知识界的变革发轫于竞争激烈的意大利各城邦，在那里受到来自东方的灿烂文明的滋养，又随着战火来到北方，把对于学识和艺术的新的兴趣带到了一个痴迷于战争的国度。弗朗索瓦一世派他的代理商们去意大利买下绘画作品、雕塑和手稿，甚至还企图把列奥纳多的《最后的晚餐》连墙皮带画都搬到法兰西去。他在王国里处处修建富丽堂皇的宫殿和城堡，其中包括世上最惊人的狩猎屋香波尔城堡，列奥纳多本人也参与了设计，1539 年，弗朗索瓦一世在那里招待了他的死敌——西班牙的卡洛斯一世。

两人渊源颇深。20 年前，19 岁的卡洛斯一世击败了 24 岁

---

① 弗朗索瓦一世（Francis Ⅰ，1494—1547），被视为开明的君主、多情的男子和文艺的庇护者，是法国历史上最著名也最受爱戴的国王之一（1515～1547 年在位）。在他统治的时期，法国繁荣的文化达到了一个高潮。

408 的弗朗索瓦一世，成为神圣罗马帝国的皇帝。从那时起，他们便成了不共戴天的仇敌，两人结下的梁子如此之大，以至于卡洛斯数次提出要和法兰西国王单挑。最伤及法兰西自尊的是，1525 年，两人在争夺对米兰公国的控制权时，卡洛斯的军队抓住了弗朗索瓦，法兰西国王被挟持到马德里，被投入了大牢。

参战期间，弗朗索瓦让自己的母亲——萨伏依的路易丝[1]留下来当摄政王。当路易丝听说儿子被俘后，决定采取大胆的行动，就派了一个代表团前往伊斯坦布尔。

第一位特使在波斯尼亚失踪了，但第二个特使抵达了奥斯曼帝国的首都。他鞋里藏着致苏丹苏莱曼大帝[2]的信，请求他与法兰西联盟。列奥纳多·达芬奇或许对此不敢苟同。他在搬到卢瓦尔河[3]的十多年前，曾为伊斯坦布尔设计过一座高耸的单跨桥。苏莱曼的祖父拒绝了达芬奇这个大胆的提议，认为它荒谬而不切实际，转而聘用了列奥纳多的托斯卡纳同乡米开朗琪罗。

然而，盟约最终还是达成了，苏莱曼厌恶他的对手自称罗马皇帝，便给卡洛斯发去最后通牒，要求他释放法兰西国王并缴纳岁贡，否则就要自食恶果。卡洛斯拒绝了，1529 年春，奥斯曼军队向他所在的城市维也纳进军。苏莱曼的 12 万大军虽在人数上远胜哈布斯堡王朝和威尼斯民兵的守军，但土耳其人在冬天的泥泞中艰难跋涉后身体状况不佳，补给也快用完了，一

---

① 萨伏依的路易丝（Louise of Savoy，1476—1531），法国贵族，法王弗朗索瓦一世之母，曾在 1515 年、1525 ~ 1526 年及 1529 年摄政。

② 苏莱曼大帝（Suleiman the Magnificent，1494—1566），奥斯曼帝国第十位也是在位时间最长的苏丹（1520 ~ 1566 年在位），兼任伊斯兰教最高精神领袖哈里发之职。

③ 卢瓦尔河（Loire），法国最长的河流，发源于塞文山脉，最后注入比斯开湾。这里代指法兰西。

场大雪过后，他们悲惨地撤退了。

这次失败的围攻成为土耳其军力巅峰时期的标志，但奥斯曼帝国仍是文艺复兴世界里唯一的超级力量。土耳其人沿着早期阿拉伯征服者们的道路，从埃及向西行军，很快便席卷北非。60000 名奥斯曼士兵和水手把医院骑士团的最后 500 名骑士赶出了位于罗德岛①的要塞，把他们逼回了马耳他。一个名叫海雷丁②的柏柏里海盗——人称“巴巴罗萨”——被指派为奥斯 409
曼的舰队上将，他在地中海独霸一方。法兰西与土耳其人结盟让其他基督徒大感震惊，但这也反映了当时的实际情况。

1535 年，法兰西在庄严朴特③设立了常设大使馆，就在伊斯坦布尔的托普卡珀皇宫的入门处，大使们在那里受到接见，此名因而延伸为奥斯曼帝国的外交别名。奥斯曼的战舰在马赛过冬，并联合法兰西发动了对意大利和西班牙的进攻。法兰西舰队随后在伊斯坦布尔过冬，直到弗朗索瓦和卡洛斯最终宣布停战后，盟军的战役才告一段落。停战后不久，法兰西国王便邀请他的宿敌来到香波尔城堡，炫耀他华丽的新地毯。

短暂的融洽气氛很快又变得冷若冰霜。卡洛斯的手下刺杀了弗朗索瓦派驻奥斯曼的大使，基督徒再次与穆斯林联合起来对抗基督徒。[2]巴巴罗萨的船队与法兰西海军联手摧毁了尼斯，那座城市属于卡洛斯的一个盟友，尽管这位前海盗素以其对盟友反应冷淡而闻名于世。“你们的海员往桶里灌的不是火药，

---

① 罗德岛（Rhodes），爱琴海上一岛屿，距离土耳其仅 18 公里。

② 海雷丁（Khayr ad-Din，约 1478—1546），著名海盗，更是阿尔及尔的苏丹，因脸部长满胡子，史称巴巴罗萨二世。“巴巴罗萨”是红胡子之意。

③ 庄严朴特（Sublime Porte），指奥斯曼帝国的底万（即国家议会），是政府制定政策的地方。庄严朴特一词取自伊斯坦布尔托普卡珀皇宫大维奇尔总部的门户，苏丹在那里举行欢迎仪式，接待外使。

而是葡萄酒对吧？”[3]他质问嗜酒如命的法兰西人。奥斯曼舰队及其30000名水手和士兵在土伦过冬时，弗朗索瓦命令全城的人口撤离，还把大教堂改成了清真寺。土耳其人和法兰西人的联盟一直延续到了19世纪，尽管1571年奥斯曼海军在勒班陀①败给了基督教神圣同盟，之后又在1683年围攻维也纳时以惨败收场。

法兰西不是倒向伊斯坦布尔的唯一一股欧洲力量。1578年，一个名叫威廉·哈博恩（William Harborne）的英格兰商人到达庄严朴特，并向苏丹穆拉德三世②表达了敬意。翌年，穆拉德三世开始了与英国女王伊丽莎白一世的长期通信。作为回应，女王送给苏丹一座精美的旅行钟，更有争议的是还送给他大量的铅以供其制造弹药，其中大部分铅是从天主教修道院的
410 屋顶上剥下来的。这已经不是伊丽莎白头一次与伊斯兰国家缔约了：她曾经批准过向摩洛哥出售盔甲和弹药，也曾给那里的统治者写过热情洋溢的信件并派驻大使。

当时，宗教改革把欧洲一分为二，变成两个敌对的神学阵营。[4]1570年，教宗把“自命为英格兰女王，实为罪恶之仆从的伊丽莎白”[5]驱逐出教，伊丽莎白转向伊斯兰世界去寻找可能的盟友，以一同对付居于首位的天主教势力西班牙。和摩洛哥的统治者一样，奥斯曼的苏丹也乐于接受这种主动示好。与教宗的恶语相向大相径庭，他在信中称女王为“所有追随耶稣的女

---

① 勒班陀（Lepanto），希腊一沿海城市。1571年10月7日，欧洲基督教神圣同盟联合海军与奥斯曼帝国海军在希腊勒班陀近海开战，史称勒班陀战役。神圣同盟由西班牙帝国、威尼斯共和国、教皇国、萨伏依公国、热那亚共和国及圣约翰骑士团所组成。

② 穆拉德三世（Murad Ⅲ，1546—1595），奥斯曼帝国的苏丹，他的执政时期是从1574年到1595年。

人中引以为豪的人物，救世主的子民中最杰出的尊贵女士，拖曳着尊贵庄严之长裙的基督教公众事务的女仲裁人，英格兰领土的女王，伊丽莎白女王陛下”。[6]他指出伊斯兰教和新教是同源的信仰；与天主教徒不同，两者都厌恶偶像崇拜，相信经书的力量。伊丽莎白回信表示十分赞同，并随信附上了一些破碎偶像的残片，而在1583年成为第一位英格兰驻庄严朴特大使的威廉·哈博恩用能够取悦征服者穆罕默德二世的说法，恭维穆拉德三世是“最令人敬畏、最仁慈的皇帝”[7]。哈博恩在苏丹的顾问耳边窃窃私语了一些睿智的忠告，两个国家便开始讨论发起一场对西班牙的联合战役。

说是西班牙，但伊丽莎白把葡萄牙也算在里面了。威廉·哈博恩来到伊斯坦布尔的同一年，葡萄牙24岁的国王塞巴斯蒂昂一世①在一场讨伐摩洛哥的灾难性战役中失踪了。人们最后一次看到他时，他正全速冲进摩尔人大军，人们推测他已阵亡，但很多葡萄牙人信仰塞巴斯蒂昂主义——相信这位年轻的国王会突然现身，在葡萄牙最黑暗的时刻力挽狂澜——一些冒牌货也借机利用了这一希望。王室成员的失踪所引发的接二连三的继位危机，与塞巴斯蒂昂主义的流行不无干系。曼努埃尔一世的三个孙子、孙女和外孙都宣称自己有权继承王位，1580年，三者之一进军葡 411
萄牙，击败了众望所归的王储。新国王是法兰西的老对手卡洛斯的儿子，其父亲去世后，他成为西班牙的国王费利佩二世②，同时也是那不勒斯和西西里的国王、奥地利大公、勃艮第和米兰

① 塞巴斯蒂昂一世（Sebastian Ⅰ，1554—1578），葡萄牙第16任国王，若昂三世之孙。

② 费利佩二世（Philip Ⅱ，1527—1598），哈布斯堡王朝的西班牙国王（1556～1598年在位）和葡萄牙国王费利佩一世（1581年起在位）。他的执政时期是西班牙历史上最强盛的时代。

公爵、低地国家的领主，在他与亨利八世[①]那位信仰天主教的女儿玛丽[②]的四年婚姻期间，他还是英格兰和爱尔兰的国王。让他的很多新子民失望的是，傲然独立的葡萄牙被并入了一个强大的帝国，而且还是由西班牙领导的帝国。

60 年来，同属“探索时代”先锋的这两个国家被束缚在一种很不自在的联盟关系里。通过结盟，葡萄牙发现自己站在了英格兰与荷兰的对立面。1568 年，数十年来一直在欧洲北部转售葡萄牙的东方货物的荷兰为反抗费利佩二世的统治，发动了八十年战争[③]；作为回敬，费利佩二世禁止他们去里斯本。1585 年，与费利佩之妻同父异母的伊丽莎白一世派遣一支军队去援助荷兰的清教徒，开始了长达 19 年的英西战争。弗朗西斯·德雷克爵士[④]开始劫掠西班牙各港口和满载宝物的舰队，并在此过程中进行了环球航行，西班牙无敌舰队扬帆直抵英吉利海峡，却遭到惨败。

多年来，英格兰与荷兰的探险家为了找到通向东方温暖海域的北方通道，勇敢地穿越了俄罗斯和加拿大冰冷的不毛之地。

---

① 亨利八世（Henry Ⅷ，1491—1547），英格兰亨利七世次子，都铎王朝第二任国王，1509 年 4 月 22 日继位。他也是爱尔兰领主，后来更是成为爱尔兰的国王。

② 玛丽（Mary，1516—1558），英格兰和爱尔兰女王、都铎王朝第四位和倒数第二位君主（1553 ~ 1558 年在位）。她在其同父异母弟弟爱德华六世死后继承王位，并在英格兰再次恢复了罗马天主教，在此过程中下令烧死了约 300 名异端人士，此举为她赢来“血腥玛丽”的绰号。

③ 八十年战争（Eighty Years' War），又称荷兰独立战争，发生于 1568 ~ 1648 年，开始是反对西班牙哈布斯堡王朝费利佩二世在政治和宗教上对低地十七省霸权的统治。

④ 弗朗西斯·德雷克爵士（Sir Francis Drake，1540—1596），英国著名的私掠船长、探险家和航海家，据知他是继麦哲伦之后完成环球航海的第二位探险家。他的一生充满传奇，在英国，他是名垂千古的英雄，而在西班牙却是恶名昭著的海盗。

如今既然葡萄牙已成敌人，对于以武力控制其通往亚洲的海上路线若是稍有任何踌躇，都会遭遇民族主义的怒火。

1592年，也就是西班牙无敌舰队的残部艰难航行回国的四年之后，一支英格兰的海军分遣舰队在亚速尔群岛附近海域俘获了一艘巨大的葡萄牙轮船。这艘上帝之母号（Madre de Deus）——船身全长165英尺，7个甲板上装备有32门铜制大炮，还有逾600名乘客和船员——当时正满载着财宝从印度回国，它比海上任何一条英格兰船都还要大上三倍。俘获这条船 412
的舰队驾驶它回到了英格兰，它在达特茅斯造船厂的船坞里被高高架起。英格兰人把它编入库存清单，这令整个国家的人都目瞪口呆。五年后，理查德·哈克卢特①在他伟大的英格兰游记概略中简单介绍了这一劫掠品，他的题目极具误导性："上帝之母号被俘，向敌人表现出超凡人性"。[8]他还提及在制订清单之前，一大批珠宝神秘地消失了。

> 人们发现，货物主要……包括香料、药物、丝绸、印花棉布、棉被、地毯和颜料等物品。香料有胡椒、丁香、肉豆蔻衣、肉豆蔻、肉桂、生姜；药物有安息香、乳香、良姜、余甘子、索科特拉岛芦荟、散沫花；丝绸包括大马士革花缎、塔夫绸、薄绢、仿金织物、中国生丝、散丝、捻线白丝、卷柏枝。印花棉布有布克棉布、劳内斯棉布、宽白棉布、精美上浆棉布、粗白棉布、褐宽棉布、褐粗棉布。还有遮篷和菱纹粗布毛巾，粗绢和粗布被子，以及土

---

① 理查德·哈克卢特（Richard Hakluyt，1552—1616），文艺复兴时期的欧洲航海家和探险家。他编辑了第一手的英国探险报告，最早于1589年收入他的《英国主要航海、航行、交通和地理发现》一书出版。

> 耳其风格的地毯。还要加上珍珠、麝香、灵猫香和龙涎香。其余的货物数量虽多，价值却不高，如象牙、中国瓷器、椰子、毛皮、漆黑的乌木、乌木床架、看上去非常奇怪的树皮衣料，以及工艺品等。

码头上一团混乱，怒气冲冲的伊丽莎白女王派遣沃尔特·雷利爵士[①]去抢救属于她的那部分战利品。货物价值 50 万英镑，这是个天文数字，几乎相当于英格兰国库的一半。就算从远处赶来的所有水手、渔夫和盗贼个个都把自己的衣衫塞得鼓鼓囊囊，余
413 下的货物也价值 15 万英镑之多，“足够（以女王陛下为首的）众多冒险家们坐地分赃，皆大欢喜”。

哈克卢特在他迷人的目录之后加上了自己的想法，那是瓦斯科·达伽马及其海上先驱朋友们十分熟悉的调子：

> 此时我不禁开始思考并认识到上帝对我国的青睐，上帝把这笔买卖交给我们时，显然发现了那些秘密交易和印度的财富，而在此之前令人奇怪的是，那些财富一直不为人所知，还狡猾地使我们蒙在鼓里；我们之中只有少数人曾白驹过隙般地一睹那些财富的芳颜，如今一切已真相大白，人尽皆知了。因此，上帝垂青我们，其旨意看来是（如果以我们的软弱能够理解到这一点的话）让我们与他们交易那些东方的印度宝物，并通过合法交易的创立，改善我们促进真正的宗教和祂的圣事之手段。

---

① 沃尔特·雷利爵士（Sir Walter Raleigh，1552—1618），英国伊丽莎白时代著名的冒险家，同时也是一位作家、诗人、军人、政治家，更以艺术、文化及科学研究的保护者而闻名。

颇有帮助的是，那条葡萄牙船还贡献了一份文件，它“被封在一只香柏木盒子里，用将近一百层上好的卡利卡特布料包裹着，仿佛那是举世无双的珠宝”，这份文件详尽描述了远东的贸易体系。

这不是从东方泄露的唯一的商业机密。哈克卢特的书中还收录有英格兰人拉尔夫·菲奇①的报告，菲奇曾于1583年携伊丽莎白女王致中国皇帝的信件出海。葡萄牙人在霍尔木兹俘获了菲奇，把他投入果阿的牢房，但他成功越狱，开始了印度、缅甸和马六甲之旅。几乎同时，荷兰人让·哈伊根·范林斯霍滕②（他虽然是坚定的加尔文教派信徒，却在印度为果阿大主教担任了六年的秘书）也出版了一本关于葡萄牙人在亚洲航海的书，他的书甫一问世便成为畅销书，被翻译成三种语言。[9]两个旅行家都描绘了异域东方的繁荣景象，并严厉谴责了无法无 414
天的葡萄牙帝国，但范林斯霍滕除详细列举了欧洲、印度、中国和日本之间的各条航线之外，还在书中收录了他在果阿秘密复制的一捆海图。

葡萄牙死守了一个世纪的秘密突然被公之于世。一场旨在打破葡萄牙对东方贸易长达一个世纪的垄断的竞赛开始了，这一次，两个对手是英格兰人和荷兰人成立的两家东印度公司。

在俘获了让人目瞪口呆的上帝之母号两年以后，第一支英格兰舰队从印度返航。第二年，第一支荷兰舰队离开了阿姆斯

① 拉尔夫·菲奇（Ralph Fitch，约1550—1611），伦敦绅士、商人、探险家。他是最早访问美索不达米亚、波斯湾和印度洋、印度和南亚的英格兰旅行家之一。

② 让·哈伊根·范林斯霍滕（Jan Huygen van Linschoten，1563—1611），文艺复兴时期的欧洲航海家和探险家。他曾在印度生活过若干年，后又因海难而被困于亚速尔群岛两年。他的印度游记最早出版于1595年。

特丹。[10]这两次航行都给其船员们带来了致命灾难，但它们证明了葡萄牙船并非唯一能够成功抵达印度的船舶。

荷兰人加紧造船，舰船一出厂便被派往东方，很快便赶上了英格兰人。1603 年，一支荷兰舰队在新加坡海域俘获一条葡萄牙船，后者载着 1200 捆中国丝绸和数量惊人的麝香，随之引发了争吵骚动，荷兰法学家胡果·格劳秀斯①在其《海洋自由论》（*Mare Liberum*）一书中提出了激进观念——海洋是国际领域，应向所有的人开放。在这块公正的遮羞布的掩盖下，荷兰人开始占领葡萄牙帝国分散在各处的要塞。1604 年，卡利卡特的扎莫林刚刚与葡萄牙人联手扑灭了一次穆斯林反叛，现在又急忙与荷兰人站在一条战线上对抗葡萄牙人。每年冬季，荷兰人都从印度尼西亚的新都巴达维亚——如今的雅加达——出发，去封锁果阿。他们在 1641 年夺取了马六甲的大城堡和贸易中心，1656 年征服了科钦城，1658 年攻克了锡兰，1663 年又占领了坎纳诺尔。随着全世界的香料都从巴达维亚流向正西方的好望角荷兰殖民地，继而再被运往尼德兰，阿拉伯海的季风就不再控制世界贸易了。红海和波斯湾的古老港口陷入沉寂，那
415 里的市场除了奴隶和椰枣外什么都没有。开罗和亚历山大港那些足智多谋的商人们幸存了下来，生意甚至还蒸蒸日上，但买卖转向了最新的流行品——咖啡。

荷兰人和英格兰人追随着葡萄牙人的脚步，同时还可以吸取先驱的教训。两个国家都开始建造线条流畅的大帆船，这种

① 胡果·格劳秀斯（Hugo Grotius，1583—1645），基督教护教学者，亦为国际法及海洋法鼻祖，其《海洋自由论》主张公海可以自由航行，为当时新兴的海权国家如荷兰、英国提供了相关法律原则的基础，突破了当时西班牙和葡萄牙对海洋贸易的垄断。

船更易操控，火力也强于笨重的葡萄牙船，他们还把船员编成统一的水手－士兵战斗小队，由职业海军指挥官负责统领。葡萄牙逼得对手们创立了第一批现代海军，而它施行的由王室来垄断香料贸易的失败尝试，也鼓励了新的竞争者转而信任自由企业。自由企业并不意味着毫无管制；对葡萄牙商业造成严重破坏的剧烈冲突恰恰表明有必要对供应链进行严格控制。荷兰人把当地商人逐出市场，直接控制了香料群岛中的很多岛屿，还杀掉大量居民，或是把他们变成奴隶。

荷兰人在东南亚安顿下来，而英格兰人却从葡萄牙的困境中吸取了不同的教训。那时，说波斯语的莫卧儿人和欧洲人一样，都不是印度的原住民，莫卧儿人已经征服了除南方一小块地区之外的全部印度次大陆。1615 年，一个名叫托马斯·罗爵士[11]的英格兰大使抵达莫卧儿宫廷，还成为皇帝的酒友，并与其缔结条约，条约规定东印度公司获得了整个帝国的独家贸易权。同时，英格兰还与波斯联手，波斯当时由什叶派的沙阿统治，决心挑战奥斯曼帝国在伊斯兰世界的统治地位，1622 年，盟军把麻烦不断却占领霍尔木兹长达一个世纪的葡萄牙人驱逐出去。虽说这家公司的商人们最终还是拿起了武器，但它跨越宗教分歧展开合作的意愿让它逐渐融入了当地的权力结构，这是葡萄牙人从来未曾做到的——连想都没想过。可这对东方的古老文化意味着更大的灾难。香料的狂热最终消散，茶叶以其 416
不可思议的高价变成了欧洲人最新的时兴物品，英国用印度生产的鸦片换取中国生产的茶叶，把中国整个国家的人都变成了瘾君子。

正是由于英格兰人、荷兰人和葡萄牙人为了土地和贸易展开激烈的战争，东方的海洋才受到彼此敌对的欧洲各国的战舰和海盗船的侵扰，而且每一个国家都企图克敌制胜，在武力上超过他国。瓦斯科·达伽马开启的海路变成了邪恶的殖民地争夺的通道，这种争夺看似永无止境。

时至今日，果阿的葡萄牙旧都仍是一座鬼城。葡萄牙的仓库、医院、宅邸和宫殿都已杳无踪迹。这座绵延不断的城市一直是热病肆虐之地，19 世纪，这座城市遭到遗弃，大部分被夷为平地。只有几处壮观的教堂遗留下来，点缀在绿化草地上很是引人注目，像是宗教主题公园里的景点。成群的游客前来苦思那些教堂建在这里的目的，参观圣方济各·沙勿略的墓园，以及印度基督徒、印度教徒和犹太教徒所遭受的意外的苦难。夕阳西下，旅游团离开时，这些承载着昔日梦想的特大号纪念物像被遗弃的巨型新娘一样，在一些耐心的神父和修女的照料之下沉思着。

穿过印度洋则是葡属非洲首都的废墟。莫桑比克岛在果阿灭亡几十年后也失去了它存在的意义，苏伊士运河的开通最终让人们抛弃了通往东方的好望角航线。殖民地房屋的废墟里长出了树木，生锈的火炮被胡乱丢弃在海军老船厂的地上。一座庞大的新古典主义医院建筑年久失修，耸立在一个大广场旁，这个配有乐队演出台的广场如今是当地孩子们的游乐场，孩子们跟他们的祖祖辈辈一样，住在由茅屋组成的人口稠密的村庄里。耶稣会神学院的漂亮红砖建筑[12]前面是一个刚强坚定之人的塑像，他身穿十字军军装，拳头紧握在胸前，长剑随时准备
417 出鞘，坚毅的双眼凝视着远处的大海。这座塑像在最近一次暴风中倒下了，尽管它又被放回底座上，但曾经拼写着 VASCO DA GAMA 之名的字母脱落了，再也没有被复位。这座雕像非同

一般，但已经失去了它的意义，仿佛是对其主题人物后世名声的一个适当的注解。

在这段历史的起点休达，非洲圣玛利亚的庇护所仍然把航海家恩里克1421年捐赠的圣母像放在首要位置。这位葡萄牙亲王把画像送给当时正在守卫这座城的基督骑士团骑士们，据说它曾多次显灵，尽管在1640年葡萄牙与邻国开战以恢复自己的独立地位时，圣母像却未能阻止休达站到西班牙一边。如今那里仍属于西班牙，但它的所有权受到与其海岸相连的摩洛哥的激烈争夺，正如西班牙也在争夺位于它对面、人称赫拉克勒斯北柱的直布罗陀一样。数个世纪的圣战武士们脚踩过的路径仍依稀可见。

实际上，休达近年来所受到的关注是多个世纪以来最多的。2006年，人称基地组织军师的埃及伊斯兰圣战前领导人艾曼·扎瓦赫里呼吁把休达从基督徒的占领下“解放”出来[13]；两年后，他称联合国是伊斯兰教之敌，因为联合国认为休达是十字军西班牙不可分割的一部分。休达虽失去了往日的战略地位，但在伊斯兰军队从那里出发向欧洲进军的1300年后，在葡萄牙军队到达那里、开始了它周游非洲的长途冒险600年后，在某些人看来，它仍然象征着穆斯林报复西方的希望。

2001年，扎瓦赫里宣称安达卢斯的陷落是一场“悲剧”，这背后另有隐情。对很多穆斯林来说，安达卢斯不仅是个理想的社会，也是学识和文化的天堂，它的丧失标志着伊斯兰教长期倒退的开始。极端主义分子毫不怀念曾经令安达卢斯繁荣的宗教宽容：在他们看来，西班牙和葡萄牙占领的伊斯兰领土必须被收回。在扎瓦赫里为昔日大唱赞歌三年之后，一个圣战组织声称对马德里连环爆炸案负责，那次爆炸把四列通勤火车炸 418

得粉碎。“我们成功地打入十字军欧洲的心脏地带，打击了十字军同盟的一个基地”，该组织如此吹嘘道，随后又声称它意在清算宿怨。[14]“十字军”是近年来经常在人们耳边萦绕的另一个词，它不仅出现在恐怖主义分子的辱骂中，在9·11恐怖袭击发生后，也出现在乔治·W. 布什总统的讲话中。[15]伊斯兰领袖在一份声明中宣称，为了解放耶路撒冷的阿克萨清真寺，杀死美国人和他们的“十字军－犹太复国主义联盟”[16]盟友是每一个穆斯林的职责所在。

不消说，但仍有必要说的是，恐怖主义分子的行动公然冒犯了主流伊斯兰教。很多这类声明本质上都是“探索时代”之前几十年里基督教好战分子的话语的翻版，这一点再清楚不过了。更加令人心惊的是基地组织回击西方所偏爱的手段：通过炸飞机来破坏其贸易，并导致“对美欧间的贸易和交通至关重要的航空业损失惨重”[17]。把飞机换成船只，把大西洋换成印度洋，我们就回到了500年前。悲剧是，恐怖主义分子的陷阱已经出现了。因为我们把大量的资源投入所谓的反恐战争，而我们的军队再次陷入中东的困局，伊斯兰主义者关于一场新的十字军讨伐已经打响的说法赢得了更加广泛的听众，尤其是联想到西方对以色列的支持。与此同时，很多西方人开始担心他们的穆斯林邻居，认为后者是打入自己内部的敌人，所涉各方都在尝试启用古老而原始的语言，把他人歪曲成中世纪的狂热分子或堕落的恶魔。

从我们的现代视角来看（一直以来它都看似万无一失，直到最近才变得岌岌可危），以及历史学家在为历史写过的那么多死亡证明之后，我们仍很难理解古老的冲突为何阴魂不散。这个问题的答案在于我们共同的过去，需要采取更加长远的历史眼光才能洞察真相。

将近1400年前，两个伟大的宗教迎面相遇，开始争夺世上的财富和灵魂。两个宗教本是同根生，也在同一种土壤中接受 419
滋养。它们既是拥有共同遗产的邻居，也是争夺同一块土地的对手。它们各自声称掌握了终极真理，也各自致力于把上帝的最终启示传递给全人类。两者都欢庆胜利，消除死亡带来的痛楚，尽管它们展示了那么多神的荣耀，又对那么多贫病苦难施以援手，但都还是让黩武主义成为它们共同的阴暗面。无论是对穆斯林还是对基督徒而言，信仰都不仅仅是私事，不只是向往一种不可能的理想境界的内心追求。信仰是上帝给予其子民的一种公开的信任，用以在世上建立祂的社会，正因如此，几乎无人认为用刀枪来替天行道有何不妥。

八个多世纪之后，基督徒仍在为同一块古老的土地与穆斯林进行着一场看似大势已去的对抗，而有一小撮人大刀阔斧地开辟了一条新战线。他们在盟军和自认为能在东方找到的财富的帮助下，直奔伊斯兰的中心地带而去。葡萄牙人有十足的把握确信自己命中注定要传播真正的信仰，在这种信念的驱使下，他们改变了历史的进程。1552年，西班牙史家弗朗西斯科·洛佩斯·德·戈马拉宣称，通向东西印度群岛的海上航线的发现“与造物主道成肉身以及死亡一样，并列为自创世以来最伟大的事件”[18]。两个世纪后，人文学家仍在重复着同样的观点，只不过他们的说法更加世俗化。“发现美洲以及经过好望角到达东印度群岛的航道，是人类历史上所记载的两个最伟大、最重要的事件”[19]，1776年，亚当·斯密如此写道。这两个事件都源自葡萄牙的探索，在大多数人看来，其重要性不分轩轾。就算克里斯托弗·哥伦布之发现的重要性变得如此显而易见，但在很长一段时期，众所周知，西方为了获得胜利，必须首先征服东方。

瓦斯科·达伽马到达印度洋的那一刻，正是欧洲开始认为世界的实力均衡向己方倾斜之时。随着数个世纪被束缚的幻想让位于清晰确定的事实，全新的知识和地理视野也随之开启。殖民地建立起来，教堂在此前从未听说过的地方拔地而起，伊斯兰教的至高地位看起来也不再无懈可击了。自然资源中的巨额财富——金银、人力，当然还有香料——统统落入基督徒的手中，西方总算找到了钳制奥斯曼帝国之法，最终还在奥斯曼的家门口击退了它的挑战。[20]若非如此，欧洲大部分地区的命运、美洲的殖民，以及当时未知的新世界的发现或许都会走上一条完全不同的道路。

正是瓦斯科·达伽马打响了发令枪，开始了其在亚洲数世纪漫长而苦难的西方帝国主义征服[21]，也正是人称“探索时代”
420 的全球讨伐的成功，才使得西方基督教将其与伊斯兰的宿仇看作“黑暗时代”的老朽遗物而不再理会。然而，就算在基督徒之间、穆斯林之间彼此开战，乃至他们偶尔还会联手对抗共同的敌人之时，那旧日的宿仇始终是历史上的一股强大暗流。[22]对于梦想着哈里发再世就能一统天下的伊斯兰主义者来说，这是未竟的事业，而在殖民主义之后建立起来的世界秩序——包括联合国和民主概念本身——都是西方正在实施的阴谋，旨在把一种外来的生活方式强加于人，是更巧妙伪装之下的十字军。与此同时，新时代开始了，中国和印度重新获得了它们的传统地位，成为世界经济的发动机——而正当我们应该竞相争夺全球市场和人才时，却发现我们自己又再度陷入古老的宗教冲突。

听天由命很容易。基督徒和穆斯林似乎都在很久以前便分别把自己关在各自的阵营中，我们对此无计可施。没有谁拥有权力的垄断地位，相互理解才符合每个人的利益，然而我们对彼此的不信任感根深蒂固，难以消除。合作时而蓬勃发展，但圣战永无尽头。

还有一个办法——很多凭直觉拒绝把世界分割成敌对宗教集团的男女所展示的办法。科尔多瓦和巴格达的穆斯林是引起剧烈的文化互动的炼金术士。托莱多和西西里的基督徒也继续 421
了他们的进步传统。腓特烈二世曾与苏丹坐下来谈判，租下耶路撒冷。征服者穆罕默德这个有教养的暴君曾把伊斯坦布尔变成一个国际大熔炉。列奥纳多·达芬奇随心所欲地寻找开明的赞助人。甚至还有法兰西和英格兰的国王和女王及其盟友奥斯曼帝国的苏丹。像早期的十字军骑士一样，无数欧洲人也被亚洲古老的文化迷住了，很快便能入乡随俗，这让他们的同胞感到惊骇不已。

东方与西方的冲突一贯既富创造力又具毁灭性。这种冲突从来没有停止过，形形色色的教条主义者和顽固分子很快发现自己落伍了。连探路者葡萄牙人自己也应属此列。说到底，驱使着瓦斯科·达伽马及其探险家伙伴们走过半个地球的虔诚信念同时也导致了他们的毁灭。他们的确取得了惊人的成就，但最后的十字军东征——打一场终结所有圣战的圣战——这个想法永远是个疯狂的白日梦。

致　谢

422 本书的写作既是一次学习，也是一场探险。在研究过程中，我钻研了里斯本和罗马的历史，坐船到斯瓦希里海岸去寻找废弃的旧城，还在喀拉拉和果阿遭受到了季风的蹂躏。我从葡萄牙、西班牙、意大利和摩洛哥行至莫桑比克、坦桑尼亚、肯尼亚和印度，有幸得到很多人的建议和帮助，也跟他们建立了友谊。其中大多数人此前都是陌生人，比如卡里萨·基亚（Karisa Keah），他特意引导我去了解久远的东非史中的冷僻知识。我受到的恩惠太多，无法一一列举，但与他们的谈话和友谊会永驻我心中。

如果没有历代史学家的学术工作，这样涉猎广泛、跨度巨大的一本书必不可能付梓。哈克卢特学会（Hakluyt Society）版珍本游记的译者和编辑们把大量珍贵的原始资料翻译成英语。我还大量借鉴了古今其他学者的研究成果，都记录在注释部分。伦敦图书馆（London Library）的融洽气氛让查询艰深难懂的资料成为一件乐事。我还要感谢伦敦的大英图书馆和国家航海博物馆（National Maritime Museum）、里斯本的国立古代美术馆（Museu Nacional de Arte Antiga）、葡萄牙国家档案馆（Arquivo Nacional da Torre do Tombo）、里斯本地理学会（Sociedade de Geografia）、摩德纳的埃滕斯图书馆（Biblioteca Estense）、海德堡大学图书馆（Heidelberg University Library）、马德里康普顿斯大学（Universidad Complutense de Madrid）图书馆，以及法国国家图书馆（Bibliothèque nationale de France）的图书馆馆员和馆长们。

马西米利亚诺·杜兰特（Massimiliano Durante）和弗朗西 423
斯科·维列纳（Francisco Vilhena）耐心地帮我解释了中世纪意大利语和葡萄牙语那些复杂的从句。安杰莉卡·冯哈泽（Angelica von Hase）阅读了手稿并提出很多令人信服的建议。在我决定撰写这个主题，那漫长且时而曲折的研究过程中，朱莉娅·卡尔特施密特（Julia Kaltschmidt）随时会为我提供宝贵意见。

在美国，对于我这个摸索着艰难写作第二本书的作者而言，我的代理人亨利·杜诺（Henry Dunow）是我最好的朋友，在我需要高见的时候他又变成我的导师。我要真诚感谢哈珀出版社的编辑特丽·卡滕（Terry Karten），感谢她总是在第一时间提供支持。还要感谢哈珀出版社的戴维·科拉尔（David Koral）、萨拉·奥德尔（Sarah Odell）、比尔·罗托（Bill Ruoto），以及文字编辑汤姆·皮托尼亚克（Tom Pitoniak），当然还有南希·米勒（Nancy Miller）。

在写作这本书的过程中，我遇到了我的妻子并与她一起走进了婚姻的殿堂。因为写作期限，婚礼策划未能尽善尽美，爱情的光彩居然跟我研究的那些往往阴暗丑陋且清一色的男性资料搅在一处。我但愿手头的主题更加浪漫一些，还好婚姻是一生的托付，而不是一时的承诺。

注　释

序幕

1. 我所参考的瓦斯科·达伽马首次航行的资料，见本书第七章的注释。

2. 具体来说，突尼斯商人会说卡斯蒂利亚语和热那亚语，前者演变成现代西班牙语，而后者如今仍被热那亚地区使用。

3. 史学家们提出的中世纪结束时间各有不同，两个最主要的说法分别是君士坦丁堡陷落的1453年和哥伦布首航的1492年。如果说中世纪的重要主题是欧洲的衰落和伊斯兰教的兴起，那么现代的主旋律当是信仰基督教的西方在全球的权力争夺。从这个角度来看，以古典世界最后的堡垒落入奥斯曼帝国之手作为现代时期的开端就不大能说得通了。哥伦布直到1498年8月才到达美洲大陆，而他的发现所产生的影响直到几十年后才开始显现。瓦斯科·达伽马是1498年5月到达印度的，我认为，正是他的这一成就才让欧洲相信，历史的潮流终于扭转了。

第一部分　缘起

1. 东方与西方

1. 犹太人的祖先可以追溯至以撒，他是亚伯拉罕之子，为其父与原配撒拉所生；穆斯林的祖先是伊斯玛仪，他也是亚伯拉罕之子，是撒拉的埃及女奴夏甲所生。阿拉伯人传统上认为，亚伯拉罕修复了克尔白天房，天房是亚当始建，并由诺亚在拜访夏甲和伊斯玛仪时重建的，而诺亚的妒妻逼他放逐了伊斯玛仪。

2. N. J. Dawood, trans., *The Koran: With a Parallel Arabic Text* (London: Penguin, 2000), 497.

3. 原址是君士坦丁大帝之母海伦纳发现的。325 年，她在去往“圣地”寻找圣物的旅途中，不可思议地发掘出“真十字架”的残片，据信，耶稣就被钉死在它之上，她还找到了穿过耶稣双手双脚的钉子，根据某些记录，还有“圣外套”以及把耶稣绑在十字架上的绳子。她把一些发现物带回国，包括那两枚钉子，其中一枚后来被装进了君士坦丁大帝的头盔，另一枚则被钉在他的马辔上；其他发现物被存放在新教堂中。由于传统上认为耶稣被钉在十字架上的地点正是亚当的头颅下葬之地，人们还认为那座教堂里有世上第一个人的坟墓。参见 Colin Morris, *The Sepulchre of Christ and the Medieval West* (Oxford: Oxford University Press, 2005)。

4. 公元前 614 年，波斯人洗劫了耶路撒冷。公元前 70 年，罗马人镇压了一次大规模的犹太人起义，前者焚毁第二圣殿，把这座城市夷为平地，并屠杀或抓走了全部人，并从此不许犹太人住在大卫城里。犹太人与波斯人结盟，报了 544 年前的大仇，却在罗马大军杀回来后又遭到屠杀；他们很快便与阿拉伯人结成了更成功的盟友。

5. 争论的焦点是基督到底有多大的神性。正教会的观点得自一系列大型评议会，认为耶稣既充满神性，也充满人性，是这两种截然不同的状态在一个人身上的完美整合。但帝国的很多臣民对此观点无法苟同。阿里乌斯教徒否认耶稣的神性，基督一性论者否认他的人性，聂斯脱利教派的人宣称他有两种本性，即神性和人性，而其他教派亦坚持形形色色的中间意见。皇帝们相继颁布法令，声称统一的帝国需要统一的信仰，并将持异议者判为异端。征服波斯的胜利者赫拉克利乌斯在寻求折中方案时又再度提出了这个恼人的问题，但得出的教义——宣称耶稣有两种天性但只有一个意志的基督一志论——无人满意，他在 50 年后便被斥为异端。

6. 数个世纪后，在伊斯兰教的统治下幸存的独立东方教会的领袖们仍把阿拉伯人看作救星。一位 12 世纪叙利亚东正教会的主教写道：“复仇之神注意到了希腊人的恶意，他们在自己的辖区残酷地洗劫了我们的教堂和修道院，还恶狠狠地谴责我们，这促使南方的以实玛利的子孙前来拯救我们。” Stephen O'Shea, *Sea of Faith: Islam and Christianity in the Medieval Mediterranean World* (London: Profile, 2006), 52 引用了叙利亚的米哈伊尔 (Michael the Syrian) 的这段话。

7. 引自菲尔多西 (Ferdowsi) 的伟大史诗《列王纪》(*Shahnameh*)，这部史诗写于公元后第一个千纪之交，最佳译本是由 Dick Davis 翻译的

(New York: Viking, 2006)。虽然波斯贵族很快就接受了伊斯兰教，但他们长期对阿拉伯文化充满敌意，对波斯在伊斯兰教之前的辉煌满怀依恋。

8. 637 年 4 月，耶路撒冷陷落。根据传统，穆罕默德的继任者欧麦尔(Umar) 衣衫褴褛地骑着一头白驴（或骆驼）穿过“悔改之门”。他问牧首大卫王曾在哪里祈祷，于是被领到圣殿山上，却发现那里很长时间一直被用作堆放垃圾。欧麦尔把一些基督徒集合起来，让他们清理那些垃圾，随后盖了一个简易的礼拜木屋，这个木屋后来被阿克萨清真寺所取代(参见第二章)。

9. sarakenoi 或 saraceni 一词原本指代阿拉伯半岛北部的非阿拉伯人，但后来用于指代阿拉伯人，继而指代所有的穆斯林。该词语源不明，但 4 世纪的史学家阿米阿努斯·马尔切利努斯（Ammianus Marcellinus）指出，这个词曾被用于指代该地区的沙漠游牧民族。

10. 亚美尼亚的主教谢别奥斯（Sebeos）非常恐惧，参见 Alfred J. Butler, *The Arab Conquest of Egypt—and the Last Thirty Years of the Roman Dominion* (Oxford: Clarendon, 1902), 152。在教会的五个大牧首区里，有三个——安提阿、耶路撒冷和亚历山大港——如今都在伊斯兰统治者的默许下运作。

11. 刺杀阿里的刺客狂热地确信，虔诚，而非血统，才是伊斯兰领袖的唯一标准。他简单的清教徒式版本的伊斯兰教就是后来所谓的哈里吉教派（Kharijism），在北非最为根深蒂固。当今在阿拉伯半岛和非洲仍零星存在。

12. 王朝缔造者穆阿维叶一世（Muawiya）是阿布·苏富扬·伊本·哈布（Abu Sufyan Ibn Harb）之子，后者是麦加的重要人物，曾率人攻击麦地那，几乎消灭了伊斯兰教。在同一场战役结束之时，穆阿维叶之母欣德(Hind) 扯出了穆罕默德的叔父哈姆扎（Hamza）的肝脏并生吃了它。穆罕默德的孙子也死于这场内战，克尔白天房也被焚毁了。务实的权力政治戏剧性地战胜了教义的虔诚和纯正。

13. 柏柏尔人的土地从尼罗河延伸到大西洋，他们自称“自由人”(Imazighen)。他们是生存大师，而他们的部落则是异教徒、犹太教徒和基督教徒兼收并蓄的混合体。“女先知”的传说一直以来引发了很多晦涩难解的争论，参见 Abdelmajid Hannoum, *Post-Colonial Memories: The Legend of the Kahina, a North African Heroine* (Westport, CT: Heinemann, 2001)。

14. 据说革律翁住在厄律忒亚岛，就在如今的加的斯附近。在阿波罗多洛斯（Apollodorus）的版本中，赫拉克勒斯举起两座大山来纪念他的游历；西西里的狄奥多罗斯（Diodorus Siculus）说他缩窄了现今的海峡，以防大洋上的怪兽靠近。老普林尼在其《自然史》第三卷的导言中记录，1世纪的沿海居民认为这座大山是“（赫拉克勒斯）挖穿的；此前被挡在外面的海水得以流入，因而改变了自然的面貌”。赫拉克勒斯双柱迄今仍然位于西班牙盾形纹章的显眼位置；Plus ultra——“天外有天”——的箴言环绕着它们，暗示它们标志着起始而不是结束。

15. 这个神话人物出现在赫拉克勒斯的第11次任务中，也有人认为他是海神涅柔斯（Nereus）。在那次任务中，赫拉克勒斯被派去赫斯珀里得斯（Hesperides）的花园取回不朽的金苹果，赫斯珀里得斯姐妹是一个名叫阿特拉斯（Atlas）的泰坦神族之女，天空就被阿特拉斯扛在肩上。赫拉克勒斯抓住不断变形的涅柔斯，强迫他说出花园的位置，然后把普罗米修斯从痛苦的折磨中解救出来，作为回报，他被告知只有阿特拉斯才可以取到苹果。赫拉克勒斯提出，在阿特拉斯去花园期间替他担起天空的重担；但阿特拉斯回来后，企图欺骗这位英雄永远替他扛着这副重担。赫拉克勒斯请阿特拉斯暂时托一下天空，让他整理一下身上的斗篷，然后逃走了。在另一个说法里，赫拉克勒斯建起双柱，解放了阿特拉斯。

16. 有一两个更早期的航海家胆子更大。公元前500年前后，迦太基探险家“航海家汉诺”（Hanno the Navigator）驶过赫拉克勒斯双柱，并可能到达过塞内加尔河。他的旅程记录在《周航记》（*Periplus*）中，这是汉诺留在一座神庙里的石牌上的文字的希腊文译本。希罗多德大略提到过早期的非洲环航是埃及法老尼科二世（Necho Ⅱ）派遣的一支由腓尼基人充当海员的舰队沿顺时针方向完成的；希罗多德对此持怀疑态度，记载说腓尼基人在沿非洲南端向西航行时，发现太阳在他们的右侧，这成为后来一个说法的唯一证据——该说法没有其他证据，只是那些断定埃及和墨西哥的金字塔之间必有联系之人凭记忆传播的。

17. 该山脉的顶峰是将近3000英尺的摩西山（Jebel Musa），那里也是赫拉克勒斯南柱的候选地。

18. 虽说这次战败的原因是哥特人因连年内战所受的天罚，但当被流放的贵族们设法搁置分歧，选出统治者，并创建阿斯图里亚斯（Asturia）后，他们便得到了神的眷顾，阿斯图里亚斯是基督教国家最终击退伊斯兰教的核心力量。722年，阿斯图里亚斯的第一个国王佩拉约（Pelayo）在对抗柏柏尔人时获得一场小胜，后来这被认为是基督教复兴的开始。“我与阿拉伯人并无交情，”一个编年史家笔下的他郑重宣布，“也不会屈服于他们的权威……因为我们信仰天主的慈爱，从你看到的这座小山开始，西班牙和哥特人大军的救世就要恢复了。”总有人反复声称哥特族西班牙人与基督教新王国之间有延续性，这有助于证明对抗伊斯兰教的战争的正当性，证明那是伊比利亚半岛的合法统治者收复失地的战争。Joseph F. O'Callaghan, *Reconquest and Crusade in Medieval Spain* (Philadelphia: University of Pennsylvania Press, 2003), 5 - 6.

19. 围城发生在674～678年以及717～718年。717年，有80000到120000大军兵临君士坦丁堡城下，海上有1800艘大帆船来袭。饥饿、极寒和疾病让地面部队人数骤减；希腊之火摧毁了舰队的大部分船只，而残部也在一场反常的暴风雨中被彻底消灭了。

20. 西方传统赋予普瓦捷战役的重要性是阿拉伯作家和修正主义史家无法理解的。然而，在欧洲的创立史中，普瓦捷的地位至高无上。在《罗马帝国衰亡史》第52章里，爱德华·吉本精彩地假设，如果这场战役的结局相反，“那么如今在牛津大学的各个学院里传授的或许就是对《古兰经》的解读了，那里的讲坛也会向行过割礼的人展示穆罕默德的启示的神圣和真理”。参见 André Seguin, *Charles Martel et la Bataille de Poitiers* (Paris: Librarie orientaliste Paul Geuthner, 1944); Jean-Henri Roy and Jean Deviosse, *La Bataille de Poitiers* (Paris: Gallimard, 1966)。

21. 法兰克人的墨洛温王朝历任国王的背后都有宫相的支持，在7～8世纪的宫相中，查理·马特是最伟大的一位。马特是宫相丕平二世（Pepin of Herstal）的私生子，他在丕平去世后惯常的混乱中披荆斩棘，统一了今日法国、德国西部和低地国家的大部分地区。他的儿子也叫丕平，751年，其子在教宗的支持下，最终谋夺了王位。

22. 这种阿拉伯战术名为“连打带跑”（karr wa farr），但对欧洲士兵是不实用的，因为他们在沉重的头盔、铠甲和盾牌的重压下速度缓慢。参见 Hugh Kennedy, *The Armies of the Caliphs: Military and Society in the Early Islamic State* (London: Routledge, 2001); David Nicolle, *Armies of the Muslim Conquest* (London: Osprey, 1993)。

23. 迟至807年，托莱多总督还邀请了数百位著名的叛军成员来他宫中赴宴，斩去他们的首级，并将尸体扔进一个预先挖好的坑里。这一可怕的事件史称“坑杀之日”（La Jornada del Foso）。

24. 克吕尼修道院的院长马耶尔（Mayeul）在972年被人绑架。

25. Ibn Khordabeh, *Book of Routes*, quoted in Jack Turner, *Spice: The History of a Temptation* (New York: Random House, 2004), 96.

26. 引自《754年编年史》（*Chronicle of 754*）。文本的可信度备受争议，一些中世纪史专家把这个词的出现时间定为中世纪晚期。

27. 教廷以一份名为《君士坦丁献土》的文件，从世俗君王那里获得了原罗马帝国西方领土的统治权，该文件据称写于4世纪，在8世纪第一次为人所见，15世纪时被证明是伪造的。

28. 甚至在西欧，在宗教改革把社会一分为二很久之前，反对者就已经开始谴责圣伯多禄的继任者。其中最坚决也最不幸的是法兰西南部禁欲的清洁派成员：他们认为物质世界充满邪恶，并与奢华腐败的罗马断绝了关系；该异端最终被清除，100万人丧生。

29.《古兰经》把萨比教徒称作第三种“有经者”，伊斯兰学者后来又加上了琐罗亚斯德教徒和印度教徒。

30. Philip Khuri Hitti, *History of Syria, Including Lebanon and Palestine* (London: Macmillan, 1951), 543. 这位哈里发即穆塔瓦基勒（Mutawwakil）。甚至在规模较小的政体里，非穆斯林也被禁止建造新的礼拜场所，有时还被禁止修缮旧场所，教堂钟必须被裹住，而诱人改变宗教信仰则是重罪。

31. 哈斯代·伊本·沙普鲁特（Hasdai ibn Shaprut）起初是阿卜杜拉赫曼三世的私人医生。从医生到大臣是有远大抱负的中世纪男人的一条经典的职业发展道路。

32. 伊比利亚半岛的很多犹太人是在70年罗马人洗劫耶路撒冷后移居此地的。哥特人对他们大加迫害：7世纪末，因为怀疑犹太人图谋推翻他们，哥特人没收了犹太人的财产，把它们分给自己的奴隶，随后又使犹太人沦为奴隶，并禁止他们信奉自己的宗教。

33. 保罗·阿尔瓦雷斯（Paul Alvarus）是个皈依了基督教的犹太人，他有过一个著名的哀叹，说灵活而高雅的阿拉伯语曾诱惑过他的教友：“基督徒很爱读阿拉伯的诗歌和传奇文学；他们研究阿拉伯神学家和哲学家的著作，目的不在于驳斥他们，而是要学习正确优雅的阿拉伯语文风。如今，哪里还有阅读宗教经典的拉丁文注释，或是研究《福音书》、预言书或《使徒行传》的教友？唉！所有才华横溢的年轻基督徒都热衷于阅读和研究阿拉伯书籍；他们斥巨资收集了大量藏书；他们鄙视基督教文献，认为那些不值得关注。他们忘却了自己的语言。能给朋友写拉丁文信件的人跟可以用优雅的阿拉伯语来表达思想的人相比，其比例不过千分之一，他们用这种语言写的诗歌比阿拉伯人自己写的还好。”引文出自 John Tolan, *Saracens: Islam in the Medieval European Imagination* (New York: Columbia University Press, 2002), 86。

34. 尤洛吉乌斯最终因藏匿一个皈依了基督教的穆斯林少女而被捕。在审判中，他欲诱导法官信仰基督教，随后发表了一番演讲，历数伊斯兰教的种种谬误。法官无奈地举起双手，把囚犯送到执政委员会面前，他在那里又发表了一次赞美《福音书》的布道。这个顽固教士的穆斯林同行仰慕他的学问和为人，请他停止这种自我毁灭的疯狂举动，但他又重新开始，最后被斩首了。参见 Tolan, *Saracens*, 93; Olivia Remie Constable, ed., *Medieval Iberia: Readings from Christian, Muslim, and Jewish Sources* (Philadelphia: University of Pennsylvania Press, 1997), 51 – 55。

35. 这种觉醒在这个时代的诗歌和歌曲中保存了下来。参见 Peter Cole, trans. and ed., *The Dream of the Poem: Hebrew Poetry from Muslim and Christian Spain, 950 – 1492* (Princeton, NJ: Princeton University Press, 2007); Salma Khadra Jayyusi, "Andalusi Poetry: The Golden Period," in Jayyusi, ed., *The Legacy of Muslim Spain* (Leiden: Brill, 1992), 317 – 366。

36. 其中有柠檬、酸橙、葡萄、无花果、石榴、西瓜、杏、杏仁、藏红花、菠菜、朝鲜蓟、茄子、棉花、大米、甘蔗、桑树、指甲花，以及棕榈树等。参见 Olivia Remie Constable, "Muslim Merchants in Andalusi International Trade," in Jayyusi, *Legacy of Muslim Spain*, 759 – 773; Richard A. Fletcher, *Moorish Spain* (London: Weidenfeld & Nicolson, 1992), 62 – 64。

37. 玛丽亚·罗莎·梅诺卡尔（María Rosa Menocal）把这个著名的说法用作书名，讨论了不同信仰的人共存的文化。那位修女是“甘德斯海姆的赫罗斯维莎”（Hroswitha of Gandersheim）。

38. 或者大致如此。52 这个数字是开创性的北非历史学家伊本·赫勒敦在 14 世纪提出的。曼苏尔最初的优势得益于当时的大臣托人谋杀了王位继承者的叔叔，从而确保了这个娇弱少年即位，也确保了那位大臣本人的影响力。

39. 莱昂的桑乔二世这位国王被他的姐姐推下悬崖，以便让位给他们的弟弟（并有可能是她的情人）——托莱多未来的征服者“勇者阿方索”。

40. 11 世纪后期，阿拉贡和纳瓦拉的继承人宣称，他的征服旨在“恢复和壮大基督教会，毁灭异教徒、基督之敌……所以这个王国……可以因基督的荣耀和功绩而获得解放；一旦把那些举行异教徒仪式的人全部驱逐出境，把他们邪恶的错误从此一扫而光，值得尊敬的我主耶稣基督的教会就可以在那里永远生根发芽”。O'Callaghan, *Reconquest and Crusade*, 8. 无须多言，收复失地运动的诸位国王渴望获得土地和战利品，但在信仰决定一切的时代，如果把这种声明解读为装腔作势，正如只是包裹在圣袍下的机会主义，未免太过草率。

41. 即人称“繁星原野”（Campus stellae）的田垄，据说后来在传说中的坟墓附近发展起来的城市圣地亚哥－德孔波斯特拉（Santiago de Compostela）即由它得名。997 年，阿尔曼索尔攻击并烧毁了圣地亚哥，把那里的教堂大钟运走熔化，铸成科尔多瓦大清真寺的油灯。最重要的是，他的行动使得圣雅各成为收复失地运动的战斗口号，而圣地亚哥城也成为吸引国际朝圣者的圣地。收复失地运动传到科尔多瓦时，油灯又得以回到了故乡。

42. 这位斗士的真名是罗德里戈·迪亚斯。熙德是阿拉伯语尊称“领袖”（al-sayyid）的西班牙语叫法，这个称号是他的穆斯林军队给予他的。

43. 这座犹太教会堂最终被一群基督徒暴徒攻占，变成了白色圣玛利亚教堂。彼此竞争的城邦形成了一个旋涡，加之安达卢斯崩溃所释放的不同文化的融合，使之堪比意大利的文艺复兴，参见 María Rosa Menocal, *The Ornament of the World: How Muslims, Jews, and Christians Created a Culture of Tolerance in Medieval Spain* (Boston: Little, Brown, 2002), 40－41, 144。

44. 在安达卢斯最有影响的文化人物中，有一个来自巴格达的歌手名叫齐里亚布（Ziryab），他成为伊斯兰西班牙的时装和时尚权威，并把他的 1 万首关于爱情、失去和渴望的歌曲带到西方。阿拉伯歌曲越过比利牛斯山，尤其是经过被俘歌女之口的传唱，传到了法兰西行吟诗人的耳中之后，大大影响了欧洲的音乐和文学，或许还启发了典雅爱情的观念。Fletcher, *Moorish Spain*, 43－45; Menocal, *Ornament of the World*, 123.

45. 对穆拉比特人发出邀请的是塞维利亚的埃米尔穆罕默德·伊本·阿

巴德·穆耳台米德（Muhammad ibn Abbad al-Mutamid），他在托莱多落入勇者阿方索之手后，说出了他“宁愿在非洲当个骆驼手，也不愿在卡斯蒂利亚做猪倌”这句名言。Fletcher，*Moorish Spain*，111.

46. 新的统治者未能根除安达卢斯根深蒂固的学习习惯。伊本·鲁世德（Ibn Rushd）——西方人称之为阿威罗伊（Averroës）——在穆瓦希德人派他去其摩洛哥首都马拉喀什担任王室医生之前，是塞维利亚的首席法官。他在对亚里士多德的评论中坚称，因为上帝创造了一个合乎逻辑的世界，应用理性便可推测其结果，所以科学高于宗教。这段评论在托莱多被翻译成西方语言，并刺激了经院哲学的发展，后者是中世纪欧洲占主导地位的哲学和神学运动。阿威罗伊的理性主义信仰意外地得到穆瓦希德人的哈里发阿布·雅库布·优素福（Abu Yaqub Yusuf）的支持，并被载入1183年的穆瓦希德信经（Almohad Creed），但随着宗教仇恨的升级，这位哲学家被流放，他的书籍也被烧毁。与阿威罗伊同时代的摩西·本·迈蒙（Musa ibn Maymun）在西方被称为迈蒙尼德（Maimonides），他代表了不同信仰的人共存时代的终结。作为阿拉伯化的科尔多瓦犹太人的子孙，他搬去埃及，逃离了穆瓦希德人的迫害，在那里成为另一位王室医生，后来却又在更多针对犹太人的集体迫害中惹上麻烦。他抛弃了自己过去的观念，批驳（在阿拉伯的）犹太人与穆斯林合作是一场灾难，并预测了伊斯兰教的衰落。而得益于在安达卢斯所接受的教育，他撰写了试图调和亚里士多德学派的逻辑学与宗教的《解惑指引》（*Guide for the Perplexed*），该书成为所有阿拉伯语著作中最有影响力的一本；他还撰写了很多医学课本，它们一直到文艺复兴时期仍被广泛使用。穆斯林伊比利亚的学术影响在其衰落之后很久仍然在欧洲时有显现。

47. 《古兰经》的第一部拉丁文译本完成于1143年。

48. 1212年，关键性的托洛萨的纳瓦斯战役（Battle of Las Navas de Tolosa）发生在莫雷纳山脉（Sierra Morena）东麓的一个平原上，这条山脉把安达卢西亚与拉曼查（La Mancha）分开。根据同时代的几份记载，西班牙全军被困在一块高地上，直到一个牧羊人带领他们去了一个通向穆斯林营地的养羊场，他们才幸免于难。和往常一样，后来的结果表明，这位牧羊人不是凡人，正是一位过世已久的圣人伪装的。

2. 圣地

1. 具有讽刺意味的是，刺激大军东征的教宗只能勉强进入罗马；神圣罗马帝国皇帝恩里克四世支持的一个与乌尔班二世竞争教宗的人则常驻那里。这位竞争者曾经被卷入与乌尔班二世的前任格里高利七世（Gregory Ⅶ）的一场臭名昭著的斗争，两人都运用了最高的权力。乌尔班曾作为流放犯在意大利游荡多年，依靠他人的施舍维生并欠下了巨额债务；他鲜有机会去罗马，被迫守在台伯河的一座岛上，躲藏在一个忠臣的城堡中，无助地诅咒墙外的对手，而他的支持者则与所谓的敌对教宗的军队打上了持久战。1095年，乌尔班的位子仍然不稳，但十字军的骨干来自他位于法兰西北部的家乡。

2. 牧首以牙还牙，也把教宗的使节逐出了教会。尽管对教令的合法性存有疑虑，东正教会和罗马天主教会之间长期以来本就紧张的关系终于破裂，再也没有恢复。

3. 750年，阿拔斯王朝击败了倭马亚王朝，并在762年迁都巴格达。这次“鸿门宴”的少数幸存者中有一个名叫阿卜杜·拉赫曼的年轻王子，他一路避开为得到赏金而追捕自己的猎手，来到西班牙，在那里重新建立了安达卢斯的统治王朝——倭马亚王朝。

4. 这一盛典被11世纪的史家哈提卜·巴格达迪（al-Khatib al-Baghdadi）记述下来，参见Hugh Kennedy, *The Court of the Caliphs: The Rise and Fall of Islam's Greatest Dynasty* (London: Weidenfeld & Nicolson, 2004), 153。

5. 这个支派就是伊斯玛仪派，该支派继承人的合法性可通过一个名叫伊斯玛仪·伊本·贾法尔的伊玛目一直追溯到穆罕默德。一个巴格达迪的传教士把他们的学说带到了突尼斯，909年，他煽动本地人推翻了统治者并支持一个自称是法蒂玛、阿里和伊斯玛仪一系的先知后裔的人。969年，法蒂玛王朝征服了埃及，结束了一个名叫阿布·米斯克·卡富尔（Abu al-Misk Kafur，意为有麝香味的樟脑）的阉人（之前还是奴隶）对该国家长达22年的统治。一个故事说，宗教学者质疑新的统治者哈里发穆依兹（al-Muizz）的血统，他对此的回答是抽出长剑，在地上洒满金币，“这就是我的血统”，他如此反击道。

6. 萨曼帝国在9世纪和10世纪的大部分时间里得以延续，它的首都布哈拉与巴格达同为文化中心。杰出人物中最重要的是哲学家和医生伊本·西那（Ibn Sina），西方长期以来尊称他为阿维森纳（Avicenna），他的《医典》（*al-Qanun*）是一部集希腊和阿拉伯医学知识之大成的百科全书，直到近代仍是欧洲和亚洲各个医学院的主要教科书。

7. 发生在1071年的曼齐刻尔特战役（Battle of Manzikert）。为羞辱对手，获胜的苏丹阿尔普·阿尔斯兰（Alp Aslan）以颇为仁慈的方式对待败于他手的皇帝罗曼努斯四世狄奥吉尼斯（Romanos Ⅳ Diogenes）：阿尔斯兰慷慨给予他大量的礼物，并送他回家，而他国内的敌人则剜去了他的双眼。正当君士坦丁堡因为新的内战而分心之时，土耳其人如入无人之境，进入广袤的安那托利亚半岛——那里是罗马在小亚细亚的大省，如今是土耳其在亚洲的国土。转瞬之间，帝国便仅剩下首都和一块易攻难守的腹地。

8. 据称，拜占庭皇帝阿历克塞一世科穆宁（Alexius Ⅰ Comnenus）给佛兰德的罗伯特伯爵写了一封极具煽动性的信。除了详述如何大规模侮辱教会之外，这封信还宣称，土耳其人正排队等着奸污处女，同时让她们的母亲们旁观并高唱淫秽歌曲，还要鸡奸各种年龄段的男人，包括神职人员、修士，甚至主教。这封信是以耸人听闻的小报风格写就的，也许不足为凭，也可能是后来根据真实材料编造的。无论如何，这种非难使得基督徒和穆斯林之间日益升级的敌意洞若明火。Andrew Holt and James Muldoon, eds., *Competing Voices from the Crusades*（Oxford: Greenwood, 2008）, 9.

9. 引文出自修士罗伯特，Thomas F. Madden, *The New Concise History of the Crusades*（Lanham, MD: Rowman & Littlefield, 2005）, 8-9。乌尔班二世演讲的逐字记载未能留存于世；罗伯特的版本是在事件发生的20年后写就的，它记载了穆斯林的种种堕落，本意或许是为事后证明第一次十字军东征的合法性。

10. 修士罗伯特记录了乌尔班二世将主要目标锁定为耶路撒冷。考虑到当时在现场的“沙特尔的富尔彻”（Fulcher of Chartres），教宗转而强调需要保卫君士坦丁堡，抵御快速推进的土耳其人的攻击。此次会议后不久，在他致十字军骑士们的信中，乌尔班二世谈及曾夺取了“基督圣城”的穆斯林的暴行，但并未公开呼吁解放这座圣城，不过他十之八九希望如此。Edward Peters, *The First Crusade: The Chronicle of Fulcher of Chartres and Other Source Materials*（Philadelphia: University of Pennsylvania Press, 1971）, 30-31, 16.

11. 法蒂玛王朝的哈里发哈基姆（Al-Hakim）当时控制着耶路撒冷，他发动了大规模行动，摧毁了埃及和巴勒斯坦的基督教教堂。他肚量更大的儿子和继承人接受了君士坦丁堡的贿赂，同意重建神殿。1073 年，法蒂玛王朝败给土耳其人，失去了耶路撒冷，但在 1098 年，即十字军到来的前一年，又重新夺回了这座城。

12. 修士罗伯特所言，引文出自 Peters, *First Crusade*, 4。

13. Ibid. , 3 – 4.

14. “阿奎勒斯的雷蒙德”所言，援引自 Thomas Asbridge, *The First Crusade: A New History* (London: Free Press, 2004), 316。据估计死亡人数达到 100000 人，远超当时耶路撒冷的人口（大概 30000 人）。

15. “亚琛的阿尔伯特”所言，见 ibid. , 317。

16. “沙特尔的富尔彻”所言，见 ibid. , 318。

17. 这块岩石位于圆顶清真寺之下，该穆斯林圣殿建于 7 世纪末，最终完胜这座城在宗教建筑领域的竞争对手。在犹太信仰中，这里是世界赖以形成的“基石”，是亚伯拉罕献祭自己儿子的圣坛，也是约柜的安放之所，尽管这三个位置都备受争议。2000 年，以色列当时的反对党领袖阿里埃勒·沙龙（Ariel Sharon）在圣殿山散步，引发了一场为期六年的报复行动，由此看来，耶路撒冷的宗教冲突仍在不断累积。

18. 寺名的含义是“最遥远的清真寺”。它是一座位于圣殿山南端的巍峨的石砌建筑，在穆罕默德时代之后很久才建成，却被大众认为是先知“夜行登霄”在人间的最后一站。因为耶稣撒冷很快就没有穆斯林来解释这些，十字军认为这一定是所罗门王建造的犹太第一圣殿。那里同样也没有犹太人留下来指出，早在十字军现身的大约 16 个世纪前，巴比伦国王尼布甲尼撒二世（Nebuchadnezzar）便已毁去了所罗门的圣殿。十字军的第一批国王无疑把这座清真寺用作他们的行宫，随后又将其给予了人称“基督贫苦骑士团”的一个新的骑士组织。基督徒想象中的希伯来历史被埋葬在他们脚下的伊斯兰地板下，此后贫苦骑士团又变成了所谓的圣殿骑士团。

19. 虽说穆斯林作家夸张了死亡数字，以此来激起同信仰之人的愤慨，但基督教作家也出于替天行道的自豪感而夸大了这一数字。在胜利五个月后来到耶路撒冷的“沙特尔的富尔彻”说，单在“所罗门圣殿”一地便有将近 10000 人被杀；穆斯林史家阿里·伊本·艾西尔（Ali ibn al-Athir）提供的数字是 70000 人。两者皆不可当真。“阿奎勒斯的雷蒙德”关于鲜血升到马缰高度的描述直接引自《启示录》一书。

20. 引文出自佚名所著之《法兰克人言行录》（*Gesta Francorum*），in Asbridge, *First Crusade*, 320。

21. 修士罗伯特。如今的一些基督教原教旨主义者认为，以色列就是那个先驱之国。

22. 关于圣殿骑士在战场上的出色表现，参见人称《圣地地点与国家之土地》（*Tractatus de locis et statu sanctae terrae*）中无名朝圣者所著的文章，引文出自 Helen Nicholson, *The Knights Templar: A New History* (Stroud, UK: Sutton, 2001), 67 – 68。

23. 圣殿骑士不许拥有财产并发誓保持童贞。一部非常详细的规则手册列出了他们必须遵守的规则，就连很小的过错也意味着一年的鞭刑和在地上进餐，规则最终扩展到了 686 条。参见 Malcolm Barber, *The New Knighthood: A History of the Order of the Temple* (Cambridge: Cambridge University Press, 1994), 182, 219 – 221。

24. 阿萨辛派是伊斯玛仪派中很激进的一支，他们对于埃及的法蒂玛王朝未能在伊斯兰教国家实行什叶派教义而倍感沮丧。他们发动恐怖行动的结果是整个什叶派运动的名誉扫地。"杀死 1 个（穆斯林）异端，"一位阿萨辛派侍僧写道，"比杀死 70 个希腊异教徒更有价值。"引文出自 Bernard Lewis, *The Assassins: A Radical Sect in Islam* (London: Weidenfeld & Nicolson, 1967), 48。

25. 密列奥塞法隆战役（Battle of Myriocephalum）。基督徒的目标并未达成。六年后，正教的暴徒屠杀了住在君士坦丁堡的数千名天主教徒，还把教宗代表的头颅拴在狗尾巴上，让狗在大街小巷四处走动，而皇帝却袖手旁观。激起这一事件的原因之一是第四次十字军东征引发的混乱。

26. 萨拉丁的话是他的侍从和传记作者巴哈丁（Baha ad-Din）记录下来的，引文出自 Francesco Gabrieli, *Arab Historians of the Crusades* (Berkeley: University of California Press, 1984), 101。

27. 根据萨拉丁那个时代的野蛮标准，他本人就算宽宏大量了。步兵被卖作奴隶，贵族则被扣押用以索取赎金。医院骑士团和圣殿骑士团中充满恐惧的武修士运气不佳。在穆斯林敌人看来，他们比平常人更加邪恶。神职人员排着队来砍掉他们的头颅，而根据萨拉丁的书记官伊马德丁（Imad ad-Din）的记录，萨拉丁满脸喜悦地在旁观看。参见 Barber, *New Knighthood*, 64。

28. 11 世纪，两个名叫罗杰吉斯卡尔和罗伯特·吉斯卡尔的诺曼兄弟从穆斯林统治者手中夺取了西西里，而后者则是从君士坦丁堡那边夺取的。诺曼人兄弟是维京人或称古斯堪的纳维亚人的后裔，在他们皈依基督教很久之后，只要发生战争，就一定有诺曼人参战。然而，这些四处漫游的武士很快便适应了自己的新家，尤其被高雅时髦的西西里所吸引。治理工作交给了犹太人、穆斯林和基督徒的精英，宗教自由盛行一时。穆斯林旅行家吃惊地看到他们在基督教的巴勒莫（Palermo）城受到热情洋溢的接待，那里的女人身穿东方云朵般的丝袍、戴着彩色面纱、脚踩镀金拖鞋，身上画着指甲花彩绘去参加弥撒；他们更加惊异地发现，某些诺曼人说着一口漂亮得体的阿拉伯语。

29. 引文出自 Stephen Howarth, *The Knights Templar* (New York: Atheneum, 1982), 223。

30. 当时的可汗是窝阔台，他是成吉思汗的三子，也是后者的第一继承人。

31. 引文出自 Michael W. Dols, *The Black Death in the Middle East* (Princeton, NJ: Princeton University Press, 1977), 67。基督徒把瘟疫看作上帝对人类罪孽的惩罚，而穆斯林将这场灾难解释为真主给忠实信徒提供的殉教机会。当瘟疫并未像穆罕默德预言的——任何疾病都不会侵染麦加或麦地那——那样，反而传染到麦加时，人们的信念尽管没有被全然摧毁，却也动摇了不少。

32. 与会人数和职业见 Jerry Brotton, *The Renaissance Bazaar: From the Silk Road to Michelangelo* (Oxford: Oxford University Press, 2002), 96。大公会议从 1414 年开到 1418 年，会议裁定包括教宗本人在内的所有人都应责无旁贷地服从会议的决定，会议任命马丁五世（Martin V）为近一个世纪以来第一位无争议的教宗。

33. “房屋倾颓成废墟，教堂坍塌，整个街市被人遗弃；而市镇也被饥荒和贫穷所忽视和压抑，”新教宗如此悲叹道。他还说，罗马的居民“一直在把肠子、内脏、头、脚、骨头、血和皮，还有腐烂的鱼肉、垃圾、粪便，以及散发恶臭的腐烂尸体扔到街上，或是违法地私藏起来……并理直气壮、亵渎神灵地胆敢侵占、毁坏街道、小巷、广场，以及教会和世俗的公共和私有场所，或将其据为己有”。从一开始，新罗马就规划了宏伟蓝图，意在代表和加强复兴教会的荣光。教宗尼各老五世（Nicholas V）

说，人们的信仰将会“越来越坚定，并日益得到伟大建筑的证实”，那些建筑“看上去像是上帝之手打造的”。Eamon Duffy, *Saints and Sinners: A History of the Popes*, 3rd ed. (New Haven, CT: Yale University Press, 2006), 193; Brotton, *Renaissance Bazaar*, 106.

34. Barbara Tuchman, *A Distant Mirror: The Calamitous Fourteenth Century* (New York: Knopf, 1978), 561.

3. 家族战争

1. 1147 年，几艘满载着英格兰、苏格兰、佛兰芒、日耳曼和诺曼骑士的船在参与第二次十字军东征的航途中，在港口波尔图（Porto）停下来补给。波尔图在一个名叫“船坞港”（Portus Cale）的古老的罗马前哨站附近发展起来，那里是 9 世纪时从柏柏尔人手中夺回来的；随着这个好战小国的不断扩张，“船坞港”这个名字逐渐演变成了葡萄牙。十字军战士们受到关于金银财宝的荒诞故事的诱惑前去增援围攻里斯本的军队，在最热的夏季连续四个月攻击这座堡垒。最后，英格兰人建造了一系列攻城塔，攻破城墙，蓄意掠夺。1189 年春，越来越多的十字军来到阿尔加维，在那里屠杀了 6000 名穆斯林，并残忍地围攻西莱斯城。1249 年，阿尔加维终于被占，葡萄牙变成第一个有确定国界的欧洲城邦。

2. 引文出自 Duarte Galvão, *Crónica de D. Afonso Henriques*, Sanjay Subrahmanyam, *The Career and Legend of Vasco da Gama* (Cambridge: Cambridge University Press, 1997), 162。

3. 指阿勒祖巴洛特战役（Battle of Aljubarrota）。胜利的代价是支持卡斯蒂利亚的大多数老贵族都死亡或失踪了，若昂一世没收了他们的土地，在其支持者中册封了新的贵族。

4. 里斯本围城之后，一些英格兰骑士留在那里，其中一位被称作“黑斯廷斯的吉尔伯特”（Gilbert of Hastings）的骑士被任命为里斯本的首任主教。英格兰士兵在阿勒祖巴洛特战役中支持若昂，战役结束一年后，若昂一世签署了葡萄牙和英格兰两国国王的“后嗣和继承人，以及两个王国的臣民之间神圣、永恒、坚固、持续和忠诚的友谊联盟”的《温莎条约》。这个条约目前是欧洲国家之间签订的最早的盟约。H. V. Livermore, *A New History of Portugal*, 2nd ed. (Cambridge: Cambridge University Press, 1976), 67.

5. 菲利帕的迷人故事见 T. W. E. Roche, *Philippa: Dona Filipa of Portugal* (London: Phillimore, 1971)。

6. Ibid. , 57.

7. 策划和执行十字军攻打休达的首要权威是葡萄牙编年史家戈梅斯·埃亚内斯·德·祖拉拉。他的本意是为其前任宫廷编年史家费尔南·洛佩斯（Fernão Lopes）所著的国王若昂一世编年史提供补充。近期的葡萄牙语版本是 Gomes Eanes de Zurara, *Crónica da tomada de Ceuta* (Mem Martins: Publicações Europa-América, 1992)。节选的译本参见 *Conquests and Discoveries of Henry the Navigator*, ed. Virginia de Castro e Almeida and trans. Bernard Miall (London: Allen & Unwin, 1936).

8. Zurara, *Conquests and Discoveries*, 33.

9. 杜阿尔特一世的信件，引文出自 Peter Russell, *Prince Henry 'the Navigator': A Life* (New Haven, CT: Yale University Press, 2000), 40。

10. 诏书是罗马教宗们颁布的，葡萄牙人和英格兰人支持教宗，反对法兰西的索求者。第一份诏书于 1341 年颁布，这份诏书在 1345 年、1355 年、1375 年和 1377 年分别得到重申。

11. Zurara, *Conquests and Discoveries*, 52 – 53.

12. Ibid. , 57. 事实上，与会者就是否支持这个计划并非毫无异议，很多年轻贵族仍然渴望重启对卡斯蒂利亚的战争。祖拉拉说，90 岁的老人列队要求参战，不过是诗意地证明这个国家最有智慧的人都支持十字军东征。

13. 在威尼斯垄断了亚洲奢侈品的贸易后，被迫寻找新的商业机会的热那亚人占据了主导地位。1317 年，一个热那亚人被任命为葡萄牙的第一位海军上将。

14. 几十年后，债权人仍然试图收回他们借给国王的大笔金钱。参见 Russell, *Prince Henry*, 44。

15. Zurara, *Conquests and Discoveries*, 66 – 67.

16. 数字是为阿拉贡的费尔南多一世服务的一位间谍提供的，Russell, *Prince Henry*, 31。其他人估计的数字高达 50000 人。

17. 正如彼得·拉塞尔（Peter Russell）所说，神父认为，若昂一世的大部分罪孽在于在与卡斯蒂利亚的战争中牺牲了大量基督徒的生命；神父解释说，为了挽救良心，国王决心让同样数量的异教徒流血。拉塞尔评论说："王室随扈中大概无人认为若昂一世让人民付出巨大代价、通过牺牲掉更多的人命来缓解自己良心不安的这种做法有什么可奇怪的。" Ibid., 46.

18. 向若昂一世发布诏书的教宗是若望二十三世（John XXⅢ），是比萨大公会议为了对抗法兰西和罗马的教宗而选出的第二位主教。若望二十三世被正式指控犯有海盗罪、谋杀罪、强奸罪、买卖圣职罪和乱伦罪，于1415年5月，也就是他支持的十字军启航两个月前，被废黜并被宣布为敌对教宗。

19. 休达总督萨拉赫·本·萨拉赫（Salah ben Salah）来自一个著名的非洲航海家族，是附近多个城市的君主。

20. 此时，祖拉拉（Zurara）让一群摩洛哥青年去寻找休达的总督，并就该如何俘获敌军的舰队、赢取一场大胜，并收获丰厚的战利品给出建议。他们恐怕会如此解释：基督徒因为重型盔甲而步履沉重，只需要在海滩上与他们会战并击倒他们即可，他们将全无回击之力。无论总督是否收到了如此睿智的建议——我们很难想象祖拉拉如何获悉这种消息——他顾及自己精疲力竭的军队，认为最好能阻止葡萄牙人进城。他的很多士兵离开了自己的防御阵地，涌上海滩，结局惨不忍睹。

21. Zurara, *Conquests and Discoveries*, 98.

22. Ibid., 99.

23. 引文出自 C. R. Boxer, *The Portuguese Seaborne Empire 1415 - 1825* (London: Hutchinson, 1969), 13。

24. Ibid.

25. Valentim Fernandes, *Description de la Côte d'Afrique de Ceuta au Sénégal*, ed. and trans. P. de Cenival and T. Monod (Paris: Larose, 1938), 18 - 19. 巨大的蓄水池里灌满了此城的泉水，希望在那里装满淡水补给的舰船为此项特权要花上一大笔钱。

26. Malyn Newitt 在 *A History of Portuguese Overseas Expansion, 1400 - 1668* (London: Routledge, 2005), 19 中提到了这个巧合。

4. 大洋

1. 恩里克作为创立了一所突破性的航海学校的孤独科学家形象可以追溯到16世纪的葡萄牙编年史，那些史书写于帝国的鼎盛时期，不可避免地把帝国的缔造者传奇化了。这个传说又在 R. H. Major 在 19 世纪所著的传记文章《人称航海家的葡萄牙恩里克王子》里得到了明文昭示，因此这种印象很难被消除。参见 Peter Russell, *Prince Henry 'the Navigator': A Life* (New Haven, CT: Yale University Press, 2000), 6-7。

2. G. R. Crone, trans. and ed., *The Voyages of Cadamosto, and Other Documents on Western Africa in the Second Half of the Fifteenth Century* (London: Hakluyt Society, 1937), 10.

3. 这些圣殿并非总像传说中的那样安全。1263 年，英格兰后来的爱德华一世和他的父亲亨利三世以及其他王室成员全都身无分文，便借口要看一看王室的珠宝而来到伦敦的圣殿。事实上他们带了一把锤子，砸开一堆宝箱，带走了一大堆他人的钱财。参见 Helen Nicholson, *The Knights Templar: A New History* (Stroud, UK: Sutton, 2001), 163。

4. 法兰西人的逮捕令是在 1307 年 10 月 13 日星期五发出的，那年 11 月的一份教宗诏书命令欧洲所有的基督教统治者都须照此行事。教宗后来又改变主意，召集了一个法庭，法庭宣告圣殿骑士团成员在各个方面都无罪。但屈于法兰西人新的压力，且又因为腓力独自掀起的丑闻玷污了该命令，1312 年的一纸诏书解散了骑士团。

5. 1131 年，阿拉贡国王阿方索一世试图把整个国家都留给圣殿骑士团、医院骑士团和圣墓教堂的修士们。他的兄弟拉米罗（Ramiro）慌忙离开了自己的修道院后生了一个女儿，并把她嫁给巴塞罗那伯爵，后者作为统治者接管了阿拉贡。拉米罗隐退回到他修士的小房间；圣殿骑士则获得了大量土地和岁入。

6. 在恩里克的时代，改了团名的圣殿骑士团控制着葡萄牙中部的 21 个市镇和大量土地。然而，当时它已很久没有攻击过穆斯林了，而且骑士们声称他们只有在国内战斗的义务，拒绝参加攻打休达的十字军，这激怒了国王。若昂一世任命恩里克担任骑士团的首脑，等于王室接管了这个组织。

7. 恩里克并非唯一拒绝把直布罗陀海峡看作收复失地运动之障碍的人。早在 1291 年，卡斯蒂利亚和阿拉贡便在他们将来的摩洛哥封邑边界达成了一致意见；1400 年，卡斯蒂利亚摧毁了摩洛哥的市镇得土安（Tétouan），它坐落在休达以南大约 25 英里处，是个臭名昭著的海盗基地。在罗马时代，摩洛哥北部曾是西班牙主教教区的一部分，但卡斯蒂利亚的要求在很大程度上有赖于其假造的古老的哥特王国的继承者这种自我认定，卡斯蒂利亚想象它曾经统治过摩洛哥和西班牙。

8. 恩里克的声望仰仗于他在休达体现的英雄气概，他的父亲让他负责这座城的防守；过快便将其拱手让出将会是个令人绝望的丢脸之举，同时还会让葡萄牙新近闪闪发光的讨伐资历成为笑柄。

9. 这本制作于马霍卡（Majorca）的地图集是由犹太制图师亚伯拉罕·克雷斯克（Abraham Cresques）牵头为法兰西的查理五世而作的。

10. 引文出自 Jerry Brotton, *The Renaissance Bazaar: From the Silk Road to Michelangelo*（Oxford: Oxford University Press, 2002）, 55。众多的故事中仅此一个包含着真相：在苏丹西部采掘的黄金确实输送到了撒哈拉沙漠边缘的廷巴克图等贸易市镇，并在那里被锻造成金锭，通过商队运到北非。强大的马里国王曼萨·穆萨的声望便来自在那里展示的富裕景象。1324 年他去麦加朝圣，随行的 100 匹骆驼满载黄金，还有 500 个奴隶扛着沉重的黄金权杖。

11. 欧洲的制图师和恩里克的水手们或许误将更加危险的朱比角（Cape Juby）当成了著名的地标博哈多尔角，前者在后者北面 140 英里处；博哈多尔角本身或许被他们绕过去了，不过这一事实在大约十年后才被人察觉。参见 Russell, *Prince Henry*, 111 – 113。

12. 后世人认为恩里克的学校正是位于此处。据编年史家若昂·德·巴罗斯（João de Barros）说，恩里克曾修复一个现有的村庄——后来改名为"王子镇"（Vila do Infante），它原本可能是用作过往船只维修站的。15 世纪中叶，在祖拉拉著述时，那里仍然蒸蒸日上，有环城的围墙、一座城堡、几幢房屋，但没有航海学校。恩里克自己的舰队从拉古什（Lagos）出发，沿着阿尔加维的海岸一路向东。

13. Gomes Eanes de Zurara, *The Chronicle of the Discovery and Conquest of Guinea*, trans. C. R. Beazley and Edgar Prestage（London: Hakluyt Society, 1896 – 98）, 1: 57. 勒索来的大批赃物用作了三个穆斯林囚犯的赎金。

14. Crone, *Voyages of Cadamosto*, 5. 阿尔维塞·卡达莫斯托是威尼斯人的真名 Alvide da Ca' da Mosto 的葡萄牙语版本。

15. 传播的过程是一个长期争论的问题。参见 I. C. Campbell, "The Lateen Sail in World History," in *Journal of World History* 6, no. 1（Spring 1995）: 1 – 23。

16. 如今位于马里北部沙漠中的塔阿扎（Taghaza）曾是拥有十分宝贵的盐矿的地方，被摩洛哥人控制，长期以来都是北非的商业和政治中心。岩盐被大批商人带到南方并在苏丹用以换取黄金，在那里岩盐如此珍贵，以至于会被切成小块当作货币使用。交易采取一种无声竞拍的形式，这种形式从希罗多德的时代便闻名遐迩了。盐成排堆放，商人退到一旁；矿工上前，在每排盐的旁边放上一定数量的黄金，然后就消失了。盐贩子回来计算一下，看看是接受这些黄金还是等更好的价钱，而金贩子（即前述的矿工）回来或是取走他们的盐，或是提高报价。这个过程继续下去，直到所有的商人都完成交易。

17. 有一段时间，葡萄牙人认为塞内加尔河是尼罗河的一个分支，这个错误被写进了1455年名为《罗马教宗》（*Romanus Pontifex*）的教宗诏书里。冈比亚河、尼日尔河和刚果河也都曾相继被误认为是尼罗河的支流。

18. Crone, *Voyages of Cadamosto*, 28. 河南面是沃洛夫人和塞雷尔人的部落。河北面是图阿雷格人的主要族群之一阿扎纳吉人（现代的桑哈扎人或泽纳加人），他们是游牧柏柏尔人，曾是（如今仍然是）撒哈拉的主要居民。

19. 这个首都属于沃洛夫人的两个王国之一，葡萄牙人与其建立了贸易关系。

20. Crone, *Voyages of Cadamosto*, 41.

21. Ibid., 36.

22. Ibid., 58.

23. Ibid., 60.

24. 神圣罗马帝国皇帝的异母兄弟“弗赖辛的奥托”（Otto of Freising）。在其关于耶路撒冷和巴别尔双城史的 *Chronica de duabus civitatibus* 一书中，奥托说叙利亚主教“哈瓦拉的休”（Hugh of Jabala）曾给他讲述了一个关于东方聂斯脱利教派的国王祭司王约翰的故事。

25. 引文出自 Robert Silverberg, *The Realm of Prester John* (Garden City, NY: Doubleday, 1972), 2。这封信在瓦斯科·达伽马的时代仍广为流传。

26. 引文出自 L. N. Gumilev, *Searches for an Imaginary Kingdom: The Legend of the Kingdom of Prester John*, trans. R. E. F. Smith (Cambridge: Cambridge University Press, 1987), 6。

27. 欧洲人将他看作蒙古中部克烈部（Kerait）的首领王汗（其原名为脱斡，Toghrul）。欧洲人认为王汗是成吉思汗父亲的亲兄弟，或许还是个聂斯脱利教派基督徒。王汗因为之前保护他的人人功高盖主而企图暗杀后者一事，又给这个故事增加了更多的可信度。老人在逃离战场时被杀，成吉思汗的儿子娶王汗的侄女为妻。

28. 这个消息的来源正是马可·波罗。十字军战士和史家让·德·茹安维尔（Jean de Joinville）也讲述了相同的故事。在鲁不鲁乞（William of Rubruck）的编年史中，克烈部的首领是祭司王约翰的兄弟，蒙古人击败了这两个王国，成吉思汗的儿子娶了祭司王的女儿为妻。

29. 祭司王约翰传说的大部分假象来自世界地图上的说明文字，参见 Russell, *Prince Henry*, 122。

30. 如此称呼以便与大印度和小印度进行区别，此二者大致分别相当于印度次大陆和印度支那，这些名字都是马可·波罗起的。埃塞俄比亚也被称作第三印度（India Tertia）。这种划分是为了便于专家使用；对普罗大众来说，尼罗河以东的任何神秘之地一般都被认为是印度的一部分。

31. 参见 *Travelers in Disguise: Narratives of Eastern Travel by Poggio Bracciolini and Ludovico de Varthema*, trans. John Winter Jones, rev. Lincoln Davis Hammond (Cambridge, MA: Harvard University Press, 1963), 42。

32. Russell, *Prince Henry*, 121.

33. Ibid., 202, 211.

34. 这种声明在当时听来并不像如今这般伪善。在教堂与国家密不可分的时代，各国家宗教的蓬勃和世俗的财富难解难分。十字军老战士们从来都不认为宗教、战争、权力和利益搅在一起有何古怪之处，新战士们的态度也是如此。财富是上帝的赐福：中世纪的一位意大利商人在他账本的每一页上方都写了“以上帝和利润的名义”这样的祈祷文字。C. R. Boxer, *The Portuguese Seaborne Empire 1415 - 1825* (London: Hutchinson, 1969), 18.

35. Gomes Eanes de Zurara, *Conquests and Discoveries of Henry the Navigator*, ed. Virginia de Castro e Almeida and trans. Bernard Miall (London: Allen & Unwin, 1936), 160 - 161.

36. Ibid., 164 - 166.

37. Zurara, *Discovery and Conquest of Guinea*, 1: 81 - 82.

38. Russell, *Prince Henry*, 246.

39. 奴隶主要是从西班牙、葡萄牙和意大利的沿海村落里抓来的，但柏柏里的奴隶商人还从法兰西、英格兰、爱尔兰和尼德兰，甚至冰岛和北美掳人。欧洲企图防止他们的骚扰，被迫纳贡，而美国的第一次海外军事行动便是在1801~1805年和1815年的第一次和第二次柏柏里战争中抗击海盗。参见Joshua E. London, *Victory in Tripoli*: *How America's War with the Barbary Pirates Established the U. S. Navy and Shaped a Nation* (Hoboken, NJ: Wiley, 2005)。

40. Russell, Prince Henry, 244. 关于祖拉拉的“诺亚和该隐”理论，参见*Discovery and Conquest of Guinea*, 2: 147。葡萄牙人放弃了拯救灵魂的伪装，40年来一直在非洲酋长和穆斯林奴隶商人之间扮演着中间人的角色。国王若昂三世（1521~1557年在位）意识到他此举让俘虏万劫不复后，终于停止了这种做法，而他的先辈们显然没有。

41. 估计的数字出自Russell, *Prince Henry*, 258。150000这个数字出自Boxer, *Portuguese Seaborne Empire*, 31。

42. 指教宗尼各老五世于1452年6月18日发布的《必须改观》(*Dum Diversas*)。并非每一位教宗都支持奴隶制度，在1435年的诏书《像很久之前一样》(*Sicut dudum*)中，尤金四世（Eugene Ⅳ）就曾以将其逐出教会来威胁奴隶商人们。

5. 世界末日

1. 围城的目击者见闻包括尼科洛·巴尔巴罗（Nicolò Barbaro）的详尽日记，他是个威尼斯上层社会的医生，乐于谈论同胞们在守城时发挥的作用；还有城市法官乔治·弗兰泽斯（George Phrantzes）的编年史；以及莱斯沃斯主教希俄斯的伦纳德（Leonard of Chios）写给教宗的信件，他当时在君士坦丁堡进行教会结盟的谈判。这些叙述被收集在J. R. Melville Jones, ed., *The Siege of Constantinople*: *Seven Contemporary Accounts* (Amsterdam: Hakkert, 1972）中。关于拜占庭和围城的历史，参见Steven Runciman, *The Fall of Constantinople*: *1453* (Cambridge: Cambridge University Press, 1965); John Julius Norwich, *Byzantium*: *The Decline and Fall* (London: Viking, 1995)；以及Roger Crowley, *Constantinople*: *The Last Great Siege*, *1453* (London: Faber & Faber, 2005)。

2. 围城期间，穆罕默德二世雇用了一小群意大利文学者给他朗读古典历史学家发人深省的选段。参见 Franz Babinger, *Mehmed the Conqueror and His Time* (Princeton, NJ: Princeton University Press, 1978)。

3. 1438 年，皇帝约翰八世帕里奥洛格斯 (John Ⅷ Paleologus) 前往佛罗伦萨，提出联盟是防止君士坦丁堡失守的唯一办法。东正教会各地的代表团纷纷赶来，带来了古典时期和基督教早期大量的珍贵手稿，并于 1439 年 7 月 6 日签署了《联盟法令》(*Decree of Union*)。但这部法令从未实施：君士坦丁堡的人民拒绝接受合并，而意大利人则拒绝向他们派遣援军。1452 年，奥斯曼人兵临城下，最后的皇帝君士坦丁十一世 (Constantine Ⅺ) 致信罗马，承诺颁布该协议，但教宗未能说服欧洲各国及时采取行动。

4. 这些圣物在帝国神话中起到了重要作用。受难圣物代表了皇帝的天赋权威；摩西的手杖和耶利哥陷落遗留下来的小号被存放在旧宫的显要处，彰显了历史悠久的正统地位。皇帝阿历克塞 (Alexius) 在十字军第一次东征前夕致佛兰德的罗伯特伯爵的信件（或许是伪造的）中，列举了这座城市令人垂涎的全部圣物。

5. 安德烈在君士坦丁堡的大街上过着简朴的生活，只向其弟子伊比凡尼奥斯透露他的神圣智慧。圣愚这种流行现象在保罗的《哥林多前书》中也得到了确证："人不可自欺。你们中间若有人，自以为在这世界有智慧，倒不如变得愚拙，好成为有智慧的人。因这世界的智慧，在神看来是愚拙。"人们认为他们故意引人愚弄、侮辱和殴打，或是假装疯癫，为的是战胜自负，从而既能提供精神上的指引又不会赢来赞美，而人们会仔细梳理他们的话，在其中寻找那些神智健全的布道者所缺乏的先知智慧。

6. Nikephoros, *The Life of St. Andrew the Fool*, ed. and trans. Lennart Rydén (Stockholm: Uppsala University, 1995), 2: 261.

7. 引文出自 Jerry Brotton, *The Renaissance Bazaar: From the Silk Road to Michelangelo* (Oxford: Oxford University Press, 2002), 49。

8. 如此便在古典时代和文艺复兴之间建起了直接的联系，让欧洲忘却了伊斯兰世界对其学识的重生所做的重大贡献。尽管拉丁文及随后的希腊文学的重新发现主要是西方所为，但直到近代开始后很久，欧洲的科学家和思想家仍然受到穆斯林哲学家、天文学家和医生们的工作的启发。

9. 参见 John Monfasani, *George of Trebizond: A Biography and a Study of His*

Rhetoric and Logic (Leiden: Brill, 1976), 131 - 136。乔治为征服者效劳的热情让他锒铛入狱，并几乎为此付出生命的代价。

10. 1480 年，穆罕默德二世的舰队夺取了意大利港口城市奥特朗托（Otranto），但翌年他去世后，儿子们为了奥斯曼帝国的王座纷争不断，侵略随之停止。如果他们继续侵略，欧洲的未来或许大不相同；几年后，法兰西人毫不费力便征服了大半个意大利。

11. 参见 Marie-Thérèse Caron and Denis Clauzel, eds. , *Le Banquet du Faisan* (Arras: Artois Presses Université, 1997)。菲利普为了庆祝他与葡萄牙的伊莎贝拉联姻，特地成立了一个名叫金羊毛骑士团的骑士组织。

12. Peter Russell, *Prince Henry 'the Navigator': A Life* (New Haven, CT: Yale University Press, 2000), 320.

13. 1455 年 1 月 8 日由尼各老五世颁布的《罗马教宗》。原始文本和英语译文见 Frances Gardiner Davenport, ed. , *European Treaties Bearing on the History of the United States and Its Dependencies to 1648* (Washington, DC: Carnegie Institution of Washington, 1917), 13 - 26。1456 年，新教宗嘉礼三世（Callistus Ⅲ）重申了此前诏书的条款，并应恩里克的请求，承认后者的基督骑士团享有对当时或未来即将征服的博哈多尔角、几内亚以及远至三印所有地区的宗教事务管辖权。

14. 戈梅斯如此成功，以至于国王封他为贵族并赐予他新的盾形纹章——“盾形饰章的银色底子上有三个黑人的人头，每个人头的双耳和鼻子上都佩戴着金环，脖颈上戴着金项圈，为了纪念其发现，以‘da Mina’作为姓氏。”G. R. Crone, trans. and ed. , *The Voyages of Cadamosto, and Other Documents on Western Africa in the Second Half of the Fifteenth Century* (London: Hakluyt Society, 1937), 109 - 110.

15. Mark P. O. Morford and Robert J. Lenardon, *Classical Mythology*, 6th ed. (Oxford: Oxford University Press, 1999), 291 - 293. 据希罗多德说，复仇绑架这种形式一直延续到特洛伊王子帕里斯诱拐了斯巴达的海伦，从而引发了特洛伊战争。

16. Ezekiel 5: 5.

17. 《圣经》揭示这个世界存在了六千多年，而人们知道文明很久以前便盛行于东方了。亚洲因而自然是人类诞生之地，直到 17 世纪初，法兰西旅行家让·莫凯还认为这是理所当然的事情。他写道，亚洲“幅员辽阔，富有而肥沃，素来便盛产伟大的君主国和一流的帝国，诸如亚述、巴比伦、波斯、希腊、蒙古、帕提亚、阿拉伯、鞑靼、中国，以及其他印度国家。但最重要的是，该地区是最值得尊敬的，因为第一个人在此地被创造出来，人间乐园植根于此，各个殖民地和种族也源于此地而散布至世界的其他地方，而且人类的救赎和我们的救世行动也都在此进行；此外，还因为此地把宗教、科学、艺术、法律、政策、武器和巧妙发明传播到了所有其他地区。" "Preface," *Travels and Voyages into Africa, Asia, and America, the East and West Indies; Syria, Jerusalem, and the Holy Land*, trans. Nathaniel Pullen (London, 1696).

18. 圣依西多禄是 17 世纪的塞维利亚大主教，对哥特人皈依天主教起到了重要作用。他的《词源》（*Etymologiae*）是中世纪的第一部百科全书，是普遍知识的综述，长达 20 卷本 448 个篇目。

19. 引文出自 Jean Delumeau, *History of Paradise: The Garden of Eden in Myth and Tradition*, trans. Matthew O'Connell (New York: Continuum, 1995), 53。《通史》是一个名叫雷纳夫·希格登（Ranulf Higden）的英格兰本笃会修士所著的。

20. 《亚历山大大帝天堂历险记》（*Alexandri Magni iter ad paradisum*）中记述了这个故事，此书由一个犹太作者写于 1100 ~ 1175 年，后来被译成法语，并有了各个改编版本，被收入《亚历山大罗曼史》和其他关于亚历山大的传说中。参见 Delumeau, *History of Paradise*, 46。

21. 老普林尼在 1 世纪进行了种族分类。关于民间传说和神话中的怪异种族——尤其是狗头人——的广泛叙述，参见 David Gordon White, *Myths of the Dog-man* (Chicago: University of Chicago Press, 1991)。

22. 参见 Scott D. Westrem, "Against Gog and Magog," in Sylvia Tomasch and Sealy Gilles, eds., *Text and Territory: Geographical Imagination in the European Middle Ages* (Philadelphia: University of Pennsylvania Press, 1998), 54 – 75, 60。

23. 起初，很多欧洲人认为蒙古人就是《圣经》所说的祸根，参见 Kurt Villads Jensen, "Devils, Noble Savages, and the Iron Gate: Thirteenth-Century European Concepts of the Mongols," in *Bulletin of International Medieval Research* 6 (2000): 1 – 20。圣愚安德烈画过一幅生动的画，描述了上帝打开大门后将会发生什么。他预言会涌出 72 个国王，"还有他们的子民，也就是所

谓的肮脏民族，其污秽和恶臭令人作呕，简直难以详述。他们会散布在普天之下所有的大地上，吃活人的肉，饮他们的血，欣然吞食人间的狗、鼠、蛙和一切污秽之物。……太阳看到世上的可憎之物彼此争夺，会变成血红色。” Nikephoros, *Life of St. Andrew*, 2: 277 - 283.

24. Paul Freedman, *Out of the East*: *Spices and the Medieval Imagination* (New Haven, CT: Yale University Press, 2008), 6.

25. 香料是用于遮盖腐肉的臭气这种长盛不衰的观念，一直以来都被证明是错误的。因为几乎所有的食物都是本地出产的，一般都很新鲜；无论如何，香料比肉类要昂贵得多。香料用于让腌渍越冬的肉类和鱼吃起来更新鲜，让粗涩的葡萄酒美味可口，但香料本身的味道通常就很好了。

26. 引文出自 Sheikh Mohammed al-Nefzaoui, *The Perfumed Garden*, trans. Sir Richard Burton, Jack Turner, *Spice*: *The History of a Temptation* (New York: Random House, 2004), 222。在一大堆建议之外，酋长（Sheikh）还提议用嚼碎的荜澄茄或小豆蔻粒敷在小兄弟的头上，来“为你也为女人获得无与伦比的享受”。

27. 德西德里乌斯·伊拉斯谟致约克枢机主教的医生弗朗西斯的信，日期不详（巴塞尔，1524 年 12 月 27 日?），E. P. Cheyney, *Readings in English History Drawn from the Original Sources* (Boston: Ginn, 1922), 317 中援引了此语。信件全文见 *The Correspondence of Erasmus*: *Letters 1356 to 1534*, *1523 - 1524*, trans. R. A. B. Mynors and Alexander Dalzell (Toronto: University of Toronto Press, 1992), 470 - 472。

28. 这种腺鼠疫无疑是通过被啮齿动物身上的一只感染的跳蚤叮咬而传播开来的。

29. 阿拉伯传统一般认为，龙涎香是从洋底的喷泉中飘上来的，然而在《天方夜谭》中，辛巴达把泉水放在一座岛上，说怪兽吞食了一种珍贵的物质，然后又把它吐回大海。人们认为它还可以帮助顺产、防止癫痫，并可缓和子宫窒息——中世纪的一种怪病，据称子宫可在腹内移动，上可直达咽喉引发癔症。根据某一位权威人士说，大量性交是最佳疗法，但用芳香油涂润阴道，或把内有草药灰烬的阴茎形金属烟熏器塞进阴道，都有助于把子宫引诱下来。Freedman, *Out of the East*, 15; Helen Rodnite Lemay, *Women's Secrets*: *A Translation of Pseudo-Albertus Magnus's De Secretis Mulierum with Commentaries* (Albany: State University of New York Press,

1992)，131－132.

30. 引文出自 *Circa Instans*（1166），Freedman，*Out of the East*，14。弗里德曼提到，上好的亚麻、棉花，以及丝绸、稀有染料、动物毛皮、象牙，甚至鹦鹉有时也都被归为香料一类。

31. 乌尔里希·冯·胡滕（Ulrich von Hutten）所言，引文出自 Freedman，*Out of the East*，147。

32. 圣愚安德烈表示，天使闻起来有一种极其香甜的气味，“这香味源自可怕而无法靠近的神格。因为当天使们站在上帝的可怕王座之前时，就会接收到王座发出的闪电的芬芳，随后它们就会不停地散发出无可名状的神格的芳香。它们决定让某人分享这种甜香时，就会站在他面前，以它们认为合适的程度把这种神香拍在那人脸上，那人得到神香后会进入狂喜状态，因而无法解释这种最令人愉悦的气味从何而来”。Nikephoros，*Life of St. Andrew*，2：287.

33. 其印度之行记述于《厄立特利亚海航行记》（*Periplus of the Erythraean Sea*），这是一个说希腊语的水手在1世纪所著的一本详尽的航海知识之书。

34. 引文出自 Turner，Spice，81，约翰·德莱顿（John Dryden）的译文。跟他们中世纪的继承者一样，罗马的道德家们抱怨香料往好处说是多余的，往坏处说则有百害而无一利，总之是金钱的巨大浪费。西塞罗以其平实的古罗马风格宣称，饥饿才是最佳的香料。

35. 14世纪的叙利亚神学家圣厄弗冷（St. Ephrem）解释说，亚当仅以伊甸园的树上滴落的香膏为食。Freedman，*Out of the East*，90.

36. Jean de Joinville，*History of Saint Louis*，*in Chronicles of the Crusades*，trans. M. R. B. Shaw（Harmondsworth，UK：Penguin，1963），212. Joinville 参加了第七次十字军东征；他还在伤亡惨重的曼苏拉战役（Battle of al-Mansurah）后，目睹了同伴瘟疫缠身的肿胀尸体在尼罗河顺流而下的惨状。

37. 引文出自 Freedman，*Out of the East*，133－134。

38. 希罗多德很久以前便如此记述，西方人无力质疑他。引文出自 Andrew Dalby，*Dangerous Tastes*：*The Story of Spices*（London：British Museum Press，2000），37。

39. 1253年，一个名叫鲁不鲁乞的方济各会修士从君士坦丁堡出发，艰苦跋涉4000英里，穿过中亚的无树大草原和沙漠，到达哈拉和林大汗的宫廷，在那里参与了一场与伊斯兰教、佛教、摩尼教以及基督教敌对教派的著名辩论。虽然鲁不鲁乞未能让任何人皈依，但他享用了不少蒙古人劲道十足的国酒——马奶酒，还留心记录了他们的风俗和文化。他的继任者中值得一提的是方济各会传教士若望·孟高维诺（John of Montecorvino），此人于1294年抵达北京，建造了两座教堂，培训了中国的辅祭男童和唱诗班，把《新约》译成蒙古语，让数千人皈依成为信徒，并被任命为北京的大主教。1361年，天主教跟蒙古人一起从中国消失了。参见 Peter Jackson, trans., *The Mission of Friar William of Rubruck: His Journey to the Court of the Great Khan Möngke 1253 - 1255*, ed. David Morgan (London: Hakluyt Society, 1990)。

40. 到1340年，从克里米亚到北京九个月的旅途相当普遍，所以人们当有一部自己的旅行指南。指南的作者是一个名叫弗朗切斯科·佩戈洛季（Francesco Pegolotti）的佛罗伦萨商人，他向读者保证，这条道路"无论白天黑夜都万无一失"，不过他建议，为有备无患，最好还是留一把长胡子。意大利商人们选定了这条路线，其他几个欧洲人最终也步其后尘。一个教廷特使抵达蒙古宫廷，却发现在匈牙利被绑架的几个俄罗斯人、一个英格兰人、一个巴黎金匠以及一个法兰西女人已经到了那里。参见 Pegolotti, *Pratica della Mercatura*, in Henry Yule and Henri Cordier, trans. and eds., *Cathay and the Way Thither, Being a Collection of Medieval Notices of China* (London: Hakluyt Society, 1913 - 1916), 3: 143 - 171。

41. 此二人是未来的北京大主教若望·孟高维诺和道明会的"皮斯托亚的尼古拉"（Nicholas of Pistoia）。若望花了一年多的时间在印度的科罗曼德尔海岸（Coromandel Coast）布道；尼古拉后来死在那里。

42. 这位修士是中世纪欧洲人中游历最广的人。他从君士坦丁堡出发，前往大不里士、巴格达和霍尔木兹，乘船驶向印度和锡兰（斯里兰卡），还在到达中国前拜访了苏门答腊岛和爪哇岛。

43. 阿拉伯海和西高止山脉之间印度西南部狭窄的海岸平原，如今属于喀拉拉邦和卡纳塔克邦。

44. 引文出自法政牧师彼得罗·卡索拉（Pietro Casola），Brotton, *Renaissance Bazaar*, 38。1494年，这位米兰神父访问了威尼斯。

45. Ibid., 2.

46. 引文出自 C. F. Beckingham, "The Quest for Prester John," in C. F. Beckingham and Bernard Hamilton, eds., *Prester John: The Mongols and the Ten Lost Tribes* (Aldershot, UK: Variorum, 1966), 276。1322 年，亚当成为苏丹尼耶（Sultaniyah）的大主教，因此也是波斯天主教会的首脑。

47. 引文出自 Harry W. Hazard, ed., *A History of the Crusades*, 2nd ed. (Madison: University of Wisconsin Press, 1975), 3: 543。塞韦拉克受命担任奎隆的主教。

48. 萨努多将其著作 *Liber secretorum fidelum crucis* 于 1309 年首次呈交给教宗克雷芒五世（Clement V），其后又在 1323 年将其修订本呈交法兰西国王查理四世。除地图外，萨努多还提供了现成的作战计划以及大量的后勤情报。

49. 认为在哥伦布之前所有人都认为世界是平的这种说法是 19 世纪的无稽之谈，主要是由华盛顿·欧文写于 1828 年的幻想小说《哥伦布的生平和航行》（*The Life and Voyages of Christopher Columbus*）传播开来的。参见 Jeffrey Burton Russell, *Inventing the Flat Earth: Columbus and Modern Historians* (New York: Praeger, 1991)。

50. Romans 10: 18.

51. 有关康提的进一步研究回报颇丰。这个威尼斯人在叙利亚学习了阿拉伯语，又在伊朗学习了波斯语，随后与穆斯林商人一起前往印度。他在那里结婚，拖家带口地辗转于印度尼西亚和印度支那、阿拉伯半岛和东非。为了保护家人，他在开罗皈依了伊斯兰教，但瘟疫几乎立即夺走了他妻子和四个子女中的两个的生命。他启程回家，并请求参加教宗谒见仪式，为抛弃信仰请求宽恕；作为惩罚，教宗命令他向使徒秘书和重要的人文主义者波焦·布拉乔利尼（Poggio Bracciolini）叙述其游记。虽说游记中偶有不实的想象——包括两个邻近的岛屿，一个住的全是男人，另一个住的全是女人，他们充满爱意的交流受到压抑，原因是任何人离开自己的岛屿六个月后便会命丧当场——但他的报告证实了马可·波罗的很多说法，也澄清了他人的一些说法，还使欧洲在关于印度洋的知识方面迈出了重大一步。约翰·温特·琼斯（John Winter Jones）的英译本于 1857 年由 Hakluyt Society 出版，并由林肯·戴维斯·哈蒙德修订再版，可参见 Lincoln Davis Hammond, *Travelers in Disguise: Narratives of Eastern Travel by Poggio Bracciolini and Ludovico de Varthema* (Cambridge, MA: Harvard University

Press, 1963)。

52. 制图师修士还把耶路撒冷从它原来的靶心位置移开了，这一移动无疑动了根本，以至于他觉得有必要附上一个精巧的自我辩解。“耶路撒冷的确在纬度方向上是世界的中心，但在经度方向上多少有些偏西，”他在地图上谨慎地写道，“但由于西部因为欧洲而人口稠密，因此，如果我们不考虑空白的区域，而在人口密度的考量之下，耶路撒冷也是经度方向上的中心。”参见 Piero Falchetta, *Fra Mauro's World Map* (Turnhout, Belgium: Brepols, 2006)。

53. 地图上的说明文字实际上是“一条印度船或平底帆船”，这暗示了其可能根本不是中国船。尽管含糊不清，但弗拉·毛罗的评论仍被作为中国人探索过大西洋，或许还曾在西班牙人或葡萄牙人之前到达过美洲的主要证据。

54. 考虑到弗拉·毛罗在内陆地区所画的地形细节，他放在大陆最南端的地区或许就是“非洲之角”；又或者考虑到他放在非洲南端之外的那个大岛，他用来表示围绕非洲的海峡也许就是莫桑比克海峡，而那个岛屿就是马达加斯加岛。

6. 竞争对手

1. 胡安娜的母亲后来又与一个主教的侄子生了两个孩子，这样明目张胆地展示多产终于驱使恩里克四世与她离婚，这对于胡安娜丝毫没有帮助。

2. 卡斯蒂利亚的继位之战从 1475 年打到了 1479 年，两个国家缔结了《阿尔卡苏瓦什条约》(Treaty of Alcáçovas)。除了确定伊莎贝拉继位之外，条约还暂时确定了竞争对手葡萄牙人和西班牙人各自在大西洋上的所有权。葡萄牙终于被迫接受了卡斯蒂利亚对加那利群岛的控制；西班牙则承认了葡萄牙对于亚速尔群岛、马德拉岛和佛得角群岛的占有，以及它对“从加那利群岛向南直到几内亚……已发现或未发现之土地”的独享权利。Frances Gardiner Davenport, ed., *European Treaties Bearing on the History of the United States and Its Dependencies to 1648* (Washington, DC: Carnegie Institution of Washington, 1917), 44.

3. 在 1492 年之前，亚伯拉罕·萨库托（Abraham Zacuto）一直都是西班牙的著名天文学教师，其后他加入了犹太人大批逃离、前往葡萄牙的队伍，成为若昂二世的王室天文学家。来葡萄牙五年后，他逃脱了曼努埃尔一世的强迫皈依，搬去突尼斯和耶路撒冷。除了绘制他的学生约瑟夫·维齐尼奥为海上实际应用所制定的天文表外，他设计了第一个金属星盘，还是瓦斯科·达伽马探险队颇具影响力的支持者。约瑟夫·维齐尼奥（Joseph Vizinho）在1481年若昂二世继位后不久便到达葡萄牙；1485年，他出海去进行计算船只纬度的实验。据若昂·德·巴罗斯说，同去的还有国王的医生罗德里戈和日耳曼制图师兼天文学家马丁·倍海姆（Martin Behaim），后者从1480年起便在里斯本了。

4. 引文出自 Edgar Prestage，*The Portuguese Pioneers*（London：A. & C. Black，1933），208。

5. 或称沃尔维斯湾，这是荷兰人为其重新取的名字，一同改名的还有它所庇护的纳米比亚港口，至今仍在使用。

6. 多年后，在刚果河（葡萄牙人称之为扎伊尔河）的岸边发现了一块刻着康的名字的石头。尽管其他资料都说康死于克罗斯角，但巴罗斯却说他回到了葡萄牙。参见 Prestage，*Portuguese Pioneers*，210。

7. 1491年，在中非西部强有力的统治者刚果国王接受洗礼后，改宗的速度加快了。这位国王名叫恩济加·恩库武（Nzinga Nkuwu），取用的基督教教名是约翰。虽然他和很多朝臣不久便回归了其传统的信仰，他的儿子和继承人阿方索却在葡萄牙武器的帮助下，并因——他声称——圣雅各及时显灵，击败了他堕落的兄弟。阿方索的后代侵犯了天主教会，为此付出的代价是与葡萄牙人的关系不再和睦，还对刚果的传统文化造成了巨大破坏。

8. 关于科维良和派瓦的使命最详尽的叙述仍然是 Conde de Ficalho，*Viagens de Pedro da Covilhan*（Lisbon：A. M. Pereira，1898）。关于在埃塞俄比亚发现了科维良的神父的报告见 Francisco Alvares，*Narrative of the Portuguese Embassy to Abyssinia During the Years 1520 – 1527*，trans. and ed. Lord Stanley of Alderley（London：Hakluyt Society，1881）；由 C. F. Beckingham 和 G. W. B. Huntingford 编辑的修订版于1961年出版。葡萄牙的编年史提供了更多的细节，我则使用了近代旅行家的陈述来填补此次旅行的背景。

9. 他的名字也可写成 Pedro（Pêro 是古体的写法）、João、João Pêro，或是 Juan Pedro；他的姓氏可以写成 da Covilhã、de Covilhã、de Covilham 或 Covilhão。一个有趣的巧合是，如今里斯本的印度大使馆就位于 Pêro da Covilhã 大街。

10. 他的出生地点是布朗库堡（Castelo Branco），就在科维良镇南面一点儿。葡萄牙人从摩尔人手中夺取此镇后，把它给了圣殿骑士团，后者保护这个镇子免受来自附近西班牙边境线的频繁袭击。

11. 某些资料称，第三位专家名叫莫伊塞斯大师（Master Moyses，或称摩西大师）。菲卡略（Ficalho）说，约瑟夫·维齐尼奥受洗时，正是莫伊塞斯为其施洗的；参见 *Viagens de Pedro da Covilhã*, 55。

12. 根据乔万尼·巴蒂斯塔·拉穆西奥（Giovanni Battista Ramusio）在其《航行和旅程》（*Navigazioni e Viaggi*）中的记录，此书是 1550 ~ 1559 年在威尼斯出版的一部著名的游记摘要。葡萄牙语资料没有提及最后一条指示，参见 Ficalho, *Viagens de Pedro da Covilhã*, 56 - 63。

13. Alvares, *Portuguese Embassy*, 267.

14. 达米昂·德·戈伊斯（Damião de Goís）所言，引文出自 Henry H. Hart, *Sea Road to the Indies* (London: William Hodge, 1952), 239。戈伊斯还说曼努埃尔一世身材匀称、头部昂起，有令人愉快的表情，但他的描述异乎寻常地全无惯有的矫饰。

15. 这位银行家名叫巴尔托洛梅奥·马尔基翁尼（Bartolomeo Marchionni），据称他是里斯本最富有的人。到那时，葡萄牙已有一个规模相当大的佛罗伦萨人社区，他们从事着银行和船运生意；马尔基翁尼是其中最著名的成员，与王室有大量的生意往来。

16. 他们去的银行是科西莫·德·美第奇（Cosimo de' Medici）的儿子们经营的；这个十分富有的佛罗伦萨家族在全意大利都有办事处。

17. Ibid. , 392.

18. "The Travels of Martin Baumgarten … through Egypt, Arabia, Palestine and Syria," in Awnsham Churchill, ed. , *A Collection of Voyages and Travels* (London: A. and J. Churchill, 1704), 1: 391.

19. Wilfred Blunt, *Pietro's Pilgrimage: A Journey to India and Back at the Beginning of the Seventeenth Century* (London: James Barrie, 1953), 58.

20. Ibid. , 55.

21. "金字塔上，"希罗多德写道，"有埃及文字记录了建造金字塔的劳工们所消耗的萝卜、洋葱和大蒜的数量。" Ibid. , 57.

22. "Travels of Martin Baumgarten," 397. 关于中世纪开罗和其他伊斯兰城市的更多内容，请参见 Joseph W. Meri, ed. , *Medieval Islamic*

Civilization: *An Encyclopedia* (New York: Routledge, 2006); Michael Dumper and Bruce E. Stanley, eds., *Cities of the Middle East and North Africa*: *A Historical Encyclopedia* (Oxford: ABC-Clio, 2007)。

23. 引文出自 Albert Habib Hourani, *A History of the Arab Peoples* (Cambridge, MA: Harvard University Press, 2002), 3。

24. Ibn Khaldun, *An Arab Philosophy of History*: *Selections from the Prolegomena of Ibn Khaldun of Tunis* (*1332 – 1406*), trans. and ed. Charles Issawi (Princeton, NJ: Darwin, 1987), 4.

25. "Travels of Martin Baumgarten," 401.

26. 印度洋上的船舶没有钉子。据说迷信的水手们认为，海面下的巨大磁铁会把钉子拔出来，而更加务实的人重视单桅三角帆船的灵活性，船体没有钉子使它更容易被拖上岸，撞上浅滩后也更有弹性。

27. 16 世纪的英格兰旅行家拉尔夫·菲奇所言，引文出自 Hart, *Sea Road to the Indies*, 71。

28. 引文出自 Ross E. Dunn, *The Adventures of Ibn Battuta* (Berkeley: University of California Press, 1989), 122。如今，这个索马里镇子被通称为塞拉（Seylac）。

29. 科维良的信是否抵达里斯本的这个问题，长期以来一直困扰着历史学家们。16 世纪的编年史家费尔南·洛佩斯·德·卡斯塔涅达（Fernão Lopes de Castanheda）先是说信到达了，然后在后期的一个版本中又说信未到。与他同时代的加斯帕尔·科雷亚和加西亚·德·雷森迪（Garcia de Resende）说信件寄到了，但是在若昂二世过世后才到的；雷森迪还补充说，信件是在瓦斯科·达伽马离开后到达的。拉穆西奥说信件寄到了，信中有葡萄牙船可以轻易到达印度洋的消息。18 世纪苏格兰的埃塞俄比亚探险家詹姆斯·布鲁斯（James Bruce）坚定地认为信件寄到了，还补充了他想象中的信件内容，包括详细的地图等。瓦斯科·达伽马到达印度时显然知道自己要去哪里，但他无疑不知道他到了那里后会看到什么。看来这两位犹太旅行家中至少有一个很可能带回了科维良之前发现的消息，即便没有书面证明，但是，唉，几乎可以肯定，真相是永远无法揭开了。

30. 根据传统，穆罕默德被葬在他的爱妻阿伊莎的房间里，原址后来被隔壁清真寺的反复重建（包括 1481 年一场火灾之后的彻底重建）所覆盖了。中世纪的基督徒散播谣言，说这座铁坟悬在空中，然后又解释说它是被磁铁支撑起来固定在那里的，以此来嘲弄这个想象出来的奇迹。

31. 亚历山大这个名字是埃斯肯德（Eskender）这个名字的西化版本。埃塞俄比亚在3世纪的巅峰时期是一股重要的势力，国土南至苏丹，东抵阿拉伯半岛。亚历山大所属的所罗门王朝从1270年一直统治到1974年。

32. 埃塞俄比亚的统治者被一名希腊廷臣改变信仰后，在4世纪初正式采纳基督教为国教，那位廷臣是在孩童时期被海盗从过往船只上绑架而来的。埃塞俄比亚由于伊斯兰的征服而与大部分的基督教国家隔离，从而保留了其自己的传统，包括一夫多妻制。

33. Alvares, *Portuguese Embassy*, 270.

34. 拉穆西奥所言，引文出自 Hart, *Sea Road to the Indies*, 76。科维良惊讶地发现自己不是在埃塞俄比亚的唯一的欧洲人。一个曾是意大利修士的艺术家声称已经在那里生活了40年。阿尔瓦雷斯说“他是个非常可敬之人，也是个伟大的绅士，尽管他是个画家”。另一个欧洲人则倒退回沙漠教父们的禁欲受虐狂状态，他住在峡谷的洞穴里；20年后，他从洞穴里面把入口用砖封死，之后大概很快就死了。其他欧洲人断断续续地出现，一些人是自愿来的，另一些人则是被海盗抛到岸上的：几乎无人获准离开。

35. 葡萄牙代表团在1520年5月前后到达，彼时已是73岁或74岁高龄的科维良用他的探险故事款待了弗朗西斯科·阿尔瓦雷斯（Francisco Alvares）。教士友善低调地写道，他是个“一切照命令行事，并坦承一切”之人。

36. 关于迪亚士的航行记录异乎寻常地少。没有官方的报告、日志、日记或图表存留下来；不是所有的编年史家都提到此事，有的甚至都没有捎带一提。巴罗斯做了简要总结，说迪亚士在1486年8月出发，1487年12月返回。少数同时代目击者——包括身染热病的杜阿尔特·帕谢科·佩雷拉（Duarte Pacheco Pereira）和他遭遇船难的船员们，迪亚士在返程途中救了他们——说他在1488年初发现了好望角，并于当年12月回国，因此，1487年8月这个启程日期被广泛认可。

37. 迪亚士将此海湾命名为牧人湾（Bahia dos Vaqueiros），并将登陆之处的小海湾命名为圣布莱兹饮水处（Aguada de São Bras），这么取名是因为他发现这处喷泉的那一天是这位圣人的节日。葡萄牙人后来将这个海湾命名为圣布莱兹，后又被荷兰人改称莫塞尔湾（Mossel Bay）。

38. 余下的同伴回到补给船时，发现留在船上的九人中有六人被杀。第七个人是个文书，据说他看到同伴后大喜过望，以至于当场就断了气。

39. 这是巴罗斯的说法；杜阿尔特·帕谢科说迪亚士本人将其命名为好望角。

40. 1489年，亨里克斯·马提勒斯出版了一张世界地图，原本打算显示非洲延伸到了页面的底部。当他听到迪亚士新发现的消息时，地图已经雕版完毕。他没有重新来过，而是把好望角加到边界的上方。

41. 对于哥伦布而言，菲利帕在各方面均是不二之选。她是巴尔托洛梅乌·佩雷斯特雷洛（Bartolomeu Perestrello）的女儿，后者是热那亚人的后裔，也是航海家恩里克派去宣称马德拉群岛归葡萄牙所有的几个船长之一；她的外祖父曾在休达作战。

42. *The Journal of Christopher Columbus* (*During His 1st Voyage*, 1492 – 93), *and Documents Relating to the Voyages of John Cabot and Gaspar Corte Real*, trans. Clements R. Markham (London: Hakluyt Society, 1893), 4 – 5. 托斯卡内利致哥伦布的信再现于同一卷内：“我理解您高尚而宏伟的愿望，从东方各地航海到西方，”他如此写道，“上述航行不但可能，还且是真实的，且必然非常可敬，会产生无可估量的利润，并会（让您）在所有基督徒中声名大振。”他信心十足地宣称，东方的国王和君主们甚至比欧洲人更急于相见，“因为他们大部分人都是基督徒。……鉴于上述种种，以及可能提及的很多其他方面，我绝对相信拥有莫大勇气的您，以及始终渴望开创一切伟大事业的葡萄牙人民，定会怀着炽热的心和强烈的渴望来完成上述航行”（10 – 11）。

43. 1375年的加泰罗尼亚地图集将欧亚大陆表示为从东到西横跨116度；众所周知，马丁·倍海姆在其1492年的地球仪上将其宽度延伸到234度，甚至比“泰尔的马里努斯”得出的数字还要大。其正确的数字是131度。考虑到这一切，哥伦布将加那利群岛到日本的距离低估了四倍多。

44. 哥伦布的想法随着时间的推移而逐步形成，而他首次记录和提及某些资料和计算数字的日期是在他的首次航行之后。即便如此，他始终坚持自己的观点，表明自己很早就发现了足以支持他的伟大计划的证据。

45. 引文出自 Samuel Eliot Morison, *Admiral of the Ocean Sea: A Life of Christopher Columbus* (Boston: Little, Brown, 1942), 97。

46. 引文出自 Joseph F. Callaghan, *Reconquest and Crusade in Medieval Spain* (Philadelphia: University of Pennsylvania Press, 2003), 214。

47. 引文出自 David F. Altabé, *Spanish and Portuguese Jewry Before and After 1492* (Brooklyn, NY: Sepher-Hermon, 1983), 45。

48. 这位名叫路易斯·德·圣安杰尔(Luis de Santangel)的大臣的确亲自资助了大部分航行,还募集了额外的资金以免伊莎贝拉一世抵押她的珠宝。哥伦布给圣安杰尔写信描述了他的首次航行。

49. 这段摘录引自 Morison, *Admiral of the Ocean Sea*, 152-155。哥伦布在航行开始时显然没有时间构思一篇字斟句酌的演讲词,这个开场白是零星写成并在后期添加的。

50. 在其教宗生涯的辉煌时刻之一,亚历山大六世拒绝宽恕斐迪南二世和伊莎贝拉一世驱逐犹太人的敕令。他接收了一些来自西班牙——后来是来自葡萄牙——的难民来到罗马,这一举动为他带来了很多西班牙的仇敌,但很难证明他本人其实是犹太人只是不敢公开承认这种说法,像他的死敌朱利安诺·德拉·罗韦雷(Giuliano della Rovere)所声称的那样。

51. 一里格原本是普通船只在一般情况下一小时内航行的距离,约合现代的三海里。

52. 《不久之前》(*Dudum Siquidem*)这一教皇诏书,颁布于 1493 年 9 月 26 日。其原始文本和英译本见 Davenport, *European Treaties*, 79-83。更早的教宗诏书是颁布于 1493 年 5 月 4 日的《除其他事项外》(*Inter Caetera*),见 pp. 71-78,这封诏书本身是接连发布的三份诏书中的第三份,教宗对西班牙的偏向在这些诏书中渐次提高。

53. 曾是早期的殖民者,后来宣誓成为主教的巴托洛梅·德拉斯·卡萨斯(Bartolemé de las Casas)报告说,殖民者中有很多人本来就是罪犯,他们"打赌看谁能把人一切为二,或是一刀砍下他的头颅;不然他们便会把他开膛破肚。他们抓住婴儿的脚,从母亲怀里扯下婴儿,把婴儿的头撞向岩石。……他们用剑穿过其他婴儿的身体,连同他们的母亲以及所有挡在他们面前之人"。囚犯们被挂在网板吊架上,"高度刚好让他们的双脚离开地面,为纪念我们的救世主和 12 位门徒并向他们表示敬意,他们把印第安人分成 13 人一组,在其脚下放上木头,点燃木头活活烧死他们"。引文出自 Kirkpatrick Sale, *The Conquest of Paradise: Christopher Columbus and the Columbian Legacy* (London: Hodder & Stoughton, 1991), 157。一年四次的纳贡制度很快就被制度化的奴隶制所取代；当然，在消灭原住民人口方面，哪怕是最荒唐的残酷行为都远不及疾病有效。

第二部分　探险

7. 指挥官

1. 这些船楼是西北欧小船的遗产，弓箭手可以在船头和船尾装有雉碟塔楼的商船和战船上向敌人开火。15 世纪，艉楼变成了顶上覆有艉楼甲板的住宿船舱，而艏楼则变成了架在船首肘材上的三角形高耸平台，凸向前方。

2. 在巴尔托洛梅乌·迪亚士和瓦斯科·达伽马的航行之间将近十年的时间里，关于航海探险为何中止的问题，并没有明确的答案。若昂二世可能在等待间谍们的消息以及与西班牙缔结条约；他无疑哀悼他死去的儿子，还有大量从边界上涌来的犹太难民需要应付。据威尼斯间谍莱昂纳多·达·卡马瑟（Leonardo da Ca' Masser）说，曼努埃尔一世懦弱无能、优柔寡断，在位的前两年一心谈判联姻之事，还面临着国内对他探险计划的一致反对。一些葡萄牙历史学家所钟爱的什么大量舰队曾在 1488 至 1497 年间出发前往印度的想法——甚至在哥伦布之前发现了美洲——从未得到验证。这种想法基于以下情况：达伽马显然有信心选择一条通向好望角的新路线；若昂二世决心将与西班牙的分界线向西移动 270 里格，将巴西收入葡萄牙囊中；著名的阿拉伯航海家艾哈迈德·伊本·马吉德（Ahmad ibn Majid）显然提到过 1495 年到访莫桑比克的“法兰克人”船队；里斯本的一家面包房在 1490 到 1497 年间硬面包的销量也大幅上升。对于所有这些细节，还是有些合理的解释并未拿腔作势地吹嘘数千假想的水手如何审慎，至于葡萄牙国王如何唯恐天下人不知自己击败了哥伦布，倒也不必挂怀。

3. 引文出自 Edgar Prestage, *The Portuguese Pioneers* (London: A. & C. Black, 1933), 246。

4. 伊莎贝拉的弟弟若昂死在前往婚礼的路上，此前六个月他便已成婚，他的遗孀怀孕了，但他们的女儿胎死腹中，这使得伊莎贝拉成为卡斯蒂利亚的女继承人。1498 年，伊莎贝拉死于分娩过程中，曼努埃尔统治两个王国的希望破灭了；他们的儿子两岁时夭折了，这个孩子也曾短暂成为两个王位的继承人。

5. 在2008年举行的一个典礼上，葡萄牙司法部部长何塞·维拉·雅尔丁（José Vera Jardim）把驱逐葡萄牙犹太人的事件称作国家历史上的一个污点，他声称，葡萄牙曾在多个世纪对犹太人加以残酷迫害，对犹太人负有精神赔偿的义务。

6. 里斯本的这一区域人称阿尔法玛区（Alfama），得名于阿拉伯语的"喷泉"或"浴室"（al-Hamma）。在15世纪，只有一座清真寺被保留下来，不过只要保持低调，参拜者仍可获准在那里聚集，管理社区事务。

7. 又称船饼干或硬饼干。*Biscuit* 来自中世纪拉丁文"二次烘焙"（bis coctus），不过船上所用的这种紧实的全麦面包为了保质期更长而烘焙了四次。这是水手无法避免的主食，若昂一世在位期间，曾成立了一个王家面包办事处，以保证这种面包的充足供应。

8. 波佩勒的尼古拉（Nicholas of Popelau）所言，引文出自 Henry H. Hart, *Sea Road to the Indies* (London: William Hodge, 1952), 44。尼古拉关于葡萄牙女人的看法基于敏锐的观察。"她们允许别人直勾勾地看她们的脸，"他写道，"还可以看她们的大部分胸部，为此，她们的连衣裙和外套一般都是低胸的。她们在腰部以下穿着很多条裙子，因此，她们的臀部又宽又美，如此丰盈，我坦白地说，世上没有比这个更美好的东西了。"然而，他警告未来的追求者们，她们粗俗、贪婪、薄情、卑鄙、放荡。

9. *Fidalgo* 的字面含义是"某人的儿子"，起初被用在贵族血统的人身上，后来指代若昂一世册封的新贵族。在瓦斯科·达伽马的时代，这个词把那些家族和新一波暴发户——获封的资产阶级骑士——区分开来。

10. 达伽马最新（也是最好）的学术传记作者认为，达伽马不是国王的选择，而是由一群反对国王的贵族决定的；这位作者卓有见地地指出，曼努埃尔一世之所以接受了他，是因为只要供给不足的舰队遭遇了灾难，就可以把失败归咎于反对方。然而，对于探险航行来说，四条船组成的舰队规模并不算太小，迪亚士和哥伦布的舰队都只有三条船。而如果是为了贸易或殖民航行，这样的规模的确较小，这一事实与葡萄牙当时距离到达印度只差一步之遥的观念不符。参见 Sanjay Subrahmanyam, *The Career and Legend of Vasco da Gama* (Cambridge: Cambridge University Press, 1997), 67。

11. 1460年是关于达伽马出生年份的另一种说法。其主要证据是1478

年以卡斯蒂利亚的伊莎贝拉之名颁发给一个名叫瓦斯科·达伽马之人的一张通行证，此人当时的年纪一定超过了九岁；不过，达伽马的名字倒不算少见。其他资料尽管并不充分，却认为是 1469 年，这也是如今的一致意见。

12. 葡萄牙独立后，葡萄牙的支部从伊比利亚半岛的其余部分分离出来。它的根据地在葡萄牙西南部，达伽马就出生在那里，那里广袤的土地让它实际上成为一个国中之国。

13. 桑贾伊·苏布拉马尼亚姆（Sanjay Subrahmanyam）对于达伽马家族和其早期生涯的各种文件进行了全面的调查，参见 *Career and Legend*, 58－68。

14. 在编年史家中，卡斯塔涅达和戈伊斯说船上的工作人员是 148 人；巴罗斯说有 170 人。还有其他的估计数字，从佛罗伦萨商人吉罗拉莫·塞尔尼吉的 118 人到葡萄牙历史学家加斯帕尔·科雷亚的 260 人，不过这些更不可能。科雷亚和后来的葡萄牙历史学家曼努埃尔·德·法利亚－索萨（Manuel de Faria e Sousa）两人都认为船上有一个神父（两人说的不是同一个人），但科雷亚所说之人可能是个文书，并且这两个人在当时都没有人提到过。

15. 1834 年，这部日记被发现后，人们已经就日记作者身份的推测耗费了大量笔墨。通过排除法，出现了两个领跑的候选人：圣拉斐尔号上的文书暨后来印度之家的司库若昂·德萨，以及士兵阿尔瓦罗·韦略（Alvaro Velho）。作者轻信印度充斥着基督徒的看法与后来被归咎于德萨的更加可疑的观点略有冲突，因而那位文书被排除了，大多数葡萄牙历史学家确信韦略才是日记的作者。不过这种证据最多也只能算是间接证据，日记作者的身份仍然不能确定。标准的葡萄牙语版本是 *Diário da viagem de Vasco da Gama*, ed. António Baião, A. de Magalhães Basto, and Damião Peres (Porto: Livraria Civilização, 1945)；英译本为 E. G. Ravenstein 所译，出版时的书名是 *A Journal of the First Voyage of Vasco da Gama, 1497－1499* (London: Hakluyt Society, 1898)，后文引用时称其为 *Journal*。其他曾经存在过的日记、日志或报告也许都和无数的其他文件一起，消失于 1755 年那场毁灭性的里斯本地震中，*Journal* 存留至今，成为那次航行的唯一目击来源。为了补全整个画面，我有选择地撷取了一些早期的葡萄牙编年史，特别是若昂·德·巴罗斯和费尔南·洛佩斯·德·卡斯塔涅达的著作，以及一些近代旅行家的叙述。和往常一样，文献几乎在一切问题上都不统一，包括船型和船名，任务准备、起航和返航的日期，船员人数、姓名和幸存的统计数据，以及舰队走过的路线。我只是在其能给故事增添趣味之处，才会注意到它们跟我的叙述有何不符。

16. 巴罗斯对王室的听众做出了最完整的报告，参见 *Ásia de João de Barros, Dos feitos que os Portuguezes fizeram no descobrimento e conquista dos mares e terras do Oriente*, ed. Hernani Cidade and Manuel Múrias, 6th ed. (Lisbon: Divisão de publicações e biblioteca, Agência geral das colónias, 1945 – 1946), 1: 131。

17. 曼努埃尔从 1484 年起便是骑士团的大团长，尽管若昂二世的遗嘱规定曼努埃尔加冕后应该把这个位置移交给若昂的私生子若热，但他拒绝放手。

18. 这个村庄此前名为莱斯特罗（Restello），曼努埃尔一世将其更名为贝伦，并授权在那里建起一座大修道院来纪念瓦斯科·达伽马的航行。

19. 关于水手的装束，参见 A. H. de Oliveira Marques, "Travelling with the Fifteenth-Century Discoverers: Their Daily Life," in Anthony Disney and Emily Booth, eds., *Vasco da Gama and the Linking of Europe and Asia* (Delhi: Oxford University Press, 2000), 34。

20. 费尔南·洛佩斯·德·卡斯塔涅达所言，参见 Robert Kerr, *A General History and Collection of Voyages and Travels* (Edinburgh: William Blackwood, 1811 – 1824), 2: 303。卡斯塔涅达关于达伽马首次航行的叙述基于 *Journal* 的一个版本，但添加了很多颇有价值的细节。他的 *História do descobrimento e conquista da Índia pelos Portugueses* 被 Nicholas Lichfield 译成英文，并于 1582 年以 *The First Booke of the Historie of the Discoverie and Conquest of the East Indias, Enterprised by the Portingales, in their Daungerous Navigations, in the Time of King Dom John, the Second of that Name: Which Historie Conteineth Much Varietie of Matter, Very Profitable for all Navigators, and Not Unpleasaunt to the Readers* 之名出版。这一文本的修订版转载于 Kerr 的作品集中。

21. 第五艘船跟随着达伽马的舰队离开了里斯本。该船由巴尔托洛梅乌·迪亚士指挥，开往黄金海岸，迪亚士将在那里接受任命，担任埃尔米纳城堡的队长。

22. *Journal*, 1.

8. 掌握诀窍

1. 薛尔岛（Ilha do Sal），也称作“盐岛”，是葡萄牙人以他们在那里开掘的盐矿来命名的。

2. 达伽马的大胆举动是葡萄牙历史学家阿曼多·科尔特桑（Armando Cortesão）等人所提出的论点的主要证据，即巴尔托洛梅乌·迪亚士之后，曾有一连串探险舰队出发航海。*Journal* 的作者在提到达伽马的航线时并没有大惊小怪，也算是心照不宣地为这种猜想补充了证据。记录的全然静默巧妙地证明了进行的某种非常重要的任务被要求严格保密，但突然对南大西洋的航行条件痴迷不已并不符合发现的规律。看来最有可能的是，达伽马确定航行路线的因素包括从迪亚士的航行中汲取的教训、船只的限制，以及气候的捉摸不定。无论预先计划达到了何种水平，配备了在大西洋周游三个月的基本航海设备的舰队，最终在好望角以北区区 100 英里的地方止步，以任何标准来说，这都是航海史上的一次壮举。

3. *The Voyage of François Pyrard of Laval to the East Indies*, *the Maldives*, *the Moluccas and Brazil*, trans. and ed. Albert Gray and H. C. P. Bell (London: Hakluyt Society, 1887 - 1890), 1: 325.

4. 引文出自 John Villiers, “Ships, Seafaring and the Iconography of Voyages,” in Anthony Disney and Emily Booth, eds., *Vasco da Gama and the Linking of Europe and Asia* (Delhi: Oxford University Press, 2000), 76。

5. 引文出自 Peter Padfield, *Tide of Empires: Decisive Naval Campaigns in the Rise of the West*, vol. 1, 1481 - 1654 (London: Routledge & Kegan Paul, 1979), 33。帕德菲尔德对舰队所载军火的一些已知的事实做了有益的总结。

6. 各次航行口粮的数量不同，面包定量从不足一磅到将近两磅。参见 Oliveira Marques, “Travelling with the Fifteenth-Century Discoverers,” 32。一般携带的食品还有腌鱼或熏鱼、面粉、小扁豆、洋葱、大蒜、盐、芥末、糖、杏仁和蜂蜜。

7. Jean Mocquet, *Travels and Voyages into Africa*, *Asia*, *and America*, *the East and West Indies*; *Syria*, *Jerusalem*, *and the Holy Land*, trans. Nathaniel Pullen (London, 1696), 203 - 204.

8. 圣赫勒拿湾在好望角以北 33 里格，也就是大约 100 英里处：做出这一估计的佩罗·德·阿伦克尔的误差不到10英里。

9. 达伽马及其船员远离陆地的航行时间据我们所知是前无古人的；它显然比哥伦布那些哗变的船员们所经历的五个星期要长得多。

10. 布须曼人或萨恩人，他们是猎手-采集者和畜牧者，自石器时代末期以来一直生活在非洲南部。

11. *Journal*, 6.

12. Ibid. , 7.

13. 一种常见的疗法。葡萄牙人在非洲撒哈拉以南地区初次遇到敌对武装力量时，曾用它应付过用蛇毒或致命树汁做成的毒药。

14. *Journal*, 8.

15. 这些人是科伊科伊人，是5世纪便已迁徙到非洲南部的畜牧者，曾与萨恩人混合，两个种族统称科伊桑人。如今认为，科伊科伊人的旧称霍屯督人是一种蔑称。

16. *Journal*, 11.

17. Ibid. , 12.

18. Ibid. , 13. 经历了海上数月的艰苦条件之后，水手们无一例外地会对毫无防备的动物释放其压抑已久的攻击情绪。

19. 在这里，16世纪的编年史家加斯帕尔·科雷亚让达伽马面临了一次全面的哗变，当他以制定返程路线为借口，把首恶们召到旗舰上来，给他们戴上镣铐，并把他们的航海设备扔出船外后，这场哗变就戏剧性地结束了。他发誓说，上帝将是他们的主人和领航员；至于他本人，他绝不会放弃，直到找到他要找的东西为止。科雷亚对达伽马前两次航行的陈述充满了异想天开的想象，其他来源均没有讲到这个故事，只有欧佐留斯（Osorius）简要提到过在好望角附近发生的一次哗变。参见 Henry E. J. Stanley, trans. and ed. , *The Three Voyages of Vasco da Gama, and His Viceroyalty* (London: Hakluyt Society, 1869), 56-64。

20. 达伽马绕过了一个迪亚士命名为岩石湾（Bahia da Roca，后来改名为阿尔哥亚湾）的海湾以及那些岩岛中最大的一个岛，迪亚士曾在那里举行弥撒并将其命名为克罗斯岛（Cross Island）。珊瑚群岛——迪亚士所称的弗拉特群岛（Flat Islands）——在克罗斯岛之外5里格，距好望角125里格。迪亚士立起石柱的陆岬曾被称作福尔斯水湾，如今被叫作库韦伊胡克（Kwaiihoek）；标志着迪亚士返程地点的河流可能是大鱼河

(Great Fish River) 或凯斯卡马河 (Keiskamma River)。

21. *Journal*, 16.

9. 斯瓦希里海岸

1. 班图人是非洲人中的一个大族群，他们在4世纪前后来到非洲南部，取代了很多原住民；他们是农夫、牧人和金属工匠。那条河大概是莫桑比克南部的伊尼亚里梅河 (Inharrime)，达伽马将其命名为铜河 (Rio do Cobre)。

2. *Journal*, 17.

3. 莫桑比克的夸夸河 (Qua Qua River)。其上游大约十英里处便是穆斯林贸易定居点克利马内 (Quelimane)，两位高贵的访客无疑就来自那里。和以前一样，除穆斯林之外，其他人都是班图人。

4. *Journal*, 20.

5. Wilfrid Blunt, *Pietro's Pilgrimage: A Journey to India and Back at the Beginning of the Seventeenth Century* (London: James Barrie, 1953), 10.

6. 斯瓦希里海岸的各位苏丹都是各自国土上的独裁者：他们控制了贸易，抽取进出口税，并提供仓库、领航员和修缮船只的设施。他们往往通过一夫多妻的婚姻与内陆贸易网络保持着广泛的联系，其本身也是海岸地区的大商人。他们颇具权势，不习惯受外乡人摆布。参见 Malyn Newitt, *A History of Mozambique* (London: Hurst, 1995), 4。

7. *Journal*, 28. 市井生活的细节来自 Jean Mocquet, *Travels and Voyages into Africa, Asia, and America, the East and West Indies; Syria, Jerusalem, and the Holy Land*, trans. Nathaniel Pullen (London, 1696), 215。

8. *Journal*, 23.

9. Ibid., 24.

10. Ibid., 25.

11. Ibid., 28.

12. 荷兰旅行家让·哈伊根·范林斯霍滕对于那些让白人讽刺黑人是地狱中人——反之亦然——的文化规范出奇地敏锐。他说，一些班图人用烙铁在脸和身体上烙印，直到他们的皮肤看起来像是锦缎的浮雕一般，“他们对此非常骄傲，认为世上没有比他们更好看的人，因此在看见身上穿着衣服的白人时，就会嘲笑和戏弄他们，觉得他们丑得像怪物一样：当他们构思邪恶的形象和图画时，就会创作出穿着衣服的白人，因此我们可以得出结论说，他们认为并毫无疑问地说服了自己，他们才是肤色正常的人，而我们是错误的仿制品”。*The Voyage of J. H. van Linschoten to the East Indies*, ed. Arthur Coke Burnell and P. A. Tiele (London: Hakluyt Society, 1885), 1: 271.

13. 如此急于逃走的领航员更有可能是那个本地人，而不是要求通行的麦加领航员，不过各种资料中都没有说明到底是哪一个。

14. *Journal*, 30. 对岛民军事力量的估计是从100人到巴罗斯的2000人，和往常一样，较低的估值大概更接近实际数字。

15. Mocquet, *Travels and Voyages*, 233 – 235. 莫凯记录到，据说渔夫们还会切开人的咽喉，生饮热血。国王是莫塔帕（Matapa）的统治者，这是一个在林波波河（Limpopo）和赞比西河之间生活的卡润卡人（如今称修纳人）的国度，因黄金和象牙贸易而在1200年前后到1500年繁荣一时。津巴布韦高原上不朽的石城大津巴布韦是王宫和贸易中心所在地。葡萄牙人把这个王国叫作姆诺莫塔帕（Monomotapa），它得自卡润卡的王室称号“土地劫掠者”（Mwene Matapa），他们起初以为这是统治者个人的名字。尽管在葡萄牙人到来时，莫塔帕已然衰落，但葡萄牙人长期以来一直认为这是一个强国，因此竭尽全力希望渗透进去。

16. Linschoten, *Voyage*, 1: 275.

17. 指在莫桑比克北海岸绵延60英里的基林巴群岛（Quirimbas Archipelago）。在沙洲外沿岸航行时，实际上根本看不到地势低洼的大陆。

18. 大概是马菲亚岛（Mafia Island），那里也同样完全没有基督徒。达伽马因为身处海上，错过了北面100英里处的桑给巴尔。

19. 卡斯塔涅达说这些商人是印度人；理查德·伯顿（Richard Burton）爵士认为图画表现的是印度教的一个鸽子神。*Journal*, 36.

20. Ibid., 37 – 38. 据卡斯塔涅达说，蒙巴萨人在接下来的两个晚上进一步尝试搞破坏。

21. 锡瓦号，或称王家号角，是波斯人从设拉子带来东非的，他们在11世纪和12世纪定居在海岸一带。锡瓦号是用铜、木头或象牙制成的。

22. *Journal*, 44.

23. 这位领航员常常会被浪漫地误认为是伟大的阿拉伯航海家艾哈迈德·伊本·马吉德。唯一貌似可信的证据是16世纪中叶的一部阿拉伯编年史中的一个小段落，文中称“可恶的葡萄牙人”抵达印度是“当时令人惊骇且极不寻常的事件”之一，并附带提及葡萄牙人——“希望他们受到诅咒！”——是在把伊本·马吉德灌醉之后才横穿了印度洋的。卡斯塔涅达、巴罗斯和戈伊斯都说他是个穆斯林，但鉴于探险家们始终没搞明白印度的宗教，*Journal* 中的这行文字——“我们非常满意国王给我们送来的这位基督徒领航员”（46）——可以被看作暗示他是个印度教徒。关于阿拉伯文的编年史，参见 Sanjay Subrahmanyam, *The Career and Legend of Vasco da Gama* (Cambridge: Cambridge University Press, 1997), 124。

24. 指平板仪（Kamal），这是阿拉伯人的发明，16 世纪初，葡萄牙人把它开发成直角十字杆。

25. 加斯帕尔·科雷亚所言，见 Henry E. J. Stanley, trans. and ed., *The Three Voyages of Vasco da Gama, and His Viceroyalty* (London: Hakluyt Society, 1869), 143。科雷亚和以往一样生动有趣，他描绘了在达伽马和马林迪苏丹之间“真正的友谊与诚挚的爱”，这种爱如此之浓烈，以至于在葡萄牙人离开之时，苏丹“无法承受，乘着自己的船与他们同行，一路说着深情款款之语”（141、144）。

10. 乘季风而行

1. 印度大沙漠，又称塔尔沙漠，夏季温度可达 50 摄氏度；海水的温度维持在 20 摄氏度出头。每年季风的日期和强度变化很大，但马拉巴尔海岸总是首先迎来暴雨的地区。其余的气团飘向孟加拉湾，在那里吸收更多的水汽，以高达每小时 25 英里的速度冲进喜马拉雅山东部，然后再转向西面，在印度河－恒河平原降下滂沱大雨。

2. “Narrative of the Journey of Abd-er-Razzak,” in R. H. Major, ed., *India in the Fifteenth Century: Being a Collection of Narratives of Voyages to India in the Century Preceding the Portuguese Discovery of the Cape of Good Hope* (London: Hakluyt Society, 1857), 7－8.

3. 又称德利山（Mount Dely），如今被称作艾兹马拉山（Ezhimala）。这座山丘直插入海，现在是一个海军学院的建筑工地，不对公众开放。

4. 卡斯塔涅达所言，见 Robert Kerr, *A General History and Collection of Voyages and Travels* (Edinburgh: William Blackwood, 1811－1824), 2: 344。

5. 在最近一次访问时，天堂沙滩被随意散落的废弃凉鞋、软膏管和药瓶所玷污。海浪在沙地上翻腾，被浅滩上嶙峋的岩石高高掀起。海岸线的后面就是一根平淡无奇的混凝土柱，上书：

瓦斯科·达伽马
在此登陆
KAPPKADAVU
1498 年

卡帕德海滩（Kappd）在葡萄牙语中被称作卡普阿（Capua）或卡珀卡特（Capocate），位于卡利卡特西北偏北十英里处，如今人称科泽科德。严格来说，达伽马没有在那里登陆；他首先在 Pantalayini Kollam 踏上印度的土地，葡萄牙语称此地为班达里（Pandarani），位于沿海岸线向北四英里处。Pantalayini Kollam 后来被附近的 Quilandy 镇所取代，如今被称作库伊拉恩德伊（Koyilandy）。

6. *Journal*, 48 – 49.

7. 卡斯塔涅达所言，见 Kerr, *General History*, 2: 357。

8. Ibid., 346 – 347. 14 世纪 30 年代，伊本·白图泰到达卡利卡特时，那里已经是个挤满国际商人的繁忙海港了。1421 年和 1431 年，中国旅行家马欢随着郑和的舰队到访卡利卡特和科钦城，并在其广为流传的《瀛涯胜览》中描述那里贸易的热闹场面；J. V. G. Mills 翻译的英译本由 Hakluyt Society 于 1970 年出版。

9. "Narrative of the Journey of Abd-er-Razzak," 14.

10. K. V. Krishna Ayyar, *The Zamorins of Calicut* (Calicut: University of Calicut, 1999), 86.

11. *Journal*, 49 – 50.

12. 这些醒目的清真寺依然矗立在科泽科德市中心的 Kuttichira 池塘周围，尽管由 14 世纪的一位也门商人和船主建造的 Mishkal 清真寺是在 1510 年葡萄牙人将其付之一炬后重建的。涂饰着鲜明的绿松石色和蓝色的天窗，雕花的设计，以及多层次的覆瓦屋顶，都在显示着与这座城市古老的印度教寺庙的相似之处。

13. *The Voyage of J. H. van Linschoten to the East Indies*, ed. Arthur Coke Burnell and P. A. Tiele (London: Hakluyt Society, 1885), 1: 278. 范林斯

霍滕津津乐道地补充说，印度人是“整个东方最好色、最淫荡的种族，以至于他们七八岁的女童中鲜有还是处子之身的”。

14. *Journal*, 510.

15. Ibid., 51.

16. Jean Mocquet, *Travels and Voyages into Africa, Asia, and America, the East and West Indies; Syria, Jerusalem, and the Holy Land*, trans. Nathaniel Pullen (London, 1696), 241 – 241v.

17. *Journal*, 54.

18. Ibid., 55.

19. 尽管可能意味着一行人是沿着环形路线前往王宫的，但这仍可能是指卡利卡特最重要的印度教圣地大里寺（Tali Temple），也是14世纪规划的城市网格的中心所在。巨大的门廊通往庭院，从那里引向林立着锃亮的铜像的大堂；内殿里有一座用黄金打造而成的、镶满珠宝的两英尺高的湿婆神阳物象征（shivalinga）。

20. 参见佛罗伦萨商人吉罗拉莫·塞尔尼吉的信件，引文出自*Journal*, 126。塞尔尼吉还传递了达伽马的水手们带回家的消息，称80年前曾有四桅舰船组成的庞大舰队——其船员是留着像日耳曼人那样的长发，除了嘴边之外全无胡须的白人基督徒——定期访问卡利卡特。“如果他们是日耳曼人，”他推论道，“在我看来，我们就早该对他们有所注意了。”（131）他们实际上是中国人。关于郑和宝船舰队的回忆在卡利卡特显然还历历在目，尽管他们最后一次造访此地也是在达伽马到来的67年前了；印度人之所以如此兴高采烈地欢迎葡萄牙人，或许是因为他们一开始以为是中国人回来了。

21. *Journal*, 55.

22. 卡斯塔涅达所言，见Kerr, *General History*, 2: 364。

23. 和*Journal*以及各种编年史一样，我对卡利卡特王宫的描述借用了包括阿布德·拉扎克（Abd al-Razzaq）、杜阿尔特·巴博萨（Duarte Barbosa）、弗朗索瓦·皮拉德（François Pyrard）、洛多维科·德·瓦尔泰马，以及彼得罗·德拉·瓦莱在内的前后诸位旅行家的叙述；后者对王宫进行了极其详尽的描述，还配了插图。王宫的地点如今是一个名叫Mananchira广场的公园；现在仍可见到扎莫林那些巨大的浴池。

24. *Journal*, 56.

25. 葡萄牙语的 Zamorin 是 Samuri 的讹传，后者是 Samutiri Tirumulpad 这个完整称号的常用缩写。除此之外，这个词的衍生仍不清楚。Samutiri 或许是 Svami（梵文“主人”）的讹传，而敬称的 Sri 或 tiri 本身或许是敬称 *Tirumulpad* 的缩写。另外，Samutir 也许是 Samudratiri 的一种简写形式，后者去除敬语 tiri 后的意思是“以大海为国界之人”，尽管扎莫林的另一个称号 Kunnalakonatiri（去掉敬称后）的意思是“山峦与海浪之王”。K. V. Krishna Ayyar 在 *Zamorins of Calicut*, 24 – 26 中对此进行了深入研究。

26. 引文出自吉罗拉莫·塞尔尼吉的信件，*Journal*, 126。

27. 大多数材料如是说，不过少数资料纵情于大量的东方幻想之中。“他穿戴着那么多饰物，”葡萄牙编年史家迪奥戈·都·科托（Diogo do Couto）如此写道，“手臂上戴着那么多珠宝手镯，从肘弯处一直戴到拇指，因负担过重，需要两名侍从每人撑住一条手臂。他的脖子上戴着一只无价的颈圈。双耳上戴着同样质地的耳环，上面镶嵌着美丽的红宝石和钻石，它们的重量把耳朵拉向肩膀，所以他身上携带的贵重物品的确价值不菲。他自头至腰赤裸，而围住腰间的是一块金色和丝绸的多层布料，其尾端垂到膝间；他头上戴着一条四指宽的珠宝头饰，富丽堂皇，价值连城。”引文出自 *The Voyage of François Pyrard of Laval to the East Indies, the Maldives, the Moluccas and Brazil*, trans. and ed. Albert Gray and H. C. P. Bell（London: Hakluyt Society, 1887 – 1890）, 1: 415。

28. 波斯大使阿布德·拉扎克染上了嚼槟榔这个古老的习惯。“这种东西，”他写道，“让人容光焕发，脸色明亮，和葡萄酒带来的沉醉状态相差无几，能够缓解饥饿感，还可以激发饱足之人的食欲；可以去除嘴里的讨厌气味，还能强健牙齿。很难形容它的激励效果以及它所引起的快乐。” Major, *India in the Fifteenth Century*, 32.

11. 绑架

1. 这个名字来自梵文的“胜利之城”。卡纳塔克邦北部的亨比村（Hampi）如今坐落在它壮观的遗址上；1565 年，穆斯林军队击败这个帝国后攻陷此城，从那以后这里的人口再也没有恢复往日的水平。Robert Sewell, *A Forgotten Empire: Vijayanagar*（London: Sonnenschein, 1900）中有 16 世纪的两位葡萄牙旅行家关于此城的生动叙述。

2. 引文出自 *Travelers in Disguise: Narratives of Eastern Travel by Poggio*

Bracciolini and Ludovico de Varthema, trans. John Winter Jones, rev. Lincoln Davis Hammond (Cambridge, MA: Harvard University Press, 1963), 9-10。康提解释说，举行殉夫自焚是“为了给葬礼添光加彩”。除了在妓女集市和王室“工作”之外，毗奢耶那伽罗城的女人还从事着文职人员、商人、诗人和艺术家的工作。

3. 德里苏丹国建于1206年，被土耳其和阿富汗诸王朝统治，成为印度新的武装基地，帮印度抵御来自蒙古人的大灾变。在度过无尽的血腥阴谋、35位苏丹中有19位遭人刺杀后，1398年，这个国家的天罚以帖木儿的面目出现了。帖木儿以旋风般的战役重建蒙古帝国——或者以葡萄牙人耳熟能详的说法，他声称要掠夺印度教异教徒的财富，使他们皈依真正的信仰，并让伊斯兰教壮大起来——他横扫开伯尔山口并攻陷德里，一天之内就处死了10万囚徒，把整座城夷为一片废墟。他继而猛攻中国，在一个严寒的冬季死在那里，但苏丹国遭遇灭顶之灾，大半印度又回到独立的印度王公手中。

4. *The Book of Duarte Barbosa*, trans. Mansel Longworth Dames (London: Hakluyt Society, 1921), 2: 26.

5. *The Voyage of François Pyrard of Laval to the East Indies, the Maldives, the Moluccas and Brazil*, trans. and ed. Albert Gray and H. C. P. Bell (London: Hakluyt Society, 1887-1890), 1: 404-405. 根据荷兰旅行家让·哈伊根·范林斯霍滕所言，印度的穆斯林同样相信印度教与基督教之间几无差别。

6. *Journal*, 19.

7. Ibid., 62-63.

8. 人们好奇的是，达伽马为何不让马丁斯把葡萄牙语信件大声翻译成阿拉伯语，或许是后者的阿拉伯语还没有到这种程度吧。无论如何，必须留下阿拉伯语信件以供检查。

9. *Journal*, 64.

10. Ibid., 67.

12. 危险与欢愉

1. *Journal*, 69.

2. *Travelers in Disguise: Narratives of Eastern Travel by Poggio Bracciolini and*

Ludovico de Varthema, trans. John Winter Jones, rev. Lincoln Davis Hammond (Cambridge, MA: Harvard University Press, 1963), 13 – 14.

3. *The Voyage of J. H. van Linschoten to the East Indies*, ed. Arthur Coke Burnell and P. A. Tiele (London: Hakluyt Society, 1885), 1: 281. 这类玷污的规则让欧洲人完全不明所以。如果一个非印度教徒在递水端饭时触碰了一个高种姓印度教徒的仆人，食物会被扔到地上。如果他进入后者的房子，碰到了任何东西，则必须在那里举行洁净仪式，否则无人会在那里吃饭。如果一个基督徒坐在一个婆罗门或奈尔身旁，后者会立即站起来；如果这个基督徒在无人察觉的情况下坐了下来，印度教徒会清洗自己的全身。害怕玷污还可以解释他们为什么把东西扔给而不是递给其他宗教的人，以及把液体灌进他们嘴里，而不是让他们从容器中直接饮用等做法。

4. *Travelers in Disguise*, 32 – 33. 目击者是尼科洛·达·康提；他还报告了在毗奢耶那伽罗城看到的致命节日。范林斯霍滕提到一个类似的庙节，庙节上，信徒从自己身上砍下大块肉扔在车前；彼得罗·德拉·瓦莱看到有殉道者把钩子插进后背，把自己挂在梁上，一拉控制杆便开始旋转。不那么暴力的虔诚举动同样让欧洲人感到古怪：让·莫凯报告说看到一个赤裸的印度教徒“蹲坐在一个牛粪火堆前，把灰烬都洒在身上，他把像女人一样的长发堆在肩头，这是我从未见过的最丑恶怪异的景象：他盯着火堆一动不动，连头都不转一下”。*Travels and Voyages into Africa, Asia, and America, the East and West Indies; Syria, Jerusalem, and the Holy Land*, trans. Nathaniel Pullen (London, 1696), 244.

5. 引文出自 Niccolò de' Conti, *Travelers in Disguise*, 28。康提是描述殉夫自焚的第一个欧洲人，这种做法在印度的伊斯兰地区是被禁止的。

6. Mocquet, *Travels and Voyages*, 242. 莫凯（Mocquet）接着讲了一个妓女的故事，她的客人“与她热情似火，以至于当场死亡，她对此大为苦恼，在他们火化他的尸身时，她想到他为了爱她而死，那么她也可以为他而自焚，尽管他们不过只是好友而已”。

7. *Journal*, 69.

8. Ibid., 71.

9. Ibid., 72.

10. Ibid., 74 – 75.

11. Ibid. , 80.

12. *Journal* 中误称有六个。Panchdiva 群岛在果阿（Goa）以南 40 英里处；葡萄牙人落锚的最大岛屿的葡萄牙语名叫安吉迪乌岛（Anjediva），如今被称作 Anjadip。在关于大发现的葡萄牙史诗《卢济塔尼亚人之歌》（*Lusiads*）的第九篇中，其作者路易·德·贾梅士（Luís Vas de Camões）称之为"爱之岛"，并以丰富的细节将其描述为一个小天堂；他说是维纳斯将其放在航海者的途径的路上，作为水手们摆脱疲惫劳碌的避难所。

13. 这些是桂皮树的枝条。干燥的树皮是一种香料，与肉桂类似但品质略差。

14. 印度私掠船长 Thimayya，葡萄牙人称之为蒂莫亚（Timoja），此人后来为葡萄牙人通风报信和提供补给；他在夺取果阿时起到作用，还曾短暂地担任果阿印度人的总督。

15. Mocquet, *Travels and Voyages*, 205 – 206.

16. 这种病以圣安东尼骑士团的修道士之名被命名为"圣安东尼之火"，该骑士团以其治疗此病的专长而闻名；现代名称为麦角中毒。这种病是吃了长在谷物上特别是黑麦上的麦角菌（Claviceps purpurea）所致。此病所引发的大量惊厥的发作颇有争议地被归咎于巫术；其对精神病的影响类似于 LSD。

17. Mocquet, *Travels and Voyages*, 231 – 232.

18. *Journal*, 87.

19. Ibid. , 88.

20. 塞舌尔群岛距离莫桑比克大约有 300 里格或 900 英里；马达加斯加岛貌似距离海岸更"远"，但其实只有 60 里格或 180 英里。

21. 这个镇子是帕蒂镇（Pate）；与之同名的岛屿是拉穆群岛（Lamu Archipelago）中最大的一个，位于肯尼亚北岸附近海域。

22. 顶上有一个十字架的柱子仍然矗立在一块几乎被潮水侵蚀殆尽的岩岬上，这块岩岬位于海湾中央，在马林迪镇南面不远处。这不是起初的那根柱子，由于原本的柱子冒犯了本地人，很快就被移走了——标牌上说是因为"憎恶"，不过苏丹倒是将其小心存放在王宫里，十字架或许被留存至今。

23. *Journal*, 91.

24. *Journal* 中错误地记载距离“相当于十里格”。

25. Ibid. , 92 – 93.

13. 里斯本的威尼斯人

1. 关于威尼斯特使的故事，感谢 Donald Weinstein 及其著作 *Ambassador from Venice*: *Pietro Pasqualigo in Lisbon*, *1501* (Minneapolis: University of Minnesota Press, 1960)。另见 George Modelski, “Enduring Rivalry in the Democratic Lineage: The Venice-Portugal Case,” in *Great Power Rivalries*, ed. William R. Thompson (Columbia: University of South Carolina Press, 1999)。

2. 引文出自 Sanjay Subrahmanyam, *The Career and Legend of Vasco da Gama* (Cambridge: Cambridge University Press, 1997), 20。

3. 参见 Paul Teyssier and Paul Valentin, trans. and eds. , *Voyages de Vasco de Gama*: *Relations des expeditions de 1497 – 1499 et 1502 – 3*, 2nd ed. (Paris: Chandeigne, 1998), 186 – 188。

4. 引文出自 Weinstein, *Ambassador from Venice*, 45 – 46。

5. 数十年来，尽管欧洲仍然处于奥斯曼征服的可怕威胁之下，还是有很多人同意帕斯夸利戈的看法，认为人们再次痴迷于发现遥远领土会使得故土面临无人看守的危险。16 世纪中叶派驻奥斯曼帝国的奥地利大使奥吉耶·吉斯兰·德·比斯贝克 (Ogier Ghiselin de Busbecq) 写道，很多基督徒放弃了凭借在战场上保卫信仰来寻求荣誉的中世纪的英勇，转而偏爱“横穿广袤的海洋，为了黄金而去寻找三印和对跖点”。那些航行对于全球势力均衡所产生的影响直到很久之后才日渐明晰。Bernard Lewis, *Islam and the West* (New York: Oxford University Press, 1993), 15.

6. 引文出自 Weinstein, *Ambassador from Venice*, 29 – 30。

7. 曼努埃尔一世致监护枢机的信件，日期为 1499 年 8 月 28 日，引文出自 *Journal*, 115。

8. Ibid. , 113 – 114.

9. 哥伦布在《预言之书》(*Book of Prophecies*) 一书中写到了将会导致世界末日的末日计划，他把自己的声名地位都押在这个计划上；他从 1501 年便开始写这本书，直到过世前一年仍在修订此书。

10. 哥伦布以其人之道还治其人之身：他抱怨说，殖民者们“认为黄金和香料遍地都是，随便就能用铲子收集，他们没有想到那里虽然有黄金，却是埋在矿里的，而香料则长在树顶上，所以他们需要挖矿采金，还要收割并处理香料”。引文出自 Felipe Fernández-Armesto, *Columbus* (Oxford: Oxford University Press, 1991), 134。

11. 当时，曼努埃尔实际上还未与天主教双王的一个女儿结婚。伊莎贝拉死于 1498 年；1501 年，曼努埃尔娶了她的妹妹玛利亚，后者给他生了一个儿子，即王位继承人若昂三世。

12. 引文出自 *Journal*, 115 - 116。曼努埃尔还给神圣罗马帝国的皇帝马克西米利安一世（Maximilian Ⅰ）写了信。

13. 1500 年 1 月（具体日期不详）的批准函，引文出自 Subrahmanyam, *Career and Legend*, 171。

14. 多梅尼科·皮萨尼（Domenico Pisani）的文书安杰洛·特雷维桑（Angelo Trevisan）对编年史家多梅尼科·马利皮耶罗（Domenico Malipiero）所说，引文出自 Henry H. Hart, *Sea Road to the Indies* (London: William Hodge, 1952), 28。圭多·德蒂（Guido Detti）提出了类似的观点：他说，曼努埃尔因为害怕他们的路线和情报会被泄露给外国势力，所以命令达伽马和他的手下交出航海图，违者处死，而且还没收他们的货物。“但我相信，不管他们怎么做，人人都会知道（这些情报），其他的船只也会启航去那里”，他补充说。参见 Teyssier and Valentin, *Voyages de Vasco de Gama*, 188。

15. 引文出自 Hart, *Sea Road to the Indies*, 203。

16. 吉罗拉莫·塞尔尼吉的信件，日期不详（1499 年 7 月），引文出自 *Journal*, 125, 134 - 135。圭多·德蒂附和了这个消息，他解释说，卡利卡特人“严格来讲并不是基督徒，因为他们每三年自行受洗一次，以此作为忏悔和净化罪孽的手段。但是，他们承认基督和圣母玛利亚的存在。他们有配钟的教堂，那里只有两个水池，一个盛圣水，另一个放香膏，既没有任何其他的圣礼，也没有任何派别的神父或修道士”。印度教是基督教的变体，或至少与其有某些密切关系，这一观念难以被动摇。“整个马拉巴尔地区的人和我们一样，相信圣父、圣子和圣灵的三位一体，即只有一个真正的上帝。从坎贝湾到孟加拉，人人都持此信念”，葡萄牙王室派往印度作为“药品代理商”的药剂师托梅·皮雷如此写道，他还写过 1512 ~ 1515 年关于亚洲的全面调查。时至 1552 年，若昂·德·巴罗斯仍把印度教三重神梵天、毗湿奴和湿婆当作婆罗门的三位一体，不过他指出这与基督教的三位一体颇不相同。参见 Teyssier and Valentin, *Voyages de Vasco de Gama*, 183; *The Suma Oriental of Tomé Pires*, trans. and ed. Armando Cortesão (London: Hakluyt Society, 1944), 1: 66。

17. 塞尔尼吉的第二封信,日期不详(1499 年),引文出自 *Journal*, 138。

18. Ibid., 137. 塞尔尼吉说加斯帕尔生于亚历山大港,曼努埃尔在其致监护枢机的信中也大概是这样说的。巴罗斯补充说,1450 年当犹太人被驱逐出境时,加斯帕尔的父母逃离了波兰的波兹南。卡斯塔涅达说,他有一个犹太人妻子,他还有一个儿子,后来受洗后被命名为巴尔塔萨。

19. 印度和其他"卡利卡特以南沿岸诸王国"每个地区各自的统计数据附于 *Journal*, 96 - 102,其中的一些王国实际上位于东南亚。

20. Henry E. J. Stanley, trans. and ed., *The Three Voyages of Vasco da Gama, and His Viceroyalty* (London: Hakluyt Society, 1869), 186 - 187 中引用了巴罗斯的总结。

21. 卡斯塔涅达所言,引文出自 Subrahmanyam, *Career and Legend*, 162。

22. 卡斯塔涅达所言,见 Robert Kerr, *A General History and Collection of Voyages and Travels* (Edinburgh: William Blackwood, 1811 - 1824), 2: 418。

23. 指挥官是加斯帕尔·科尔特 - 雷亚尔 (Gaspar Corte-Real)。1500 年,据说他到达了格陵兰和纽芬兰,而挂着英格兰国旗航行的意大利人约翰·卡博特 (John Cabot) 可能已于 1497 年在纽芬兰登陆了。第二年,科尔特 - 雷亚尔再次出发,或许看到了切萨皮克湾 (Chesapeake Bay) 和新斯科舍 (Nova Scotia),但他和他的船都失踪了;因此,来年驾船去寻找他的是他的兄弟米格尔。

24. 实际上,指挥权先是被授予了卡布拉尔,他当时在宫廷里仍然有支持者。卡布拉尔的诋毁者们,特别是达伽马的舅舅文森特·索德雷指责卡布拉尔是个无能之辈,并成功地操纵了局势。待达伽马获得大权,受命终身指挥任何开往印度的舰队之后,问题迎刃而解。

25. 关于达伽马的归期,众说纷纭。巴罗斯、戈伊斯和雷森迪给出的日期是 8 月 29 日,卡斯塔涅达说是 9 月 8 日,还有资料说是 9 月 18 日。巴罗斯认为,达伽马刚回国那几天可能在故土隐居,随后才公开进入城市。

26. 卡斯塔涅达所言,见 Kerr, *General History*, 2: 394。

27. 引文出自 *Journal*, 230 - 232。传统上认为这封信写于 1502 年 1 月 10 日，但有可能是在 1500 年 1 月寄出的，参见 Subrahmanyam, *Career and Legend*, 169 - 170。

28. Subrahmanyam, *Career and Legend*, 172.

29. Ibid., 194 - 195.

30. 这条漂亮花哨的船仍可在里斯本的海军博物馆看到。

31. Weinstein 所言，引文出自 *Ambassador from Venice*, 77 - 78。

第三部分　十字军东征

14. 印度海军上将

1. 关于达伽马的第二次航行，有几份目击者的叙述被留存至今。其中最完整的是随船航行的葡萄牙文书托梅·洛佩斯的叙述，那艘船是由鲁伊·门德斯·德·布里托资助并由乔瓦尼·博纳格拉齐亚担任船长的，该船于 1502 年 4 月从里斯本出发，作为舰队的一部分由埃斯特旺·达伽马指挥。洛佩斯的叙述目前只有一个意大利语译本，它被寄往佛罗伦萨，并由乔万尼·巴蒂斯塔·拉穆西奥在 16 世纪 50 年代出版，参见 "Navigazione verso le Indie orientali scritta per Tomé Lopez," in Ramusio, *Navigazioni e viaggi*, ed. Marica Milanesi (Turin: Einaudi, 1978 - 1988), 1: 687 - 738。第二份记录是达伽马主舰队的一个水手用葡萄牙文写的；其对舰队的第一段航程的记录尤为详细，但对后来的航程便是零星的记录了。其手稿存于维也纳的奥地利国家图书馆（Österreichische Nationalbibliothek），Leonor Freire Costa, ed., "Relação anónima da segunda viagem de Vasco da Gama à Índia," in *Cidadania e história: Em homenagem a Jaime Cortesão* (Lisbon: Livraria Sá da Costa Editora, 1985), 141 - 199 中翻印了此内容。第三份原始资料是一个名叫马泰奥·达·贝尔加莫（Matteo da Bergamo）的意大利代理商写的两封信，他的船是埃斯特旺·达伽马舰队的一部分；尽管两封信的长度和细节不一，显示的日期却都是 1503 年 4 月 18 日，并为了安全之故，是经由不同的船寄给了他的雇主——一个名叫詹弗兰科·阿费塔迪（Gianfranco Affaitadi）的克雷莫纳人，其在里斯本经商。威尼斯的圣马可图书馆（Biblioteca Marciana）有两份复制品；两个版本的法译本均可参见

Paul Teyssier and Paul Valentin, trans. and eds. , *Voyages de Vasco de Gama: Relations des expeditions de 1497 - 1499 et 1502 - 3*, 2nd ed. (Paris: Chandeigne, 1998), 319 - 340。其他幸存者的叙述均较短，但对普通水手的经历的描述很有价值，特别是对那些第一次前往非洲和印度、看什么都新鲜的水手。已知的第一份叙述是新小猪号上随主舰队航行的佛兰芒人写的，1504 年便已问世。原稿和英译本的复制品以 *Calcoen: A Dutch Narrative of the Second Voyage of Vasco da Gama to Calicut*, trans. J. P. Berjeau (London: B. M. Pickering, 1874) 之名出版。第二份是德语的，在维也纳手稿中位于葡萄牙文的叙述之后，作者也在达伽马的舰队里，但由于留存的文本并不完整，时常引人误会，也有可能是舰队返航后由笔记或一本日记汇集而成的一份报告的复制品。这份资料与葡萄牙手稿一起首次出版于 Christine von Rohr, ed. , *Neue quellen zur zweiten Indienfahrt Vasco da Gamas* (Leipzig: K. F. Koehler, 1939)。20 世纪 60 年代在布拉迪斯拉发（Bratislava）的吕刻昂图书馆（Lyceum Library，如今在斯洛伐克科学院的中央图书馆）找到一篇大致可算是此文缩写本的版本，大概属于一个名叫拉萨鲁斯·纽伦堡（Lazarus Nuremberger）的代理商，他在里斯本和塞维尔都很活跃。此文及其英译本和早期发现之旅的其他手稿残片一起出版，见 Miloslav Krása, Josef Polišenskyâ, and Peter Ratkoš, eds. , *European Expansion (1494 - 1519): The Voyages of Discovery in the Bratislava Manuscript Lyc.* 515/8 (*Codex Bratislavensis*) (Prague: Charles University, 1986)。不同的叙述在很多细节方面并不一致，甚或彼此矛盾，但和以往一样，我没有对自己的推论做出长篇大论的解释。除了上面提到的英译本外，翻译都是我本人所为。

2. *Calcoen*, 22.

3. Ibid. , 23.

4. Krása, Polišenskyâ, and Ratkoš, *European Expansion*, 78.

5. 尽管基督徒关于索法拉的看法只是幻想，穆斯林作者却早在 10 世纪便将其描述为一个重要的黄金来源地。自达伽马抵达之后，沙滩位移明显，曾经繁荣的港口很久以前便消失在海中。*Calcoen* 一书的作者戏剧性地声称，那里的居民拒绝与葡萄牙人做生意，担心他们溯流而上，找到路线进入祭司王约翰的国度，那里位于内陆，要不就是被围墙全然封闭了起来。他补充说，索法拉的苏丹当时正与祭司王约翰的臣民对战；葡萄牙人从被捉来当奴隶的人的口中得知，他们的国土上满是金银宝石。谣言无疑源于船上的八卦。

6. 基尔瓦岛上的遗址依然令人印象深刻，尽管如今只能通过涉水走过浅滩才能到达。关于它迷人的历史，参见 H. Neville Chittick, *Kilwa*: *An Islamic Trading City on the East African Coast* (Nairobi: British Institute in Eastern Africa, 1974)。至于一种近代的观点，可参见 Hans Mayr, "Account of the Voyage of D. Francisco de Almeida, Viceroy of India, along the East Coast of Africa," in Malyn Newitt, ed., *East Africa* (Aldershot, UK: Ashgate, 2002)。

7. 汉斯·迈尔（Hans Mayr）所言，见 Newitt, *East Africa*, 14。

8. 根据曾经多少同意此说法的卡斯塔涅达和科雷亚所说，埃米尔把他的一个主要敌人交作人质，并拒绝交纳贡金，就是希望达伽马杀了他；最后，人质自行筹措了钱财。达成交易后，达伽马亲切地询问新的封臣是否有敌人，他可以帮忙消灭；埃米尔试图在这种情况下做出挽救，说他们最怕的是蒙巴萨的基督徒——他的主要对手——如果需要的话，他无疑会交出一大笔贡金。

9. 信件于 1502 年 7 月 20 日写于基尔瓦（Kilwa），葡萄牙国家图书馆（Biblioteca Nacional de Lisboa）藏品，引文出自 Mss. 244, No. 2, Sanjay Subrahmanyam, *The Career and Legend of Vasco da Gama* (Cambridge: Cambridge University Press, 1997), 202。

10. "如果你还没有进入这个港口，而且这封信在外面便交到你手上，那就不要进港，因为很难从这个港口出去，你该继续前行，按照上述的一切忠告行事"，他写道。

11. 参见 Teyssier and Valentin, *Voyages de Vasco de Gama*, 328。在编年史家中，巴罗斯说舰队在马林迪以南八里格的一个海湾停留；卡斯塔涅达说达伽马短暂访问了这座城市；科雷亚详尽描述了达伽马会见苏丹的过程，苏丹再次像兄弟一样拥抱了他。所有这些都与目击者的叙述相矛盾。

12. *Calcoen*, 26. 那个佛兰芒水手说舰队乘着季风向东北方向前进，于 8 月 21 日抵达"一个叫 Combaen 的大城"的不远处。此城是坎贝（Cambay），600 年来一直是古吉拉特邦的重要港口；如今被称作肯帕德（Khambhat），其海港早已淤塞。他说舰队沿岸向南行驶，到达一个名叫 Oan（可能就是果阿）的城市；他声称他们就是在那里俘获并烧毁了 400 条船。其他文章均未证实此次袭击。马泰奥·达·贝尔加莫说暴风雨把他们刮到 Dhabul（孟买）；洛伊斯（Lopse）描述了一个类似的地方，但称其为 Calinul。

13. 船主可能是一个“新基督徒”家族的成员，是著名的宝石商人和商业银行家。1504～1508 年，有人提起在安特卫普为舰队融资的鲁伊·门德斯（Rui Mendes），当时那座城市已经成为葡萄牙香料在欧洲的主要贸易中心。1512 年，一个名叫迪奥戈·门德斯（Diogo Mendes）、可能属于同一个家族的人搬到安特卫普长住下来，成为非常富有的香料大王。到 16 世纪中叶，这个家族经营着大部分的香料贸易并控制了几个股票市场。参见 Marianna D. Birnbaum, *The Long Journey of Gracia Mendes* (Budapest: Central European University Press, 2003), 15－22。

14. *Calcoen*, 27.

15. 不同型号的单桅帆船可以靠龙骨的设计，而不是差异极大的用途或个头加以区分。就连龙骨的设计也会随着时间逐渐演变：采珠船是单桅帆船中最成功的船型之一，它后来在葡萄牙的影响之下，演变出方形的船尾。

16. 我关于这场战役的叙述基于托梅·洛佩斯极为详尽的报告，而补充的细节来自其他目击者和编年史家。

17. 数字来自可靠的洛佩斯，但各种估计值之间的差异极大。马泰奥·达·贝尔加莫和不知姓名的葡萄牙作者认为这个数字大约是 200；那位佛兰芒水手说是 380，而日耳曼水手则认为是 600；巴罗斯说是 260 人，再加上逾 50 名妇女和儿童；科雷亚和以往一样夸张，他说有 700 人。

18. Lopes's "Ioar Afanquy."

19. 参见 Lopes, "Navigazione verso le Indie orientali," 701。

20. 参见 Teyssier and Valentin, *Voyages de Vasco de Gama*, 330。“关于这个主题，还有很多故事既无需透露时间，也无需表明地点”，贝尔加莫隐晦地补充道。

21. 参见 Lopes, "Navigazione verso le Indie orientali," 703。

22. Ibid., 704.

23. Ibid., 705.

24. 第一批船返回里斯本时，有人告诉佛罗伦萨商人弗朗切斯科·科尔比内利（Francesco Corbinelli），达伽马焚毁了满载黄金的米里号但赦免了船上所有的穆斯林商人。除非他大错特错了，不然至少会有一个人为达伽马的行动感到羞愧。信件是于 1503 年 8 月 22 日写于里斯本的，可参见

Teyssier and Valentin, *Voyages de Vasco de Gama*, 354。

25. 数字来自一位姓氏不明的葡萄牙作家；马泰奥·达·贝尔加莫说有 20 个小孩。后来，至少有一些孩子作为修道士学徒被送到贝伦的修道院。

26. 若昂·德·巴罗斯所言，引文出自 Subrahmanyam, *Career and Legend*, 208。

15. 震撼与惊惧

1. 参见 Paul Teyssier and Paul Valentin, trans. and eds. , *Voyages de Vasco de Gama: Relations des expeditions de 1497 – 1499 et 1502 – 1503*, 2nd ed. (Paris: Chandeigne, 1998), 329。

2. 葡萄牙代理商经常抱怨他们被收取了过高的价格；而事实是，他们往往缺乏硬通货，对他们所售卖的商品的需求很少，他们还一贯拒绝按市场价格支付。

3. 参见 "Navigazione verso le Indie orientali scritta per Tomé Lopez," in Giovanni Battista Ramusio, *Navigazioni e Viaggi*, ed. Marica Milanesi (Turin: Einaudi, 1978 – 1988), 707。

4. Ibid. , 712.

5. Ibid. , 714.

6. 根据日耳曼水手所言，达伽马通过一个在葡萄牙受洗的荷兰犹太人问那些俘虏，他们死的时候是想作为基督徒还是保持自己的信仰。他坚称大多数被问到的人都想受洗，这不是因为他们认为如此会饶他们一命，而是为了在他们生命的最后一刻能够信仰万能的上帝。在那位姓氏不明的葡萄牙作家的叙述中说，有 32 个人被施以绞刑。

7. 巴罗斯报告了第一部分，洛佩斯报告了第二部分。和往常一样，加斯帕尔·科雷亚让这个插曲变得更加触目惊心。他说，这个假修道士的耳朵、鼻子和双手被串在脖子上，然后被人放进一条小船里，并附上一张给扎莫林的条子，建议他拿这些东西做咖喱。其余活着的囚犯也被断肢变成残废，他们身体的各个部位也被扔进那条小船；然后，达伽马"命人把他们的双脚捆起来，他们已经没有手来互相解开绳子；并且为了不让他们用牙齿解开绳子，他命令手下用棍棒敲掉囚犯的牙齿，手下依令行事；囚犯们被放进小船，混合着身上流下的血被堆在一起；然后他下令把草席和干树叶铺在他们身上，挂帆驶向海岸，并点燃了这条船”。科雷亚声称有逾800名穆斯林被这样谋杀了；还有更多的人被葡萄牙人从脚向下吊起来当靶子用。其中有三个人乞求受洗，他们在神父的带领下做完祈祷后，达伽马仁慈地勒死了他们，“以免他们受箭矢之苦。弓弩手们射箭刺穿了其他的人；但射向这些人的箭并没有穿入他们的身体，也没有在他们身上留下任何痕迹，而是落到了地上”。科雷亚的故事未经证实，很有可能是编造的；即便如此，达伽马的可怕行动也必须放在大背景下来看待，在那个时代，这样的说法并非指控海军上将，而是在美化他和他的十字军。Henry E. J. Stanley, trans. and ed., *The Three Voyages of Vasco da Gama, and His Viceroyalty* (London: Hakluyt Society, 1869), 331 - 334.

8. 参见 Teyssier and Valentin, *Voyages de Vasco de Gama*, 332 - 333。

9. 参见 Lopes, "Navigazione verso le Indie orientali," 720。

10. 如今被称作 Kollam；不过传统上认为圣多马的埋葬地点在金奈（Chennai）南面的麦拉坡（Mylapore）。

11. 这些传说的详述请参见 *The Book of Duarte Barbosa*, trans. Mansel Longworth Dames (London: Hakluyt Society, 1921), 2: 97 - 99, 127 - 129。这类故事有大量版本；孔雀殉教的插曲可能来自印度教或佛教的一个故事。

12. 最有可能是波斯人率先到达了印度。5世纪，基督论争议后出现了叙利亚基督教；6世纪，它的几个教派之一波斯教会或东正教会的传教士到达了马拉巴尔海岸和中国；9世纪，很多叙利亚基督徒移居到印度南部。14世纪末，帖木儿基本上扫清了波斯基督徒；印度的基督徒社群是少数幸存者之一，但分裂成两个群体，分别遵循不同的叙利亚仪式。17世纪，一些圣多马教派的基督徒在葡萄牙的压力之下与罗马建立了联系，而其他的教派反抗葡萄牙人，并与罗马决裂，印度的基督徒社群陷入更严重的分裂，形成了西叙利亚圣多马基督徒、东叙利亚圣多马基督徒、西叙利亚罗马天主教徒、东叙利亚罗马天主教徒、非叙利亚罗马天主教徒、两个正教叙利亚教派，以及其他至今仍然存在的教会的大杂烩局面。

13. *Calcoen: A Dutch Narrative of the Second Voyage of Vasco da Gama to Calicut*, trans. J. P. Berjeau (London: B. M. Pickering, 1874), 29.

16. 海上的僵持

1. 参见 "Navigazione verso le Indie orientali scritta per Tomé Lopez," in

Giovanni Battista Ramusio, *Navigazioni e Viaggi*, ed. Marica Milanesi (Turin: Einaudi, 1978 - 1988), 724. 科雷亚骇人听闻，同时无疑也不合逻辑地声称，达伽马用余烬折磨那位婆罗门，最后又切下他的双唇和双耳，把狗耳缝到他耳朵的位置。各种资料关于信使的人数和阶层、他们的使命，以及他们的命运均说法不一。

2. Ibid., 726.

3. 马泰奥·达·贝尔加莫给出了这个数字。舰队回国时，据佛罗伦萨商人弗朗切斯科·科尔比内利说，敌船的数量后来增至400条甚至500条。

4. 参见 Lopes, "Navigazione verso le Indie orientali," 728。

5. Ibid., 730.

6. 据卡斯塔涅达说，战利品有很多，包括很多瓷器和银器，以及一座黄金神像，神像的眼睛是绿宝石的，胸前还有一大颗红宝石。科雷亚还说，水手们在船舱里找到很多女人，其中有一些漂亮的女孩，达伽马把他们留给王后。不过，这些说法都不可信。

7. 参见 Lopes, "Navigazione verso le Indie orientali," 730。

8. 指拉克沙群岛和马尔代夫群岛。靠近非洲时，舰队驶过塞舌尔群岛、科摩罗，以及阿米兰特群岛（Amirante islands），后者是以印度海军上将瓦斯科·达伽马之名来命名的。

9. 参见 Paul Teyssier and Paul Valentin, trans. and eds., *Voyages de Vasco de Gama: Relations des expeditions de 1497 - 1499 et 1502 - 3*, 2nd ed. (Paris: Chandeigne, 1998), 338。不知为何，这个意大利商人在此处以及信件通篇中都把"里斯本"说成了"君士坦丁堡"。

10. 洛佩斯说有15条船离开了莫桑比克；如果他的数字是正确的，那么在那里建造的轻快帆船便可取代在索法拉损失的船只了。这份叙述在某些出发日期以及回城的其他细节上不一致；我主要参照的是洛佩斯的记录，但不同船只上的目击者对整个故事予以补充。洛佩斯和那位日耳曼水手几乎必然是随同一个群体离开的。葡萄牙水手与达伽马则是一同随最后的船队在6月22日离开的。马泰奥·达·贝尔加莫在4月18日为其信件做了最后的润色，他以其一贯的自信向雇主保证，他会在六天内离开，并在归途中超过其他状态不佳的船只。他于次日寄出了信件，他的证言也止于那一天，但他的耐心无疑经受了最后一次严峻的考验。

11. 参见 Lopes, "Navigazione verso le Indie orientali," 736。

12. *Calcoen*: *A Dutch Narrative of the Second Voyage of Vasco da Gama to Calicut*, trans. J. P. Berjeau (London: B. M. Pickering, 1874), 32.

13. Miloslav Krása, Josef Polišenskyâ, and Peter Ratkoš, eds., *European Expansion (1494 – 1519): The Voyages of Discovery in the Bratislava Manuscript Lyc. 515/8 (Codex Bratislavensis)* (Prague: Charles University, 1986), 80 – 81.

14. 信件在 1503 年 8 月 20 日写于里斯本，引文出自 Sanjay Subrahmanyam, *The Career and Legend of Vasco da Gama* (Cambridge: Cambridge University Press, 1997), 225。

15. Krása, Polišenskyâ, and Ratkoš, *European Expansion*, 81. 日耳曼水手说，一条船在 8 月 19 日归航，一条船在 8 月 27 日，另一条船在 10 月 7 日，有九条船在 10 月 10 日，还有一条在 10 月 14 日归航。24 日，老船在里斯本的海上失事。"还有一条小船没回来，" 日耳曼人补充说，"大家担心它也失事了。" 不过根据原始材料，一直到 11 月仍有船只陆续抵达。

16. 1504 年 2 月的授权函，引文出自 Subrahmanyam, *Career and Legend*, 227。

17. 海洋帝国

1. 瓦尔泰马伪装成朝圣客，就葡萄牙航行的影响如此戏弄一个麦加商人："我开始对他说，如果这就是蜚声世界的麦加城，珠宝和香料在哪里，据说那里充斥的各种商品又在哪里。……当他告诉我，造成当前惨状的始作俑者是葡萄牙国王时，我假装悲痛万分，大说国王的坏话，只是他不知道，我暗自欣喜基督徒进行了这一趟旅程。" *Travelers in Disguise: Narratives of Eastern Travel by Poggio Bracciolini and Ludovico de Varthema*, trans. John Winter Jones, rev. Lincoln Davis Hammond (Cambridge, MA: Harvard University Press, 1963), 82.

2. 引文出自 Sanjay Subrahmanyam, *The Career and Legend of Vasco da Gama* (Cambridge: Cambridge University Press, 1997), 227。这位银行家是巴尔托洛梅奥·马尔基翁尼，正是那位给佩罗·达·科维良开信用证的富豪。

3. 佩罗·德·阿泰德 (Pêro de Ataíde) 致曼努埃尔一世的信，1504

年2月20日写于莫桑比克，引文出自ibid.，230。不久以后，布拉斯·索德雷神秘死亡，卡斯塔涅达和戈伊斯坚持认为，这两个兄弟因为抛弃了科钦城的国王而受到上帝的谴责。阿泰德把剩下的船带到印度，并致信曼努埃尔要求赏金，但还未能等到他的信件给自己带来任何好处，他便于次年死于莫桑比克。

4. 汉斯·迈尔（Hans Mayr）所言，见Malyn Newitt, ed., *East Africa* (Aldershot, UK: Ashgate, 2002), 12。

5. Ibid., 15.

6. *Travelers in Disguise*, 214 - 219.

7. Manuel de Faria e Sousa, *The Portuguese Asia*, trans. Captain John Stevens (London: C. Brome, 1694 - 1695), 1: 207 - 208.

8. 或称阿拉伯湾，这个名称是伊朗和阿拉伯诸国之间争论的话题。

9. Walter de Gray Birch, ed., *The Commentaries of the Great A. Dalboquerque, Second Viceroy of India* (London: Hakluyt Society, 1875 - 1894), 1: 81.

10. 在阿尔布开克的几名队长反抗烈日炎炎之下建造城堡的繁重工作，逃亡印度后，霍尔木兹很快便失守了。此城在1515年才被彻底夺回，夺城之人还是阿尔布开克，不过其军力强大了许多。霍尔木兹奠定了葡萄牙在波斯湾和阿拉伯半岛东部诸港口的霸主地位；葡萄牙人统治着该岛，直到17世纪被波斯-英格兰联军夺取了此地。

11. 参见Stefan Halikowski Smith, "Meanings Behind Myths: The Multiple Manifestations of the Tree of the Virgin at Matarea," in *Mediterranean Historical Review* 23, no. 2 (December 2008): 101 - 128; Marcus Milwright, "The Balsam of Matariyya: An Exploration of a Medieval Panacea," in *Bulletin of the School of Oriental and African Studies* 66, no. 2 (2003): 193 - 209。

12. 关于玛利亚给耶稣洗衬衫的故事，参见William Schneemelcher, ed., *New Testament Apocrypha*, vol. 1, *Gospels and Related Writings* (Louisville, KY: Westminster John Knox Press, 2003), 460。在另一个版本中，耶稣折断了约瑟的手杖，种下断枝，从他亲手挖的井里取水灌溉，这些断枝立即长成了香脂树苗。参见Otto F. A. Meinardus, *Two Thousand Years of Coptic Christianity* (Cairo: American University in Cairo Press, 1999), 21。

13. 这位修道士名叫弗拉·毛罗；苏丹是坎苏·高里（Qansuh al-

Ghuri），长期执政的凯特贝（Qaitbay）死后引发了继位权之争，四位苏丹走马灯般地就任后，坎苏·高里在 1501 年掌权。参见 Donald Weinstein, *Ambassador from Venice: Pietro Pasqualigo in Lisbon, 1501* (Minneapolis: University of Minnesota Press, 1960), 78 – 79。

14. 间谍名叫卡马瑟，他假扮商人，把他的加密报告转交给威尼斯驻西班牙大使。在他抵达里斯本之前，佛罗伦萨银行家巴尔托洛梅奥·马尔基翁尼的侄子就揭露了他的身份，但曼努埃尔一世最终还是释放了他。在报告中，他准确预测葡萄牙人虽有能力占领印度周边水域，却无力征服麦加，封锁全部的阿拉伯船运，或永久性地垄断香料贸易。他的情报促成了威尼斯人与穆斯林伙伴共命运，密谋针对葡萄牙的复仇计划。参见 Robert Finlay, "Crisis and Crusade in the Mediterranean: Venice, Portugal and the Cape Route to India, 1498 – 1509," in *Studi Veneziani* n. s. 28 (1994): 45 – 90。

15. 这条大帆船是"探索时代"最著名的船之一。与达伽马一起回到里斯本后，她在 1505 年随同阿尔梅达回到东方；除了在第乌获胜之外，她还参加了对霍尔木兹、果阿和马六甲的征服。这条老船带着大量财宝从马六甲返航时，在一场暴风雨中沉没了；很多船员死于海难，在这条船上的阿尔布开克不得不乘一条临时的筏子划到安全地带。很多寻宝人付出了极大努力，但仍未找到这条沉船。

16. 三股势力形成了康布雷同盟；决定性的交战是 1509 年的阿纳迪洛之战（Battle of Agnadello）。同盟迅速瓦解，威尼斯收复了很多失地乃至尊严。说到底，是葡萄牙人挑起的全球贸易革命宣告了威尼斯的逐渐衰落——跟它的奥斯曼帝国盟友一样。

17. 很多新基督徒，或称 conversos，都被怀疑是秘而不宣的犹太人，并被贴上了马拉诺的标签，也就是西班牙语"猪"的意思。一些人的确在私下里继续秉持犹太人的观念，不过还是有很多人变成了名副其实的天主教徒。在社会动荡期间，多疑和偏执被不断累积；就在里斯本大屠杀之前不久，瘟疫袭击了这座城市，遭人怀疑的马拉诺成了替罪羔羊。曼努埃尔一世除了处死首恶之外，还把对新基督徒的宗教调查的中止期延长了 20 年。据估计死亡人数高达 4000 人。

18. 阿尔布开克在 1508 年被任命，但这位直率的总督拒绝接受任命，还把他的继任者投入大牢。谨慎的阿尔布开克等待时机，最终在 1509 年

11 月上任了。阿尔梅达在返程途中被杀，当时他的手下很不明智地在好望角附近偷牛。

19. 关于阿尔布开克的计划，参见 Birch, *Commentaries of the Great A. Dalboquerque*, 4: 36 – 37。阿尔布开克不是第一个打算偷取穆罕默德遗骸的十字军骑士。在第二次十字军东征期间，一个名叫“沙蒂永的雷纳德”（Reynaud de Châtillon）的法兰西人精神特别错乱，发动了一次入侵红海的荒谬计划。雷纳德通过婚姻取得了外约旦的贵族身份，那是耶路撒冷王国的一个贫瘠的角落，向南延伸到亚喀巴湾，横跨从叙利亚到阿拉伯半岛的贸易和朝圣路线。因为离奇地期待威尼斯在苏伊士采取后期行动，他打造了一支预制构件的战船舰队，用驼队将构件运到海湾的埃拉特港，在那里组装并在红海下水。除了拦截从印度和非洲来的商船之外，雷纳德还计划找到穆罕穆德的坟墓，挖出他的尸体，带回来埋在自家后院里。他预计，如此一来，朝觐之地就会转向外约旦，而他就会因此而暴富。一支十字军分遣队在阿拉伯半岛登陆，开始抢劫朝圣者；在他们最终陷入绝境时，距离麦地那只有数英里之远了。愤怒的萨拉丁下令杀死所有的人，至少要阻止他们泄露红海贸易的秘密；四年后，他在哈丁角实现了誓言，砍下了野蛮的法兰西人的头颅。雷纳德引来了萨拉丁，破坏了十字军东征的整体行动。

20. 曼努埃尔·德·法利亚·索萨所言，见 Robert Kerr, *A General History and Collection of Voyages and Travels* (Edinburgh: William Blackwood, 1811 – 1824), 6: 137。

21. *The Suma Oriental of Tomé Pires*, trans. and ed. Armando Cortesão (London: Hakluyt Society, 1944), 2: 287. 马六甲的财富要归功于帖木儿，帖木儿对丝绸之路上的城市造成了巨大的破坏，因而在 1402 年，中国改从海上出口自己的商品。

22. Ibid., 1: 2.

23. 商人们于 1542 年到达日本；1557 年，葡萄牙人获准在澳门建立永久定居点。两地之间的船运通道是获利极丰的贸易环路的关键所在。商人们从果阿运送象牙和乌木至澳门，同时在那里购买丝绸和瓷器。由于中国禁止与日本直接贸易，他们驶向长崎，在那里用价值昂贵的货物换取白银。由于白银的价值在中国要比在日本高得多，在返程途中，他们回到澳门，购买大量中国奢侈品，再将它们运往欧洲。

24. *Travelers in Disguise*, 230.

25. 他们的目标是在马穆拉［Mamora，如今被称作迈赫迪耶（Mehdia）］建立一座城堡，好控制塞布河（Sebou River）上游至非斯（Fez）的路线。尽管曼努埃尔在非洲遭遇挫折，他仍然希望能行军穿过摩洛哥南部，直抵埃及和巴勒斯坦。

26. 1513 年，在其担任总督期间的唯一一次重大失败中，阿尔布开克的军队在亚丁高耸的围墙下被击退；守军知道自己如果败北会威胁到圣城麦加和麦地那，因而下定决心击退敌人。这次失败只是让延迟到四年之后的审判更加令人难堪，1538 年，亚丁落入奥斯曼帝国之手。葡萄牙没有完全控制亚丁－霍尔木兹－卡利卡特的贸易三角，所以再也不能完全阻挡香料抵达伊斯兰世界。

27. 正是在卡洛斯一世统治期间，科尔特斯（Cortés）和皮萨罗（Pizarro）毁灭了阿兹特克和印加帝国，开始向南美洲输送基督教。即使如此，他们还是热切希望到达东方。1526 年，科尔特斯认为有必要因没有找到通往香料群岛的西方路线而向西班牙君主致歉；1541 年，皮萨罗的弟弟贡萨洛（Gonzalo）进行了一次探险，横穿厄瓜多尔，寻找传说中的肉桂之国，但损失惨重。科尔特斯将阿兹特克的城市比喻成穆斯林的格拉纳达，并把他们的庙宇称作清真寺；在西班牙征服者的猛攻下，伊比利亚半岛收复失地运动所激起的对穆斯林的神圣复仇，在伊斯兰教从未存在过的新大陆上演了。

28. 除了把摩鹿加群岛割让给葡萄牙之外，《萨拉戈萨条约》（1529 年）还确定了西班牙在菲律宾群岛的权利。结果证明，后者也在葡萄牙的半球内。

29. 引文出自 Subrahmanyam, *Career and Legend*, 283。曼努埃尔仍然抱有常见的误解，认为穆罕默德被葬在麦加。

18. 国王的副手

1. 1507 年 3 月 21 日在托马尔（Tomar）颁布的王室命令，参见 A. C. Teixeira de Aragão, *Vasco da Gama e a Vidigueira: Estudo Histórico*, 2nd ed.（Lisbon: Imprensa Nacional, 1898）, 250－252。

2. 1518 年 8 月曼努埃尔一世致达伽马的信件；参见 ibid., 257－258。

3. 1519 年 12 月 17 日曼努埃尔一世的信件，引文出自 Sanjay

Subrahmanyam, *The Career and Legend of Vasco da Gama* (Cambridge: Cambridge University Press, 1997), 281。苏布拉马尼亚姆（Subrahmanyam）说，葡萄牙当时只能召集“两位公爵，两位侯爵，一位伯爵－主教，以及十二位其他伯爵”。

4. 在撰写达伽马前两次航行时凭借丰富的想象力添油加醋的编年史家加斯帕尔·科雷亚关于第三次航行的叙述更可靠一些。到1524年，他在印度已待了十年以上；他16岁时作为士兵第一次到达印度，但让他倍感宽慰的是，他被任命为阿方索·德·阿尔布开克的秘书。和往常一样，故事中充斥着官方的编年史和当时的文献。

5. 1534年，保罗·达伽马死于马六甲的一场海战。1540年，埃斯特旺·达伽马成为印度总督；1541年，他率领一支海军探险队进入红海去袭击奥斯曼舰队，但他到达苏伊士时，发现敌方预料他会来，于是被迫撤退。他的弟弟克里斯托旺率一支十字军在埃塞俄比亚登陆，一支装备了奥斯曼加农炮的穆斯林军队入侵了那里并宣布圣战。克里斯托旺被俘，来年被处死，但他的介入对于埃塞俄比亚的成功防守很有帮助。埃斯特旺死于威尼斯，他逃到那里是为了避免与国王为他选择的妻子成婚。在其他的兄弟中，最年长的弗朗西斯科继任维迪盖拉伯爵，而两个最小的弟弟——佩德罗和阿尔瓦相继担任马六甲的队长。

6. Jean Mocquet, *Travels and Voyages into Africa, Asia, and America, the East and West Indies; Syria, Jerusalem, and the Holy Land*, trans. Nathaniel Pullen (London, 1696), 207.

7. Henry E. J. Stanley, trans. and ed., *The Three Voyages of Vasco da Gama, and His Viceroyalty* (London: Hakluyt Society, 1869), 394.

8. 船长是莫塞姆·加斯帕尔·马略基姆（Mossem Gaspar Malhorquim）。次年，这条轻快帆船被俘并被带往印度，很多船员在那里死于绞刑。

9. Stanley, *Three Voyages*, 383.

10. 各种版本的引言都被认为是达伽马说的，此语出自 Manuel de Faria e Sousa, *The Portuguese Asia*, trans. Captain John Stevens (London: C. Brome, 1694－1695), 1: 280。

11. 这种看法在欧洲广为流传。56位作者匆忙写出133本著作，成千上万的伦敦人逃往高地，还建造了大量方舟。参见 Lynn Thorndike, *History*

of Magic and Experimental Science, vols. 5 and 6, *The Sixteenth Century* (New York: Columbia University Press, 1941), 5: 178 – 233。

12. Stanley, *Three Voyages*, 396.

13. Ibid. , 390.

14. 医院的建筑虽然壮观，效率却受到了限制，因为主治医师们和其他葡萄牙官员一样，都是三年任期。他们刚找到窍门治疗不熟悉的热带疾病，就要回家了。

15. Stanley, *Three Voyages*, 394 – 396.

16. 参见 ibid. , Appendix, pp. x-xvi 的原始文本和 pp. 385 – 390 的 Stanley 的译文。果阿的新队长对殖民地存在的问题有不同的看法：他认为果阿的神父太多，他们过于享受与本地妇女结婚，以至于无法组织适当的防御。参见 Subrahmanyam, *Career and Legend*, 316。

17. Stanley, *Three Voyages*, 397 – 398.

18. Ibid. , 405.

19. 西班牙驻葡萄牙大使胡安·德·苏尼加（Juan de Zúñiga）向卡洛斯一世报告，西班牙指望不上达伽马。据苏尼加说，除了威胁要击沉西班牙的船只之外，总督还发誓不理会任何赋予西班牙在摩鹿加群岛之权利的协议，会不惜一切代价把群岛留在葡萄牙人的手里。1523 年 7 月 21 日写于托马尔的信件，引文出自 Subrahmanyam, *Career and Legend*, 299 – 300。

20. Ibid. , 325. 1523 年，克朗加诺尔（Cranganore）的主教堂遇袭并被焚毁。

21. Stanley, *Three Voyages*, 412.

22. 就算被赋予总督的权力，达伽马还是逾越了他的权限。据卡斯塔涅达说，堂·杜阿尔特收到一封王室信件，赦免他和手下受达伽马的管辖，并准许他留在印度，直到回国的舰队准备完毕；如有必要，他将在坎纳诺尔的城堡里等待时机，那里将成为他在这段时间的私人封地。科雷亚说，杜阿尔特拒绝登上达伽马指定的船，而达伽马威胁说要击沉他所在的船；在与总督进行一番激烈辩论以及和一同就餐的人挥泪告别后，路易斯来到他哥哥身边并说服他上岸了。Ibid. , 417 – 420.

23. Ibid. , 422. 一种说法是达伽马当时患上了口咽型炭疽。

24. 达伽马的遗骸直到 1538 年才被护送回国。19 世纪时，遗骸以隆重的仪式移往里斯本，在贝伦的修道院重新下葬，该修道院当年是为了纪念他的第一次航行而建造的。多年后，人们发现取错了尸骨，又举行了一次朴素得多的仪式，把真正的遗骨移往新墓。

25. 佩罗·德·法利亚（Pêro de Faria）的信件，1524 年 12 月 28 日写于科钦城，引文出自 Subrahmanyam, *Career and Legend*, 343。

26. Stanley, *Three Voyages*, 427.

27. 为了报复他兄弟的行为，这位海盗和他的船员都被砍下双手，船也被付之一炬，这个行动引起了法兰西海盗针对葡萄牙人连续多年的残酷报复。

19. 狂野不羁的大海

1. 以下引文出自 Jean Mocquet, *Travels and Voyages into Africa, Asia, and America, the East and West Indies; Syria, Jerusalem, and the Holy Land*, trans. Nathaniel Pullen (London, 1696), 246 – 246v, 267 – 268, 249 – 252v, 259 – 260, 262 – 263。让·哈伊根·范林斯霍滕和弗朗索瓦·皮拉德对果阿的描写只是略为平淡了一些。

2. 关于果阿旧城，参见 José Nicolau da Fonseca, *An Historical and Archaeological Sketch of the City of Goa* (Bombay: Thacker, 1878); Anthony Disney, *The Portuguese in India and Other Studies, 1500 – 1700* (Farnham, UK: Ashgate, 2009)。

3. 这座庙宇临近科钦城，虽然它在葡萄牙人的盟友看来是个圣地，但葡萄牙人还是袭击了它。

4. 这位队长是堂·若热·特莱斯·德·梅内塞斯（Dom Jorge Teles de Meneses）；代理商是若昂·韦略（João Velho），他在 1547 年给国王写了一封措辞激烈的长信，讲述其遭受的不公平待遇。参见 M. D. D. Newitt, *A History of Mozambique* (London: Hurst, 1995), 1 – 3。

5. 加斯帕罗·孔塔里尼（Gasparo Contarini）于 1524 年 11 月 16 日在威尼斯参议院的演讲，引文出自 Sanjay Subrahmanyam, *The Career and Legend of Vasco da Gama* (Cambridge: Cambridge University Press, 1997), 350。

6. 一篇题为 *The Gift to the Holy Warriors in Respect to Some Deeds of the Portuguese* 的马皮拉史诗记录并赞美了反抗运动。在 1921 ~ 1922 年的一次马皮拉人起义中，或许有多达 10000 人死亡。参见 Stephen Frederic Dale, "Religious Suicide in Islamic Asia," in *Journal of Conflict Resolution* 32, no. 1

(March 1988): 37 – 59。

7. 1552 年，这位修道士先驱死于热病，被葬在一个海滩上；翌年，他的尸体被带往果阿。他如今仍然安息在果阿旧城仁慈耶稣大教堂的一个宏伟的墓园里，双臂遗骨中的一条被带去罗马的耶稣教堂，另一条本来被人想带到沙勿略曾工作过两年的日本，但最终只到达了澳门。

8. 这种特别法庭直到 1812 年才被废除。大部分的记录被毁；受害者人数不详，但据信受到审判的至少有 16000 个案件。参见 A. K. Priolkar, *The Goa Inquisition* (Bombay: Bombay University Press, 1961)。*L'inquisition de Goa: La relation de Charles Dellon (1687)*, ed. Charles Amiel and Anne Lima (Paris: Chandeigne, 1997)，这本著作是一个以笔调严酷冷峻出名的法兰西目击者所讲述的现代版本。

9. 引文出自 K. M. Mathew, *History of the Portuguese Navigation in India, 1497 – 1600* (New Delhi: K. M. Mittal, 1988), 214。

10. 1557 年，三岁的国王塞巴斯蒂昂继承了王位，他深受其耶稣会导师的影响，决心努力传播信仰。1569 年，他制订了一个被葡萄牙商人大肆吹捧的计划，意在攫取姆诺莫塔帕传说中的非洲金矿，但在实施之前，他将此次行动的道德问题提付一群律师和神学家来讨论。返回的答案是拟议中的战争可以用一个耶稣会的神父在该地区被杀，以及当地的国王庇护穆斯林为理由，且只要以传播福音和拯救灵魂为其首要目标，它就是正义的。塞巴斯蒂昂派遣葡属印度的前总督弗朗西斯科·巴雷托（Francisco Barreto）作为一支大军的首领；和他一同前往的还有耶稣会的一名神父，根据王室的命令，巴雷托须听从后者的建议。他们没有直奔金矿，而是花了一年半时间屠杀海岸地区的穆斯林，随后出发去追踪谋杀那位神父的人。还未达到目标，巴雷托和他的大部分手下就死于热病，但这次探险标志着在非洲内陆殖民和福音传道的联合行动的开始。

11. 若昂·德·巴罗斯所言，引文出自 Peter Russell, *Prince Henry 'the Navigator': A Life* (New Haven, CT: Yale University Press, 2000), 343。

12. 关于它的故事，参见 M. D. D. Newitt, ed., *East Africa* (Aldershot, UK: Ashgate, 2002), 99 – 103。这段叙述首次出现在 Bernardo Gomes de Brito 的 *História Trágico-Maritima* 中，这是 1729 ~ 1736 年在里斯本出版的一部两卷本海洋灾害文集。英文节选译本参见 C. R. Boxer, ed. and trans., *The Tragic History of the Sea, 1589 – 1622* (London: Hakluyt Society, 1959)

and Further Selections from 'The Tragic History of the Sea,' 1559 - 1565 (Cambridge: Hakluyt Society, 1968)。

13. Newitt, *East Africa*, 105 - 106.

14. Ibid., 65. 戈梅斯在 1645 年之前不久遭遇海难。

尾　声

1. 雕刻家本韦努托·切利尼 (Benvenuto Cellini) 的报告，引文出自 A. Richard Turner, *Inventing Leonardo* (Berkeley: University of California Press, 1994), 52。

2. "我无法否认，" 1531 年，弗朗索瓦一世对威尼斯大使乔治·格里蒂 (Giorgio Gritti) 说，"我希望看到土耳其人叱咤风云并随时准备开战，这不是为了他自己——因为他是个异教徒，而我们都是基督徒——而是为了削弱皇帝的力量，迫使他花费大笔费用，并让反对这一强敌的其他政府放心。" 引文出自 André Clot, *Suleiman the Magnificent*, trans. Matthew J. Reisz (London: Saqi, 1992), 137。

3. Harold Lamb, *Suleiman the Magnificent: Sultan of the East* (Garden City, NY: Doubleday, 1951), 229.

4. 马丁·路德认为圣战的整体概念有违基督的教义，不过他后来修正了早期的观点，即土耳其人是消灭敌基督——教宗——的鞭子，因此不应抵制。

5. 引文出自 Kate Aughterson, ed., *The English Renaissance: An Anthology of Sources and Documents* (London: Routledge, 1998), 36。

6. 引文出自 Susan A. Skilliter, *William Harborne and the Trade with Turkey, 1578 - 1582: A Documentary Study of the First Anglo-Ottoman Relations* (Oxford: Oxford University Press, 1977), 123。英格兰人和土耳其人都用拉丁文写信。关于盎格鲁-奥斯曼协约，可参见 Albert Lindsay Rowland, *England and Turkey: The Rise of Diplomatic and Commercial Relations* (New York: Burt Franklin, 1968)；关于更广泛的观点，可参见 Nabil Matar, *Islam in Britain, 1558 - 1685* (Cambridge: Cambridge University Press, 1998)。

7. Susan A. Skilliter, "William Harborne, the First English Ambassador, 1583 - 1588," in *Four Centuries of Turco-British Relations*, ed. William Hale and Ali Ihsan Bagis (Beverley, UK: Eothen, 1984), 22.

8. Richard Hakluyt, *The Principal Navigations, Voyages, Traffiques and Discoveries of the English Nation* (Glasgow: MacLehose, 1903 – 1905), 7: 116 – 117. 文献的发现见 "The Epistle Dedicatorie in the Second Volume of the Second Edition, 1599" (1: lxxii)。

9. 1595 年，范林斯霍滕发表了一篇关于葡萄牙人在东方航海的记述；翌年，他匆忙赶印他的游记全文，从而一夜成名，获利颇丰。游记的一个英译本题为 *Iohn Huighen van Linschoten his Discours of Voyages into ye Easte & West Indies*，出版于 1598 年；一个德译本也在同一年面世。一个名叫贝尔纳迪诺·德·埃斯卡兰特（Bernardino de Escalante）的西班牙水手和神父把菲奇和范林斯霍滕的记述付梓出版；他关于葡萄牙到中国航线的记述的英译本在 1579 年出版了。

10. 英格兰人詹姆斯·兰开斯特（James Lancaster）爵士——曾与葡萄牙人一起航行和战斗——在 1591 年带领三条船出发，到达过桑给巴尔、马六甲和锡兰；1594 年，只有其中一条船挣扎着回国，船上有 25 名幸存者。1600 年，兰开斯特指挥东印度公司的第一支舰队到达了印度尼西亚，在西爪哇省的万丹（Bantam）建立了第一家英国代理店。1595 年的荷兰探险队由科尼利厄斯·德·豪特曼（Cornelius de Houtman）领导，他早期曾被派往里斯本刺探有关香料群岛的情报。他的那次航行为坏血病、致命的斗殴、海盗袭击和战斗所困，豪特曼回国后，却发现他被范林斯霍滕先发制人。1599 年，据说他被亚齐（Aceh）的海军女上将及其全是女兵的海军所杀。

11. 关于这位造诣颇深的大使的一生，参见 Michael J. Brown, *Itinerant Ambassador: The Life of Sir Thomas Roe* (Lexington: University Press of Kentucky, 1970)。关于他的印度之行的日记和信件，见 *The Embassy of Sir Thomas Roe to the Court of the Great Mogul, 1615 – 1619*, ed. William Foster (London: Hakluyt Society, 1899)。

12. 占据了城市的旧行政中心的这座建筑，在葡萄牙取缔了耶稣会后被征用为总督的宅邸。如今，那里是一座沉睡的博物馆。

13. *Time*, June 26, 2007.

14. *The Times* (London), March 13, 2004.

15. 在 2001 年 9 月 16 日的一次新闻发布会上，乔治·W. 布什称，新近对恐怖分子的宣战是一次"十字军东征"。他的发言人后来为他的措辞表达歉意，但第二年，总统再次把正在进行的战争称为“十字军东征”。Ron Suskind, “Faith, Certainty and the Presidency of George W. Bush,” *New York Times Magazine*, October 17, 2004.

16. 这个发表于 1998 年 2 月的声明，其标题为《向犹太人和十字军发动圣战》。它还声称，阿拉伯半岛“自从安拉整平地面、造出沙漠，并用大海将其环抱以来，还从未被十字军这样的力量闯入过，他们像蝗虫一样散布其上，蛀蚀它的财富，彻底毁灭了它的种植园”。Peter L. Bergen, *The Osama Bin Laden I Know: An Oral History of Al Qaeda's Leader* (New York: Free Press, 2006), 195.

17. *Sunday Times* (London), November 28, 2010.

18. Francisco López de Gómara, “Dedication” to *Historia general de las Indias* (Saragossa, 1552).

19. Adam Smith, *An Inquiry into the Nature and Causes of the Wealth of Nations*, ed. Edwin Cannan (London: University Paperbacks, 1961), 2: 141.

20. 当然，其他因素也在发挥着作用，尤其是奥斯曼人不可动摇的信念，那就是即便他们的帝国在后宫阴谋和地方保护之下日益衰落，而西方进入了启蒙时代，但只有他们的道路才是最好的。然而，从长期来看，发现之旅关键性地打破了平衡。研究伊斯兰教和中东的著名学者伯纳德·路易斯（Bernard Lewis）的观点很有道理。“伊斯兰军队的最后落败和撤退无疑是维也纳勇敢的捍卫者首先触发的，”刘易斯写道，“但从更广阔的视角来看，这应归因于上述探险家们，是他们的跨洋航行和对黄金的贪婪激起了（欧洲对手们的愤怒）。无论他们的动机为何，他们的航行把大片的新土地归入欧洲人的统治或影响范围，使大量金银和资源任由欧洲人处置，因此让欧洲掌握了新的力量，能够借此抵抗并最终打退了穆斯林入侵者。” *Islam and the West* (New York: Oxford University Press, 1993), 16.

21. 在印度，从达伽马抵达此地到独立的整个殖民时代被打上了瓦斯科·达伽马历史时期的标签，参见 K. M. Panikkar, *Asia and Western Dominance: A Survey of the Vasco da Gama Epoch of Asian History, 1498 – 1945* (London: Allen & Unwin, 1959)。有相反的意见认为，葡萄牙人对于南亚和东亚的大帝国几乎没有什么直接的影响。狭义地说，确实如此；但在当时，与印度的贸易收支根本就不是葡萄牙的一个考虑因素，更不用说中国了。印度是目的地，但削弱伊斯兰教才是目标。从更广泛的视角来看，这些探索影响深远；当瓦斯科·达伽马向东方航行时，印度和中国两国就已经在世界经济中占据了半壁江山。

22. 在1853~1856年的克里米亚战争中，英国圣公会和法国天主教会与奥斯曼的穆斯林联手与俄罗斯的正教会作战。英法两国人不仅希望遏制俄罗斯的扩张，还故意支持伊斯兰教与东方基督教战斗，西方神职人员自然谴责后者是半异教徒的异端。从1453年以来，俄罗斯人便声称自己是拜占庭帝国的合法继承人；俄语中的tsar（沙皇）便是“罗马皇帝”之意，莫斯科也被称为第三罗马。西方同盟一想到俄罗斯人会彻底颠覆穆斯林对君士坦丁堡的占领，转而建立起俄罗斯人自己——以及正教会——在第二罗马的占领，就尤为恐惧。

参考文献

Alam, Muzaffar, and Sanjay Subrahmanyam, eds. *Indo-Persian Travels in the Age of Discoveries, 1400–1800.* Cambridge: Cambridge University Press, 2007.

Altabé, David F. *Spanish and Portuguese Jewry Before and After 1492*. Brooklyn, NY: Sepher-Hermon, 1983.

Alvares, Francisco. *Narrative of the Portuguese Embassy to Abyssinia During the Years 1520–1527.* Translated and edited by Lord Stanley of Alderley. London: Hakluyt Society, 1881.

———. *The Prester John of the Indies: A True Relation of the Lands of the Prester John, Being the Narrative of the Portuguese Embassy to Ethiopia in 1520.* Revised and edited by C. F. Beckingham and G. W. B. Huntingford. 2 vols. Cambridge: Hakluyt Society, 1961.

Ames, Glenn J., trans. and ed. *En Nome De Deus: The Journal of the First Voyage of Vasco da Gama to India, 1497–1499.* Leiden: Brill, 2009.

Armstrong, Karen. *The Battle for God: Fundamentalism in Judaism, Christianity and Islam.* London: HarperCollins, 2000.

———. *Islam: A Short History*. London: Weidenfeld & Nicolson, 2000.

———. *Muhammad: A Biography of the Prophet*. London: Gollancz, 1991.

Asbridge, Thomas. *The First Crusade: A New History.* London: Free Press, 2004.

Aslan, Reza. *No God but God: The Origins, Evolution, and Future of Islam*. London: William Heinemann, 2005.

Aughterson, Kate, ed., *The English Renaissance: An Anthology of Sources and Documents*. London: Routledge, 1998.

Ayyar, K. V. Krishna. *The Zamorins of Calicut.* Calicut: University of Calicut, 1999.

Babinger, Franz. *Mehmed the Conqueror and His Time*. Princeton, NJ: Princeton University Press, 1978.

Baião, António, A. de Magalhães Basto, and Damião Peres, eds. *Diário da viagem de Vasco da Gama*. Porto: Livraria Civilização, 1945.

Barber, Malcolm. *The New Knighthood: A History of the Order of the Temple*. Cambridge: Cambridge University Press, 1994.

Barbosa, Duarte. *The Book of Duarte Barbosa*. Translated by Mansel Longworth Dames. 2 vols. London: Hakluyt Society, 1921.

Barros, João de. *Ásia de João de Barros: Dos feitos que os Portugueses fizeram no descobrimento e conquista dos mares e terras do Oriente*. Edited by Hernani Cidade and Manuel Múrias. 6th ed. 4 vols. Lisbon: Divisão de publicações e biblioteca, Agência geral das colónias, 1945–1946.

Baumgarten, Martin von. "The Travels of Martin Baumgarten . . . through Egypt, Arabia, Palestine and Syria." In *A Collection of Voyages and Travels*, edited by Awnsham Churchill, 1:385–452. London: A. & J. Churchill, 1704.

Beckingham, C. F. *Between Islam and Christendom: Travellers, Facts and Legends in the Middle Ages and the Renaissance*. London: Variorum Reprints, 1983.

Bergen, Peter L. *The Osama Bin Laden I Know: An Oral History of Al Qaeda's Leader*. New York: Free Press, 2006.

Bergreen, Laurence. *Marco Polo: From Venice to Xanadu*. London: Quercus, 2008.

———. *Over the Edge of the World: Magellan's Terrifying Circumnavigation of the Globe*. London: HarperCollins, 2003.

Berjeau, J. P., trans. *Calcoen: A Dutch Narrative of the Second Voyage of Vasco da Gama*. London: B. M. Pickering, 1874.

Bernstein, William. *A Splendid Exchange: How Trade Shaped the World*. London: Atlantic, 2008.

Birch, Walter de Gray, ed. *The Commentaries of the Great A. Dalboquerque, Second Viceroy of India*. 4 vols. London: Hakluyt Society, 1875–1894.

Blake, J. W., trans. and ed. *Europeans in West Africa, 1450–1560*. London: Hakluyt Society, 1942.

Blunt, Wilfred. *Pietro's Pilgrimage: A Journey to India and Back at the Beginning of the Seventeenth Century*. London: James Barrie, 1953.

Boas, Adrian J. *Jerusalem in the Time of the Crusades: Society, Landscape, and Art in the Holy City Under Frankish Rule*. London: Routledge, 2001.

Bonner, Michael. *Jihad in Islamic History: Doctrines and Practice*. Princeton, NJ: Princeton University Press, 2006.

Boorstin, Daniel J. *The Discoverers*. New York: Random House, 1983.

Bovill, Edward William. *The Golden Trade of the Moors*. 2nd ed. Revised by Robin Hallet. London: Oxford University Press, 1970.

Boxer, C. R. *The Portuguese Seaborne Empire 1415–1825*. London: Hutchinson, 1969.

Bracciolini, Poggio, and Ludovico de Varthema. *Travelers in Disguise: Narratives of Eastern Travel by Poggio Bracciolini and Ludovico de Varthema*. Translated by John Winter Jones and revised by Lincoln Davis Hammond. Cambridge, MA: Harvard University Press, 1963.

Brett, Michael, and Elizabeth Fentress. *The Berbers*. Oxford: Blackwell, 1996.

Brotton, Jerry. *The Renaissance Bazaar: From the Silk Road to Michelangelo*. Oxford: Oxford University Press, 2002.

Butler, Alfred J. *The Arab Conquest of Egypt—And the Last Thirty Years of the Roman Dominion*. Oxford: Clarendon Press, 1902.

Camões, Luiz Vaz de. *The Lusíads*. Oxford: Oxford University Press, 1997.

Campbell, I. C. "The Lateen Sail in World History." *Journal of World History* 6, no. 1 (Spring 1995): 1–23.

Carboni, Stefano, ed. *Venice and the Islamic World, 827–1797*. New Haven, CT: Yale University Press, 2007.

Caron, Marie-Thérèse, and Denis Clauzel, eds. *Le Banquet du Faisan*. Arras: Artois Presses Université, 1997.

Castanheda, Femão Lopes de. *The First Booke of the Historie of the Discoverie and Conquest of the East Indias, Enterprised by the Portingales, in their Daungerous Navigations, in the Time of King Don John, the Second of that Name. . . .* Translated by Nicholas Lichefild. London: Thomas East, 1582.

———. *História do descobrimento e conquista da Índia pelos Portugueses*. Edited by Manuel Lopes de Almeida. 2 vols. Porto: Lelloe Irmão, 1979.

Chaudhuri, K. N. *Trade and Civilization in the Indian Ocean: An Economic History from the Rise of Islam to 1850*. Cambridge: Cambridge University Press, 1985.

Cheyney, E. P. *Readings in English History Drawn from the Original Sources*. Boston: Ginn, 1922.

Chittick, H. Neville. *Kilwa: An Islamic Trading City on the East African Coast*. 2 vols. Nairobi: British Institute in Eastern Africa, 1974.

Clot, André. *Suleiman the Magnificent*. Translated by Matthew J. Reisz. London: Saqi, 1992.

Cohen, J. M. *The Four Voyages of Christopher Columbus*. Harmondsworth, UK: Penguin, 1969.

Cole, Peter, trans. and ed. *The Dream of the Poem: Hebrew Poetry from Muslim and Christian Spain, 950–1492*. Princeton, NJ: Princeton University Press, 2007.

Constable, Olivia Remie, ed. *Medieval Iberia: Readings from Christian, Muslim, and Jewish Sources*. Philadelphia: University of Pennsylvania Press, 1997.

———. "Muslim Merchants in Andalusi International Trade." In *The Legacy of Muslim Spain*, edited by Salma Khadra Jayyusi, 759–773. Leiden: Brill, 1992.

Correia, Gaspar. *Lendas da Índia*. Edited by M. Lopes de Almeida. 4 vols. Porto: Lello e Irmão, 1975.

Cortesão, Armando. *The Mystery of Vasco da Gama*. Coimbra: Universidade de Coimbra, 1973.

Costa, Leonor Freire, ed. "Relação Anónima da Segunda Viagem de Vasco da Gama à Índia." In *Cidadania e história: Em homenagem a Jaime Cortesão*, 141–99. Lisbon: Livraria Sá da Costa Editora, 1985.

Crone, G. R., trans. and ed. *The Voyages of Cadamosto, and Other Documents on Western Africa in the Second Half of the Fifteenth Century*. London: Hakluyt Society, 1937.

Dalby, Andrew. *Dangerous Tastes: The Story of Spices*. London: British Museum Press, 2000.

Dale, Stephen Frederic. *The Mappilas of Malabar, 1498–1922*. Clarendon: Oxford, 1980.

———. "Religious Suicide in Islamic Asia." *Journal of Conflict Resolution* 32, no. 1 (March 1988): 37–59.

Das Gupta, Ashin. *The World of the Indian Ocean Merchant 1500–1800*. Oxford: Oxford University Press, 2001.

Davenport, Frances Gardiner, ed. *European Treaties Bearing on the History of the United States and Its Dependencies to 1648*. Washington, DC: Carnegie Institution of Washington, 1917.

Dawood, N. J., trans. *The Koran: With a Parallel Arabic Text*. Penguin: London, 2000.

Delumeau, Jean. *History of Paradise: The Garden of Eden in Myth and Tradition*. Translated by Matthew O'Connell. New York: Continuum, 1995.

Diffie, Bailey W., and George D. Winius. *Foundations of the Portuguese Empire, 1415–1580*. St. Paul: University of Minnesota Press, 1977.

Disney, Anthony. *A History of Portugal and the Portuguese Empire: From Beginnings to 1807*. 2 vols. Cambridge: Cambridge University Press, 2009.

———. *The Portuguese in India and Other Studies, 1500–1700*. Farnham, UK: Ashgate, 2009.

Disney, Anthony, and Emily Booth, eds. *Vasco da Gama and the Linking of Europe and Asia*. Delhi: Oxford University Press, 2000.

Dols, Michael W. *The Black Death in the Middle East*. Princeton, NJ: Princeton University Press, 1977.

Donner, Fred McGraw. *The Early Islamic Conquests*. Princeton, NJ: Princeton University Press, 1981.

Duffy, Eamon. *Saints and Sinners: A History of the Popes*. 3rd ed. New Haven, CT: Yale University Press, 2006.

Dumper, Michael, and Bruce E. Stanley, eds. *Cities of the Middle East and North Africa: A Historical Encyclopedia*. Oxford: ABC-Clio, 2007.

Dunn, Ross E. *The Adventures of Ibn Battuta*. Berkeley: University of California Press, 1989.

Edson, Evelyn. "Reviving the Crusade: Sanudo's Schemes and Vesconte's Maps." In *Eastward Bound: Travel and Travellers, 1050–1550*, edited by Rosamund Allen, 131–55. Manchester: Manchester University Press, 2004.

———. *The World Map, 1300–1492: The Persistence of Tradition and Transformation*. Baltimore: Johns Hopkins University Press, 2007.

Falchetta, Piero. *Fra Mauro's World Map*. Turnhout, Belgium: Brepols, 2006.

Faria e Sousa, Manuel de. *The Portuguese Asia*. Translated by Capt. John Stevens. 3 vols. London: C. Brome, 1694–1695.

Fernandes, Valentim. *Description de la côte d'Afrique de Ceuta au Sénégal*. Paris: Larose, 1938.

Fernández-Armesto, Felipe. *Columbus*. Oxford: Oxford University Press, 1991.

———. *Pathfinders: A Global History of Exploration*. New York: Norton, 2006.

Finnlay, Robert. "Crisis and Crusade in the Mediterranean: Venice, Portugal and the Cape Route to India, 1498–1509." *Studi Veneziani* n.s. 28 (1994): 45–90.

Firdowsi. *Shahnameh: The Persian Book of Kings*. Translated by Dick Davis. New York: Viking, 2006.

Fletcher, Richard A. *The Cross and the Crescent: Christianity and Islam from the Prophet Muhammad to the Reformation*. London: Penguin, 2005.

———. *Moorish Spain*. London: Weidenfeld & Nicolson, 1992.

Flint, Valerie. *The Imaginative Landscape of Christopher Columbus*. Princeton, NJ: Princeton University Press, 1992.

Fonseca, José Nicolau da. *An Historical and Archaeological Sketch of the City of Goa*. Bombay: Thacker, 1878.

Freedman, Paul. *Out of the East: Spices and the Medieval Imagination*. New Haven, CT: Yale University Press, 2008.

Freeman-Grenville, Greville Stewart Parker. *The Medieval History of the Coast of Tanganyika: With Special Reference to Recent Archaeological Discoveries*. London: Oxford University Press, 1962.

Gabrieli, Francesco. *Arab Historians of the Crusades*. Berkeley: University of California Press, 1984.

Gibbs, James, trans. *The History of the Portuguese, During the Reign of Emmanuel . . . written originally in Latin by Jerome Osorio, Bishop of Sylves. . . .* 2 vols. London: A. Millar, 1752.

Goís, Damião de. *Crónica do felicíssimo rei Manuel. . . .* Edited by J. M. Teixeira de Carvalho and David Lopes. 4 vols. Coimbra: Imprensa da Universidade, 1926.

Gordon, Stewart. *When Asia Was the World: Traveling Merchants, Scholars, Warriors, and Monks Who Created the "Riches of the East."* New Haven, CT: Yale University Press, 2008.

Greenlee, William Brooks, trans. and ed. *The Voyage of Pedro Álvares Cabral to Brazil and India, from Contemporary Documents and Narratives*. London: Hakluyt Society, 1938.

Gumilev, L. N. *Searches for an Imaginary Kingdom: The Legend of the Kingdom of Prester John*. Translated by R. E. F. Smith. Cambridge: Cambridge University Press, 1987.

Hakluyt, Richard. *The Principal Navigations, Voyages, Traffiques and Discoveries of the English Nation*. 12 vols. Glasgow: MacLehose, 1903–1905.

Hannoum, Abdelmajid. *Post-Colonial Memories: The Legend of the Kahina, a North African Heroine*. Westport, CT: Heinemann, 2001.

Harris, Jonathan. *Constantinople: Capital of Byzantium*. London: Hambledon Continuum, 2007.

Hart, Henry H. *Sea Road to the Indies*. London: William Hodge, 1952.

Hazard, Harry W., ed. *A History of the Crusades*. 2nd ed. Vol. 3, *The Fourteenth and Fifteenth Centuries*. Madison: University of Wisconsin Press, 1975.

Hillenbrand, Carole. *The Crusades: Islamic Perspectives*. New York: Routledge, 2000.

Hitti, Philip Khuri. *History of Syria, Including Lebanon and Palestine*. London: Macmillan, 1951.

Hobson, John M. *The Eastern Origins of Western Civilization*. Cambridge: Cambridge University Press, 2004.

Holt, Andrew, and James Muldoon, eds. *Competing Voices from the Crusades*. Oxford: Greenwood Press, 2008.

Hourani, Albert Habib. *A History of the Arab Peoples*. Cambridge, MA: Harvard University Press, 2002.

Hourani, George F. *Arab Seafaring in the Indian Ocean in Ancient and Early Medieval Times*. Princeton, NJ: Princeton University Press, 1951.

Howarth, Stephen. *The Knights Templar*. New York: Atheneum, 1982.

Ibn Battuta. *The Travels of Ibn Battuta, A.D. 1325–1354*. Translated and edited by H. A. R. Gibb and C. F. Beckingham. 5 vols. London: Hakluyt Society, 1958–2000.

Ibn Khaldun. *An Arab Philosophy of History: Selections from the Prolegomena of Ibn Khaldun of Tunis (1332–1406)*. Translated and edited by Charles Issawi. Princeton, NJ: Darwin, 1987.

Ibn Majid, Ahmad. *Arab Navigation in the Indian Ocean Before the Coming of the Portuguese. . . .* Translated and edited by G. R. Tibbetts. London: Royal Asiatic Society of Great Britain and Ireland, 1971.

Jack, Malcolm. *Lisbon: City of the Sea, A History*. London: I. B. Tauris, 2007.

Jackson, Peter, trans. *The Mission of Friar William of Rubruck: His Journey to the Court of the Great Khan Möngke 1253–1255*. Edited by David Morgan. London: Hakluyt Society, 1990.

Jayne, K. G. *Vasco da Gama and His Successors, 1460–1580*. London: Methuen, 1910.

Jayyusi, Salma Khadra. "Andalusi Poetry: The Golden Period." In *The Legacy of Muslim Spain*, edited by Salma Khadra Jayyusi, 317–66. Leiden: Brill, 1992.

Jensen, Kurt Villads. "Devils, Noble Savages, and the Iron Gate: Thirteenth-Century European Concepts of the Mongols." *Bulletin of International Medieval Research* 6 (2000): 1–20.

Joinville, Jean de. *Vie de Saint Louis*. Edited by Jacques Monfrin. Paris: Garnier, 1995.

Jones, J. R. Melville, ed. *The Siege of Constantinople: Seven Contemporary Accounts*. Amsterdam: Hakkert, 1972.

Karabell, Zachary. *People of the Book: The Forgotten History of Islam and the West*. London: John Murray, 2007.

Keen, Maurice. *Chivalry*. New Haven, CT: Yale University Press, 1984.

Kelly, Jack. *Gunpowder: Alchemy, Bombards, and Pyrotechnics: The History of the Explosive That Changed the World*. New York: Basic Books, 2004.

Kennedy, Hugh. *The Armies of the Caliphs: Military and Society in the Early Islamic State*. London: Routledge, 2001.

———. *The Court of the Caliphs: The Rise and Fall of Islam's Greatest Dynasty*. London: Weidenfeld & Nicolson, 2004.

———. *Muslim Spain and Portugal: A Political History of al-Andalus*. London: Longman, 1996.

Kerr, Robert, ed. *A General History and Collection of Voyages and Travels*. 18 vols. Edinburgh: William Blackwood, 1811–1824.

Krása, Miloslav, Josef Polišenskyâ, and Peter Ratkoš, eds. *European Expansion (1494–1519): The Voyages of Discovery in the Bratislava Manuscript Lyc. 515/8 (Codex Bratislavensis)*. Prague: Charles University, 1986.

Lach, Donald F. *Asia in the Making of Europe*. 3 vols. in 9 books. Chicago: University of Chicago Press, 1965–1993.

Lamb, Harold. *Suleiman the Magnificent: Sultan of the East*. Garden City, NY: Doubleday, 1951.

Latino Coelho, J. M. *Vasco da Gama*. Lisbon: Bertrand Editora, 2007.

Levenson, Jay A., ed. *Encompassing the Globe: Portugal and the World in the 16th and 17th Centuries*. Washington, DC: Arthur M. Sackler Gallery, Smithsonian Institution, 2007.

Lewis, Bernard. *The Assassins: A Radical Sect in Islam*. London: Weidenfeld & Nicolson, 1967.

———. *Cultures in Conflict: Christians, Muslims, and Jews in the Age of Discovery*. New York: Oxford University Press, 1995.

———. *Islam and the West*. New York: Oxford University Press, 1993.

———. *The Muslim Discovery of Europe*. London: Norton, 2001.

Lewis, David Levering. *God's Crucible: Islam and the Making of Europe, 570 to 1215*. New York: Norton, 2008.

Linschoten, Jan Huygen van. *The Voyage of J. H. van Linschoten to the East Indies*. Edited by Arthur Coke Burnell and P. A. Tiele. 2 vols. London: Hakluyt Society, 1885.

Livermore, H. V. *A New History of Portugal*. 2nd ed. Cambridge: Cambridge University Press, 1976.

Logan, William. *Malabar*. 3 vols. Madras: Government Press, 1887–1891.

Lomax, Derek W. *The Reconquest of Spain*. London: Longman, 1978.

Lopes, Tomé. "Navigazione verso le Indie orientali scritta per Tomé Lopez."

In Giovanni Battista Ramusio, *Navigationi e Viaggi*, edited by Marica Milanesi, 1:687–738. Turin: Einaudi, 1978.

Ma, Huan. *Ying-yai Sheng-lan: The Overall Survey of the Ocean's Shores*. Translated and edited by J. V. G. Mills. Cambridge: Cambridge University Press, 1970.

Madden, Thomas F. *The New Concise History of the Crusades*. Lanham, MD: Rowman & Littlefield, 2006.

Major, R. H. *India in the Fifteenth Century: Being a Collection of Narratives of Voyages to India. . . .* London: Hakluyt Society, 1857.

Mandeville, John [pseud.]. *Mandeville's Travels*. Edited by M. C. Seymour. Oxford: Clarendon Press, 1967.

Maqqari, Ahmad Ibn Mohammed. *The History of the Mohammedan Dynasties in Spain*. Translated by Pascual de Gayangos. 2 vols. London: Oriental Translation Fund, 1840–1843.

Margariti, Roxani Eleni. *Aden and the Indian Ocean Trade: 150 Years in the Life of a Medieval Arabian Port*. Chapel Hill: University of North Carolina Press, 2007.

Markham, Clements R., trans. *The Journal of Christopher Columbus (During His First Voyage, 1492–93), and Documents Relating to the Voyages of John Cabot and Gaspar Corte Real*. London: Hakluyt Society, 1893.

Mathew, K. M. *History of the Portuguese Navigation in India, 1497–1600*. New Delhi: K. M. Mittal, 1988.

Meinardus, Otto F. A. *Two Thousand Years of Coptic Christianity*. Cairo: American University in Cairo Press, 1999.

Mello, Francisco de, Conde de Ficalho. *Viagens de Pedro da Covilhã*. Lisbon: Imprensa Nacional, 1898.

Menocal, María Rosa. *The Ornament of the World: How Muslims, Jews, and Christians Created a Culture of Tolerance in Medieval Spain*. Boston: Little, Brown, 2002.

Mercier, Maurice, and André Seguin. *Charles Martel et la Bataille de Poitiers*. Paris: Librairie orientaliste Paul Geuthner, 1944.

Meri, Joseph W., ed. *Medieval Islamic Civilization: An Encyclopedia*. 2 vols. New York: Routledge, 2006.

Milwright, Marcus. "The Balsam of Matariyya: An Exploration of a Medieval Panacea." *Bulletin of the School of Oriental and African Studies* 66, no. 2 (2003): 193–209.

Mocquet, Jean. *Travels and Voyages into Africa, Asia, and America, the East and*

West Indies; Syria, Jerusalem, and the Holy Land. Translated by Nathaniel Pullen. London, 1696.

Modelski, George. "Enduring Rivalry in the Democratic Lineage: The Venice-Portugal Case." In *Great Power Rivalries*, edited by William R. Thompson. Columbia: University of South Carolina Press, 1999.

Monfasani, John. *George of Trebizond: A Biography and a Study of His Rhetoric and Logic.* Leiden: Brill, 1976.

Moraes, G. M. *A History of Christianity in India, From Early Times to St. Francis Xavier: A.D. 52–1542.* Bombay: Manaktalas, 1964.

Morford, Mark P. O., and Robert J. Lenardon. *Classical Mythology.* 6th ed. Oxford: Oxford University Press, 1999.

Morison, Samuel Eliot. *Admiral of the Ocean Sea: A Life of Christopher Columbus.* Boston: Little, Brown, 1942.

Morris, Colin. *The Sepulchre of Christ and the Medieval West.* Oxford: Oxford University Press, 2005.

Neill, Stephen. *A History of Christianity in India: The Beginnings to AD 1707.* Cambridge: Cambridge University Press, 1984.

Newitt, M. D. D., ed. *East Africa.* Aldershot, UK: Ashgate, 2002.

———. *A History of Mozambique.* London: Hurst, 1995.

———. *A History of Portuguese Overseas Expansion, 1400–1668.* London: Routledge, 2005.

———. "Mozambique Island: The Rise and Decline of an East African Coastal City, 1500–1700." *Portuguese Studies* 20, no. 1 (September 2004): 21–37.

Nicholson, Helen. *The Knights Templar: A New History.* Stroud, UK: Sutton, 2001.

Nicolle, David. *Armies of the Muslim Conquest.* London: Osprey, 1993.

———. *Constantinople 1453: The End of Byzantium.* Oxford: Osprey, 2000.

Nikephoros. *The Life of St. Andrew the Fool.* Edited and translated by Lennart Rydén. 2 vols. Stockholm: Uppsala University, 1995.

Norwich, John Julius. *Byzantium: The Decline and Fall.* London: Viking, 1995.

O'Callaghan, Joseph F. *Reconquest and Crusade in Medieval Spain.* Philadelphia: University of Pennsylvania Press, 2003.

Of the newe lãdes and of ye people founde by the messengers of the kynge of portÿgale named Emanuel. Of the X dyuers nacyons crystened. Of pope Johñ and his landes, and of the costely keyes and wonders molodyes that in that lande is. Antwerp, 1520?

Oliveira Marques, A. H. de. *Daily Life in Portugal in the Late Middle Ages.* Madison: University of Wisconsin Press, 1971.

———. *History of Portugal*. 2nd ed. 2 vols. New York: Columbia University Press, 1976.

———. "Travelling with the Fifteenth-Century Discoverers: Their Daily Life." In Disney and Booth, *Vasco da Gama and the Linking of Europe and Asia*, 30–47. Delhi: Oxford University Press, 2000.

Oliver, Roland, and Anthony Atmore. *Medieval Africa, 1250–1800*. Cambridge: Cambridge University Press, 2001.

O'Shea, Stephen. *Sea of Faith: Islam and Christianity in the Medieval Mediterranean World*. London: Profile, 2006.

Osorius, Jerome [Jerónimo Osório]. *The History of the Portuguese During the Reign of Emmanuel: Containing all their Discoveries, from the Coast of Africa to the Farthest Parts of China. . . .* Translated by J. Gibbs. 2 vols. London, 1752.

Padfield, Peter. *Tide of Empires: Decisive Naval Campaigns in the Rise of the West*. Vol. 1, *1481–1654*. London: Routledge & Kegan Paul, 1979.

Pagden, Anthony. *Worlds at War: The 2,500-Year Struggle Between East and West*. Oxford: Oxford University Press, 2008.

Panikkar, K. M. *Asia and Western Dominance: A Survey of the Vasco da Gama Epoch of Asian History, 1498–1945*. London: Allen & Unwin, 1959.

Parry, J. H. *The Age of Reconnaissance*. London: Weidenfeld & Nicolson, 1963.

———, ed. *The European Reconnaissance: Selected Documents*. New York: Harper & Row, 1968.

Partington, J. R. *A History of Greek Fire and Gunpowder*. Baltimore: Johns Hopkins University Press, 1999.

Partner, Peter. *God of Battles: Holy Wars of Christianity and Islam*. London: HarperCollins, 1997.

Pearson, M. N. *The Indian Ocean*. London: Routledge, 2003.

———. *The New Cambridge History of India*. Vol. 1, pt. 1, *The Portuguese in India*. Cambridge: Cambridge University Press, 1987.

———. *The World of the Indian Ocean, 1500–1800: Studies in Economic, Social and Cultural History*. Aldershot, UK: Ashgate, 2005.

Pegolotti, Francesco. *Pratica della Mercatura*. In *Cathay and the Way Thither, Being a Collection of Medieval Notices of China*, translated and edited by Henry Yule and revised by Henri Cordier, 3:143–171. London: Hakluyt Society, 1916.

Peters, Edward. *The First Crusade: The Chronicle of Fulcher of Chartres and Other Source Materials*. Philadelphia: University of Pennsylvania Press, 1971.

Peters, F. E. *The Children of Abraham: Judaism, Christianity, Islam*. Princeton, NJ: Princeton University Press, 2004.

Phillips, J. R. S. *The Medieval Expansion of Europe*. 2nd ed. Oxford: Oxford University Press, 1988.

Phillips, Jonathan. *The Fourth Crusade and the Sack of Constantinople*. London: Jonathan Cape, 2004.

Pires, Tomé. *The Suma Oriental of Tomé Pires*. Translated and edited by Armando Cortesão. 2 vols. London: Hakluyt Society, 1944.

Polo, Marco. *The Travels*. Translated and edited by R. E. Latham. Harmondsworth, UK: Penguin, 1958.

Prestage, Edgar. *Afonso de Albuquerque, Governor of India: His Life, Conquests and Administration*. Watford, UK: Voss & Michael, 1929.

———. *The Portuguese Pioneers*. London: A. & C. Black, 1933.

Priolkar, Anant Kakba. *The Goa Inquisition*. Bombay: A. K. Priolkar, 1961.

Pyrard, François. *The Voyage of François Pyrard of Laval to the East Indies, the Maldives, the Moluccas and Brazil*. Translated and edited by Albert Gray and H. C. P. Bell. 2 vols. London: Hakluyt Society, 1887–1890.

Ravenstein, E. G., trans. and ed. *A Journal of the First Voyage of Vasco da Gama, 1497–1499*. London: Hakluyt Society, 1898.

Raymond, André. *Cairo*. Translated by Willard Wood. Cambridge, MA: Harvard University Press, 2000.

Resende, Garcia de. *Crónica de Dom João II e miscellanea*. Lisbon: Imprensa Nacional, 1973.

Riley-Smith, Jonathan. *The Crusades: A Short History*. London: Athlone, 1987.

———. *The Crusades, Christianity and Islam*. New York: Columbia University Press, 2008.

———. *The First Crusade and the Idea of Crusading*. London: Athlone, 1986.

Roche, T. W. E. *Philippa: Dona Filipa of Portugal*. London: Phillimore, 1971.

Roe, Sir Thomas. *The Embassy of Sir Thomas Roe to the Court of the Great Mogul, 1615–1619*. Edited by William Foster. 2 vols. London: Hakluyt Society, 1899.

Rohr, Christine von, ed. *Neue quellen zur zweiten Indienfahrt Vasco da Gamas*. Leipzig, 1939.

Rowland, Albert Lindsay. *England and Turkey: The Rise of Diplomatic and Commercial Relations*. New York: Burt Franklin, 1968.

Roy, Jean-Henri, and Jean Deviosse. *La Bataille de Poitiers*. Paris: Gallimard, 1966.

Runciman, Steven. *The Fall of Constantinople: 1453*. Cambridge: Cambridge University Press, 1965.

Russell, Peter, *Prince Henry 'the Navigator': A Life*. New Haven, CT: Yale University Press, 2000.

Russell-Wood, A. J. R. *A World on the Move: The Portuguese in Africa, Asia, and America, 1415–1808*. Manchester: Carcanet, 1992.

Sale, Kirkpatrick. *The Conquest of Paradise: Christopher Columbus and the Columbian Legacy*. London: Hodder & Stoughton, 1991.

Sanceau, Elaine. *The Perfect Prince: A Biography of the King Dom João II. . . .* Porto: Livraria Civilização, 1959.

———. *Portugal in Quest of Prester John*. London: Hutchinson, 1943.

Scafi, Alessandro. *Mapping Paradise: A History of Heaven on Earth*. London: British Library, 2006.

Schneemelcher, William, ed. *New Testament Apocrypha*. Vol. 1, *Gospels and Related Writings*. Louisville, KY: Westminster John Knox Press, 2003.

Schulze, Franz. *Balthasar Springers Indienfahrt, 1505/06*. Strasbourg, 1902.

Schwartz, Stuart B., ed. *Implicit Understandings: Observing, Reporting, and Reflecting on the Encounters Between Europeans and Other Peoples in the Early Modern Era*. Cambridge: Cambridge University Press, 1994.

Sewell, Robert. *A Forgotten Empire: Vijayanagar*. London: Sonnenschein, 1900.

Shaw, M. R. B., trans. *Chronicles of the Crusades*. Harmondsworth, UK: Penguin, 1963.

Silverberg, Robert. *The Realm of Prester John*. Garden City, NY: Doubleday, 1972.

Skilliter, Susan A. *William Harborne and the Trade with Turkey 1578–1582: A Documentary Study of the First Anglo-Ottoman Relations*. Oxford: Oxford University Press, 1977.

———. "William Harborne, the First English Ambassador, 1583–1588." In *Four Centuries of Turco-British Relations*, edited by William Hale and Ali Ihsan Bagis. Beverley, UK: Eothen, 1984.

Smith, Adam. *An Inquiry Into the Nature and Causes of the Wealth of Nations*. Edited by Edwin Cannan. 2 vols. London: University Paperbacks, 1961.

Smith, Stefan Halikowski. "Meanings Behind Myths: The Multiple Manifestations of the Tree of the Virgin at Matarea." *Mediterranean Historical Review* 23, no. 2 (December 2008): 101–28.

Southern, R. W. *Western Views of Islam in the Middle Ages*. Cambridge, MA: Harvard University Press, 1962.

Soyer, François. *The Persecution of the Jews and Muslims of Portugal: King Manuel I and the End of Religious Tolerance (1496–7)*. Leiden: Brill, 2007.

Stanley, Henry E. J., trans. and ed. *The Three Voyages of Vasco da Gama and His Viceroyalty*. London: Hakluyt Society, 1869.

Stein, Burton. *Vijayanagara*. Cambridge: Cambridge University Press, 1989.

Subrahmanyam, Sanjay. *The Career and Legend of Vasco da Gama*. Cambridge: Cambridge University Press, 1997.

———. *The Portuguese Empire in Asia, 1500–1700*. London: Longman, 1992.

Teixeira de Aragão, A. C. *Vasco da Gama e a Vidigueira: Estudo Hisórico*. 2nd ed. Lisbon: Imprensa Nacional, 1898.

Teyssier, Paul, and Paul Valentin, trans. and eds. *Voyages de Vasco de Gama: Relations des expeditions de 1497–1499 et 1502–3*. 2nd ed. Paris: Chandeigne, 1998.

Thomas, Hugh. *The Slave Trade: The History of the Atlantic Slave Trade, 1440–1870*. London: Picador, 1997.

Tolan, John. *Saracens: Islam in the Medieval European Imagination*. New York: Columbia University Press, 2002.

Tuchman, Barbara. *A Distant Mirror: The Calamitous Fourteenth Century*. New York: Knopf, 1978.

Turner, A. Richard. *Inventing Leonardo*. Berkeley: University of California Press, 1994.

Turner, Jack. *Spice: The History of a Temptation*. New York: Random House, 2004.

Vallé, Pietro della. *The Travels of P. della Valle in India*. Edited by E. Grey. 2 vols. London: Hakluyt Society, 1892.

———. *The Travels of Sig. Pietro della Valle, a Noble Roman, Into East-India and Arabia Deserta*. Translated by G. Havers. London: J. Macock, 1665.

Varthema, Ludovico de. *The Travels of L. di Varthema in Egypt, Syria, Arabia Deserta, Arabia Felix, in Persia, India, and Ethiopia, A.D. 1503–1508*. Translated by John Winter Jones and edited by G. P. Badger. London: Hakluyt Society, 1863.

Villiers, John, "Ships, Seafaring and the Iconography of Voyages." In Disney and Booth, *Vasco da Gama and the Linking of Europe and Asia*, 72–82. Delhi: Oxford University Press, 2000.

Watt, W. Montgomery. *Muslim-Christian Encounters: Perceptions and Misperceptions*. London: Routledge, 1991.

Weinstein, Donald. *Ambassador from Venice: Pietro Pasqualigo in Lisbon, 1501*. Minneapolis: University of Minnesota Press, 1960.

Westrem, Scott D. "Against Gog and Magog." In *Text and Territory: Geograph-*

ical Imagination in the European Middle Ages, edited by Sylvia Tomasch and Sealy Gilles, 54–75. Philadelphia: University of Pennsylvania Press, 1998.

Wheatcroft, Andrew. *The Infidels: The Conflict Between Christendom and Islam, 638–2002*. London: Viking, 2003.

White, David Gordon. *Myths of the Dog-Man*. Chicago: University of Chicago Press, 1991.

Whitfield, Peter. *New Found Lands: Maps in the History of Exploration*. London: British Library, 1998.

Wolpert, Stanley. *A New History of India*. 8th ed. New York: Oxford University Press, 2009.

Zurara, Gomes Eanes de. *The Chronicle of the Discovery and Conquest of Guinea*. Translated by C. R. Beazley and Edgar Prestage. 2 vols. London: Hakluyt Society, 1896–1898.

———. *Conquests and Discoveries of Henry the Navigator, Being the Chronicles of Azurara*. Edited by Virginia de Castro e Almeida and translated by Bernard Miall. London: Allen & Unwin, 1936.

———. *Crónica da tomada de Ceuta*. Mem Martins: Publicações Europa-América, 1992.

索 引

（以下页码为原书页码，即本书页边码）

图书在版编目（CIP）数据

最后的十字军东征：瓦斯科·达伽马的壮丽远航 /
（英）奈杰尔·克利夫（Nigel Cliff）著；朱邦芊译
. --北京：社会科学文献出版社，2017.8（2019.10 重印）
书名原文：The Last Crusade：The Epic Voyages
of Vasco da Gama
ISBN 978-7-5201-0643-6

Ⅰ.①最… Ⅱ.①奈… ②朱… Ⅲ.①加马（Gama，
Vasco Da 1469-1524）-生平事迹 Ⅳ.①K835.525.89

中国版本图书馆 CIP 数据核字（2017）第 074914 号

最后的十字军东征
——瓦斯科·达伽马的壮丽远航

著　　者 / ［英］奈杰尔·克利夫（Nigel Cliff）
译　　者 / 朱邦芊

出 版 人 / 谢寿光
项目统筹 / 董风云　段其刚
责任编辑 / 李　洋　沈　艺

出　　版 / 社会科学文献出版社·甲骨文工作室（分社）（010）59366527
地址：北京市北三环中路甲 29 号院华龙大厦　邮编：100029
网址：www.ssap.com.cn
发　　行 / 市场营销中心（010）59367081　59367083
印　　装 / 三河市东方印刷有限公司

规　　格 / 开　本：889mm × 1194mm　1/32
印　张：18.375　插　页：0.625　字　数：415 千字
版　　次 / 2017 年 8 月第 1 版　2019 年 10 月第 3 次印刷
书　　号 / ISBN 978-7-5201-0643-6
著作权合同登记号 / 图字 01-2016-6849 号
定　　价 / 86.00 元

本书如有印装质量问题，请与读者服务中心（010-59367028）联系